BASTEI
LÜBBE
TASCHENBUCH

Titel auch als E-Book erhältlich

Über die Autoren:

Zekarias Kebraeb wurde 1985 während der Kriegswirren in Eritrea geboren. 2002 ist er aus seiner Heimat geflohen, um dem unmenschlichen Regime der Militärdiktatur zu entgehen. 2006 wurde sein Aufenthalt in Deutschland genehmigt.
Er hat Deutsch gelernt und den deutschen Schulabschluss nachgeholt. Heute lebt er in Nürnberg und macht eine Ausbildung, mit der er auch anderen Flüchtlingen helfen kann.

Marianne Moesle, geboren 1960 im Allgäu, studierte Romanistik und Germanistik. Als freie Journalistin und Buchautorin schreibt sie für *Die Zeit, BrigitteWoman, Chrismon* und verschiedene Tageszeitungen.

Zekarias Kebraeb

HOFFNUNG IM HERZEN, FREIHEIT IM SINN

Vier Jahre auf der Flucht
nach Deutschland

Aufgeschrieben von
Marianne Moesle

BASTEI
LÜBBE
TASCHENBUCH

BASTEI LÜBBE TASCHENBUCH
Band 60167

1. Auflage: September 2011

Bastei Lübbe Taschenbuch in der Bastei Lübbe GmbH & Co. KG

Originalausgabe

Dieses Werk wurde vermittelt
durch die Literarische Agentur Michael Gaeb

Textredaktion: Sylvia Gredig
Titelbild: © getty-images/Tyler Hicks;
© getty-images/getty-images/MANOOCHER DEGAHTI;
Autorenfoto: © Olivier Favré
Umschlaggestaltung: Guter Punkt, München
Satz: hanseatenSatz-bremen, Bremen
Gesetzt aus ITC Berkeley Oldstyle
Druck und Verarbeitung: GGP Media GmbH, Pößneck
Printed in Germany
ISBN 978-3-404-60167-7

Allen Flüchtlingen und Patengeschwistern

> »Das Geheimnis der Freiheit ist der Mut.«
>
> *Perikles*

Juni 2001, Asmara/Eritrea, Richtung Norden: Asmara-Flughafen. Kurz vor meinem Abitur setzte ich mich nach Schulschluss auf mein grünes Fahrrad, *made in Italy*, und radelte los, sechs Kilometer direkt bis zum Flughafenterminal, dort, wo Asmara nach Afrika aussieht und die Straße aus der Stadt, die einmal Piccola Roma hieß, in einem Kreisel endet. Ich suchte mir eine kleine Anhöhe mit Blick auf das Rollfeld, setzte mich unter riesige Kakteen in den Staub, starrte in die Weite, auf diese unendlich scheinende Fläche aus Stein, Sand und Gestrüpp, spürte den Wind, der von den Bergen über das Hochplateau von Asmara strich. Die Luft war klar, es roch nach Wüste, nach Kamelen und Pferden, die mit ihren kleinen, bunt beladenen Fuhrwerken vorbeitrabten. Ich sah in den Himmel, und sobald ein Flugzeug startete, durfte ich mir etwas wünschen. Wie bei einer Sternschnuppe.

»Bitte, nimm uns mit nach Europa«, schrien wir als Kinder in den blauen Asmara-Himmel, wenn wir Flugzeuge fliegen sahen. Damals war ich fünf Jahre alt, 1990, kurz vor dem Ende des dreißigjährigen eritreisch-äthiopischen Kriegs. Unsere Stadt war abgeschlossen von der Welt, wir hatten Hunger und sangen mit Michael Jackson »*We are the world*«. Da brachten uns die Flugzeuge Säcke mit Mehl. Meine Mutter konnte wieder Brot backen, und wir Kinder schlugen uns den Bauch voll. Dieses Brot schmeckte anders als das, was wir kannten. Weil das Mehl aus dem Paradies kam. Mehl aus Europa.

Im Krieg wollte ich überleben, jetzt will ich frei sein. Frei denken, frei leben. Und keinen Wehrdienst leisten, zu dem uns die Militärdiktatur unseres Landes nach dem Abitur zwingt. Weil es kein Wehrdienst, sondern Sklavendienst ist. Eritrea, meine Heimat, Land am Roten Meer. Seit die italienischen Kolonisten aus dem fernen Europa Ende des 19. Jahrhunderts dieses schöne Fleckchen Erde entdeckt hatten, ist aus einem freien Land ein Militärgefängnis geworden. Ohne die eritreische Bevölkerung zu fragen, sprach die UNO das kleine Land am Horn von Afrika nach dem Zweiten Weltkrieg dem großen Nachbarn Äthiopien als Provinz zu. Dagegen wehrte sich Eritrea, und 1961 begann der längste Krieg auf dem afrikanischen Kontinent. Dreißig Jahre lang dauerte der Kampf um die Unabhängigkeit, und 1998 noch einmal zwei weitere furchtbare Jahre lang, bis heute halten die Grenzkonflikte an. Die Kriege haben das Land verwüstet, grüne Wälder und fruchtbare Felder verbrannten im Granatenhagel, und die Menschen, die unter den italienischen Kolonialherren verlernt hatten, Getreide und Hirse anzubauen, wurden zu Soldaten.

Denn Krieg traumatisiert, Krieg verbeißt sich im Kopf. Krieg, um nichts anderes kreisen die Gedanken. Es ist wie ein Spuk. »Krieg«, flüstert die Regierung, die seit 1994 jeden, der gehen kann, Frauen und Männer, zum Militärdienst einzieht und jeden Nakfa in die Rüstung steckt. Während die Bevölkerung am Hungertuch nagt und auf internationale Hilfslieferungen angewiesen ist, läuft Präsident Afewerki hemdsärmelig herum und spielt den mächtigen Mann, wenn er nicht gerade in einem seiner grünen Landcruiser durchs Land braust und Geld für Waffen verschleudert. Zweihundertzweitausend Männer und Frauen hat Eritrea unter den Waffen stehen, die größte Armee Schwarzafrikas, und sie wächst weiter. Immer mehr Soldaten werden rekrutiert, manche zur Unterstützung von somalischen Terroristen auch in die Nachbarregionen geschickt. Schulabgänger müssen in Zukunft das letzte Schuljahr in einem Armeelager verbringen, die Universität von Asmara wird geschlossen und durch technische Hochschulen in militärischen Ausbildungslagern ersetzt. Der Militärdienst, der für Männer und Frauen offiziell zwei Jahre dauert, wird routinemäßig verlängert, keiner weiß, wie lange. Es herrscht Dauerrekrutierung, Militärdienst lebenslang. Wenn ich an diese Unfreiheit denke, packt mich grenzenlose Wut. Eine Wut, die größer ist als die Angst vor dem Tod.

Kurz nach dem Krieg begann 2001 die große Flucht derer, die keinen Dienst an den Waffen leisten und frei sein wollen. Sechzig Eritreer flohen täglich über die Grenze in den Sudan, eintausendachthundert Menschen im Monat. Nur wenige Jahre später stellten weltweit Hunderttausende Landsleute Asylanträge, darunter die komplette Fußballnationalmannschaft.

Human Rights Watch bezeichnet das Land, dessen Grenzen für junge Menschen absolut dicht sind, als das größte Gefängnis der Welt. Wird Diktator Afewerki mit diesen Zahlen konfrontiert, lacht er und bezichtigt die ganze Welt einer großen Lüge. »Die Menschen sind nicht auf der Flucht«, erklärt er, »sie machen nur Picknick.«

Dabei blüht der Menschenhandel. Heute kostet die illegale Reise über die eritreisch-sudanesische Grenze bereits viertausend Dollar. Viertausend Dollar für einen Traum. Auch ich hatte diesen Traum. Frei sein, frei leben, frei handeln, frei denken.

Ich bin ein Mensch,
kann trotzdem fliegen,
weil ich Flügel habe
in meiner Seele,
stürze ich nicht ab
und träume …

… schrieb ich in mein Schulheft. Ich schrieb, und wenn ich schrieb, war das wie die Erfüllung all meiner Hoffnungen. Ich stieg mit den Flugzeugen auf in den Himmel und träumte mit offenen Augen. Von großen Abenteuern und vom Paradies in der Ferne. Europa! Doch eine Flucht ist kein Picknick. Flüchtlinge riskieren ihr Leben für die Freiheit.

1. Etappe:
»Niemand zwingt mich!«

2. März 2002, zu Hause in Asmara: Noch einen Schluck Tee, lauwarm, ich betrachte meine Mutter, die ich Adey nenne. Gebeugt steht sie in der Küche, ihr Gesicht sehe ich nicht, über ihre schwarzen Haarflechten, die sich um den Kopf winden, bevor sie sich wie ein Wasserfall über die Schultern ergießen, zieht sich eine weiße, pudrige Spur aus Mehl. Sie backt Injera, unser Hirsebrot für die ganze Woche. Der Teig, den sie mit einem großen Holzlöffel in einer blechernen Schüssel rührt, gluckst. Wie jeden Samstagvormittag. Die Sonne hat das Küchenfenster noch nicht erreicht, ich friere, falte für einen Moment meine Hände um die Teekanne auf dem blauen Holzkohleherd und schenke mir dann frischen Tee in ein Glas. Im Radio läuft FM-Eritrea, der Staatssender, rund um die Uhr, einen anderen haben wir nicht mehr. Der säuerliche Teiggeruch steigt mir in die Nase, Geruch meiner Kindheit. Alles wie immer. Sitze auf dem niedrigen, mit Ziegenleder bespannten Holzschemel vor dem Tischchen aus Plastik, trinke meinen Tee und beiße von süßem Brot ab, während ich die Bewegungen meiner Mutter beim Brotbacken verfolge. Das Zischen, wenn sie den Teig in die Kupferpfanne gießt, um das dunkle Fladenbrot wie Pfannkuchen zu backen, das Holzkohlefeuer, das sie mit einem Fächer am Glühen hält, und ihr Blick, der hin und wieder versonnen an der kleinen Muttergottesstatue im Regal hängen bleibt. Ob sie noch an unseren schlimmen Streit denkt?

Ich greife in meine grüne Stofftasche, die ich ab sofort nicht mehr aus den Augen lassen werde: Militärausweis, Militärjacke, ein paar Fotos, eine Lieblingskassette, der Brief meines Freundes Tantu mit Adressen – alles da. Auch die fünfhundert Dollar von meinem Bruder aus England, die ich in den Hosenbund eingenäht habe. Fertig. Da kommt Lilli, unsere Katze, und streicht mir um die Beine. Ich hebe sie hoch auf meinen Schoß, sie lehnt sich an meinen Bauch. Als ich ihr über den Rücken kraule, fängt sie an zu schnurren. Mir wird warm. »Ciao, mein Goldfleck«, flüstere ich in ihr Fell, »ich muss los!«

Erinnerung: Ich sehe hinaus in den Garten, wo der Aprikosenbaum anfängt zu blühen. Frühling. Knapp siebzehn bin ich, 1985 mitten in einer Hungersnot geboren, siebzehn Frühjahre, acht davon war Krieg. Acht Jahre Hunger, Angst, Ausgangssperre, Verdunkelung, Untertauchen. Als ich klein war, flüchtete meine Familie aufs Land, nach dem Tod meines Vaters schlug sich die Mutter mit uns Kindern in der Stadt durch. 1990, vor Kriegsende war Asmara abgeschlossen von der Welt. Wir hungerten, und ich erinnere mich gut an das Gefühl, wie es war, Abend für Abend mit knurrendem Magen ins Bett zu schlüpfen und die Bettdecke weit über den Kopf zu ziehen. Dann malte ich mir Essen aus: süße Beeren, Honigmilch und butterweiches *Injera*. Und ich weinte und stellte mir vor, wie es wäre in Freiheit zu leben. Dort hingehen, wo es etwas zu essen gibt. Europa! war das Zauberwort, das mich einlullte und satt machte, bis ich eingeschlafen war.

Am Tag, als der Krieg von 1998 ausbrach, saß ich in unserem Garten unter dem Aprikosenbaum auf dem Boden, den nackten Rücken nach vorn gebeugt, meine Arme um die Knie geschlungen, Duft vom Gras in der Nase, das ich abgezupft hatte. Adey leerte einen Eimer Wasser über meinem Kopf aus, um mir die Haare zu waschen. Es war Mai, die

Luft klar in unserer Stadt in den Bergen, wo immer Frühling ist. Während zuerst meine Adey durch meine Haare rubbelte und dann ich selbst, schließlich war ich fast dreizehn, da hörten wir dieses entsetzliche Geheul von Kampfjets und Sekunden darauf Detonationen von Bomben. Ich schnellte hoch. Beißender Gestank in der Luft, grässlich schwarze Rauchschwaden zogen über die Stadt. Sie bombardierten den Flughafen! Wer sie? Die Äthiopier? Ich begriff es nicht. Abends dann war es stockfinster, kein Stern zu sehen, gespenstische Ruhe hüllte alles ein, aber an jeder Hausecke ein Wispern, wer getötet und wer verletzt worden sei.

Zwei Jahre dauerten die erneuten Kämpfe zwischen Eritrea und Äthiopien, viele schwarze Tage und Nächte. Viele Tote und Verletzte, Tausende. Einhundertzwanzigtausend Eritreer und Äthiopier tot, Millionen verletzt und die gesamte Bevölkerung traumatisiert. Oft versteckten meine jüngere Schwester und ich uns nach der Schule in fremden Häusern, gelähmt vor Angst. Zu Hause dann drängten wir uns schlotternd in Mutters Bett, wo sie mit uns betete und uns Märchen gegen die Angst erzählte. Ich flehte im Stillen, dass mein Vater aus Amerika käme, um uns zu sich zu holen. Aber er kam nie. Damals wusste ich noch immer nicht, dass er längst nicht mehr lebte.

Noch sehe ich das ungläubige Grauen im Gesicht meiner Adey, als die Nachricht kam, dass Samson, einer meiner beiden großen Brüder, schwer verletzt im Krankenhaus von Keren liege. Der lustige Samson, der mit sechzehn aufs Schlachtfeld gezwungen wurde, obwohl er keiner Fliege etwas zuleide tun konnte. Dabei hatten an diesem Morgen doch Vögel in unserem Garten gesungen. Eine frohe Botschaft, hatte die Mutter, abergläubisch wie sie war, gedacht.

Ich bin das vierte von fünf eigenen Kindern und einem Cousin, die meine Mutter allein großzog und durch die Kriegsjahre brachte. Ich weiß nicht, wie sie das geschafft hat. Ich war knapp drei, als mein Vater starb. Mein ältester Bruder Mikiele war sechzehn damals, kurz vor dem Abitur; Rahel war elf Jahre und kümmerte sich um uns Kleinere; Alex, der Cousin, der seine Mutter als Baby verloren hatte, war zehn; mein großer Freund, Samson, sieben, und meine kleine Schwester Adiam zwei Jahre alt. Die Frechste von uns allen und mir immer dicht auf den Fersen.

Nur die Großen wussten von Vaters Tod. Vor Adiam und mir hatte unsere Mutter ihn lange geheim gehalten, wie vieles in Eritrea vor Kindern geheim gehalten wird. Weil sie sich schämte, dass ihr Mann an einer schlimmen Krankheit gestorben war und sie ihre sechs Kinder allein aufziehen musste. »Eine Strafe Gottes«, munkelte man. In Eritrea glauben die Menschen, dass Krankheit und Tod Gottesstrafen sind, wofür, weiß keiner.

Mikiele ging nach seinem Abitur nach London, um Biologie zu studieren. Das war im dreißigjährigen Krieg vor der Unabhängigkeit, damals konnte man noch ins Ausland. Er war einer der jüngsten Doktoranden, obwohl er nebenher bei der BBC arbeitete. Geld verdienen – er musste für uns sorgen. Eine Witwenrente gab es nicht, und als die Mutter bei der Kirche um Hilfe fragte, schickte der Pfarrer einen Fotografen, der Adiam und mich fotografierte. Schwarz gelockte Waisenkinder mit großen, ernsten Augen. Wir waren hübsche Kinder, wir konnten traurig gucken, wir wussten, dass unsere Fotos die Herzen weißer Familien in Europa rühren würden. Ich hatte sogar eine Patenschwester in Deutschland, Franziska, deren Familie regelmäßig Geld ans arme Waisenkind in Afrika schicken sollte, nur kam dieses nie bei uns an.

Ein geflügeltes Wort in Eritrea sagt: Hast du einen Pfarrer in der Familie, bist du ein reicher Mann!

Eine Weile lang fragte meine Mutter nach dem Geld der Patengeschwister aus Europa. Meistens hieß es: Nichts angekommen! Trotzdem ging sie jeden Tag zur Kirche. »Gegrüßet seiest du, Maria …« Immer nachmittags um halb fünf und am Sonntag mit uns Kindern in frischen Kleidern. Sie hatte ihren gesamten Goldschmuck verkauft, um uns das tägliche Mittagessen kochen zu können. Ein paar *Nakfa* verdiente sie sich mit dem Schneidern von Schuluniformen dazu, weiße Hemden, rote Westen, blaue Hosen und Röcke. Aber das reichte nicht aus.

Europa kannte ich von meinem großen Bruder. Jeden Monat schickte er uns zehn oder zwanzig Dollar, einmal hat er das Geld sogar selbst gebracht. »In einer halben Stunde bin ich da!« Er rief vom Flughafen aus an. Wie aufgeregt unsere Mutter da mit dem Kehrbesen durchs Haus fegte und das »*Juijuijui*«, den Freudenschrei eritreischer Frauen ausstieß, sodass alle Nachbarn herbeigelaufen kamen. Das ganze Viertel feierte die Rückkehr meines Bruders, während ich fieberte wie an Weihnachten. Wann endlich durfte ich Geschenke auspacken? Doch Mikiele ließ mich zappeln. Wasserkocher, Farbfernseher, Bügeleisen, alle nur erdenklichen Elektrogeräte wurden verteilt. Erst am Abend, kurz vor dem Einschlafen, rückte er mit meinem Paket heraus: Jeans, ein rotes Polohemd und Adidas-Sportschuhe. Ich war so stolz, dass ich diese Schuhe sogar noch trug, als sie mir längst zu klein geworden waren. Sogar eine kleine Orgel stellte mein Bruder mir in mein Zimmer. »Zum Musizieren«, sagte er, wie das jeder echte eritreische Junge macht. Ich komponierte darauf, und bei einem kirchlichen Wettbewerb »Wer schreibt das beste Gospel?«, einer Art KSDS – Kirche sucht den Superstar, kam sogar einer meiner Songs auf den dritten Platz.

Europa, die neue Heimat meines großen Bruders, war für mich ein Land, in dem die Menschen immer genug Brot zu essen hatten, in riesengroßen Villen lebten und nie arbeiten mussten für ihr Geld. Denn das wuchs wie Gestrüpp aus Hauswänden an der Straße. Das hatten wir im Fernsehen gesehen, alle meine Freunde meinten das. Geldautomaten kannten wir nicht. Als meine große Schwester, Rahel, kurz vor ihrer Hochzeit an Diabetes erkrankte und der Bräutigam sie sitzen ließ, sagte meine Mutter: »Das hätte es in Europa nicht gegeben.«

Europäer, davon waren wir überzeugt, straft Gott nicht mit Krankheiten, Krieg und Tod. Überhaupt konnte ich mir nicht vorstellen, woran Europäer sterben. Sterben Europäer überhaupt? Europa war für uns das Paradies. Mit Schnee, der die grünen Täler und Berge wie Schmuck zum Glänzen bringt.

Juni 2001 bis 2. März 2002, versteckt in Asmara: Ich war sechzehn Jahre alt, die grünen Militärbusse standen vor den Türen der ehemals katholischen Klosterschule, die ich besuchte, um uns am letzten Schultag direkt vom Abitur weg ins Militärlager *Sawa* zu holen. Der Krieg von 1998 war vorbei, aber die Angst vor dem Feind noch lange nicht. Im Gegenteil, unter den grausamen Eindrücken von Zerstörung, Hunger und Tod sah das Regime seine Macht von allen Seiten bedroht und hatte sich innerhalb kürzester Zeit in eine hysterische Militärdiktatur verwandelt. An Gesetz und Verfassung, die das Volk forderte, dachte niemand mehr, stattdessen wurde die lebenslange Militärpflicht für Mädchen und Jungen eingeführt, die, wenn man Glück hatte, später in einen Zivildienst umgewandelt wurde. Wer andere Träume hatte – Pech gehabt.

So hieß es fortan für jeden Abitur-Jahrgang *Ciao bambini*, Kindheit vorbei, jetzt bläst ein anderer Wind. Angreifen, schießen, ducken und decken, mutig und stark sein, aushalten, herhalten, hinhalten. Aber nur wenige Jugendliche gingen freiwillig zum Militär. Den Soldatendrill, die üblichen Folterstrafen – an den Füßen gefesselt mit ausgebreiteten Armen in der Sonne stehen, Untertauchen des Kopfes in kaltes Wasser – und die Gefängnisstrafen ohne Prozesse bei geringsten Zuwiderhandlungen, all das war kein Geheimnis. Nein, ohne mich!

Ich schwänzte die Abifeier am letzten Schultag. Die Militärzeit würde ich nicht überstehen. Ich wollte Gedichte schreiben und Geschichten, Musik machen und tanzen. Nicht umsonst nannte mich meine kleine Schwester Adiam »Tagträumer«. Wenn ich an das Militär dachte, hatte ich immer meinen Cousin Alex, der wie ein Bruder für mich ist, vor Augen, der getürmt war und dann … Nein! Auf keinen Fall. Noch immer sitzt Alex in einem dieser Foltergefängnisse, wo er sich mit zwei Häftlingen einen heißen Blechcontainer teilen muss, zwei auf zwei Meter, schon über zwei Jahre lang. Einmal am Tag dürfen sie auf die Toilette, die einzige Mahlzeit besteht aus Linsen und Tee, zwischendurch wird gefoltert. Wann er entlassen wird, weiß der liebe Gott.

Verdammt, ich will nicht daran denken! Aber ich habe von Frauen gehört, die nach ihrem Militärdienst traumatisiert von brutalen Übergriffen nur noch an Wänden entlang rückwärts gehen, und von Männern, die wilde Schreie von sich geben und nicht mehr schlafen können. Neben Äthiopien gehört Eritrea zu den Ländern mit den grausamsten Strafen der Welt. Ich wusste, wovor ich Angst hatte.

Unter ein paar Hundert Jugendlichen bei der Abiturfeier war mein Fehlen nicht aufgefallen. Adiam, meine schlaue kleine Schwester, die mit mir Abitur machte, weil sie eine Schulklasse übersprungen hatte, war eingeweiht. »Komm, wir tauschen die Rollen«, hatte sie mir wenige Wochen zuvor vorgeschlagen. »Du bleibst bei Mutter zu Hause wie ein Mädchen, und ich lerne schießen.« Wahrscheinlich hatte sie recht, wenn sie meinte, dass ich viel zu eigensinnig, zu politisch und zu ängstlich für den Militärdienst sei. Und naiv außerdem. Aber ich konterte nur: »Du wirst schon sehen, wir können ja um die Wette ballern.« Von wegen.

Im Gegensatz zu mir ist Adiam quirlig und draufgängerisch. Ich wusste alles von ihr, sie alles von mir. Wenn ich traurig war, brachte sie mich zum Lachen. Dafür verriet ich sie nicht, wenn sie Süßigkeiten aus Mutters Kleiderschrank stahl, und kassierte manchmal sogar die Prügel dafür. Süßigkeiten waren rar. An Neujahr zogen wir gemeinsam mit brennenden Kaktusblättern durch die Straßen, ließen die Leute für ein paar Münzen darüberhüpfen, manchmal begleitete sie mich mit einer Blechtrommel, wenn ich in ein Holzstück, das ich zum Mikrofon umfunktionierte, alte Befreiungslieder grölte. Eigentlich war ich schüchtern, aber wenn ich singend durch die Straßen tanzte, vergaß ich alles um mich herum.

Und während meine Freunde ihre Abiturzeugnisse und Militärausweise unter feierlichen Reden in Empfang nahmen und dann über staubige Wüstenpisten ins Militärlager rumpelten, drehte ich zu Hause die Musik laut auf: »*There's a choice, we're making*«, sang ich mit unserem Idol. Ich hatte mich auch entschieden. Aber anders. Erst mal verweigern.

Ich machte die Betten wie jeden Tag, Decken ausschütteln und zusammenlegen. Meine Mutter, Adiam und ich, die einzigen Kinder, die noch zu Hause waren, haben uns die Hausarbeit geteilt. Jetzt musste ich zusätzlich Adiams Job übernehmen, Fußböden wischen, vier Zimmer und Küche. Jeden Tag, rot-weiß, blau-weiß, grün-weiß, schwarzweiß gemusterte Fliesen. Ich liebte diese Arbeit, wie Tanzen war das, immer im gleichen Rhythmus drehte ich mich mit Putzbürste und einem alten T-Shirt als Lappen. Dass das in den nächsten zehn Monaten meine einzige Bewegung sein würde, konnte ich nicht ahnen, sonst wäre ich vielleicht nicht so übermütig gewesen.

Wie über einen gelungenen Jungenstreich freute ich mich, dass ich dem Militär entwischt war. Dieses Mal. Später, unter unserem *Awei'e*-Baum im Garten, den wir auch Zahnbürstenbaum nennen, weil die Ästchen zum Zähneputzen genutzt werden können, sah ich der untergehenden Sonne nach, die sich in den verzinkten Dächern der Nachbarhäuser spiegelte, und während ich auf den Zweigen und Blüten meines Lieblingsbaums kaute und frische Luft mein T-Shirt aufblähte, fühlte ich mich für einen kurzen Moment – frei. Freiheit, die nach *Awei'e*-Baum schmeckt.

Ich hoffte, es würde reichen, mich unsichtbar zu machen, aber ein paar Tage später flatterte ein neuer Einberufungsbescheid ins Haus, der mich zur städtischen Militärverwaltung zitierte. Ich ging nicht hin, sondern ließ den Termin verstreichen, weil ich ahnte, dass man Schüler, die sich wie ich dem Militärdienst entzogen hatten, mit Gewalt in Autos zum Abtransport zwingen würde. Erst ein paar Tage später meldete ich mich bei der Militärverwaltung. »Meine Mutter hat mich gebraucht, sie ist allein, ich bin der einzige Mann im Haus«, antwortete ich der Beamtin nach dem Warum und Wieso. »Was? Allein? In meiner Akte steht, dass deine Mutter fünf Kinder hat. Da wird doch wohl einer …?«

Ein großer Bruder sei in England, meine große Schwester verheiratet, ein Cousin im Gefängnis, ein anderer Bruder beim Militär, meine kleine Schwester auch. Daraufhin lachte sie mich aus. »Weißt du was? Es gibt Mütter in Eritrea, die nur ein einziges Kind haben, und das geht auch zum Militär.« Ohne meine Einwände zu beachten, beschimpfte sie mich als Feigling, Drückeberger, Vaterlandsverräter. »Ruf sofort deine Mutter an; sie soll dir ein paar Kleider fürs Militärlager vorbeibringen.« – »Ich werde nicht zum Militär gehen«, sagte ich trotzig. – »Aha, der junge Mann macht sein Programm selbst! Wo gibt's denn so etwas? Wir sind es, die dein Programm machen, dass das klar ist!«

»O heiliger Franziskus, hilf!« Mit Zeter und Mordio kamen meine Mutter und ihre blinde Freundin Hadas, die uns jeden Tag zum Kaffeetrinken besuchte, angerauscht. Ich sei wie eine Sehhilfe, eine Brille für sie, rief die Freundin unter Anrufung aller Heiligen; auch meine Mutter flehte und bettelte, der einzige Sohn noch zu Hause, und ich selbst bestand auf meinem politischen Grundrecht auf Selbstbestimmung. Der Militärbeamtin war das zu viel. »Dummer Junge, der wie ein Politiker redet.« Mit meiner Zusage, mich zur nächsten Einberufung ein paar Wochen später zur Stelle zu melden, entließ sie mich. »Ich mach keinen Sklavendienst«, zischte ich beim Rausgehen, »und wenn ich deswegen desertieren muss.«

Wer sich nicht meldete, war ich. Dickkopf, schon immer gewesen, der sich von diesem Tag an zusammen mit seinem Freund Tantu zehn Monate lang auf unserem Dachboden verkroch wie ein Schwerverbrecher auf der Flucht. Tantu ist der Spitzname meines Freundes, Moskito auf Tigrinya, weil er so klein und wendig ist. Im Gegensatz zu mir hatte er seinen Militärdienst sogar begonnen, war dann aber bei nächster Gelegenheit abgehauen. Ich war froh darüber, denn geteilte Langeweile ist halbe Langeweile. Und es war langweilig, unendlich langweilig im Versteck auf dem Dachboden. Wir warteten, warteten und warteten und wussten nicht einmal, worauf wir warteten. Wie im Gefängnis.

Dreihundert Tage, siebentausendzweihundert Stunden, vierhundertzweiunddreißigtausend Minuten. In denen wir einfach nur nichts taten, nichts anderes, als durch eine Dachluke Löcher in den Himmel zu starren. Wir hörten Radio, manchmal diskutierten wir über Politik, manchmal steigerten wir uns in die kühnsten Fantasien über Europa, wie die Menschen dort in Freiheit lebten, reisen konnten, wohin sie wollten, studieren, Party machen; manchmal erzählten wir aber auch Witze und brachten uns zum Lachen, meistens froren wir.

Oft lauschten wir von oben den Gesprächen meiner Mutter und ihrer Freundin oder meiner Schwester Rahel, wenn sie zum Kaffeetrinken vorbeigekommen waren. Rahel war immer fröhlich, obwohl sie es nicht leicht hatte. Wie der Vater war sie an Diabetes erkrankt. Eine Schande, wenn das nur nicht mit dem Teufel zugegangen war. Mutter hatte sie zum Heiler geschickt, der sie in den Körper schnitt, damit das schwarze, böse Blut hinausfloss. Alles Humbug, aber es war Krieg, und wir hatten kein Geld für Medikamente. Wie durch ein Wunder hat Rahel überlebt und nach der ersten geplatzten Hochzeit einen Mann geheiratet, den nicht wie beim ersten Mal die Mutter ausgesucht hatte, sondern sie selbst. Während ich im Versteck war, wurde ihre kleine Tochter, meine süße Nichte Ella, geboren.

Meistens diskutierten Mutter und Schwester an solchen Nachmittagen über die Beschneidung. Rahel war dagegen, Adey dafür. »Die Tradition … Was sollen denn die Nachbarn denken?« – »Mir egal«, entgegnete Rahel trotzig. »Die Nachbarn werden sich damit abfinden, wenn sie es erfahren. Deine kleine Enkeltochter aber wird sich mit den Schmerzen nie abfinden, so wie ich mich auch nicht damit abgefunden habe.« Mit der Mutter konnte man sich streiten, sogar heftig, aber zum Schluss lag man sich meistens weinend in den Armen. Tantu und ich hätten am liebsten mitgeheult.

Trotzdem: Es war ein eiskaltes, muffiges Stundentotschlagen auf dem Dachboden, kein Leben. Nach dem wir so hungerten. Der Krieg gegen Äthiopien war zu Ende, wir waren jung, wollten Spaß, so wie wir es in amerikanischen Serien im Fernsehen sahen. Wie lange hatten wir nicht mehr Basketball im Hof unserer Francesco-Kirche gespielt? Keine Musik mehr gemacht? Keine Gedichte und Geschichten in unserem wunderschönen Jugendstiltheater gelesen wie während der Schulzeit. Ich wollte wieder sechsstündige Bollywoodschnulzen aus der Videothek holen, sie bis zur Hälfte gucken, dann zurückbringen, da mein Geld nur für eine Dreistundenausleihe ausgereicht hatte. Oder mir einen Kassettenrecorder um den Hals hängen und unter dem tiefblauen Asmara-Himmel zu eritreischen Gospels tanzen. Stattdessen waren wir weggesperrt, verstecken war unser Alltag.

Immer wieder versuchte meine Mutter, mal im Guten und mal im Bösen, mich dazu zu bewegen, mich doch noch beim Militär zu melden. Aber ich wollte nie und nimmer in dieses Straflager, wie wir dazu sagten. Systematisch wurden die Stadtviertel von den Männern mit den Initialen MP (*military police*) auf den Ärmeln durchkämmt. Davor fürchteten wir uns, vor unserem eigenen Militär, das Jungen und Mädchen aus ihren Häusern und Familien herausriss, um sie zu Soldaten zu drillen. Einmal, Tantu und ich hielten uns bei seiner Familie versteckt, standen plötzlich Soldaten, bewaffnet bis an die Zähne, vor der Tür. Eine Razzia. »Jetzt haben sie uns.« Panisch vor Angst verbarrikadierten wir uns in einer Abstellkammer.

Die Soldaten polterten durch die Zimmer, drehten jedes Kissen um, stocherten mit Gewehrkolben unter Betten und in Schränken und rüttelten zuletzt an unserer Tür. Das Zimmer sei an einen ausländischen Studenten vermietet, log Tantus Schwester. Es war wie ein Wunder, aber die Soldaten glaubten ihr.

Unser Dachboden mit Blick auf eine Militärkaserne schräg gegenüber war unsere Zuflucht, wo wir monatelang auf eine Lösung warteten, die es nicht gab. Wie ich diese mit Stacheldraht umwundenen Mauern, diese protzigen Klötze aus grauem Beton samt den monströsen Wachtürmen hasste! Schon als Kind hatten sie mir einen Schrecken eingejagt, und die Soldaten, die aus und ein gingen und uns drangsalierten, wenn sie wollten, oder auch nicht.

Das war unser Leben, kein Leben, versteckt leben ist kein Leben! Entweder Tantu und ich begaben uns endlich freiwillig in die Sklaverei, denn etwas anderes ist es nicht. Oder? Wir liefen weg! Der einzige Ausweg. Wenn man uns schnappte, würden wir mit Gewalt ins Militärlager gebracht, wenn nicht, dann hatten wir vielleicht eine Chance. Flucht! Genau, ein neues Zauberwort. Aber wohin? China, Indien, Amerika, keine Ahnung, wir hatten nur wenige Bilder im Kopf. Ganz langsam keimte diese Hoffnung in uns auf, bis wir uns schließlich jeden Morgen nach dem Aufwachen gegenseitig fragten: »Wohin?« Wohin würden wir gehen, wenn wir das Land verlassen könnten?

Europa? Europa war der einzige Erdteil, den wir meinten zu kennen. Dorthin träumte ich mich in eine grüne Wiese voll mit gelben Blumen. Schneeflocken fielen vom Himmel und tanzten auf meinen dunklen Haaren, die lang nach allen Seiten abstanden. Wie Silberperlen und Diamanten legten sie sich auf meine dunkle Haut, weich und warm fühlte sich der Schnee an – so stellte ich mir Europa vor.

Zuerst war es nur ein Traum, ein Spiel, doch mit der Zeit wurde es ernst, immer öfter sprachen Tantu und ich davon, wie es wäre zu flüchten. Auf ins gelobte Land: Richtig euphorisch wurden wir und verdrängten die Gedanken an die vielen tausend Migranten aus Afrika, die auf dem Weg nach Europa in der glutheißen Sahara verdursteten, von Menschenhändlern getötet wurden, im Mittelmeer ertranken oder sich in Europa aus lauter Enttäuschung aus den Fenstern der Asylheime stürzten. Nein, davon wollten wir nichts wissen. In unseren Köpfen streiften wir durch Wiesen und Wälder, in Wirklichkeit wussten wir nicht einmal, wie wir bis zur nächsten Straßensperre kommen sollten.

»Schlepper gefunden!« An einem Morgen wurden wir zu Tantus Familie gerufen, weil sie tatsächlich einen Mann organisiert hatte, der uns über die eritreisch-sudanesische Grenze bringen sollte. »*Sorry*, nur einer von euch …«, sagte dieser jedoch, als wir vor ihm standen. Knüppelhart. »Nein, zwei nehme ich nicht mit!« – »Warum?« Tantu wollte auf keinen Fall ohne mich los. – Das Risiko mit zwei Flüchtlingen sei ihm zu groß, sagte der Schlepper achselzuckend, so einfach, es sei denn, wir legten einen Tausender drauf. Tantus Familie, die seit Monaten für die Flucht ihres Sohnes Geld gespart hatte, drängte ihn.

»Mach die Fliege, Moskito!«, sagte ich, obwohl ich todunglücklich war. Um meine Enttäuschung zu überspielen, stieß ich meine Schulter gegen seine. »Ich werde dich schon finden in Europa.« Hand drauf.

Von diesem Tag an war ich allein. Und wütend, mein monatelang aufgestauter Frust gärte, ich rannte von morgens bis abends durchs Haus. Wollte auch weg, musste flüchten, die Heimat verlassen, weggehen von diesem schönen Stück Erde, das seine Kinder den Waffen opfert, die Familie, meine Mutter zurücklassen, meinen großen Bruder Mikiele in England anrufen und bitten, mir Geld zu schicken.

Hat er sofort getan, ohne lange nachzufragen, wieso und warum. Das ist nicht seine Art, lieber steckt er seinen Kopf zwischen die Bücher. Dass man sich in der Familie gegenseitig hilft, selbst wenn man nicht immer mit dem Vorhaben des anderen einverstanden ist, ist eine Selbstverständlichkeit in Eritrea. »Viel Glück«, wünschte er mir und: »Pass auf dich auf, kleiner Bruder!« Wenn ich in Europa sei, solle ich mich melden.

David, ein entfernter Verwandter, Krankenpfleger, wusste, wie man gefälschte Militärausweise beschafft, um durch die Polizeikontrollen zu kommen, die an jeder Straßenecke lauern. Ihn wollte ich auch noch um Hilfe bitten. Gleich, nachdem ich mit Adey gesprochen hatte.

Streit: »Adey?« Die Wohnung war leer. Aus, ich will mich nicht mehr verstecken! Nie mehr unters kalte Dach, wo ich mich vor Spinnen ekelte. Das Holz splitterte, so heftig knallte ich die Tür zu meinem Zimmer hinter mir zu. Noch ein Funke und alles explodierte, ich explodierte. Ich warf mich auf das Bettgestell aus Eisen, es knarrte, stierte auf die blaue Wand gegenüber, an die ich ein Poster von Michael Jackson gepinnt hatte. »Mensch, hast du es gut, keiner verbietet dir deine Träume.« Mir war zum Heulen. Ich wollte doch nichts Besonderes: nur eine Zukunft!

Reglos blieb ich auf dem Bett liegen. »Ich werde nicht gehen!«, hatte ich beim letzten Streit, als mich meine Mutter überreden wollte, der Einberufung zu folgen, gebrüllt. Ich war kein Rebell, überhaupt nicht. Eigensinnig schon. Und darauf war meine Adey sogar stolz. Nicht umsonst erzählte sie gern vom Tag meiner Geburt: »Es war Sperrstunde, als Zekarias zur Welt kam, aber er war dagegen, hatte halt seinen eigenen Willen!« Als in der Nacht damals die Wehen einsetzten, musste meine Mutter die feindlichen äthiopischen Soldaten rufen, die Asmara belagerten, damit diese sie ins Krankenhaus fuhren. Weit nach Mitternacht kam ich zur Welt, machte jedoch keinen Mucks, so erschöpft sei ich gewesen. Erst am nächsten Tag, als mein Vater mit meinen Geschwistern ins Krankenhaus kam, tat ich den ersten Schrei. Gleich zu Beginn meines Lebens hatte ich es geschafft, Grenzen zu überschreiten. Ich werde es wieder schaffen!

Ich stand auf, öffnete ein Fenster und spähte zur Straße hinaus, hinunter Richtung Harnet Street, der Straße der Freiheit. Ich will nicht mehr, hallo. Wo bleibt sie denn bloß, meine Adey? Ein paar Mal hatte sie sich den Spaß erlaubt und mir entgeistert zugerufen: »Zekarias, zieh den Kopf ein, sonst sieht dich der Präsident und schleppt dich höchstpersönlich ins Militärlager!« Meine Adey hatte Humor. Meine beste Adey der Welt, und die schönste, wenn sie ihre Haare zu feinen Zöpfchen über den Kopf flocht. Wenn wir miteinander stritten, sagte sie zum Schluss jedes Mal: »Ja, ja, ihr Jungen meint immer, ihr könnt mit euren Dickschädeln durch die Wand und die ganze Welt umkrempeln. Aber das ist gut so. Wer, wenn nicht ihr, soll denn die Welt verändern? Auch wenn ihr euch dabei ein paar Beulen holt.« Doch je länger ich mich versteckte, desto häufiger geriet ich mit Adey aneinander.

Das Quietschen der schweren Eisentür, die in unseren Hof führte: Das musste sie sein. Eine schwarzblaue unförmige Sporttasche in der linken Hand und mehrere Plastiktüten in der rechten kam Adey auf das Haus zu. Sehr aufrecht, trotzdem müde. Mehr ahnte ich, als dass ich es wusste: In den Taschen waren wieder tausenderlei Dinge, die ich ihrer Meinung nach fürs Militär brauchte. Immer brachte sie etwas mit aus der Stadt. Trockenfrüchte, Vitamintabletten, Malaria-Mittel, langärmlige T-Shirts, kurze Hosen ... Verdammt! Sie konnte es nicht lassen. Wut schäumte in mir hoch, gewaltig, keine harmlose, kleine, niedliche. Sondern ein Dammbruch.

»Warum hast du mich in die Welt gesetzt?«, schrie ich unvermittelt, kaum dass sie durch die offene Haustür kam. »Verdammt ...« Ich war durch den Flur zur Haustür gerannt, wo Adey wie angewurzelt stehen blieb. Ein wenig vornübergebeugt, sodass ihr das lila Chiffonkleid über die Füße strich. »Was ist denn los, Zekarias?«, rief sie sorgenvoll, stellte ihre Taschen ab. So hatte sie mich noch nie erlebt. »Mensch, du wusstest doch genau, was für ein beschissenes Leben das hier ist, oder?« Barfuß stapfte ich auf den schwarz-weißen Fliesen auf und ab, schlug mit der flachen Hand gegen die Wand. »Krieg, Hunger, Sklaverei, bumm und tot. Willst du das? Das ist doch sinnlos.«

»Zekarias, bitte«, versuchte meine Mutter mich zu beruhigen. »Was willst du denn? Du kannst dich doch nicht länger verstecken.« Dass sie es gut mit mir meinte, wusste ich, jaja. Auch sie hatte dieses dämliche Versteckspiel satt und fürchtete sich vor dem Tag, an dem man mich finden würde. Aber jetzt ging es nur um mich, um meine Zukunft. Und ich schrie's heraus: »Warum hast du mich überhaupt geboren? Als Kanonenfutter? Noch nie etwas von Verhütung gehört, oder?« – »Zekarias, spinnst du? Ich hatte keine Wahl und nahm die Kinder, wie sie kamen.« – »Aha, du hattest keine Wahl? Nimmst so hin, was kommt?« – »Ja, genau so!« – »Hast du denn keine eigene Meinung, Adey, hat dich dieses Land schon so kleingekriegt?« – »Nein, nicht klein, sondern vernünftig.« – »Kinderkriegen aus Vaterlandspflicht oder Mutterpflicht, ha?« – »Zekarias, hör sofort auf.« Gern hätte ich ihr entgegengeschleudert: Ach, zur Hölle mit Afrika, zur Hölle mit Eritrea. Das einen zum Militärdienst zwingt, alle zwingt. Ich will aber nicht, sondern demokratisch leben, frei leben! Und jetzt schickt mich sogar meine eigene, meine liebste Adey ...? Obwohl ich ihr hundert Mal gesagt hatte, dass ich mich nur als Gefangener in Handschellen ins Militärlager nach Sawa transportieren lasse.

»Willst du wirklich, dass deine Kinder als Sklaven im Gefängnis oder im Krieg landen?« Sie musste doch endlich begreifen. – »Natürlich nicht ...!« – »Ich an deiner Stelle hätte keine Kinder in die Welt gesetzt, das wäre vernünftig gewesen, nicht in diese Welt.«

»Aber Zekarias, ich, ich schicke dich doch nicht ins Gefängnis.« – »Und die Klamotten, mit denen du mich versorgst – was soll das? Ich träume von einem besseren Leben. Und wenn es sein muss ...« – »Wie willst du denn vom Träumen leben?«, unterbrach Adey mich entschieden.

Ohne ihre Taschen im Eingang weiter zu beachten, raffte sie nun ihr Kleid über dem Bauch zusammen und stieg über unsere Hühner, die sich mittlerweile um ihre Füße geschart hatten. Dann löste sie umständlich die *Gazella*, ihr Tuch, von Schultern und Kopf und legte es auf die hölzerne Ablage im Flur. Meine Freunde beneideten mich, weil ich mit meiner Mutter über alles reden konnte, auch wenn wir unterschiedlicher Meinung waren. Das ist nicht üblich zwischen Mutter und Sohn in Afrika. Sie verstand mich, auch wenn wir über arrangierte Ehen, Beschneidung oder Hokuspokusheiler stritten und sie sich über meine modernen und ich mich über ihre traditionellen Ansichten lustig machte. Andere Eltern ziehen frechen Kindern einen Gürtel über den Rücken und stecken ihre Köpfe in Säcke mit scharfem Pfeffer.

»Jeder muss helfen, unser Land aufzubauen«, sagte sie jetzt. »Eritrea ist unabhängig ...« – »Dass ich nicht lache – unabhängig? Eritreas Berge und Täler vielleicht. Aber die Freiheit eines Landes ist doch nichts wert, wenn ich nicht tun kann, was ich will.«

»Zekarias, unsere Kinder sollten es einmal besser haben als wir; dafür haben wir gekämpft.« Meine Mutter streckte ihren Arm mit dem dunklen Hennamuster von einer vergangenen Hochzeit nach mir aus. Noch immer wollte sie mich beruhigen. Doch ich wich zurück, stemmte mich trotzig gegen die gelblich getünchte Flurwand und stützte mich mit einem Fuß nach hinten ab.

»Besser? Dass ich nicht lache, indem ihr uns zwingt, einem Diktator zu dienen und weiterzukämpfen?« Bei diesen Worten wurden Mutters dunkle Augen ganz klein; ich sah genau die Fältchen und das Zucken um ihren Mund. – »Aber«, sagte sie nach einer Weile traurig, »seit zehn Monaten hängst du nur herum. Was willst du denn tun, wenn du nicht zum Militär gehst?«

Ja, was wohl? Nichts. Ich wusste es nicht. Nur eines, ewig so weitergehen wie bisher konnte es nicht. »Träumen will ich, nicht schießen; schreiben, singen, tanzen, spielen, so wie andere Jugendliche auf der ganzen Welt ...« Warum akzeptierte sie das nicht? Wenn ich schrieb, war das die Erfüllung. Schon während meiner Schulzeit schrieb ich. Viele Gedichte und Geschichten, vor allem herzzerreißende Liebesgeschichten, die meisten davon waren sogar in einer Jugendzeitschrift veröffentlicht worden. Die vergangenen Monate im Versteck hatte ich sogar unter einem Pseudonym weitergeschrieben.

Ich liebe die Heimat,
ich liebe die Armut,
mir fehlt die Gerechtigkeit,
ich leide unter der Macht der Mächtigen,
ich leide unter meiner Ohnmacht,
ich will nicht länger zusehen,
ich will nicht mehr trauern,
ich will etwas tun.

Aus der Traum. Vergiss das Schreiben! Genau kalkuliert, nämlich eine Woche nach dem verheerenden Terroranschlag in New York, am 18. September 2001 um die Mittagszeit hatte Solomon Abera, einer der bekanntesten eritreischen Journalisten, im Staatsradio verkündet: »Ab heute ist die freie Presse verboten.« Von jetzt auf gleich wurden unabhängige Fernseh-, Radio- und Zeitungsredaktionen aufgelöst und oppositionelle Journalisten zusammen mit Ministern, die dagegen waren, ins Gefängnis geworfen. Ohne dass die Weltöffentlichkeit davon Notiz genommen hätte.

Bei diesen Gedanken kochte von Neuem die Wut hoch, bodenloser Zorn. Mit einem Ruck löste ich mich von der Wand, nahm Anlauf und kickte Mutters Einkaufstaschen durch die offene Haustür, hinaus ins verdorrte Gras: »Was wird jetzt aus mir? – Leben will ich!«

Aufgeregt stoben unsere Hühner durcheinander. Adey liebte ihre Hühner, die sie alle von Hand aufzog. Nun aber nahm sie keine Notiz von der gackernden Meute, sondern atmete laut durch, richtete sich gerade auf. Dann sah sie einen Moment lang nach oben, hoch in die Aprikosenbäume vor unserem Haus, rosarot mit Blüten voll wie Morgenwolken. »Zekarias …!«

»Ich pfeif auf die Unabhängigkeit von Eritrea, wenn ich keine eigene Meinung haben darf!«, schrie ich. »Das ist mein Menschenrecht. Weder du noch der Staat, absolut keiner kann mich zwingen. Du wirst schon sehen …« Und plötzlich wurde meine Stimme ganz leise. »Ich finde einen Weg!« – »Pass auf, dein Eigensinn wird dir noch vergehen.« – »Genau, und wenn's sein muss … im Meer nach Europa!« – »Nein!« – »Immer noch besser, als hier bis zum Tod auf meine Freiheit zu warten.« – »Nein, du hast keine Wahl und du machst deinen Militärdienst wie alle anderen auch, basta. *Selam habeni!* – Und jetzt lass mich in Ruhe!«

»Du wirst schon sehen …«, mit diesen Worten hechtete ich durch den dunklen Flur zurück ins Haus, nicht mehr auf den Dachboden, sondern in mein Zimmer, wo ich mich bebend in eine von meinen vielen Decken einwickelte. Lieber Gott, hier war doch nichts außer Stillstand. Ich – gefangen im Nochnicht, bewegungslos, starr und stumpf. Aber ich will laufen, fort von hier.

Vater? Plötzlich dachte ich an ihn. Von Militär und Krieg hatte er nie etwas gehalten. Im Gegenteil, während der dreißigjährigen Auseinandersetzung mit Äthiopien hat er als Lehrer an der Universität von Addis Abeba in Äthiopien und später auch hier in Asmara seinen Studenten beigebracht, selbstständig zu denken, selbstständig zu handeln, selbstständig, nicht als Sklave …

Ich musste eingeschlafen sein, denn als ich aufwachte, war es dunkel. Im Flur leises Schlurfen, Adey, die sich fürs Bett fertig machte, dann wieder Stille. Die Nacht draußen war sternenklar und kalt. Ich zündete eine Kerze an, die lange Schatten an die Wand warf, und plötzlich hörte ich Paviane von den nah gelegenen Bergen heulen, Chöre von Tieren, die jaulten und lachten. Frei, mit einem Mal fühlte ich mich frei, frei wie seit zehn Monaten nicht mehr. Alle Ängste und Skrupel verflogen.

Mein Blick blieb bei Michael Jackson hängen: silberner Anzug, silberne Schuhe, weiße Socken, das Mikrofon in der Hand mit den eleganten Glitzerhandschuhen, die Haare glänzend und glatt, die Haut hell, Sonnenbrille und schwarzer Hut. Das war kein Trugbild, er lebte. Er konnte singen und tanzen und moonwalken, wohin und so lange er wollte.

Er sei gut in Khartoum im Sudan angekommen, hatte mir Tantu in einem Brief geschrieben: »Komm, Zaki, mach dich auf den Weg!« War ich es nicht sogar meinem Vater schuldig, für meine Freiheit zu kämpfen? Er wäre stolz auf mich, wüsste er von meinen Plänen. Und wer weiß, vielleicht sah er mir ja von oben im Himmel aus zu! Ich lachte in die Dunkelheit, und alles schien ganz einfach: aufstehen und gehen. »*Andiamo*! Herr Präsident, Zeit fürs Picknick«, blies ich meine Worte in die Kerzenflamme, sodass sie anfing zu flackern und dann ausging. Mein Entschluss stand fest: Ich würde laufen, ohne mich umzudrehen.

Lilli miaute an der Zimmertür: »Komm rein, du Goldgefleckte.« Wie oft habe ich mich mit meiner Schwester Adiam um sie gestritten. Bei wem Lilli abends beim Fernsehen liegen darf, wer sie zum Schlafen mit zu sich ins Bett nimmt und zu wem sie freiwillig kommt. Dann haben wir die Katze entscheiden lassen, ließen unsere Zimmertüren offen, und Lilli kuschelte sich zu Adiam oder zu mir. Kam sie zu mir, habe ich meine Schwester ausgelacht: »Du hast verloren, sie schläft bei mir, ätsch! Lilli hat Geschmack, sie mag dich nicht, nur miiiiiich.« Seit meine Schwester beim Militär war, kam Lilli jeden Abend zu mir. Schnurstracks hüpfte sie auf meine Decken, wenn ich ihr die Tür öffnete. Sie wird mir fehlen.

2. Etappe: »Passport, bitte!«

NZZ Online, 4. November 2007

Nichts wie raus aus Eritrea

Dieses Jahr stellen Eritreer die meisten Asylgesuche in der Schweiz. Schuld daran ist die Praxis, eritreische Deserteure aufzunehmen, vermutet der Justizminister. Aber auch im übrigen Europa mehren sich die Eritreer. Sie verlassen ihr von Staatsterror geprägtes Land in Scharen. (…)

2. März 2002, Asmara, Aufbruch: Meine Mutter rührt noch immer den Teig, doch jetzt lächelt sie, und ihr Gesicht wird dabei ganz rund. »*Tzubokh gerka!* – Gut gemacht!«, sagt sie nur und reckt den Daumen nach oben. Im Radio läuft eine Michael-Jackson-Sendung mit meiner Biografie-Übersetzung, die ich ein paar Wochen vorher aus dem Englischen gemacht habe. Ich kann meine Tränen nicht zurückhalten, muss mich wegdrehen. »*Kulu dehando?* – Alles klar?«, fragt Adey. – »… ja, aber sieh dich mal im Spiegel an, dein Haar ist ganz weiß.« – »Kein Wunder, bei den Sorgen mit dir.« – »Bist du nicht froh über den einzigen Mann im Haus?« – »Doch, doch – aber versteckt wie ein heimlicher Liebhaber …« – »Wie bitte? – Sklave heißt das, oder Putzfrau. Wer macht hier täglich die Betten und putzt den Dreck weg?« – »Wenn mein lieber Sohn nicht gerade Liebesgeschichten schreibt oder von Europa träumt.« – »Exakt.«

Wir lachen, Adey stellt mir ein Glas Wasser auf den Tisch, »*Mai* – Wasser«, sagt sie, »komm, trink«, und mitten hinein platze ich mit meiner Abschiedsausrede, die ich mir die halbe Nacht lang überlegt habe. Ich kann ihr nicht sagen, dass ich gehen werde, unmöglich, sie würde sich viel zu viele Sorgen machen. Wie um Tantu, fast täglich fragt sie nach ihm. Dass ich übers Wochenende David besuchen wolle, erzähle ich. David hat mir nicht nur einen Urlaubsschein vom Militär mit Stempel und Unterschrift vom örtlichen Militärbüro gegen ein Schmiergeld von einhundert *Nakfa* besorgt – dreißig Dollar, ein kleines Vermögen in Eritrea –, sondern war auch sofort bereit, mich bis zur sudanesischen Grenze zu begleiten. Ein Glück, denn keiner kennt das Land besser als er.

Ich bin mit ihm im Büro meiner großen Schwester Rahel im Zentrum der Stadt verabredet. Sie arbeitet als Buchhalterin für eine Medizinfabrik. Von meinen Fluchtplänen hat sie keine Ahnung. Während ich Lilli ausgiebig übers Fell streichle, stottere ich die Worte heraus: »Vielleicht bleibe ich auch ein paar Tage länger, ich muss raus, vielleicht kann er mir Tipps geben, wie ich den Militärdienst schwänzen kann.« Als Deserteur, aber das behalte ich für mich.

Wenn's unbedingt sein muss, kann ich notlügen, aber nicht gut, eigentlich nur aus Spaß, meistens muss ich mir dabei die Hand vor den Mund halten, um nicht loszukichern. Jetzt sitzt mir ein Kloß im Hals, und zum Lachen ist mir überhaupt nicht. Nicht wie damals, als ich meinem Schulrektor versicherte, dass ich meine Mutter auf keinen Fall den Sommer über allein zu Hause lassen könne, um den obligatorischen Ferienarbeitsdienst, sprich die Zwangsarbeit, anzutreten. »Meine Mutter ist blind, verstehen Sie?«, sagte ich da und präsentierte ihm zum Beweis ihre blinde Freundin Hadas. Sie spielte mit, unser Rektor war beeindruckt von meinem Verantwortungsgefühl gegenüber der Familie in einem Land, in dem es keine Behindertenrente, überhaupt keine Rente gibt, und wir hatten richtig Spaß an unserem Streich.

Wenn meine Mutter wüsste, was ich vorhabe, würde sie mich nicht gehen lassen. Aus dem Staatsfernsehen kennen wir die Geschichten der Flüchtlinge, die »picknicken«, zur Genüge. Natürlich nur als Horrormeldungen. Unter der Hand verbreiten sich die guten Nachrichten trotzdem nachhaltiger als die schlechten. Wer es bis nach Italien schafft und wer in Dubai oder in den USA landet. Ich bin gespannt ...

Dass ich mich nicht von meiner Mutter verabschieden kann, ist das Schlimmste. Dass mir keiner Mut macht und sagt: »Kopf hoch, du wirst es schon schaffen!« Nur wenige sind in meine Fluchtpläne eingeweiht. Mein Bruder Mikiele, der mir die fünfhundert Dollar über Western Union überweisen hatte lassen. Und Adiam! Klar! Als ich meiner kleinen Schwester, auf Wochenendurlaub vom Militär zu Hause, verkündet hatte, dass ich abhauen wolle, gab sie sich schnippisch. »Wetten, dass ich dich einhole!« – Typisch, sie hat mir schon immer alles nachgemacht. »So eine Flucht ist kein Abenteuer«, drohte ich ihr streitlustig. – »Wir werden ja sehen, wer zuerst ins Paradies kommt.« – »Der große Bruder natürlich ...« Wenn ich da den Mund bloß nicht zu voll genommen hatte.

Jetzt gibt es niemanden, bei dem ich Abschiedstränen vergießen kann, keinen, der um mich weint und mich in den Arm nimmt. Niemanden, der meine Träume und Hoffnungen, aber auch niemanden, der meine Ängste versteht. Ich fühlte mich so einsam.

Umständlich stehe ich auf und ziehe die grüne Militärjacke an. Ich taste nach meiner Stofftasche, die ich mir quer über die Brust hänge. Sonnenbrille ins Haar, beide Hände so cool wie möglich in den Hosentaschen versenken. »*Ciao, ciao*, Adey«, wispere ich und erschrecke über meine kleinlaute Stimme. Ich habe Angst, und wie! Und wie in einem Traum sehe ich mein Gesicht, von dem sich verbrannte

Hautfetzen lösen, meinen Mund ausgetrocknet und voller Sand, die Lippen blutig, Arme und Beine aufgedunsen, immer deutlicher spüre ich die glutheiße Wüstensonne wie einen Dolch auf meiner Brust, sehe mich im Meer mit weit aufgerissenen Augen unter Wasser und Händen, die ins Leere krampfen. Es riecht nach Tod. Warum hilft mir denn keiner, Adey, will ich in Todesangst rufen. Mutter, hilf mir!

Aber ich bin mutterseelenallein mit meiner Entscheidung. Allein gehe ich fort, allein ohne Abschied, und tue so, als kehre ich in wenigen Stunden zurück. »*Amlak msaka ykun!* – Gott sei mit dir!«, ruft mir meine Mutter nach, wie stolz und erhaben sie aussieht. »Mit dir auch.« Fast lautlos stoße ich die Worte heraus, während ich über die Stufen vor der offenen Haustür springe.

Die Luft prickelt wie jeden Morgen hier im Hochland, zweitausendvierhundert Meter über dem Meeresspiegel, die Häuser leuchten rot, braun, gelb vor dem Himmel, der sich so tief und so blau über Asmara spannt, dass wir ihn »*asmarabella*« nennen. Aufgeschreckte Lerchen steigen auf und singen flügelschlagend ein Lied, um in den Büschen im nahen Park wieder abzustürzen. Ich weine, gleichzeitig fühle ich mich leicht. Flucht beflügelt, *frei* summen meine Beine und drehen sich um die eigene Achse. Fast übermütig, so nah liegen Albtraum und Traum beieinander. *Frei* jagt mein Herz das Blut durch die Adern; *frei* singt die Luft in meiner Lunge. »*Harnet*« – Freiheit, nach elf Monaten Eingesperrtsein.

Freiheit riecht süß, nach Glyzinien, die wie ein unendlich blassblauer Wasserfall von der Mauer vor unserem Haus fallen. Das grüne Gartentor quietscht in seinen Angeln, und ich gehe den breiten Gehweg entlang, vorbei an der undurchdringlichen Fassade der Kaserne. Frei – frei in Asmara. Mein Asmara, einen anderen Ort kenne ich nicht. Dass die Stadt, die übersetzt »in Frieden leben« heißt, überhaupt noch existiert, gleicht einem Wunder nach so vielen Kriegen. Ich laufe los, mit großen Schritten. Aufbruch ist ein Lichtblick, wie Wetterleuchten.

Die Hauptstraße entlang in Richtung der Fiat-Taglieri-Tankstelle, diesem ultramodernen Gebäude aus der italienischen Kolonialzeit, das wie ein Flugzeug aussieht. Ich kenne keinen, der ein Auto hat, um zu tanken, dafür kaufen wir dort jede Woche den Spiritus für unseren Kocher in der Küche ein. Die Straße ist kaum befahren, daher sehe ich den Wagen, der mir entgegenkommt, sofort: Soldaten. Eine Sekunde zucke ich zusammen. Nur nicht auffallen, hämmert es in meinem Schädel, während der Militärjeep an mir vorbeirauscht. Mein Herz pocht wild, aber ich ziehe meinen Kopf nicht ein.

Vom Hang hinter dem Regierungsviertel hallt das Bellen der wilden Hunde herüber, und auf einmal ist meine Euphorie wie weggeblasen. Den Menschen, die dort in Holz- und Wellblechverschlägen hausen, geht es noch schlechter als mir. Weil sie nicht einmal mehr die Kraft haben, wegzulaufen; Geld dafür schon gar nicht. Saufend, bettelnd und sich prostituierend vergehen ihre Tage. In den Gassen, wo sich bis auf die Rippen abgemagerte Kinder mit verfilzten Haaren und Narben im Gesicht halb tot schlagen, weil sie von den Erwachsenen nichts anderes als Streiten gelernt haben, vergammeln Abfälle und Exkremente. Die Armut ist unerträglich. Man steht vor Lebensmittelläden mit leeren Regalen, überlebt mit Almosen, Rabatt- und Lebensmittelmarken oder mit Hilfe der Verwandtschaft im Ausland.

Oder man geht – wie ich. Die Rabenvögel, die weit oben am Himmel kreisen, warten auf die, die auf der Strecke bleiben. Mit langen Schritten laufe ich das Kopfsteinpflaster entlang, das die Italiener in Marmor hinterlassen haben. Die europäische Kultur ist das einzige Erbe, worauf wir in diesem Land noch stolz sind. Unsere eigene Kultur ist untergegangen, was die Kolonisten nicht wegzivilisiert haben, haben unsere Kriege vernichtet.

Trotzig recke ich meinen Kopf in die Luft, und mit einem »*Ciao, bello*« werfe ich der hohen Statue des heiligen Francesco vor unserer Kirche einen luftigen Handkuss zu. Fast habe ich vergessen, wie es sich anfühlt, sich frei zu bewegen. Das Leben ist schön, die Welt steht mir offen. Wenigstens bis zur nächsten Militärpolizeikontrolle, auf die ich auf der Höhe meiner Schule treffe.

»*Menkesa-kesi bejaka!* – Ausweis, bitte!«, rufen die beiden Soldaten schon von Weitem. Früh gealterte Männer mit Armen wie Wurzelholz. Bei meinen wenigen Ausflügen in den vergangen Monaten habe ich mich in einer solchen Situation weggeduckt. Was sonst? Aber diesmal nicht. Ich muss hier raus. Das schaffst du! Ich straffe meine Schultern, wiege sie im Takt einer lautlosen Musik und tanze schließlich auf die Uniformierten zu. »*Here, please Mister*«, antworte ich auf Englisch. Frech strecke ich den beiden meinen Urlaubsschein vom Militär entgegen. Sie halten ihn gegen das Licht, vergleichen Name und Foto mit meinem Schülerausweis und geben mir den grünen Wisch ohne weitere Fragen zurück.

Yeah, wer sagt's denn! Bloß nicht lachen, tapfer verschlucke ich meinen Triumph und huste vor mich hin. So einfach. Eine Militärjacke und ein Urlaubsschein *make me a soldier*. Ein falscher Soldat, echt ist dagegen mein Militärausweis, der es dem Inhaber erlaubt, zehn Tage als Soldat bis nach Tesseney an der sudanesischen Grenze zu reisen. Nur wenige haben das Glück und einen großen Bruder im Ausland, der ihnen das bezahlt. Gegen Bares ist in diesem Land alles zu haben.

In der großen Godena Harnet, der Straße der Freiheit, hole ich tief Luft und fange an zu laufen: Mein Leben ist grenzenlos – ich pfeif auf die Kontrollen, alles lebt auf, das Blau des Himmels ebenso wie meine Seele. Hoffentlich. Frauen in weißen Tüchern kommen mir wie wandelnde Fische entgegen. Mit schweren Plastiktüten von Lidl, Carrefour oder

Standa, Berlusconis Kette, obwohl es nur wenige Supermärkte in Eritrea gibt. Dafür Freunde im Ausland, die einem bereits mit einer gebrauchten Einkaufstüte eine Freude machen können. Männer mit kantigen Schädeln zwischen krummen Schultern sitzen unter Bäumen im Schatten, ratternd schieben hohlwangige Straßenkehrerinnen in blauen Kittelschürzen ihre Schubkarren vor sich her. Es ist nicht viel los auf der Straße, aber ich muss mich in Acht nehmen.

Ich sehe zurück und sehe nach vorn. Als ich forsch an unserem Jugendstiltheater mit der großen Freitreppe vorbeieilen will, spüre ich, wie es mir die Kehle zuschnürt. Das Theater fehlt mir jetzt schon. Jeden Samstagnachmittag habe ich dort zu Schulzeiten im kleinen Saal bei Veranstaltungen des tigrinischen Sprachvereins meine Gedichte gelesen. Kaum kann ich meine Tränen zurückhalten, sehe hoch in die grün, rot, blauen Wimpel, die über die Straße gespannt sind, streife mit meinem Blick die maronenfarbene Fassade des Cinema Odeon. Noch ein Mal durch das marmorverkleidete Foyer flanieren und in den Samtsesseln »*Asmara-style*« atmen, das wäre schön. Ich schlucke: so ein Blödsinn! Schon vergessen, dass David wartet? Du bist nicht frei, Zekarias! Ganz im Gegenteil, wenn sie dich erwischen, landest du bei deinem Cousin im Folterkäfig.

Da vorn, die hohen Arkaden des Postgebäudes, von wo aus ich meine Geschichten an die Jugendzeitung gefaxt habe. Jetzt laufen mir die Tränen übers Gesicht. Würde ich je wieder schreiben? »Mein Land am Roten Meer ist frei, ich bin frei ...«, oder so ähnlich dichtete ich unbeholfen mit knapp acht Jahren mein allerersten Gedicht. Mit dem Zettel in der Hand lief ich zu Radio Eritrea, habe ihn dem Pförtner wie eine Kostbarkeit übergeben und schüchtern: »Man soll es bitte im Radio bringen«, geflüstert. Es wurde tatsächlich gesendet, denn es war April 1993. In einem Referendum hatte Eritrea mit neunundneunzig Prozent für die Unabhängigkeit gestimmt. Das Land war frei, wir tanzten auf der Straße, der schönste Tag meines Lebens. Wenn ich daran denke … Komm, hör auf zu heulen!

Nichts ist übrig geblieben von dieser herrlichen Unabhängigkeit. Nichts als ein traumatisiertes Volk und eine hysterische Regierung, die überall den Feind wittert. Unser Präsident unterstützt Terroristen in Somalia, verhandelt mit Israel ebenso wie mit der palästinensischen Hamas, und an der Grenze zu Äthiopien hören die Konflikte nicht auf. Ich verstehe das nicht. Die Äthiopier sind doch meine Brüder, deren Sprache ich spreche wie meine eigene. Meine Familie hat in Addis Abeba gelebt. Wir sind ein Volk, Abessinier-Habesha.

»*Nebsi* – Hey, du«, schreckt mich eine Stimme auf. Verdammt, schon wieder eine Kontrolle! Was tun? Wieder den Unschuldigen mimen? Die Polizisten sehen mir meine Fluchtpläne doch auf hundert Meter an. Dieses Mal bin viel zu aufgeregt, kann keinen Urlaubsschein suchen, sondern mache auf dem Absatz kehrt und gebe Fersengeld. Keuche, laufe wie ein Verrückter, bis ich mich an einer Straßenecke hinter dem blauen Zeltstand eines Schuhputzers verstecke. Solche Hetzjagden sind Alltag, einmal, als ich mich mit Tantu aus unserem Versteck hervortraute, haben wir sogar stundenlang bei den Kesselflickern auf dem Markt ausgeharrt. Noch immer dröhnen mir die Hammerschläge in den Ohren.

»Was ist passiert? Warum bist du ausgebrochen?«, ruft mir meine hübsche Schwester entgegen, als ich außer Atem in ihrem Büro nicht weit von der großen Sankt Josephs-Kathedrale und der weißen Moschee ankomme. »Versteckspielen ist etwas für Kinder«, entgegne ich locker, obwohl ich zittere und mir der Schweiß in den Augen brennt. »Holla, mein kleiner Bruder wird erwachsen.« Rahel lächelt und schüttelt ihre krause Haarmähne, die sie offen trägt. »Wird aber auch Zeit«, meldet sich David, der rauchend am Fenster steht. »Wer hat Angst vorm bösen Militärpolizisten?«, feixe ich. Wenn Rahel wüsste …

»Pass auf, dass sie dich nicht zu Adiam ins Militärlager stecken!« – »Oder zu Alex ins Gefängnis«, antworte ich sarkastisch. Rahel weiß nicht, dass ich gekommen bin, um mich heimlich von ihr zu verabschieden. Ob sie es ahnt? Schließlich kann ich nicht mein Leben damit verbringen, mich zu verstecken und von Michael Jackson zu träumen. Unsicher lacht sie und fragt, was wir Jungen denn im Schilde führen. Aber wir albern herum. »Nichts für Mädchen«, sagt David, der eine undurchdringliche Miene aufsetzt. Ich spiele den Clown, so habe ich schon einige brenzlige Situationen überstanden. »Geheimrecherche für eine neue Liebesgeschichte, an der ich gerade schreibe«, sage ich, verschließe meine Lippen mit dem Finger. »Alles klar, kleiner Bruder – könntest du mir bitte vorher noch eine *Haddas-Eritrea* bringen?« Als ich ihr kurz darauf unsere regierungstreue Tageszeitung, alle anderen sind verboten, in die Hand drücke, sieht sie mich seltsam an, fragt aber nichts. Wie man in Eritrea eben nicht viel fragt und nicht viel sagt, wir lieben das Geheimnis.

Höchste Zeit! Keiner, meine große Schwester schon gar nicht, kann mich jetzt noch von der Flucht abhalten. Der Busbahnhof ist nicht weit. Das Licht klar wie im Herbst, am Himmel treiben Schäfchenwolken, und in der Nähe sind die schrillen Triller von Frauen zu hören, die eine Geburt oder eine Hochzeit ankündigen. Wortlos stiefeln David und ich nebeneinander her. Kaffeeduft zieht mir in die Nase, Geruch meiner Stadt. Ich bin melancholisch. Jeder hier ist mit einem Glas Kaffee unterwegs. Wir trinken ihn bei der Kaffeezeremonie wie die Äthiopier oder als Caffè Latte und Cappuccino wie die Italiener auf der Straße. Auch wenn unsere europäischen Kolonialherrn ein knallhartes Apartheitsregime betrieben, sind sie heute unsere Götter. Sie kutschierten mit Lastwagen und Autos durchs Land, bauten Fabriken, Waren- und Parkhäuser und stellten in Asmara mehr Ampeln als in Rom auf. Als sie »*Ciao*« sagten, ließen sie ein unselbstständiges Volk zurück, das sich keine eigenen Ideen mehr zutraut. Sondern fremdgesteuert den Traum vom Dolce Vita träumt und nicht mehr daran glaubt, dass Wissenschaft, Technik, Fortschritt und Moderne auch etwas für Menschen in Afrika sind.

Die Götter haben den schwarzen Kontinent vergessen und machen sich ein schönes Leben in Europa. Wartet nur, bis wir kommen! In der Markthalle gleich neben dem Busbahnhof herrscht ein sagenhaftes Treiben. Menschen wogen in farbigen Tüchern und Stoffen zwischen bunten Türmen aus Papayas, Mangos und Bananen, unter den Schreien der Händler, die ihre Ware anpreisen. Daneben dösen Hunde und Ziegen in der Sonne.

Jetzt wird es ernst. Ich stecke getrocknete Feigen und Datteln ein, dann suchen David und ich auf dem sandig-roten Platz des Busbahnhofs nach einem blauen Überlandbus, der nach Keren fährt. »Da, dort hinten …« David zeigt zu einem Mann hinüber. Doch in diesem Moment werden wir von stinkenden Dieselschwaden eingehüllt, und die Zeit steht still. Wie eingefroren. Soll ich wirklich …? Mir ist mulmig zumute. Doch da verzieht sich der Nebel schon wieder, und ich sehe David, wie er dem Mann, einem Fahrkartenverkäufer, ein paar *Nakfa* für die Tickets in die Hand zählt. Ja, verdammt noch mal, ich will gehen, fort, zu den Göttern!

Wir stolpern über Töpfe und Pfannen, die hier vor Ort geschmiedet werden, was für ein unbeschreiblicher Lärm, bahnen uns einen Weg durch wuselnde Händler und Händlerinnen, die frühmorgens ihre Tiere auf dem Markt verkauft haben und nun bepackt mit Säcken voller Mehl, Eimern voll Reis, Schalen voller Hülsenfrüchte, Blechschmuck und Plastiksandalen aus China zurück in ihre Dörfer fahren wollen. Schweigend setzen wir uns schließlich in den Staub, um auf den Überlandbus zu warten.

Wir fahren Richtung Keren, achtzig Kilometer nordwestlich von Asmara, von dort aus weiter über Agordat nach Barentu, dann nach Tesseney nicht weit von der sudanesischen

Grenze. Unmittelbar hinter dem letzten Haus ist die Stadt zu Ende, nichts mehr außer zwei Militärpolizisten in grüner Uniform, die den Bus auf offener Straße stoppen. Die Sperre besteht aus einem Seil, das von der einen Seite zur anderen gespannt ist, wie beim Seilhüpfen, an jedem Ende hält einer fest. Als der Bus steht, steigt einer der beiden Polizisten zur Passkontrolle ein. Sein kahler Schädel ist eine einzige Narbe. Ohne eine Miene zu verziehen, prüft er die Papiere, die ihm gereicht werden.

Ich bin nervös, strecke ihm meinen Ausweis über drei Sitzreihen hinweg entgegen. Er lässt seinen Blick durch den Bus schweifen. Blut steigt mir in den Kopf, und als mich seine dunklen Augen mustern, bin ich mir sicher, dass er ahnt, wen er vor sich hat: einen … Ich halte den Atem an. Sekundenlang. Erst als er sein Gesicht von mir abwendet, um die nächsten Papiere zu prüfen, atme ich erleichtert auf. Es passiert nichts, absolute Routine, keiner von uns wird herausgeholt. Doch manchmal, so viel weiß ich, wechselt ein kleiner Geldbetrag von einer Hand in die andere. Unauffällig und selbstverständlich, und alle sind zufrieden.

Es geht vorbei an Gemüsegärten und kleinen Feldern, die die Frauen am Rand unserer Stadt bewirtschaften. Sie tragen lange, grellfarbene Kleider, um sie herum toben Kinder, spielen Fangen und verstecken sich in Erdlöchern oder kleinen Höhlen an den Abhängen. Größere laufen barfuß die Straße entlang, kilometerweit zurück in ihre Dörfer hoch oben in den Bergen. Sie tragen Hühner vom Markt nach Hause, denen sie die Beine zusammengebunden haben und die sie mit den Köpfen nach unten halten.

Ein leichter Wind kommt auf und wirbelt Zigarettenpackungen und bunte Plastikfolien durch die Luft, bis sie sich an Kakteen verhaken. Wrackteile von Armeefahrzeugen und Panzern türmen sich an den Wegrändern. Ich lehne mich aus dem offenen Fenster und sehe zurück auf die gelbbraunen Farben der Stadt, sehe ihre Kirchtürme und Minarette im blassen Mittagsdunst. Asmara hat Glück gehabt, sie ist eine heile Insel geblieben. Mein Zuhause, das wird mir in dem Moment klar, in dem ich gehe.

Ich träume: Asmara – der Name klingt wie aus einem Märchen. Asmara, die Friedliche. Es war einmal, vor über hundert Jahren, ein kleines, wunderhübsches afrikanisches Dorf, eingebettet inmitten hoher Berge. Es schlief einen tiefen Schlaf, als es von Eroberern aus dem fernen Italien entdeckt wurde. Sie nannten sich Kolonialherrn und rieben sich die Augen, so überrascht waren sie, als ihnen nach einem Kräfte zehrenden Anstieg von der Küste am Roten Meer hoch ins Gebirge die dünne Bergluft um die Nase strich und das frische Wasser aus hundert Quellen entgegensprudelte. In dieser Oase, in der Schafe, Esel und Kamele wie in einer Weihnachtskrippe durch eine Landschaft des ewigen Frühlings spazierten, wuchsen die schönsten Trauben zwischen Granatäpfel- und Papayabäumen, süße Mangos und Datteln fielen von den Bäumen, und es duftete nach Weihrauch und Myrrhe.

Die Kolonisten aus dem fernen Europa waren geblendet und weckten Asmara, das selbst nichts von seiner Schönheit und seinem Reichtum ahnte. Als es seine Augen aufschlug, verliebten sich die Männer auf der Stelle. Hier an diesem Fleckchen Erde, das im Morgentau smaragdgrün glitzerte, wollten sie für ihre Kinder und Kindeskinder einen Ort der Glückseligkeit schaffen, eine moderne und waghalsige Stadt, über die die ganze Welt staunen sollte. Sie scheuten sich nicht, Asmara mit Geschenken zu umwerben, schickten Marmor aus Carrara, buntes Glas aus Venedig, und sie holten die besten Architekten, Stadtplaner und Straßenbauer nach Eritrea. Die längste Seilbahn der Welt ließen die Männer vom Meer aus in die Berge bauen, und Eisenbahnschienen und Straßen mit schwindelerregenden Brücken und filigranen Tunnels zogen sie wie Silbergeschmeide über Täler und Höhen. Achtunddreißig Züge pro Tag, vollbeladen mit

Waren und Werkzeugen, verkehrten von Massawa an der Küste über die Hauptstadt Asmara und weiter nach Keren und Agordat.

Doch es waren raffgierige, herrschsüchtige Männer, die Asmara und das ganze Land für sich haben wollten. Gold und Silber, Kupfer und Schwefel, Marmorstein und Eisen. Von den Einheimischen, die als Bauern und Händler zufrieden zusammengelebt hatten, behaupteten sie, es seien ungezähmte Barbaren, Wilde, Heiden, Untermenschen, Eingeborene, denen man gute Manieren und Kultur beibringen müsse. Die Menschen wurden von ihren Feldern geholt und gezwungen, in Fabriken, Bergwerken und im Straßenbau zu arbeiten.

Und bevor Asmara richtig gewahr wurde, was passierte, wurden seine Lehmhütten an den Rand der neuen Stadt verdrängt. Pompöse Prachtalleen und reich geschmückte Brunnen bestimmten nun das Stadtbild der Kolonistenmetropole, gigantische Kirchen und Kathedralen, futuristische Kinos, Theater und Hotels, protzige Regierungsgebäude, tollkühne Tankstellen, mondäne Bars, Kasernen und Schulen. Bauwerke von verwegener Schönheit, wie es sich heute nur noch Theaterregisseure und Künstler ausdenken können. Asmara war zum Piccola Roma von Afrika geworden.

Das Märchen von der italienischen Kolonie am Roten Meer währte jedoch nur kurz. Ein schlimmer Krieg, den ein Herrscher im fernen Europa angezettelt hatte, schwappte über auf den afrikanischen Kontinent. 1941 wurde die Armee der italienischen Kolonisten von britischen Kolonialherrschern aus den Nachbarländern Eritreas vernichtend geschlagen. Die Engländer übernahmen die Oberhoheit über das Land, dann die UNO. Diese, verantwortlich für den Weltfrieden, trieb das kleine Land am Roten Meer 1952 gegen seinen Willen in die Föderation mit dem großen Nachbarn Äthiopien, was der äthiopische Kaiser Haile Selassie zehn Jahre später zum Anlass nahm, Eritrea als Provinz zu annektieren.

In diesem Augenblick wurde Asmara, die Friedliche, hellwach. Von den Kolonisten hatte sie gelernt, dass sie ebenso schön wie reich ist, und wollte sich deshalb nicht länger ausbeuten lassen, sondern selbst von ihrem Reichtum profitieren. Ein Märchen ohne Happy End, denn Eritrea kämpfte dreißig Jahre lang für seine Unabhängigkeit und kämpft noch immer weiter. Aus Asmara, der Friedlichen, war Asmara, die Kriegerin, geworden.

»Warum guckst du so traurig aus der Wäsche?«, reißt mich David aus meinem Sinnieren. »Mir ist zum Heulen«, entgegne ich, und in meine Sehnsucht nach einem Woanders mischt sich der Schmerz des Weggehens.

Schon nach wenigen Kilometern scheint das Land in eine hügelige Mondlandschaft aus Staub, Sand und Steinen überzugehen. Wären da nicht die Ziegen in den Büschen, die vereinzelt zwischen Dornensträuchern weidenden Kamele und die Menschen, die wie aus dem Nichts auftauchen und wieder verschwinden, könnte man es für unbewohnt halten. Die Landwirtschaft, von der ursprünglich achtzig Prozent der Bevölkerung lebten, ist zerstört und kommt nur langsam wieder in Gang. Das Pro-Kopf-Einkommen im Land liegt bei einhundert Dollar pro Jahr, Eritrea gehört zu den zehn ärmsten Ländern der Erde, ärmer kann man fast nicht mehr sein.

Mit der Zeit gewöhnt sich mein Auge an das Spiel der Braun-, Gelb- und Ockertöne, und ich erkenne Spuren: winzige Felder, die das Land wie mit einem feinen Netz überziehen; die Terrassierungen, die die Hänge von den höchsten Höhen bis tief hinab in die Schluchten zeichnen; die Häuser, die braun wie die Erde sind, aus der sie wie Akazienbüsche wachsen. Hier im Hinterland gibt es kein Wasser und keinen Strom, selbst das Brennholz muss oft von weither mühsam herbeigeschafft werden.

Der Bus schaukelt über die Passstraße, die sich ohne Befestigungsmauern an die Berghänge krallt, einmal links und einmal rechts, nichts als Tiefe. Hitze breitet sich aus, beißender Geruch von totem Fleisch auf der Ablage unter dem Dach. Mir wird schwindlig. Immer wieder steigt der Fahrer abrupt in die Bremsen, weil Horden von Pavianen auf der Straße herumhopsen. Manchmal lassen sie sich nicht einmal durch die krächzende Hupe des Busses vertreiben. Plötzlich fallen mir Sonntagsausflüge ein, die wir mit unserer Mutter gemacht haben. »Kennst du noch Thomas, den Affen?«, frage ich David. – »Klar, alle kennen das lustigste Tier im Zoo von Asmara.« – Wie wir kreischten, wenn Thomas wie ein Ball mitten hinein in die Besuchergruppen sprang und um Geldmünzen bettelte. Die steckte er sich ins Maul, um dann wie ein aufgezogener Kobold über die Köpfe hinwegzuturnen. Er schlug Purzelbäume und Räder, hüpfte von Schulter zu Schulter, und manchmal nahm er einen an der Hand und zerrte, als ob er sagen wollte: Hey, komm schon, mach mit!

»Mir spuckte er immer das eingesammelte Geld vor die Füße«, wirft David ein. – »Wenigstens gab er es nicht für Waffen aus wie unser Präsident.« – Da bricht mein Freund in schallendes Gelächter aus, sodass die Leute im Bus die Köpfe drehen. Und wir erzählen uns Thomas-Geschichten, wann der Affe wen in den Finger gebissen oder die Mütze vom Kopf gezogen hat und wen er mit Popcorn gefüttert oder wem er es geklaut hat.

Als die blauen Kirchenkuppeln der Kathedrale von Keren am Horizont aufleuchten, kann ich kaum glauben, dass wir so schnell Eritreas zweitgrößte Stadt erreicht haben. Hier, wo mein Bruder Samson 1999 im Krankenhaus lag, als er gegen Äthiopien kämpfen musste und verletzt wurde. Wenn lange kein Brief von ihm kam, fürchteten wir das Schlimmste, ohne dass wir uns trauten, darüber zu sprechen. Eine bedrückende Stille machte sich dann tage- und wochenlang im Haus breit. Ich weiß nicht mehr, wie wir das ausgehalten haben.

Der Bus stoppt, fährt wieder an und windet sich durch eine Herde Tiere. Kamele, bis zum Maul mit Stroh beladen, und Esel, die riesige Bündel aus Feuerholz um Rücken und Bauch gebunden tragen. Am Busbahnhof, wo wir umsteigen müssen, schlägt uns heiße, trockene Luft ins Gesicht, als ob jemand einen Föhn angestellt hätte. Ganz anders als die leichte Brise in Asmara. Ich spüre, wie mir der Schweiß unter meinem T-Shirt den Rücken hinunterperlt, werde aggressiv, zweifle: »Was mach ich bloß hier?«

Ich bin deprimiert, und während David nach einem Bus nach Barentu sucht, hole ich mir eine Dose Cola. Damit lehne ich mich an einen Holzpfosten, sehe mich vorsichtig um und kremple meine langen Hosen hoch über die Knie. Wenn ich nur schon über der Grenze wäre! Ob es hier Kontrollen gibt? Geballtes Leben auf dem Platz. In Zweier- und Dreiergrüppchen sitzen die Reisenden auf dem staubigen Boden, sie dösen in der Mittagshitze oder verteilen *Injera*, kauen süße Datteln und sprechen vom Regen, der nicht fällt.

Ich muss mich von meinen trübseligen Abschiedsgedanken ablenken, versuche, in den verschwitzten Gesichtern der Menschen zu lesen. Viele junge sind darunter, verschlossene, undurchdringliche, zerfurchte. Keine glücklichen, sondern alle gezeichnet vom Wissen, was es heißt, das Leben zu überleben.

Die einen haben eine dunklere Hautfarbe, die anderen sind heller, die einen haben runde Gesichter, die anderen schmale. Neun verschiedene ethnische Gruppen leben in Eritrea friedlich beisammen, egal welcher Religion sie angehören und welche Sprache sie sprechen. Hier in Keren sind die Bilen ansässig, Christen und handelnde Moslems. Die Tigrinya, zu der meine Familie gehört, ist mit fünfzig Prozent die größte Bevölkerungsgruppe, christliche Bauern im zentralen Hochland. Die Tigre, der zweitgrößte Volksstamm sind Moslems, die das nördliche Küstentiefland mit der Hafenstadt Massawa bewohnen und mit Vieh handeln. Am langen Küstenstreifen zwischen Massawa und Assab leben die Afar, Nomaden und Fischer.

Wir warten über zwei Stunden, die Sonne sticht unbarmherzig, die Nachmittagshitze ist erdrückend. Ich stelle mich tot und ertrage stoisch ekelhafte Fliegenschwärme, die mir in Augen, Nase und Ohren kriechen. Als es endlich weitergeht, bin ich heilfroh. Weiter über Agordat ins Tiefland, dort wächst und blüht es üppig, sogar Wein wird hier angebaut. Zwischen knorrigen Affenbrotbäumen ducken sich Buckelrinder mit langen Hörnern um Lehmhütten. Es ist die Gash-Barka-Region, das Land des Kunama-Volkes. Als wir uns einem Dorf nähern, tauchen Menschen in bunten Kleidern wie aus einem Nebel auf. Sie singen, schreien, klatschen, stampfen, rennen und stampfen mit ihren nackten Füßen im warmen Sand, sodass der Staub aufwirbelt wie viele graugelbe Wasserfontänen. »Das einzige unserer Völker, bei dem die Mädchen nicht beschnitten werden«, sagt David nachdenklich. Ich nicke. Das Kunama-Volk lebt nach den Riten und Bräuchen einer Naturreligion, manches ist gut, manches nicht.

Einhundertzehn Kilometer bis Barentu. Ich döse ein. Und ich sehe, wie ich singend durch Asmaras Straßen schlendere, sehe mich übermütig an einer Hauswand hochspringen, wo ich keck die Trauben einer alten Nachbarsfrau abzupfe, höre ihre zornige Stimme durch das Moskitogitter am Fenster und sehe, wie meine Hand langsam und scheu zurückweicht, ertappt wie ein Dieb.

Ein paar Tage später humpelt mir die Frau in der Kirche mit ihrem Stock entgegen, und ich höre ihre Worte, wie sie mich, ein Kind, leise um Entschuldigung bittet, weil sie mir ihre Trauben nicht gegönnt hat.

Als wir in Barentu ankommen, ist es Abend. Ziegen und Militärpolizei erwarten uns wie üblich am Ortseingang. Als Militärstützpunkt hat die Stadt im letzten Krieg schwer gelitten, kein Haus, das uns nicht hohläugig aus rußgeschwärzten Fensterrahmen entgegenstarrt, Schutt und Dreck an jeder Ecke, es riecht nach Vergorenem.

Während David und ich uns umsehen, kommt uns ein hochaufgeschossener Junge, der in diesem gottverlassenen Nest seinen Militärdienst ableistet, entgegen. Wir kennen uns aus Asmara. »Kommt mit zu mir!« Großzügig bietet er an, mit ihm Tee zu trinken und in seiner Soldatenunterkunft zu schlafen. Der Einladung folgen wir gern. Ob ich immer noch Geschichten schreibe, fragt der Junge mitten hinein in unsere Stille, als wir vor seiner halb verfallenen Unterkunft sitzen.

»Wenig«, sage ich, der Militärdienst in Sawa lasse mir dazu kaum Zeit. Die Sonne, schon untergegangen, färbt den Himmel feuerrot, und die dunkelvioletten Gipfel der Berge stoßen Wölkchen wie Vulkane aus. Mir gruselt, und es würde mich nicht wundern, wenn die Geister, die in den Affenbrotbäumen hausen, vorbeigeflogen kämen. »Und wohin geht die Reise?« – »Verwandte besuchen in Tesseney.«

3. März 2002, Barentu, Abschied: »Mit dem Vater und dem Sohn und dem Heiligen Geist …« – Ohne mich von meinem »Ersatzvater« zu verabschieden, kann ich das Land nicht verlassen. Auf einer kleinen Anhöhe bei Barentu liegt das Kloster des Kapuzinerordens, wo Pater Louis aus Spanien Mönch ist. Ein Pater, der bis vor ein paar Jahren im Comboni-Kloster in Asmara lebte und wie ein Vater für mich ist. Lange habe ich ihn nicht gesehen, doch um ins Paradies zu flüchten, brauche ich unbedingt seinen Segen.

Es ist Sonntagmorgen, als David und ich mit einem Minibus hoch ins Kloster fahren. Verstaubte Kakteen wallen wie ein riesiger graugrüner Überwurf vor der hell verputzten Klostermauer. Ein Schlüssel grätscht im Schloss, zögernd öffnet sich die große Pforte.

Mein Herz klopft. Wie würde Pater Louis reagieren? Und wenn er dagegen ist, dass ich gehe? – Würde ich trotzdem gehen! Dessen bin ich mir sicher. Denn fliehen heißt weitergehen, nicht zurück. Er muss meine Stimme gehört haben, denn kaum stehen wir im Innenhof, kommt Pater Louis schon durch den Kreuzgang, seine weiße Kutte schleift über den Boden.

»Zekarias, sei gegrüßt! Wo kommst du denn her?« Er sieht mich überrascht an und legt mir die Hände auf die Schultern, misst mich mit neugierigem Blick. Kleine Äuglein und die Falten sehr tief. Inzwischen ist er kleiner als ich. Ein schmaler, hellhäutiger Mann, fast zerbrechlich wirkt er. »Wie groß du geworden bist!« – »So Gott will«, antworte ich. Jetzt lachen wir und drücken uns die Hände, seine fein wie von Kindern. »*Ciao*, Cappuccino.« In Asmara nannten wir die Mönche des Kapuziner-Klosters immer Cappuccini.

Es war im Hof unserer Francesco-Kirche. Eines Tages, es muss kurz nach dem Tod unseres Vaters gewesen sein, kam der Mönch mit dem schwarzen runden Kragen nach dem Sonntagsgottesdienst auf meine Mutter und uns sechs Kinder zu. Er wolle die eritreische Sprache lernen, sagte er. Ob ihm nicht jemand aus unserer Familie Tigrinya beibringen könne? »Ich, ich«, mein großer Bruder Mikiele, der Pater Louis aus der Schule kannte, war sofort Feuer und Flamme und wollte Sprachlehrer spielen. Im Gegenzug dazu wollte er Spanisch lernen.

Immer sonntags kam der Pater von da an zu uns ins Haus; mein Bruder besuchte ihn unter der Woche. Weil ich ihn jedes Mal anbettelte, nahm mich Mikiele mit ins Kloster. Einer meiner Lieblingsorte in Asmara. Riesig großes Gebäude aus roten Ziegeln mit Giebeln und Zinnen und einem Turm, in dem eine Glocke hing, die aber nur selten läutete. Während mein Bruder und Pfarrer Louis Vokabeln lernten, streifte ich andächtig durch den Klostergarten mit seiner großen Marienstatue, den Orchideen und Rosen, den Aprikosen und Trauben. Mein kleines, stilles Paradies, wo mir die Patres manchmal Bonbons zusteckten, manchmal schenkten sie mir auch einen Kugelschreiber, auf dem »*made in Great Britain*« stand. Vielleicht schreibe ich deshalb so gern.

Mikiele war schon groß, Pater Louis auch und ich dazwischen ganz klein. Oft haben wir uns alle drei an den Händen gehalten und sind nach dem Sprachunterricht ins Kino Odeon spaziert. Indische Liebesfilme gucken. Schon mit fünf oder sechs Jahren kannte ich deshalb alle Namen der bekannten Bollywoodschauspieler auswendig. Viele Kinder kannten sie, und wie Kinder in anderen Ländern über bekannte Fußballspieler stritten, so diskutierten Mikiele und ich auf der Straße über die indischen Schauspielerinnen. Agniet und Mitun, Amit, Hima, Maleia und Malina, wer von ihnen besser oder schöner oder sexier sei.

»Was für eine Überraschung! Komm, gehen wir in den Garten«, fordert uns Pater Louis auf. »Wo kommt ihr denn her?« – »Direkt aus Asmara«, antworte ich, während wir uns auf niedrige Holzklötze um den Klosterbrunnen setzen. »Was führt euch zu mir?«, fragt er, sieht mir besorgt in die Augen. Ich druckse ein wenig herum, stottere etwas von »Weggehen, will keinem Diktator dienen«. Louis hört mir zu und nickt, das mag ich an ihm. Und dann platzt es aus mir heraus: »Ich will über die Grenze in den Sudan, dann weiter nach Libyen und, so Gott will, übers Mittelmeer.«

Das Brunnenwasser plätschert, und ich warte unwillkürlich darauf, dass Pater Louis mir die Leviten liest, sagt, dass ich verdammt noch mal die Pflicht habe, dem Vaterland zu dienen, so wie er seiner Kirche diene und den Menschen, die ihn brauchen. Wo kämen wir denn da hin, wenn jeder nur an sich denke? Aber er schweigt, fährt sich mit zwei Fingern über die Stirn und sieht den Libellen zu, die über das Wasser taumeln.

Erst nachdem er uns Limonade eingeschenkt hat, richtet er sein Wort an mich. »So eine Flucht ist deine eigene Entscheidung, Zekarias«, fängt er an, bedächtig. »Dabei bist du allein auf dich selbst gestellt und kannst niemanden dafür verantwortlich machen, wenn etwas schiefgeht.« Ich nicke. »Du bist ganz allein. Überleg es dir gut, denn jeder Schritt einer solchen Reise kann dich dein Leben kosten.« Noch sei Zeit, umzukehren, in der Sahara nicht mehr. »Aber ich will nicht mehr zurück«, werfe ich ein und forme meine Hände zu kleinen Höhlen, »sondern weg, will weg von hier, egal wie weit ich komme.« – »Aber wenn du in der Sahara stirbst oder im Meer ertrinkst, wird vielleicht nie jemand von deinem Tod erfahren.« – »Gott wird schon Bescheid wissen oder einen Freund schicken, der meiner Mutter die Nachricht bringt«, entgegne ich. – »Ich werde für dich beten, und Mutter Maria wird dich beschützen«, sagt der Pater da lächelnd, indem er mir eine silberne Kette mit einem ovalen Medaillon, in das die Mutter Gottes eingraviert ist, reicht. »Du machst es schon richtig, Zekarias! Selbst Maria und Joseph sind mit ihrem kleinen Jesus geflüchtet.«

Eine Last fällt von mir, und ich bin unendlich erleichtert, dass Pater Louis meine Entscheidung nicht nur akzeptiert, sondern mich sogar ermutigt. Das mildert meine heimliche Angst vor dem, was kommt. Ich werde meinen Weg schon finden, und wenn der Pater daran glaubt, muss ich selbst erst recht daran glauben. »Aber es muss schon ein starkes Gebet sein, das du für mich sprichst«, bitte ich ihn beim Abschied. »Ein Gebet, das es weit hinaus über die Klosterkirche schafft.«

Stundenlang fahren wir durch das heiße Land ohne Baum und Busch, weil der Krieg alles niedergemäht hat. Richtung Grenze. Als uns ein älterer Soldat am Ortseingang von Tesseney kontrolliert, bekomme ich es wieder mit der Angst zu tun. Ich zittre. Ohne Notiz von dem Papier, das ich ihm hinhalte, zu nehmen, taxiert mich der Uniformierte von oben bis unten. Dann dreht und wendet er den inzwischen schon ziemlich zerfledderten Urlaubsschein. Meine Hände werden feucht, sein Blick bohrt sich fest, dann zückt er einen Kugelschreiber und notiert etwas auf der Rückseite des Papiers. Nämlich, dass ich, Zekarias Kebraeb aus Asmara, heute am 3. März 2002 mein Ziel Tesseney am Fluss Gash erreicht habe. Ufff!

4. März 2002, Tesseney, illegal: Unmöglich, gestern Abend noch in Erfahrung zu bringen, wie es weiter in den Sudan geht. Ohne Visum oder sonstige Papiere, die Grenze ist vermint, und es herrscht Schießbefehl. »Schlepper suchen wir morgen«, beschlossen David und ich und hauten uns erschöpft aufs Ohr. Wir kamen in einem Hotel unter, eine Kammer mit drei oder vier Betten, das, was man in dieser Gegend üblicherweise Hotel nennt. Mit Rissen in den Wänden, über den Fußboden aus festgestampfter Erde spazierten Kakerlaken und Ameisen, keine Ventilatoren, die einem die aufgestaute Hitze des Tages erträglicher machen. Kaum hatten wir uns hingelegt, ging das Geschwader los. Ein Millionenheer von Insekten, Faltern, Mücken und Wanzen stürzte sich auf unsere Körper, Moskitos hinter den Ohren, an Armen und Beinen und in den Augenwinkeln. Viecher, die Malaria übertragen, und ich habe keine Medikamente in meiner Tasche. Wie naiv und leichtsinnig war ich eigentlich? Hatte nicht einen Gedanken daran verschwendet, dass ich auf der Reise krank werden könnte. Ich – und erwachsen?, wie meine Schwester zum Abschied sagte. Erwachsen? – noch lange nicht.

Morgens vor sieben sitze ich schon an einer kleinen Bar unter Eukalyptusbäumen am zentralen Busbahnhof von Tesseney, der zugleich der Marktplatz der kleinen Grenzstadt ist: Menschen beobachten. Schlepper suchen. Heimlich, denn wer sich beobachtet fühlt, wird misstrauisch und beobachtet zurück. Frauen in Kopftüchern und Männer in weißen Kaftans laufen durcheinander, manche mit Koffern, manche mit Bündeln voller Geld zwischen Daumen, Zeige- und Ringfinger geklemmt. Es sind Händler aus dem Sudan, sie rauchen, wechseln Geld, verhandeln, streiten. Dazwischen Kinder, Ziegen, Hühner.

Ich bin traurig, wie oft am frühen Morgen. Kurz vor Sonnenaufgang, das ist einer der schönsten Momente des Tages. Wenn sich die nächtliche Kühle mit einem Prickeln von der

Haut zurückzieht, sich das Licht über den Horizont schiebt und Sand und Steinen einen rosa Schleier umlegt. David hat Tee geholt, den er in einem hohen Strahl in die Gläser füllt, sodass es schäumt. »Trink, damit du in Schwung kommst!«

Jetzt wechseln Licht und Schatten so lange, bis die Sonne stolz wie ein Krieger fast senkrecht am Himmel steht. Die Farben beginnen zu leuchten, braun die Erde, gelb die Häuser, silbern die Eukalyptusbäume, grau die staubigen Sträucher. Einen kurzen Moment nur, dann ist der Zauber vorbei, und es wird heiß. Ja nicht auffallen an diesem Ort, wo sich alle gegenseitig belauern und auf den Fersen sind, weil die Grenze gleich hinter den Bergen liegt. Hier, wo der Geheimdienst Tag und Nacht auf der Jagd nach Dieben, Räubern, Deserteuren, Menschenschmugglern und Flüchtlingen ist.

Tesseney, der Name klingt wie eine Verheißung, ist nicht nur ein Umschlagplatz für arabische Gewürze und Früchte, sondern auch für Menschen. Wenn ich bloß wüsste, wer aus diesem Ameisenhaufen mit Menschenhandel sein tägliches Brot verdient. Sie sehen alle gleich aus. Nur wenn ein Mann einem anderen eine Kalaschnikow in den Rücken rammt oder mit einer Eisenstange oder einem Gartenschlauch droht, ahne ich, wie die Machtverhältnisse verteilt sind. Es ist nicht das erste Mal, dass ich sehe, wie Menschen auf offener Straße blutig geprügelt werden.

An diesem gesetzlosen Ort ist meine Existenz zu Ende, und meine Reise als Illegaler beginnt. Illegal ist der, den es eigentlich nicht gibt und den keine Statistik führt, weil er keinen Ausweis mit acht Seiten dazwischen besitzt, die Zeugnis davon ablegen, wer er ist. Wer bin ich? Einer, von dem keiner weiß, woher er kommt und wohin er geht, auf den keiner wartet und den keiner erwartet. Einer, der unterwegs ist. Wie Millionen andere auch, moderne Nomaden, ohne Besitz und ohne Identität, aber auf dem Weg in ein neues Leben.

Auf Wanderschaft, von Lateinisch *migratio*, *migrare* – wandern. Migranten verlassen ihre Heimat entweder freiwillig oder erzwungenermaßen aus wirtschaftlichen, religiösen, politischen und persönlichen Gründen. Artikel 13 der Allgemeinen Erklärung der Menschenrechte gibt jedem Menschen das Recht, »sich innerhalb eines Staates frei zu bewegen und seinen Aufenthaltsort frei zu wählen sowie jedes Land, einschließlich seines eigenen, zu verlassen oder in sein Land zurückzukehren.« Migration ist ein Menschenrecht!

Abessinien, meine Heimat, ist das Land, von wo aus die Verbreitung des modernen Menschen vor einhundertsechzigtausend Jahren seinen Ausgang nahm. Die Ausbreitungsgeschwindigkeit betrug im Schnitt vierhundert Meter pro Jahr. Frühestens vor einundvierzigtausend Jahren erreichten die ersten Migranten demnach die Atlantik- und die Mittelmeerküste. Da bin ich doch gut in der Zeit mit meinen dreihundert Kilometern in zwei Tagen.

Noch dreitausend Kilometer sind es bis an die libysche Küste. Sollten für einen Abessinier, die besten Marathonläufer der Welt kommen aus Äthiopien und Eritrea, doch in zwei Monaten zu schaffen sein, oder? Wenn ich nicht mit Waffengewalt zurückgebracht oder bei der Flucht erschossen werde, wenn ich nicht verdurste oder ertrinke. Aber ich bin nicht allein, ganz Afrika ist auf den Beinen. Täglich machen sich Menschen aus dem Senegal, aus Mauretanien, Mali, Burkina Faso, Nigeria, Benin, Togo, aus dem Niger und dem Tschad, aus Ghana, Somalia, Kamerun und aus Äthiopien auf den Weg Richtung Europa, Amerika oder Australien.

Es wird heiß, kein Vogel singt und gegen Mittag hält sogar die Luft den Atmen an. Ein blauer Toyota-Kleinbus fährt auf dem Busbahnhof ein und spuckt Menschen aus.

»Sieh mal, lauter Landsleute!«, ruft David ungläubig. »Aus dem Sudan.« Noch immer kehren eritreische Familien, die vor dem Krieg von 1998 ins Nachbarland geflüchtet sind, aus den Camps zurück. »Was für eine absurde Situation. Sie kommen, und ich will gehen.« Während ich sie beobachte, setzen sie zögernd und unsicher ihre Füße auf den Boden der Heimat, verschnürte Pakete und Bündel hinter sich herziehend. Was für Erwartungen sie wohl antrieben?

Später verlagern wir unseren Beobachtungsposten in eine Bar an der Hauptstraße gegenüber der großen Moschee. Nach Nanaminze und Koriander riecht es hier, keiner achtet auf uns, Gott sei Dank, die Baumwolltücher, die sich Männer zum Schutz vor der Sonne um den Kopf winden, sitzen schief, aber jeder scheint seine Pfade zu kennen und zu wissen, was und wohin er will. Nur wir nicht. Ich weiß nicht, ob ich diese Schleppersuche ohne David durchhalten würde. Wir starren und stieren, doch so sehr wir uns auch anstrengen, können wir keine Menschenhändler von anderen Händlern unterscheiden. Ich schlendere noch einmal zum Busbahnhof – auch nichts.

Gegen Abend klopfen wir an das Tor des örtlichen Klosters und fragen um Rat. Doch der Pfarrer wehrt sofort ab, mit Menschenhandel wolle er nichts zu tun haben, »aber schlafen könnt ihr hier im Klosterhof, wenigstens zwei Nächte, dann wird es gefährlich«. Denn der Polizei ist nicht entgangen, dass Flüchtlinge gern Zuflucht hinter Klostermauern suchen.

6. März 2002, Tesseney, warten: Wir warten und hoffen, hoffen und warten. Auch am zweiten Morgen begeben wir uns schon in aller Frühe zur hell getünchten Tankstelle beim Busbahnhof. Stinkende Rauchwolken über dem Platz verkünden, dass Motoren gestartet werden, zwei Mal hupen die Fahrer. Dann muss man rennen, wenn man von Tesseney fortkommen will.

Denn Zeit ist hier am Ende der Welt nicht Geld, sie wird mit keiner Uhr gemessen, sondern mit jedem neuen Bus, der ankommt und wieder abfährt. Tesseney ist ein Markt, eine Börse, eine Durchgangsstation, aber kein Ort zum Verweilen. Wer zwei Mal unter der gleichen Akazie Schatten sucht, macht sich verdächtig. Und wir lungern nun schon über achtundvierzig Stunden herum und halten Ausschau. Sobald einer zurückschaut, läuft es mir trotz der Hitze kalt über den Rücken. Wie lange, bis jemand auf uns aufmerksam wird und dahinterkommt, dass ich, ein kleiner Radio-Geschichtenschreiber, dünn wie ein Strich in der Landschaft, dafür unübersehbar lang wie ein Basketballspieler, das Land verlassen will?

Wenn ich den Mut hätte, allein loszulaufen – ich wäre längst über alle Berge. Aber ich habe keinen Kompass und keine Karte, dafür Angst vor Giftschlangen, die sich zu Hunderten durch die Dornbuschsteppe schlängeln. Ich war immer stolz darauf gewesen, ein Stadtkind zu sein. Aber jetzt ... Nur zwei Mal habe ich Asmara bisher verlassen. Ein Mal, um meine Großmutter in einem der ärmsten Dörfer im Süden des Landes zu besuchen. Dort gehen die Menschen das ganze Jahr über barfuß, Licht gibt es nur aus Petroleumlampen, und Wasser muss aus Brunnen von weit her geschleppt werden. Das zweite Mal, als ich als Schüler zum Zwangsarbeitsdienst in den Ferien abgeordert wurde. Das kriegszerstörte Land wiederaufbauen. Wochenlang kratzten wir Löcher in die trockene Erde, Eukalyptusbäume sollten wir pflanzen, die wachsen schnell und decken Minen zu, die überall herumliegen. Dafür bekamen wir eine Mahlzeit am Tag; das versprochene Taschengeld, Wiederaufbaugelder aus Europa, wurde für Waffen abgezweigt.

In der Nacht, der vierten meiner Flucht, schrecke ich voller Panik aus dem Schlaf hoch. »Nie wirst du von hier wegkommen!«, klopft es in meinem Kopf, während ich wie unter einer Glasglocke in den klaren Sternenhimmel über dem Klosterhof starre. »Noch nicht einmal über die Grenze, noch könntest du umkehren und zurück nach Asmara.« Und dann? Verstecken und weiterträumen vom Paradies? Ich vergrabe mein Gesicht in den Decken und horche auf die

Ziegen, die in der Ferne meckern, weil man ihnen die Beine zusammengebunden hat, damit sie über Nacht nicht weglaufen können. »Lieber Gott, was soll ich tun?«

Als das Krähen der Hähne den milchigen Morgen begrüßt, fasse ich einen Entschluss. Schwer, bleischwer ... aber ich werde noch einmal von vorn anfangen. Mit einem missmutigen »Guten Morgen« wecke ich David, der neben mir seine Augen reibt. »Bitte, versteh mich bitte nicht falsch, aber die Warterei hat doch absolut keinen Zweck. Wozu das Ganze, ich komme nicht weiter. Es tut mir so leid, aber ich will mit dir zurück. Zurück nach Asmara.« – »Ja, und dann? Spinnst du? War alles umsonst?« Er kann seinen Ärger kaum unterdrücken. »Nein, aber zum Teufel – wenn ich hier keinen Schlepper finde. Das ist doch blöd, ich kann nicht einfach ins Blaue flüchten. Nichts gegen dich, aber ich brauche einen Plan und von Anfang an jemanden, der mich über die Grenze bringt«, versuche ich zu erklären. David ist alles andere als begeistert, doch ich bin entschieden. Zurück nach Asmara!

Gegen elf Uhr fährt der Überlandbus auf den Platz. Wie immer ergießt sich eine Flut aus Menschen und Gepäckstücken durch die Türen. Das war's! Ich schrumpfe, meine Brust zieht sich zusammen, und ich fühle mich wie ein Langstreckenläufer, der strauchelt, bevor er losgelaufen ist. »Schön, dass du wieder da bist«, würde Adey mich unschuldig begrüßen, ohne zu ahnen, was ich in den vergangenen Tage durchlebt habe, und ich würde mich schämen. Schämen, weil ich so kläglich versagt habe.

Nichts zu machen. Gleich wird das Knäuel aus Menschen, in dem David und ich eingekeilt stehen, sich in Gang setzen und in den Bus drängen. Wenn nicht noch etwas Unerwartetes passiert, wenn ... »Hallo Liebesgeschichten-Schreiber«, höre ich plötzlich eine Stimme und fahre erschreckt herum. Ertappt, jemand klopft mir auf die Schulter. »*Buon giorno*, was treibst du denn hier?« Es ist Aster, eine Geschäftsfrau aus Asmara, die mit drei jungen Männern im Schlepptau hinter mir steht. Ich kenne sie gut, weil sie uns immer auf dem Markt versorgt. Wir kaufen alles, was wir brauchen, bei ihr, Linsen und Mehl, Butter und Milch, aber auch Stifte und Papier. Sie ist Händlerin, sie kennt den Klatsch und Tratsch der halben Stadt, aber wenn es sein muss, kann sie schweigen wie ein Grab. Eine füllige Frau, die mit beiden Beinen auf der sandigen Erde steht, deshalb wirkt sie fast leicht.

»Waaas – was ich hier mache?«, stammle ich nun, »hm – siehst du doch, ich will dorthin fahren, wo du herkommst. Aber, ehrlich gesagt bin ich …« – »… unterwegs in den Sudan, gib's doch zu«, beendet Aster meinen Satz und grinst. Diese Frau kann nicht nur Gedanken lesen, sie scheut sich auch nicht, sie auszusprechen. »*Si Signora*, ich will weg!«, antworte ich kleinlaut. – »Weiß deine arme, alte Mutter davon?« – »Nein, aber ich geh zurück und sag es ihr selbst.« Weil wir schon seit über zwei Tagen hier herumhängen und vergeblich nach einem Schlepper suchen, erkläre ich ihr. »Jetzt reicht's!« – »Was, nur zwei Tage und du willst schon aufgeben?« Sie lacht. »Von hier aus ist es doch nur ein Katzensprung über die Grenze.« – »Ich weiß, aber ich bin leider keine Katze. Schade, oder?«

Da schiebt Aster, die Händlerin, die Ärmel ihres langen Kleides bis zu den Oberarmen hoch, nimmt einen großen Schluck aus der Wasserflasche, die sie sich danach unter den Arm klemmt.

»Meine Freunde hier sind auch keine Katzen, aber wenn du willst«, knarzt sie mit einer Stimme, als würde langsam eine Blechdose zusammengedrückt, »das liegt jedoch einzig und allein in deiner Verantwortung und ist dein Risiko, du musst wissen, was du tust, und ich habe nichts gesagt, und eigentlich kennen wir uns gar nicht, also, wenn du tatsächlich gehen willst, dann kannst du dich meinem Bruder Daniel und seinen zwei Freunden Sami und Khalil anschließen, und ich sorge dafür, dass ihr alle vier sicher über die Grenze kommt.«

Das haut mich um, diese Suada an Wörtern. Ich sehe von einem zum anderen, Daniel mit dem leichten Bartflaum im Gesicht, Sami, große Kinderaugen und der rundliche Khalil. Selbstbewusste Kerle in meinem Alter, Hände in den Hosentaschen. Damit hätte ich als Allerletztes gerechnet. Dass mir just in dem Moment, in dem ich aufgeben will, jemand zu Hilfe kommt. Ich schließe meine Hand um das Muttergottesmedaillon an meinem Hals.

»*Ciao, grazie*, und sag der Mutter Bescheid!«, rufe ich David zu, der die Situation mit einem Blick erkennt, mir aufmunternd in die Rippen stößt und im Bus verschwindet. Ich winke noch, aber das sieht er nicht mehr. Unbegreiflich, im letzten Moment, vielleicht habe ich ja mehr Glück als Verstand. Das Glück des Naiven, ich könnte jubilieren vor Freude. »Eure Jeans und T-Shirts sind viel zu auffällig, ihr vier braucht weiße sudanesische Kaftans«, mischt sich Aster in meine Gedanken. Ich frage nicht, warum. Es geht los, endlich, ich bebe wie ein Weitspringer vor dem Startschuss. Einatmen, loslassen, laufen. Vor meinen Augen tauchen weiße Gesichter auf. »Komm, komm, hübscher schwarzer Prinz«, rufen sie und locken mit ihren Augen, »komm, spring mit uns …« Und so wie sie vor meinem inneren Auge auftauchten, sind sie auch wieder entschwunden, wie die Wolken, die am Himmel vorübergleiten.

Kaum fünf Minuten später ziehen wir mit Aster los, um weiße Kleider zu kaufen, und gegen Abend bringt uns ein kleiner Bus in das zehn Kilometer entfernte Dorf Golij. Dass es dort leichter sei, einen Berber zu finden, der uns über die Grenze führt, sagt die Geschäftsfrau. »Ich kenne Gott und die Welt hier, und die verkauft ihre eigene Großmutter gegen ein paar Dollar.« – »Und die Kontrollen?«, wende ich ein. – »Kein Problem, lasst mich nur machen«, kommandiert Aster und hält uns an, in den mittleren Reihen im Bus Platz zu nehmen. Na denn!

Wie ein Ball springt sie auf, als die Militärpolizisten am

Ortsausgang einsteigen, der eine vorn, der andere hinten, und schreit zetermordio, schlägt die Hände über dem Kopf zusammen und kickt mit den Füßen Gepäckstücke, die den Mittelgang blockieren, weg. »Ach ihr armen Soldaten, den ganzen Tag müsst ihr in der Hitze braten, um uns zu beschützen und um uns zu helfen«, lamentiert sie. Habe ich richtig gehört? Sagte sie: *Beschützen*? An der großmäuligen Händlerin ist eine Schauspielerin verloren gegangen. »Und jetzt versperrt euch unser ganzer Krempel den Weg. Nein, nein, bemühen Sie sich nicht, ich helfe Ihnen gern.« Ruft sodann: »*Passport,* bitte!«, und lässt sich von den Fahrgästen reihum die Ausweise zeigen, ausgenommen natürlich die unseren, die wir nicht haben. Ich kann es nicht fassen, dass die Beamten auf einen so simplen Trick hereinfallen; sie schauen verdutzt, aber scheinen sichtlich erleichtert, dass ihnen jemand die Arbeit abnimmt.

3. Etappe: Ein Dorn im Auge

UNO-Flüchtlingshilfe, 22. September 2010

Eritrea: An der Grenze lauern die Menschenhändler

Als der 16-jährige Hatim mit seinen beiden Freunden im April vor der Zwangsrekrutierung aus Eritrea in den Sudan floh, dachten sie, dass es nicht weit sei. Aber es dauerte lange, bis das Trio, halb verhungert und dringend medizinischer Hilfe bedürftig, in das Flüchtlingslager Shagarab stolperte. Sie waren bewaffneten Kidnappern in die Hände gefallen, die von ihren Familien Lösegeld erpressten.

Nomaden, die entlang der Grenze leben, sie nahmen den Jungen Kleider und Handys und fuhren sie in ein kleines Wald- und Buschgebiet. Dort wurden sie vier endlose Wochen an Bäume gekettet, bekamen nur dreckiges Wasser zu trinken und wurden von Skorpionen und Schlangen gebissen. *(zsgf.)*

7. März 2002, Golij, eritreisch-sudanesische Grenze: Die einzige Herberge am Platz ist das größte Dreckloch in der ganzen Gegend. Dieser Müll, dieser widerliche Gestank aus Urin, Schimmel und Aas. Aber im Freien schlafen ist viel zu gefährlich wegen der Schlangen, die sich überall tummeln. Ich bin gereizt, als ich aufwache, und beginne den Tag mit einer ausgiebigen Wäsche am Straßenrand. Wasser. Tut gut, auch wenn es faulig riecht. Aus einem Fass mit der Aufschrift »Oil« – Maschinenöl, wie sie hier überall herumstehen, schütte ich mir unzählige Eimer Wasser über Kopf und Rücken. So lange, bis mir zwei zahnlose Männer, die vorbeikommen, mit Fäusten drohen. Wasser ist kostbar, aber wie kostbar, das weiß ich noch nicht.

Anstatt in unsere dreckigen Jeans zu schlüpfen, streifen Daniel, Sami, Khalil und ich uns die neuen Kaftans über und schütteln dabei unsere Ängste, vor dem was kommt, für einen Moment ab: *Avanti*, im Halbkreis aufstellen, sich gegeneinander verneigen, die Arme über der Brust gekreuzt, *Salam aleikum*. Während ich mich drehe wie ein Derwisch und das weiße Kleid sich wie ein Kreisel um die Knie bauscht, lachen die anderen Tränen. Ich bin nicht mehr allein, wir sind Gefährten, jung und albern und freuen uns an den blödsinnigsten Dingen. Trotz aller Gefahr und Ungewissheit. Das ist Afrika, mein Lebensgefühl, jetzt: Leben.

»Auf geht's, ich habe einen Schlepper gefunden, der euch bis Kassala bringt. Aber zu Fuß – ihr dürft laufen«, sagt Aster unternehmungslustig, wie sie ist, als sie zur Herberge kommt. Wir wollen schon jauchzen, aber da fährt sie uns in die Parade: »Dafür will er dreihundert Dollar«, und nach einer Pause, »von jedem von euch.« Das verschlägt uns die Sprache. Vier mal dreihundert Dollar macht zusammen eintausendzweihundert Dollar – für läppische fünfundvierzig Kilometer. Fünfundvierzig gefährliche Kilometer über die Grenze, ja schon, aber trotzdem, was für eine Abzockerei. Schlepper sollte man sein, oder noch besser der Chef dieser korrupten Schlepperbanden, wie sie auf dem ganzen Kontinent aus dem Boden schießen, weil sonst nichts wächst. Menschenhandel ist einer der erfolgreichsten Wirtschaftszweige in Afrika. Wer weiß, wie viel die illegale Reise über die eritreisch-sudanesische Grenze in ein paar Jahren kosten wird.

Geld lässt sich in diesen Grenzorten nur mit Menschen verdienen, alles andere wird getauscht. Ein Stück Stoff gegen zehn Ziegel, eine Medizin gegen eine Strohmatte auf dem

Dach. Europa scheint mir zum Greifen nah, doch ich fühle mich hilflos zwischen diesen Fangarmen, die sich gierig nach uns Flüchtlingen strecken und uns wie Waren an sich raffen. Was, wenn wir nicht genug Geld haben, um uns zu verkaufen? Aber so sehr wir uns aufregen, wir haben keine Wahl. Aster, ganz Geschäftsfrau, kassiert und bringt uns in ein fensterloses Rundhaus mit strohgedecktem Dach, verschwindet, um nach kurzer Zeit mit einer Schüssel voll Linsen und einem riesigen Fladenbrot zurückzukehren.

Wir sind aufgekratzt, vielleicht ist es das letzte Mal für lange Zeit, dass wir eine solche Mahlzeit zu essen bekommen. Wie die Jünger beim Abendmahl sitzen wir in unseren weißen Kleidern deshalb im Kreis am Boden, zupfen mit den Fingern von dem weichen Brot und wickeln die Gemüsesoße darin ein. »Und wenn wir unterwegs von einem Löwen gefressen werden?«, fragt einer mit vollen Backen. »Mit Löwen kenn ich mich aus«, wirft sich Asters Bruder, Daniel, in die Brust, »einer von uns muss sich opfern und alle anderen rennen weg.« Aber wer lässt sich schon freiwillig den Raubtieren zum Fraß vorwerfen? Eine ganze Zeit lang albern wir herum, bis wir auf die Lösung kommen: Der Schlepper muss dran glauben. Blöd nur, dass wir Geld und Grenze dann vergessen können.

Essen beruhigt, und während die Händlerin rote und grüne frische Bohnen in einer Blechschale über einem Holzkohlefeuer röstet und in einem Mörser zu grobem Pulver zerreibt, erzählt sie die Legende vom Kaffee. »Es war also einmal eine große Herde Ziegen, die sich des Nachts in der Nähe eines Klostergartens im äthiopischen Hochland schlafen legte«, fängt Aster an, »was heißt schlafen, die Ziegen knabberten an den Früchten, die im Dunkeln von einem Baum auf sie heruntergefallen waren. Am nächsten Tag vollführten sie Bocksprünge und Seiltänze und waren nicht mehr zu bremsen. Das machte die jungen Mönche des Klosters neugierig, und sie wollten auch von den Früchten probieren. Doch kaum, dass sie davon gegessen hatten, sprangen sie auf wie im Rausch und zerstreuten sich in alle Lande.«

Zusammen mit Wasser und Zucker bringt Aster das Kaffeepulver dann in einem Tonkrug zum Kochen, legt ein Stückchen Weihrauch über die Öffnung – köstlich, wie es dampft und duftet.

Spät am Nachmittag kommt Suleiman, unser Schlepper. Wir sind aufgeregt, was sind das für Menschen, die Menschen über die Grenze schmuggeln? Skrupellos? Was, wenn er uns entführt und Lösegeld haben will? Suleiman trägt einen Knüppel in seiner Hand und hat sich eine *Kufiya* um den Kopf gewunden, schmächtig ist er, hageres Gesicht, aus seinem Mund kommt ein Wortsalat aus Tigrinya, Tigre und Arabisch. Er beachtet uns kaum, aber wir nennen ihn Chef, wie man jemanden nennt, dem man ausgeliefert ist.

7. auf 8. März 2002, nachts über die Grenze: Im Entenmarsch hinter Suleiman her Richtung Westen, es ist noch hell, die Stunde vor Sonnenuntergang, die ich so liebe. Wenn die Hitze nachlässt und es endlich, zuerst unmerklich, dann spürbar kühler wird, und die Sonne wie ein weißes Madonnengesicht in ihrem feuerroten Gasnebel erscheint, den Himmel orange und purpurn färbt und alles in einen reinen Lilaschimmer taucht. Wie ein Aufatmen ist das. Schweigend gehen wir, lassen das Dorf hinter uns. Ich fühle mich leicht; wie schön es ist und unheimlich zugleich, unbekannte Pfade zu gehen, offen der Horizont.

Wir sind noch nicht lange unterwegs, da bleibt der Schlepper abrupt stehen, dreht sich um und zielt mit seinem Stock wie mit einem Gewehr auf uns. »Aufgepasst«, befiehlt er, und seine Stimme klingt bedrohlich, »wenn ihr menschliche Geräusche hört, dann sofort stehen bleiben. Sonst seid ihr tot! Kapiert! Soldaten schießen auf jeden, der wegrennt.« Obwohl wir ihn kaum verstehen, nicken wir, und ich spüre ein ziemlich ekelhaftes Stechen im Bauch, denn eines ist klar: Das hier ist kein harmloses Räuber-und-Gendarm-Spiel mehr. Jetzt ist es ernst.

Suleiman führt uns durch die Dornbuschsteppe. Ich weiß nicht, woran er sich orientiert, ich kann weder größere Bäume noch Felsen erkennen, nur Bergrücken aus Granit vor uns, die aussehen wie schlafende Elefanten. Über dem Land liegt ein magisches Dämmerlicht, in das sich leises Zirpen mischt. Es gibt keinen Weg und keine Straße mehr. Nur noch querfeldein über Gestrüpp, Sand und Steine.

Mit unserer Verkleidung sehen wir aus wie alle Menschen in dieser Grenzgegend, wo sich vor allem eritreische und sudanesische Geschäftsleute und Händler aufhalten. Aber es ist ungewohnt, Kleider zu tragen, und ständig verhaken wir uns damit in den Dornensträuchern. Doch der Schlepper dreht sich nicht einmal um, wenn einer »Au« schreit. Ihm egal, ob wir hinterherkommen. Solange ich noch etwas sehen kann, hefte ich meine Augen stur auf den Boden. Es knirscht unter unseren Sohlen, bei jedem Geräusch zucke ich zusammen, eine Schlange? – Bloß verdorrtes Gras. Allmählich wird es dunkel, und mit der Nacht kommen die Sterne an den Himmel, leuchtend hell ordnen sie sich wie Kinder im Kreis um die Mondsichel, die hoch oben steht. Ich taste mit meinen Blicken über die Sternbilder, Suleiman kann sie lesen, sie sind sein Kompass, aber ich denke an meinen Vater im Himmel, an meine Geschwister, die Mutter, fast scheint mir, als wanderten sie mit.

In der Ferne hören wir Hyänen heulen, wie ein vielstimmiger Chor, der einmal näher kommt und sich wieder entfernt. Ihr Pfeifen und Knurren treibt uns Schauer über den Rücken, gleichzeitig klingt es verheißungsvoll: weiter, weiter, immer weiter. Wir gehen wie in Trance, finden einen gleichmäßigen Rhythmus, in dem Zeit und Raum ineinander übergehen. Heute Nacht werde ich über die Grenze gehen, all dem, was mein ist, den Rücken kehren und das Land verlassen, das mich in einen Käfig gesperrt und mir meine Flügel gestutzt hat.

Europa – mein Zauberwort, das mit jedem Schritt lauter wird in meinem Kopf. Dort will ich arbeiten, mir Dinge ausdenken, verändern, produzieren, schaffen und aus meinem Leben etwas machen. Ohne den Weg in der Dunkelheit zu erkennen, trotten wir. Erschrecken über einen Flügelschlag über unseren Köpfen, halten uns an den Kaftans fest, um uns nicht zu verlieren, verhaken uns in den Dornen, straucheln über Löcher und Mulden. Die Nacht ist eine Bühne, auf der tausend Schatten und Geräusche ein geisterhaftes Spiel spielen.

Plötzlich mischt sich ein anderes Geräusch in die zirpende Dunkelheit, langgezogen, hundertfach dringt es an unsere Ohren: Trapptrapptripptrapptrapp – nervöses Hufgetrappel, dazwischen müdes meckriges Mähen. Das müssen Ziegen sein, eine ganze Herde, die durch die Nacht galoppiert. Mein Herz klopft bis zum Hals. Wir sind im Grenzgebiet. Was, wenn der Horde ein Grenzbeamter folgt? Immer näher kommt das Hufgeschwader, bis die Ziegen direkt neben uns hertrippeln. Hunderte von Tieren, die sich vor Schreck über uns weiße Gestalten dicht an dicht drängen und dumpf durcheinanderblöken.

Mit unterdrückter Stimme ruft Suleiman einen Namen in die Nacht, und wie aus dem Nichts taucht ein Berberhirte auf. Er trägt eine wallende Dschallabia über den Schultern. »*Salam aleikum*«, ehrerbietig begrüßen sich die beiden Männer, die sich zu kennen scheinen. Es muss gegen Mitternacht sein, und wir sind schon sechs Stunden unterwegs. Unsere Beine und Arme sind zerkratzt, mehr spüre ich das angetrocknete Blut, als dass ich es sehe. So einen Marsch durch die Steppe habe ich mir einfacher vorgestellt. Doch da macht uns der Chef ein Zeichen, dass wir uns setzen sollen. Ausatmen.

Als seien wir am Verdursten, strecken wir unsere Hände

nach dem Wassersack aus, den uns der Hirte reicht. Trinken reihum in kleinen Schlucken, nur der rundliche Khalil, der neben mir sitzt, lehnt ab. Ich erschrecke, als ich mich ihm zuwende und sehe, dass ihm Tränen über die Wangen laufen. Er zieht die Luft zwischen seinen Zähnen ein und schiebt langsam seinen Kaftan hoch über die Knie. »Ich kann nicht mehr«, klagt er leise. »Seht her, meine Beine.« Der Stoff des ungewohnten Kleidungsstücks hat seine Waden und Oberschenkel völlig wund gescheuert. »Du Armer, das muss doch höllisch brennen.« Vorsichtig benetze ich seine Beine mit Wasser, so lange, bis Suleiman mir den Sack jäh aus der Hand reißt. »Wenn dieser Jammerlappen nicht gleich still ist, schneid ich ihm den Hals durch wie den Ziegen.«

»Lass ihn reden«, beruhige ich Khalil, »komm, dem zeigen wir's.« Als uns der Chef zum Weitergehen antreibt, hake ich ihn mit einem Arm unter. Mit dem anderen wehre ich mich gegen das Gestrüpp, das sich uns immer mehr mit seinen langen, ausgedörrten Zweigen entgegenwirft. Wir ducken uns darunter, klettern drüber, gehen mitten hindurch. Es zerrt und reißt, bis ich irgendwann die Kratzer kaum noch spüre, die Dornen, die meine Haut blutig ritzen, das Blut auf den Lippen, das süßlich schmeckt, es ist, als ob ich taub geworden sei.

Wie Schlingen legen sich Dornenranken um unsere Füße, als ich stolpere und Khalil loslasse, um mich abzufangen: ein brennender Schmerz! »Aaau!« Ich hänge fest, richtig fest, unzählige Dornen in Kopf, Gesicht, Schultern und Armen verhakt. »Oh weh, verdammt noch mal – mein Auge!« Wie ein elektrischer Schlag, ich kann es nicht mehr öffnen, Schmerzen wie Nadelstiche. In meinem rechten Auge steckt ein Dorn. »Helft mir, bitte«, rufe ich verzweifelt, »ich hänge fest!« Das Stechen im Auge wird schlimmer, ich schreie auf vor Schmerzen und beginne zu schluchzen. »Dieser Idiot!«, höre ich den Chef fluchen, der, ohne auf mich zu achten, seinen Knüppel in die Dornen haut und weitertrabt. »Das ist das letzte Mal, dass ich solche Milchbübchen über die Grenze führe!«

Da kommt Daniel mir zu Hilfe und zerrt und rüttelt mich aus dem Dornengestrüpp.

Es dauert eine Weile, bis ich frei bin und dann mit blutenden Händen versuche, meine Augen zu öffnen, aaau-aaau-aaau, nicht auszuhalten. Diese Schmerzen. Ruckartig fahre ich mit dem Finger am unteren Lid entlang, spüre Widerstand. Den Dorn. Wenn es nur nicht so weh täte! Ich zupfe, aber zu zaghaft, und ziehe, und er bricht ab.

»Weiter«, plärrt Suleiman, schon ein ganzes Stück von unserer Gruppe entfernt, »was steht ihr herum und haltet Maulaffen feil? Wenn es hell wird, holen euch die Geier.« Weiter. Durch die Nacht. Lieber blind als tot, wir haben keine Zeit, stehen zu bleiben und Wunden zu verarzten. Das Auge krampfhaft zusammengepresst, laufe ich gegen den Schmerz an, der sich über meinem Kopf ausbreitet, als ob er Feuer gefangen hätte. »Die Geliebte der Blinden ist die Nacht«, wie komme ich auf diesen Satz? »... die der Flüchtlinge und Illegalen auch.« Wie besessen stammle ich plötzlich Worte und Sätze im Takt meiner Schritte vor mich hin: »Die Israeliten brachen also von Ramses auf und lagerten in Sukkoth. Von Sukkoth zogen sie weiter und lagerten in Etham, das am Rande der Wüste liegt. Von Etham zogen sie weiter und wandten sich nach Pi-Hahiroth, das Baal-Zephon gegenüber liegt, und lagerten östlich von Migdol. Von Pi-Hahiroth brachen sie auf und zogen mitten durch das Meer nach der Wüste hin.« Es ist der Auszug der Israeliten aus Ägypten aus den Büchern Mose, den ich in der Dunkelheit vor mich hin leiere. Ohne Absicht. Die Verse, die ich einmal bei Pater Louis gelernt habe, strömen mir wie von selbst aus dem Mund.

In meinem Kopf dreht sich alles, höllisches Pochen im Auge, das nicht aufhört zu tränen. Trotzdem zwinge ich mich weiterzusprechen, gegen die Schmerzen, und mit einer quäkenden Kinderstimme, die mir fremd ist, höre ich mich die Orte der israelitischen Flucht herunterbeten. »Nachdem Moses das Rote Meer mit seinem Hirtenstab geteilt hatte und die Israeliten trockenen Fußes hindurchgezogen waren, wanderten sie drei Tagereisen weit in der Wüste Etham und lagerten in Mara. Von Mara zogen sie weiter und kamen nach Elim; dort waren zwölf Wasserquellen und siebzig Palmbäume, und sie lagerten daselbst. Von Elim zogen sie weiter und lagerten am Schilfmeer. Vom Schilfmeer zogen sie weiter und lagerten in der Wüste Sin. Aus der Wüste Sin zogen sie weiter und lagerten in Dophka. Von Dophka zogen sie weiter und lagerten in Alus. Von Alus zogen sie weiter und lagerten in Rephidim; dort hatte das Volk kein Wasser zu trinken.«

Unentwegt murmle ich die Orte mit den fremdländischen Namen vor mich hin: »Von Rimmon-Perez zogen sie weiter und lagerten in Libna. Von Libna zogen sie weiter und lagerten in Rissa. Von Rissa zogen sie weiter und lagerten in Kehelatha. Von Kehelatha zogen sie weiter und lagerten am Berge Sepher. Vom Berge Sepher zogen sie weiter und lagerten in Harada. Von Harada zogen sie weiter und lagerten in Makheloth.« Über vier Jahrzehnte waren die Israeliten auf ihrer Flucht ins Gelobte Land Kanaan unterwegs, sie litten Hunger und Durst, sie führten Kriege, fielen vom Glauben ab, beteten ein goldenes Kalb an, bereuten und empfingen die Zehn Gebote Gottes am Berg Sinai, Kinder wurden geboren und Moses' Bruder Aaron starb mit über einhundertzwanzig Jahren.

Wie ein Mantra spule ich die Stationen herunter, als ich fast zu Ende bin, legt sich das Morgenrot als rosa Streifen über die Berge. Ich will nur noch schlafen, so müde bin ich. Doch »wenn ihr über den Jordan in das Land Kanaan hinübergezogen seid, sollt ihr alle Bewohner des Landes vor euch her austreiben ...«, bete ich weiter, »ihr sollt dann das

Land in Besitz nehmen und darin wohnen; denn euch habe ich das Land als Eigentum verliehen. Wenn ihr aber die Bewohner des Landes nicht vor euch her austreibt, so werden die, welche ihr von ihnen übrig lasst, zu Dornen in euren Augen und zu Stacheln in euren Seiten werden und euch in dem Lande, in dem ihr wohnen werdet, bedrängen.«

Abrupt breche ich ab. Wer ruft Vertriebene auf, andere Menschen zu vertreiben? Moses, der Prophet, oder Gott selbst? Weil sie frei sein wollten, flüchteten die Israeliten in ein Land, wo Milch und Honig fließen. Sollte dort nicht Platz für alle sein? Ich wiederhole die Verse, die ich nicht verstehe, weil sie so erbärmlich sind: »Wenn ihr die Bewohner des Landes nicht vor euch her austreibt, so werden sie zu Dornen in euren Augen werden.« Ich kann mir nicht vorstellen, dass ein Gott solche Sätze sagt, nur ein Teufel.

Mein Auge ist aufgeschwollen und der Dorn sticht, diese wahnsinnigen Schmerzen, fast kommt es mir vor, als sei es die Strafe dafür, dass ich meiner Heimat heute Nacht den Rücken kehrte. Dieser Gedanke macht mich wütend, aber noch wütender macht mich dieser Bibeltext: Was, wenn mein gelobtes Land, Europa, Angst vor uns hat? Angst davor, von Tausenden von Flüchtlingen aus Afrika überschwemmt zu werden, Angst davor, dass Schwarze es in Besitz nehmen, seine Arbeitsplätze rauben, seine Frauen stehlen, seine Häuser und den glitzernden Schnee besetzen. Was, wenn das Paradies uns überhaupt nicht haben will?

8. März 2002, morgens in einem Hafir im Sudan: Daran habe ich vorher nie gedacht. Dass wir besitzlosen Flüchtlinge zum Dorn im Auge der Landbesitzer werden könnten. Auf einmal fällt es mir wie Schuppen von den Augen: Aus Angst macht Europa seine Grenzen dicht, baut hohe Stacheldrahtzäune und schickt Patrouillenboote ins Mittelmeer, die die Flüchtenden wie Viehherden zurück nach Afrika treiben oder untätig zusehen, wie sie kläglich untergehen. Aber noch während ich mir die schlimmsten Horrorszenarien ausmale, geht strahlend hell die Sonne über den Bergen auf, die wir hinter uns gelassen haben. Wir sind im Sudan, keine Wolke am Himmel, die Luft wird sofort drückend und schwül. Ich zittere vor Anstrengung, Schweiß rinnt mir über Stirn und Nase, und das Salz brennt wie Feuer in meinem verletzten Auge.

»Vorsicht«, schnarrt Suleiman da, »hier wimmelt es von Polizisten, die auf solche wie euch warten.« Zuerst nur verschwommen, dann deutlicher sehe ich in der Ferne einen Haufen Müll, auf dem sich Geier um graue Fleischfetzen streiten, dahinter drei, vier Lehmhütten. Ein kleines Kaff an der Grenze. Das Wasserbecken, *Hafir*, ausgetrocknet. Es riecht nach Aas, keine Menschenseele in Sicht, nur ein paar wilde Esel, die sich um den dicken Stamm eines Mimosenbaums drücken. Die Luft steht still, die Zeit steht still, Endzeit. Er werde Tee holen und ein Auto organisieren, sagt Suleiman, indem er auf eine der Hütten zeigt. Wir sollen dort warten.

Als ich mit den anderen aus dem gleißenden Sonnenlicht in den hohen Raum eintrete, sehen wir zunächst gar nichts außer Dunkel. Unsicher bleiben wir stehen, doch als sich mein gesundes Auge an die Dunkelheit gewöhnt hat, verschlägt es mir den Atem. Widerlich saurer Gestank von Erbrochenem dringt mir in die Nase, und ich höre, wie meine Gefährten heftig Luft einziehen. Auf einem niedrigen Hocker mitten in der Hütte sitzt ein Mann, groß, hager, er trägt die abgerissene graue Uniform eines Soldaten und ein kaltes Grinsen im Gesicht, das eine Reihe schwarzer Zahnstummel freigibt. Wie erstarrt glotzen wir auf den Fremden. Ein Eisenrohr und eine Kalaschnikow liegen über seinen Knien.

Eine Falle! Suleiman muss davon wissen, warum sonst schickt er uns in dieses Haus? Wir starren, verharren – eine Ewigkeit, so scheint mir. Das erheitert den Uniformierten. Im Zeitlupentempo klopft er sich eine Zigarette aus der Packung, zündet sie an und winkt uns dann mit einer Geste zu sich. Nein, doch!? Da macht der Soldat seinen Mund auf und spuckt Worte aus, harsch, dunkel. Er nennt uns »*Habesha*« und lacht tief, »Abessinier« ist das einzige Wort, das wir verstehen. Und langsam knicken wir ein in die Knie, gehen auf den Boden, wie ängstliche Hunde in Lauerstellung. Dass der Uniformierte es nicht gut mit uns meint, ahnen wir, und diese Ahnung verwandelt sich in unheilvolle Angst. Ich wage nicht, ihn anzusehen, stattdessen spult ein Film in meinem Kopf ab, bei dem ich mitspiele, mich unter den Schüssen der Kalaschnikow krümme und langsam zu Boden kippe.

Ein dumpfer Schlag. Die Tür, die Suleiman mit einer Teekanne und ein paar Plastikbechern, die er vor sich herträgt, aufstößt. »*Salam!*«, grüßt er. Die beiden kennen sich, jede Wette. Während er Teekanne und schmutzige Becher auf den blanken Boden stellt, wendet er sich uns zu. »Euer Tee, der ist in den Schleppergebühren inklusive.« Dann wechselt er ein paar Sätze mit dem Uniformierten, der aufsteht, das Gewehr schultert und das Eisenrohr von einer Hand in die andere gleiten lässt. »Wie ich sehe, habt ihr euch von einem Soldaten erwischen lassen. Gar nicht gut für euch«, wendet sich Suleiman erneut an uns, seine Stimme senkt sich jetzt: »Arme, dumme Tiere!« Zum ersten Mal höre ich dieses Schimpfwort, mit dem die Schlepper die Flüchtlinge bezeichnen. Gerade war ich noch jemand, wenn auch illegal und auf der Flucht, jetzt ein Nichts, denn mehr gelten Tiere nicht in Afrika. »Das Lösegeld, das er für euer Leben fordert, ist in euren Tickets leider nicht inbegriffen«, höhnt er. »Zehntausend sudanesische Dinar, und er lässt euch laufen.«

Es sieht nicht so aus, als würde der Soldat lange fackeln. Ein Leichtes, uns an diesem gottverlassenen Ort abzuknallen. Da ist keiner, der nach mir suchen würde, weil keiner weiß, wie weit ich gekommen bin. Entsetzen packt mich, und mühsam stehe ich auf, wühle in meiner grünen Tasche, die Zeit dehnt sich, und halte dann dem hämisch grinsenden Soldaten eine Zehndollarnote entgegen.

Auch die anderen kramen ein paar Scheine aus ihren Taschen, nur Sami findet nichts. Da schlägt ihm der Uniformierte die Eisenstange in die Kniekehlen, so heftig, dass er mit einem Wimmern zusammensackt. »Flucht ist kein Spaziergang, merkt euch das!« Fast triumphierend stößt der Chef diese Worte hervor. »Ihr seid noch gut davongekommen. Manchmal werden Flüchtlinge hier an der Grenze wochenlang an Bäume gekettet. Oder auf den Sinai entführt und dort vergewaltigt und kaltblütig abgeknallt, wenn die Verwandtschaft keine Tausender lockermacht.« Suleimans Kufiya wippt auf dem Kopf, so sehr schüttelt er sich vor Lachen, aber wir spüren, dass er es ernst meint. Mit bleichen Gesichtern steigen wir in einen Geländewagen, der vor der Hütte steht und uns nach Kassala bringen soll. Eine halbe Stunde Fahrt vielleicht.

8. März 2002, Kassala, gerettet: Als wir die ersten Rundhütten zwischen Bananen- und Orangenfeldern rund um Kassala erreichen, ducken wir uns hinter die dunklen Autofenster. Nur nicht auffallen. Der Schreck über den korrupten Soldaten sitzt uns noch tief in den Knochen. Außerdem hatte mich mein Freund Tantu in seinem Brief kurz vor meinem Aufbruch eindringlich vor der Geheimpolizei auf der Suche nach illegalen Flüchtlingen im Sudan gewarnt. Von ihm ist auch die Adresse des Klosters, die ich unserem Fahrer jetzt nenne.

Kassala, die drittgrößte Stadt im Sudan, die sich am östlichen Ufer des Flusses Gash wie ein Vogelnest an die Granitkuppen des Taka-Gebirges schmiegt. Ihre grünen Felder, auf denen Baumwolle, *Sorghum*, Sesam, Obst und Gemüse angebaut werden, wirken wie eine Oase. Eine Oase auch für Flüchtlinge.

Aber das interessiert mich im Moment nicht, mein rechtes Auge schmerzt, und ich habe eine Höllenangst, dass ich nie wieder damit sehen kann. Ob meine Mutter weinte, als sie von David erfuhr, dass ich losgezogen bin, einfach fort. Wann würden wir uns wiedersehen? Vielleicht nur noch mit einem Auge, wenn mein rechtes blind bleibt. Wenn ich doch vorsichtiger gewesen wäre. Als sei ich seit Monaten unterwegs, so kommt es mir vor, dabei ist doch erst eine Woche vergangen.

»Kann ich bitte, bitte meine Adey in Asmara anrufen?«, frage ich ohne Gruß, als ein Pfarrer uns das große Tor im Comboni-Kloster zum Guten Hirten in Kassala öffnet. »*Piano, piano*, immer mit der Ruhe«, grüßt er, dick, Vollbart und lustige blaue Augen. »Ich bin Pater Francesco, und so wie ihr ausseht ... Ich vermute, ihr kommt direkt aus der Hölle.« – »Aus Eritrea, über die Berge!«, rufen wir wie aus einem Mund und torkeln in den Klosterhof. Die weißen Kleider zerfetzt und voller Dreck, die Fingernägel aufgerissen, ein Netz aus verkrusteten Blutspuren überzieht unsere Gesichter, Arme und Beine. Mein Auge ist derart rot aufgequollen, dass ich es nicht mehr öffnen kann.

»Mein – mein Freund schrieb mir, dass man in diesem Kloster Flüchtlinge aufnimmt«, stammele ich. »Wir sind auf der Flucht.« Da schüttelt der Pfarrer mit einem ungläubigen Lächeln, das um seinen Mund spielt, den Kopf. »So viele starke, junge Männer, die vor einem einzelnen Mann in Eritrea Reißaus nehmen?« Der Pfarrer hat Humor, scheu sehen Daniel und ich uns an. »Kann ich bitte meine Adey in Asmara anrufen?«, fragt auch er. »Zuerst braucht ihr eine kalte Dusche«, entscheidet Francesco forsch und mit den Worten »und du brauchst eine Augenoperation« wendet er sich an mich. Dann weist er uns an, im Garten zu warten, und verschwindet.

Khalil lässt sich ins verdorrte Gras fallen und streckt seine wundgescheuerten Beine aus, auch Daniel, Sami und ich setzen uns erschöpft. Der Garten und das aus grauen Betonziegeln gemauerte Klostergebäude wirken heruntergekommen. Der Putz rieselt, die Jahre und die Kriege haben der christlichen Pfarrei schwer zugesetzt. »So meine Herren, bitte recht freundlich!«, dringt die dunkle, tiefe Stimme von Pater Francesco ein paar Minuten später wieder an unser Ohr. Erschrocken springen wir auf, da steht er tatsächlich breitbeinig vor uns und lacht. In der linken Hand balanciert er Handtücher und Seife, mit der rechten hält er eine Kamera vor sein Auge und drückt auf den Auslöser. Mit einem Fotoshooting hätten wir in unserer Situation als Allerletztes gerechnet. Trotzdem verziehen wir unsere Gesichter, als könnten wir die Schmerzen der Nacht mir nichts, dir nichts weggrinsen.

»Für den Geheimdienst«, feixt der Pfarrer, »oder soll ich die Fotos lieber nach Europa schicken und um Almosen für arme Flüchtlinge betteln?« Er will uns aufheitern, und tatsächlich lockert sich unsere Stimmung. »Wenn einer von uns auf der Flucht verloren geht, ist seine Station hier wenigstens dokumentiert«, versuche ich jetzt auch zu scherzen. Als Andenken für die Angehörigen.

Das Bad ist ein nach oben hin offenes Karree aus grauen Betonsteinen, daneben eine verzinkte Wanne voll Wasser. Eine Wasserleitung existiert nicht, das kostbare Nass wird mit einem Eimer aus Email über den Kopf geschüttet. Während von draußen rhythmisches Schmieden und Hämmern hereinweht, Kassala ist die Stadt der Handwerker, spritzen meine Freunde mit Wasser, und Francesco dirigiert mich auf einen blauen Plastikstuhl im Garten. »Setzen!« Er nimmt auf einem zweiten gegenüber Platz, dann tupft er mein schmerzendes Auge mit einem Wasser getränkten Wattebausch ab und schiebt die Augenlider vorsichtig auseinander.

Jod, das brennt, kalter Schweiß perlt auf meiner Stirn, ein dumpfer Schmerz. Mit einer spitzen Pinzette versucht er, den Dorn, der quer im Auge liegt, zu fassen. Zwei Mal, drei Mal, immer wieder. Aber der Dorn will nicht. Noch einmal, ein Ruck, und draußen ist er. Endlich! Ich sehe nach oben in den stahlblauen Himmel, von dem die Sonne feurig herabsticht, rüber zu den Freunden, wie durch einen Schleier dringt ihr Jauchzen unter der Dusche an meine Ohren.

Dass die Pupille nicht verletzt und das Auge in ein paar Tagen wieder heil sei, höre ich den Pfarrer wie von Weitem sagen. Und auf einen Schlag spüre ich keinen Schmerz mehr – wie weggeblasen. Nicht blind?! Noch einmal fährt der Ordensmann mit Jod über das geschlossene Lid, dann bindet er mir eine dunkle Augenklappe darüber. Meine Freunde brechen in helles Gelächter aus, als sie mich so sehen, und schütteln sich wie Hunde das Wasser aus den Haaren. Taufrisch. Als ich mir später unter der Dusche das Wasser mit bedächtiger Langsamkeit über Kopf und Nacken rieseln lasse, wird meine Seele ganz leicht.

Pater Francesco verwöhnt uns. Kaum ist der ganze Dreck abgespült, bugsiert er uns in den Speisesaal, in dem sich ein paar Mönche zum Mittagessen versammelt haben. Ein Ventilator bläst ihre weißen Soutanen in den Raum. »Vater unser … Dein Wille geschehe, im Himmel wie auf Erden …«, beten sie. Dann löffeln wir alle andächtig den dicken Linseneintopf, der uns aufgetischt wird, Löffel für Löffel, viel schaffe ich nicht, aber mit dem Essen erfüllt mich ein irres Glücksgefühl. Über der Grenze – fort aus Eritrea.

Ich könnte Francesco um den Hals fallen, bedanke mich bei ihm. Doch er winkt ab, Flüchtlingen zu helfen sei sein Job. Denn Kassala ist eine Flüchtlingsstadt. Seit den siebziger Jahren haben sich Tausende von äthiopischen und eritreischen Flüchtlingen in provisorischen Siedlungen rund um die Stadt angesiedelt und im Kloster, das als Raststätte für Reisende und Flüchtlinge in der muslimischen Gemeinde gegründet worden war, um Asyl gebeten. In den Achtzigern kamen schwarzafrikanische Flüchtlinge, die vor der Hungersnot und den Auseinandersetzungen im Südsudan geflohen sind. Viele Familien mit Kindern und Jugendlichen, sodass der Kapuzinerorden sogar ein Schulzentrum ausgebaut hat, das inzwischen eintausendzweihundert Studenten, muslimische und christliche, beherbergt und in der Bevölkerung der Stadt großes Ansehen genießt. Nur das Geld fehlt an allen Ecken und Enden.

»Wer konnte es vorher kaum erwarten und will mit seiner Mutter telefonieren?«, reicht uns der Pater nach dem Essen endlich ein Telefon. »Ich, ich, ich und ich auch«, rufen wir wie aus einem Mund. Als ich an der Reihe bin, bin ich so aufgeregt, dass ich immer wieder von vorn anfange, die Tasten zu drücken, weil ich jedes Mal einen Fehler mache. Es ist wie im Traum, kurz vor dem Ziel kommt und kommt man nicht an. Als es dann doch klappt und ich das Freizeichen höre, bekomme ich weiche Knie und muss mich setzen.

»Zekarias, bist du es?«, meldet sich meine Mutter, sie muss es am Klingeln des Telefons gehört haben, dass ihr verlorener Sohn anruft.

»Ja, Adey«, sage ich, fast versagt mir die Stimme: »Stell dir vor, ich habe es geschafft, ich bin im Sudan!« Ich höre, wie sie aufatmet, ein Seufzer, noch einer. Wo ich sei und wie es mir gehe, ob ich genug zu essen und zu trinken habe, fragt sie atemlos, worauf ich nur »Ja« und immer wieder »Ja« antworte. »Wusste ich doch, dass du eines Tages weglaufen würdest«, sagt sie mit dünner Stimme, und ich merke, wie sie vor Erleichterung anfängt zu weinen, »aber als du fort warst, hatte ich trotzdem wahnsinnige Angst.« – »Verzeih, Mama«, murmle ich, »dass ich mich ohne Abschied aus dem Haus gestohlen hab.« Auch meine Augen füllen sich mit Tränen.

»Ich hätte dich nicht gehen lassen, das weißt du genau. Aber Gott, wie froh bin ich jetzt, dass du es geschafft hast.« Sie schluchzt heftig. »Du bist ein Held, mein Sohn, ein echter Held! Nur damit du es weißt, Zekarias, heute Abend schlachte ich ein Huhn und lade all unsere Nachbarinnen ein.« – »Nein, du übertreibst, das ist viel zu viel Arbeit, außerdem keine Frauenarbeit.« Meine Mutter liebt ihre Hühner, und sie lieben sie. Sogar kraulen lassen sie sich von ihr, auch wenn sie ihnen später eigenhändig die Gurgel durchschneidet. Sünde für eine Frau, aber was hätte sie machen sollen ohne Mann im Haus, aber mit sechs hungrigen Kindermäulern, die gestopft werden mussten. »Was schert mich die Frauenarbeit«, sagt sie jetzt und hört sich schon wieder ganz wie meine rebellische Mutter an, so wie ich sie kenne. »Ich schlachte, wann ich will und nicht, wenn mir ein Mann dabei hilft.«

»Es tut mir leid, dass ich dich allein gelassen habe.« – »Ach, ich bin doch stolz auf dich! So stolz, dass du den Mut hattest zu gehen. Ich bin sogar stolz, obwohl ich todtraurig bin und Angst um dich habe. Schade, dass ich zu alt bin, um mitzukommen.« – »Alt? Das bist du doch nicht. Aber es fragt sich, ob ich dich überhaupt mitgenommen hätte«, antworte ich frech. »Na, da hätte ich dich bestimmt nicht lang gefragt«, gibt meine Mutter zurück, »aber ich bin nicht mehr stark genug, mein Leben aufs Spiel zu setzen. Ich habe nicht mehr so viele Träume und Illusionen wie ihr Jungen.« – »Dafür bist du eine tolle Mutter, *temesgen amlak* – Gott sei Dank – Danke, dass du mir Dickkopf vertraust.« – »Den Dickkopf hast du von mir, und ich vertraue auf Gott.«

Jetzt lache und heule ich Rotz und Wasser, sodass mich meine Mutter zum Schluss sogar noch trösten muss. Sie werde jeden Tag in der Kirche für mich beten, sagt sie, »Zekarias, glaub mir, Gottes Schutzengel begleitet dich.« – »Wenn er so schön wie die Sonne ist, habe ich nichts dagegen.«

Als ich den Telefonhörer auflege, sacke ich in mich zusammen. Vorher war ich so aufgedreht, dass ich kaum bemerkte, wie mir schlecht und immer übler wurde. Bauchkrämpfe, auch das noch. Ich setze mich, diese Angst, das verletzte Auge, die Hitze, der Schlepper, der Tee aus den schmutzigen Bechern, das Heimweh – es ist einfach zu viel für mich.

Im Kloster können wir nicht bleiben, da Polizei und Geheimdienst hier zuallererst nach illegalen Flüchtlingen suchen. Nachdem wir uns ausgeruht haben und Pater Francesco luftige Sandalen und Hemden für uns vom Markt geholt hat, fährt er uns gegen Abend in seinem Auto zu zwei eritreischen Familien. Zwei oder drei Tage, sagt er. »Bis ihr euch erholt habt und fit für die Reise in die Hauptstadt Khartoum seid.« Er wolle uns Ausweise besorgen und Fahrkarten für einen Bus.

Eine Wolke von Sand steigt auf, als er vor einer gemauerten Hütte mit Strohdach anhält. Mir ist immer noch schlecht, in meinem Bauch rumort ein Messer. Und in aller Not kann ich mich gerade noch in eine Ecke aus Schutt und Disteln zurückziehen, wo mein Darm endlich freigibt, was ihm nicht guttut. Es stinkt grässlich, o lieber Gott, nein, Durchfall, mein ganzer Körper ist in Aufruhr. Aber ich kann nicht anders, egal, ob mir das peinlich ist.

Warum nur hat mich mein Schutzengel nicht davor gewarnt, diesen Tee zu trinken? Aber ich weiß schon, weil der Schutzengel nicht meine Mutter ist, mit den immergleichen Sprüchen, die ich nicht mehr hören konnte: »Iss was, Junge, zieh dir eine Jacke drüber, wasch dir die Hände vor dem Essen.« Auf der Flucht gibt es keine Mutter, die auf dich achtet und dich ermahnt, das muss ich jetzt selbst übernehmen. Mein Körper ist das Einzige, was ich habe und was ich durchbringen muss. Wenn möglich gesund und unversehrt.

Inzwischen ist es dunkel geworden, und der Sand und die hellen Häuser reflektieren das silberne Licht der Sterne, die nach und nach am Himmel blinken. Hier und da ist das Knistern eines Feuers zu hören. Männer mit spindeldürren Beinen gehen vorüber, und drei kleine Kinder kommen uns barfuß entgegengerannt, als ob sie auf das Auto des Paters gewartet hätten. Eines nach dem anderen nimmt er in seine Arme und wirft es in die Höhe, *ciao bella, ciao bello*, bis sie juchzen. »Kannst du ein paar Jungs, die sich auf dem Weg nach Europa verirrt haben, zwei, drei Tage bei dir aufnehmen, Nuria?«, fragt er, als ihre Mutter unter dem Türrahmen erscheint. Sie trägt das traditionell bestickte weiße Tuch um Kopf und Schultern, wie es auch meine Mutter tut. Da kommen mir die Tränen, das Auge brennt wieder, mir ist kotzübel, ich will nur noch Schuhe ausziehen, mich waschen und schlafen.

10. März 2002, Kassala, das Geschenk: Weil sie selbst einmal Flüchtling war und weiß, wie es ist, auf der Flucht zu sein, beherbergt die alleinerziehende Nuria ständig Landsleute, die über die Grenze kommen. Schon früh am nächsten Morgen geht sie auf die Straße, um Obst und Fruchtsäfte für Sami, der bei mir geblieben ist, und mich zu besorgen. Ich habe mich in der Nacht ein paar Mal übergeben, jetzt müsse ich wieder zu Kräften kommen, meint sie. Dann bringt sie ihre sechsjährige Tochter in die Schule und kommt erst nachmittags zurück, nachdem sie ein paar Stunden Gemüse auf dem Markt verkauft hat. Auf die beiden kleinen Kinder passen in der Zwischenzeit Sami und ich auf.

Nuria lebt mit ihren Kindern in einem Raum mit Wänden aus Lehmziegeln, Ventilator an der Decke, fünf Betten, von denen tagsüber zwei an die Wand gelehnt werden. Es gibt keine Küche und keine Toilette, gekocht und gewaschen wird unter freiem Himmel im Hof, den sie sich mit anderen Familien teilt. Die Dusche ist ein Eimer mit Wasser und die Toilette ein Loch im Boden, das zugeschaufelt wird, wenn es voll ist.

Ich bleibe den ganzen Tag im Schatten und döse, während mein Freund sich voller Vergnügen mit den beiden Jungen durch Dreckkuhlen auf dem Hof kugelt und Hunde, die aussehen wie Skelette, mit Plastikmüll bewirft. Als Sami den Kindern einen Reifen aus Eisen besorgt, den sie mit einem Stock vor sich hertreiben können, sind sie im siebten Himmel. Abends kocht uns Nuria *Injera*, gemeinsam mit den

Kindern setzen wir uns auf einen Bastteppich auf dem festgestampften Boden im Hof.

Das warme Essen beruhigt meinen Magen, und es geht mir schon viel besser. »Wollt ihr irgendwann wieder zurück nach Eritrea?«, frage ich Nuria. »Nein«, antwortet sie. Sie sei im Krieg von 1998 geflüchtet. Ihr Dorf in der Nähe von Keren zerstört, keine einzige Ziege mehr auf den Feldern, der Mann tot, die Familie ohne Hoffnung. Hier in Kassala habe sie ein Auskommen und die Kinder eine Schule. Als die drei müde werden und ihre Köpfe in Mutters Schoß betten, erzählt sie »Das Geschenk des Löwen«, ein Märchen. »Es war gegen Ende einer langen Trockenperiode, als Yohannes seine Frau bat: ›Mach dich auf den Weg in den Busch, um Feuerholz für heute Abend zu sammeln.‹ Sarah sah ihren Mann erstaunt an und meinte resigniert: ›Wozu denn, wir haben ohnehin nichts, was ich kochen könnte, somit brauchen wir auch kein Holz. Die karge Kost in den letzten Monaten hat mich geschwächt. Ich muss mit meinen restlichen Kräften sorgsam umgehen, sonst überstehe ich die Tage bis zur Regenzeit nicht.‹

›Genau das ist der Grund, warum ich dich bitte, Holz zu holen. Mir geht es wie dir, und darum will ich, bevor ich endgültig zu schwach bin, um auf die Jagd zu gehen, heute versuchen, eine Antilope oder zumindest einen Hasen zu erlegen.‹

Sarah musste ihrem Mann recht geben, denn wenn sie nicht bald neue Kraft sammelten und die Regenzeit sich womöglich noch einmal verzögern sollte, würde das den sicheren Tod bedeuten. Sie raffte sich auf, und gemeinsam mit Yohannes verließ sie das Häuschen. Am Dorfrand wünschte er Sarah Kraft für die schwere Arbeit, und sie erhoffte Jagdglück für ihn.

Als die geschwächte Frau ein großes Bündel Feuerholz beisammen hatte und auf dem Weg nach Hause war, hörte sie lautes Gejohle und Geschrei. ›Das kann nichts Gutes bedeuten‹, dachte sie bei sich. Aus Angst, in eine Auseinandersetzung verwickelt zu werden, lief sie in ein kleines Waldstück und kroch in dichtes Unterholz. Sie wollte ihren Augen nicht trauen, als sie sah, wer bereits vor ihr dieses Versteck zum Schutz vor den johlenden Jägern gefunden hatte. Ein riesiger ausgewachsener männlicher Löwe lag da vor ihr, und beinahe wäre sie ihm noch auf die Pfoten gestiegen.

Sarah dachte: ›Ach, nun hat wohl mein letztes Stündchen geschlagen. Und wenn es auch nicht mein Hunger ist, der mich umbringt, so ist es eben der Hunger des Löwen, der mein Leben nimmt.‹ Sie war einer Ohnmacht nahe, als sie merkte, dass der Löwe verletzt war. Einer seiner Verfolger hatte ihm einen Speer in den Oberschenkel geschossen. Sie erkannte, dass der Löwe sie nicht angriffslustig, sondern Hilfe suchend anschaute. ›Was soll ich tun? Ich habe Angst, aber ich will dir auch helfen, du Armer‹, murmelte sie vor sich hin und begann, das verletzte Tier ganz vorsichtig und sanft zu streicheln. Der Löwe entspannte sich und legte sich auf die Seite.

Mit einem kräftigen und raschen Ruck zog Sarah die abgebrochene Lanze aus dem Fleisch. Zum Glück steckte sie nicht tief, aber der Löwe fuhr auf und brüllte so laut und schrecklich, dass Sarah nun doch in Ohnmacht fiel. Als sie erwachte, lag der Löwe ganz nah bei ihr und beobachtete sie. ›Du armes Tier, ich schäme mich, weil ich befürchtet hatte, du wolltest mich fressen, dabei war es der schlimme Schmerz, der dich so brüllen ließ.‹ Nun nahm sie ihren letzten Wasservorrat, spülte die Wunde des Löwen sorgfältig aus und gab ihm den Rest zu trinken. Als Sarah sich von dem Schock einigermaßen erholt hatte, strich sie dem prächtigen Tier zum Abschied noch einmal über die dichte lange Mähne, kroch aus dem Unterholz, nahm ihr Holzbündel auf den Kopf und machte sich auf den Weg nach Hause. Als sie hinter sich ein Knacken hörte, drehte sie sich um. Der riesige

Löwe folgte ihr. ›Willst du mich begleiten? Dann komm und lass mich an deinem starken Rücken Halt finden, denn mir ist schwindlig.‹ Als sie den besorgten Blick des Tieres sah, fügte sie rasch hinzu: ›Mach dir keine Sorgen, das ist nicht deine Schuld, das kommt vom Hunger.‹

Vor ihrer Haustür neigte der Löwe seinen mächtigen Mähnenkopf, als wollte er sagen: ›Komm, streichle mich zum Abschied.‹ Nachdem Sarah ihn ausgiebig gekrault hatte, drehte sich das Tier zufrieden um und verschwand. Als Stunden später Yohannes von einer erfolglosen Antilopenjagd hungrig, müde und enttäuscht nach Hause kam, glaubte er zu träumen. Vor seiner Hütte lag eine Antilope.

Als er genauer hinsah, entdeckte er, dass sie nicht von einem Menschen, sondern von einem Raubtier erlegt worden war. Nachdem Sarah ihrem Mann aufgeregt von ihrem Erlebnis berichtet hatte, waren beide sicher, dass die Antilope das Dankesgeschenk für die Hilfe der mutigen Frau sein musste. Sie hatte dem Löwen das Leben gerettet. Und sein wunderbares Geschenk brachte Sarah und Yohannes neue Kraft und Hoffnung, um die Zeit bis zur nächsten Ernte zu überstehen.«

4. Etappe: Im Transit

Schweizerische Flüchtlingshilfe, Bern, 24. Februar 2010

Eritrea: Deportation von eritreischen Flüchtlingen und Asylsuchenden aus dem Sudan
Auskunft der SFH-Länderanalyse

Im Jahr 2006 berichtete das *US Department of State,* dass die sudanesischen Behörden kein System aufgebaut haben, das Flüchtlingen Schutz gewähren kann. Einige Asylsuchende wurden – bevor ihr Status abgeklärt wurde – in ihre Heimatländer deportiert. Asylsuchende im Sudan waren gefährdet, willkürlich verhaftet, belästigt und geschlagen zu werden, da viele während der Abklärung ihres Status keine ID-Karten hatten.

(…) Der Aufenthaltsort der aus dem Sudan deportierten Eritreer ist nicht bekannt. Doch die eritreische Gemeinschaft und die eritreische Opposition im Sudan sind überzeugt, dass sie in Militärgefängnisse gesteckt wurden, einige sollen auch exekutiert und »auf der Flucht« erschossen worden sein. (…)

13. März 2002, unterwegs nach Khartoum, böses Erwachen: Ohne Papiere keine Registrierung und ohne Registrierung keinen Passierschein für den Sudan, es sei denn, man bezahlt eine ordentliche Ablösesumme. Kaum zu glauben, was sich die Behörden einfallen lassen, um an Geld zu kommen. Pater Francesco hat keine Papiere dabei, als er Sami und mich heute Morgen bei der Familie abholen kommt, weder das Busticket für Khartoum noch die notwendige Registrierung für das Land.

Es ist noch angenehm kühl, von irgendwoher zieht das quietschende Iah eines Esels durch die Luft, und wir beiden stürmen mit Nurias Kindern im Schlepptau aus dem grünen Hoftor, als wir den blauen Fiat des korpulenten Paters hören. »Na, was macht das Auge? Siehst du mich nur als halbe Portion oder in meiner ganzen Herrlichkeit?« Mit wehender Soutane kommt Francesco auf mich zu; doch als er mein strahlendes Gesicht sieht, ist er sichtlich erleichtert. Die Schmerzen sind weg, ich hatte schon kaum mehr an das Auge gedacht und die schwarze Klappe den Kindern zum Spielen geschenkt.

»Auf geht's, in die Hauptstadt!« Francesco klatscht in die Hände und dirigiert uns zum Wagen, in dem schon Daniel und Khalil sitzen. Wo denn die Hauptstadt sei, wollen Nurias Kinder wissen. »Dort, wo die Sonne untergeht«, antwortet der Pater, »heute Abend sind wir da.« – »Aber wie kommen wir durch die Kontrollen bis nach Khartoum?«, platze ich heraus und sehe mich in meiner Vorstellung schon wieder vor echten und falschen Polizisten wegducken. »Sollten wir nicht lieber warten, bis wir Passierscheine haben?«

»Bekommst du leider nicht so ohne Weiteres«, entgegnet Francesco. »Was denkst du, warum ich euch höchstpersönlich nach Khartoum fahren will? Um euch dem Henker auszuliefern oder als Sklaven zu verkaufen?« Und mit gespieltem Ernst: »Wenn alles klappt, bezahlt ihr mir ein Bier, okay!« In einem Land, in dem Alkohol absolut tabu ist – der hat Nerven. Wie ein Clown spitzt der Pfarrer seinen Mund und zieht die Augenbrauen zusammen: »Wisst ihr was? Bis Khartoum seid ihr meine jungen Glaubensbrüder, alles klar? Novizen auf dem Weg in die christliche Gemeinde in der Hauptstadt!« Wie zum Beweis kramt er vier weiße Mönchskutten vom Rücksitz seines Autos hervor und grinst.

Ich bin keiner, der sich gern zu etwas überreden lässt,

aber die Frechheit des Paters ist ansteckend. »Vom Koranschüler zum Klosterbruder.« Sami sagt das ganz cool, und ich muss lachen, auch wenn ich große Zweifel habe. Anziehen bitte! Im Grunde genommen bleibt uns gar nichts anderes übrig, Pater Francesco wird schon wissen, was er tut.

Das Land ist flach und sandig, vereinzelt tauchen Akazien im gelben Dunst am Wegrand auf, manchmal schaukeln hohe, schlanke Frauen in bunten Kleidern majestätisch Körbe mit Bohnen oder Reis auf den Köpfen durch die Gegend. Der schrottreife Kassettenrecorder im Auto ist bis zum Anschlag aufgedreht, und wir singen stundenlang aus voller Kehle abessinische Lieder. Ich weiß nicht, wie unser Kirchenmann diesen ohrenbetäubenden Lärm überhaupt aushält, aber er wippt sogar mit seinen Schultern dazu. Sein rundes Gesicht ist ein einziges Lachen, vielleicht ist er einfach nur froh, dass es uns gut geht.

Wir kommen gut voran, wenn man von den Straßensperren absieht. Immer die üblichen zwei Tonnen, zwischen denen ein Seil gespannt ist. Manchmal wimmelt es aber auch auf der sonst leeren Straße von Militär und Polizei. Männer mit Schläuchen in der Hand und Gewehren über dem Rücken. Als sich einer breitbeinig vor unser Auto stellt und mit seinem Schlauch vor der Windschutzscheibe herumwedelt, hält Francesco an. Zwei weitere Militärs platzieren sich links und rechts. »Still«, zischt der Pfarrer, bevor er die Kassette leiser dreht und sein Fenster herunterkurbelt.

So unschuldig wie möglich gucken! Ich merke, wie meine Beine unter der Kutte schweißnass aneinanderkleben. Da späht schon das schmale, unrasierte Gesicht eines Soldaten durchs Fenster; Nasenflügel, die sich im Luftstrom blähen, dann ruft er seinem Kollegen etwas zu. Davon lässt sich Francesco jedoch nicht beirren, mit einem breiten Lächeln reicht er seinen Klosterausweis nach draußen und überzieht den Soldaten mit Worten, die wir nicht verstehen. Ernst wie eine Predigt, vermutlich erklärt er, dass wir seine jungen streng gläubigen Brüder seien, auf dem Weg die höchsten Weihen in der Hauptstadt zu empfangen.

Die Soldaten schultern ihre Gewehre, dann, ohne dass wir ein besonderes Zeichen wahrgenommen haben, tritt der Ordensbruder aufs Gas, seinen Daumen zu uns nach hinten in die Höhe gereckt. Geschafft! Ohne einen einzigen Dinar Schmiergeld bezahlt zu haben. *Wow!*, der Pfarrer ist ein Zauberer, ein Menschenflüsterer, dem alle glauben und an den alle glauben. Sogar korrupte Militärposten. Vermutlich traut diesem Comboni-Missionar kein Mensch der Welt eine Lüge zu. Uns soll es recht sein. Man kann sich vorstellen, wie erleichtert wir sind, und bei der zweiten und dritten Kontrolle müssen wir uns schon zusammenreißen, um nicht laut zu kichern, wenn Francesco seinen Sermon von den Klosterschülern zum Besten gibt. Eine Notlüge Gottes, murmelt er jedes Mal beim Weiterfahren und dreht die Musikkassette wieder laut auf.

Auf der schnurgeraden Straße Richtung Westen. Achthundert Kilometer. Wenn wir erst in Khartoum sind, ist es nicht mehr weit bis Europa, träume ich, und wenn Europa das Paradies ist, dann muss Khartoum das Tor zum Paradies sein. Nicht umsonst flüchtet ganz Ostafrika dorthin. Khartoum, Hauptstadt der Hoffnung – Hoffnung der Flüchtlinge, Khartoum – Märchenstadt am Nil. Dort, wo der Blaue und der Weiße Nil sich zum längsten Kuss der Erdgeschichte vereinigen, wie arabische Dichter sagen. Man rühmt die Schönheit von Khartoums Märkten, lobt die Modernität ihrer kühnen Hotels und Hochhäuser, die von reichen Ölmagnaten, die im Süden des Landes gute Geschäfte machen, gebaut werden. Wer Khartoum erreicht, lebt nicht schlecht – hatte ich bisher gedacht.

Doch je näher wir der Millionenstadt kommen, desto größer werden die Müllberge in der Wüste links und rechts der Straße. Abgemagerte Rinder, deren Gerippe sich unter der dünnen Haut abzeichnet, suchen auf den ausgedörrten Feldern nach Essbarem. Frauen stochern im Abfall zwischen armseligen Hütten aus Lehmziegeln, die beim nächsten Regen wieder fortgeschwemmt werden. Kinder wie Streichhölzer in Lumpen, die ein paar Schritte mit dem Auto um die Wette laufen.

Noch bevor die Sonne untergeht, hat der Sand der Stadt einen Schleier umgelegt. Gelblich fahl das Licht, durch das schemenhaft weiße Gestalten geistern. Die Luft ist dicht, Staub und Schutt, Bauruinen und Baracken, weiße Autos und offene Busse machen sich mit lärmenden Rikschas die Straße streitig. Naiv wie ein Kind hatte ich mir vorgestellt, dass eine Flucht ins Paradies Meter für Meter schöner werden müsste, aber Khartoum ist auf den ersten Blick nur hässlich und heiß. Und das soll das Tor zum Paradies sein?

Dass er uns ins *Jjereff*-Viertel fahre, wo wir bei Landsleuten unterkommen können, sagt der Pater mitten hinein in meine Gedanken und kutschiert uns unbeirrbar durch eine Kolonne orangefarbener Taxis, die einen Stau verursachen, weil sich zwei Fahrer um einen Kunden streiten. Wo sind die glitzernden Hochhäuser und überbordenden Bazare, die goldverzierten Moscheen und die stolzen Araber auf feurigen Pferden? Ist das die Fünfmillionenhauptstadt unseres riesigen Nachbarlandes, oder gibt es noch ein anderes Khartoum? Ich fühle mich betrogen.

»Endstation!«, ruft der Pater und hält unvermittelt an einem Platz, auf dem sich ein Pulk von Menschen tummelt. »*Voilà* die Kirche der Flüchtlinge.«

Er meint ein Internetcafé, die Neuigkeitenbörse im Flüchtlingsviertel. Die Leute stehen Schlange vor den Telefonkabinen und Bildschirmen, viele kommen aber auch nur, weil sie sich unterhalten wollen.

Noch bevor Daniel, Sami, Khalil und ich uns unsere weißen Kutten über den Kopf gezogen haben, schüttelt Francesco Hände und grüßt mit einem Nicken. Man kennt sich. Schon einige von denjenigen, die hier herumhängen, haben in seinem Kloster Zuflucht gefunden. »Vier mutige Jungs«, stellt er uns vor und fragt, bei wem wir ein Bett aufschlagen und eine Schüssel Bohnenbrei auslöffeln dürfen. »Kosovos immer herzlich willkommen«, antwortet einer und lacht. »Kosovos« werden wir Flüchtlinge im Sudan genannt, weil wir so zahlreich kommen. Eine halbe Million Eritreer von insgesamt zwei Millionen Flüchtlingen leben in und um die sudanesische Hauptstadt. Die meisten illegal und unter einfachsten Verhältnissen ohne Licht und fließendes Wasser. Alle wollen weiter, sind nur aufgehalten worden auf ihrem Weg.

Ein kurzes »*Arrivederci*« und ein Klaps auf die Schulter, »ihr schafft das!«, dann ist Pater Francesco in einer Wolke aus Staub und Auspuffgasen verschwunden. Ob ich diesen unerschrockenen Geistlichen, der mir den Dorn aus dem Auge operierte, der für uns gelogen und sein Leben aufs Spiel gesetzt hat, je wiedersehen werde?

14. März 2002, Khartoum, enttäuscht: Ich muss mal. Ein Windstoß treibt Plastikbecher und verschimmelte Orangenschalen vor uns her; in einem Straßengraben voll widerlich schillernder Brühe bleibt der Unrat liegen. Toilette Fehlanzeige, stattdessen führt uns Semere, unser Gastgeber, zu einem mit einer Holzlatte verschlossenen Loch in der Erde, um das ein Weltall voller Fliegen taumelt, benommen von der Hitze, die auch in der Nacht nicht nachlässt. Es stinkt nach Kot, es stinkt nach Urin und fauligen Lebensmitteln. Das Khartoum der Flüchtlinge.

Müde und hungrig stürzen wir uns später auf die großen Pötte vor einem Straßenkiosk, der aus aufeinandergestapelten Kartons besteht. Schöpfen *Ful*, den Bohnenbrei, wie er hier gekocht wird, auf klebrige Teller. Ein ordentlicher Schlag, ich ekle mich, bin aber froh, etwas in den Magen zu kriegen. Dann will ich nur noch schlafen, essen und schlafen und alle Träume vom Paradies vergessen. Mich ins Bett vergraben und weinen, so enttäuscht bin ich, maßlos enttäuscht. *Luam leti* – gute Nacht.

Ein Hof zwischen halbhohen brüchigen Ziegelmauern, gestampfte Erde auf dem Boden, mit schmutzstarren Vorhängen, blauen Planen und Bambuswänden sind verschiedene Verschläge voneinander abgetrennt, eine Strohmatte, die durchhängt, ist das Dach. Bettgestelle aus Eisenrohren, um die bunte Sisalschnüre gewunden sind, ein paar mit dunklem Leinen überzogene Strohsäcke, zwei oder drei Koffer aus Kunstleder, ein Muttergottesbild, das an einem verrosteten Gitter hängt, das ist alles. Ein Generator treibt eine schwach leuchtende Glühbirne an und einen Ventilator, der mehr Mücken als Luft verwirbelt.

Was hatte ich denn erwartet? Eine Neverland-Ranch, wie Michael Jackson sie mit seinem vielen Geld in Kalifornien für arme, kranke Kinder gebaut hat? Mit Geisterbahn und Riesenrad, zahmen Löwen und kuscheligen Bären? Michael Jackson ist nicht von dieser Welt, und ich bin kein Kind mehr. Hallo, aufwachen! Ein Albtraum. Nein, Realität, lebendig begraben unter einer Müllhalde. Schweißgebadet fahre ich am nächsten Morgen aus dem Schlaf. »Habt ihr auch so furchtbar geträumt?«, frage ich meine Freunde, sehe Ameisen zu, die über meine Hände krabbeln. Nicht auszuhalten.

Stöhnen neben mir auf dem Boden. »Was heißt hier Traum? Was hast du denn erwartet?«, feixt Daniel, immer weiß er alles besser. »Eine reiche Stadt.« – »Kann es sein, dass unser Geschichtenschreiber verwöhnt ist?« – „Ich zeig dir gleich, wer verwöhnt ist …« Ich boxe den Freund in die Seite. »Aua!« Daniel springt auf. »Ein Flüchtling wie du wird nirgends mit offenen Armen empfangen.« – »Warum nicht? Ich habe ein gutes Abitur und eine politische Meinung, kann singen, kann schreiben und will studieren. Es war so verdammt schwer, aus Asmara fortzugehen, trotzdem bin ich los – war das dumm?« – »Nee, du bist ein echt mutiger Kerl.« Er klopft mir auf die Schulter. – »Morgen hau ich ab, egal wohin.« – »Schreibst du mir eine Postkarte, wenn du dort bist?«

Wohin hätte ich gehen sollen, woran mich orientieren an diesem Ort, der sich auch bei Morgenlicht besehen nur als ein trostloser Schutthaufen inmitten der Wüste ausnimmt? Unerträglich diese Hitze, eigentlich kann man nur liegen bleiben und trinken, Wasser in rauen Mengen. Flucht ist kein Abenteuer, ich weiß, trotzdem habe ich mich bisher wie in einem solchen gefühlt. Der Held, auf den nach bestandenen Gefahren ein Schatz oder ein hübsches Mädchen wartet.

Obwohl ein Lüftchen weht, reicht es nicht, die sengenden Strahlen der Sonne zu mildern. »Wie lange lebt ihr schon hier?«, frage ich Semere, der aus einer irdenen Amphore, wie sie überall auf der Straße stehen, Wasser geholt und zum Kochen auf einen Gaskocher gestellt hat. »Sechs Jahre«, antwortet er ungerührt. »Sechs Jahre – um Himmels willen, sechs Jahre?« Ich gucke dabei so entgeistert, dass er seinen Mund zu einem Grinsen verzieht.

»Ach, das kommt dir heute lang vor, aber die Zeit vergeht schnell, und ich würde mich nicht wundern, wenn aus sechs Jahren sechzehn würden.« Sagt es, setzt sich mit verschränkten Beinen und Armen in den Schatten eines zerbeulten Autowracks und trinkt seinen mit viel Zucker gesüßten Tee. Was ist das für ein Leben zwischen Kloake und hohläugigem Autoskelett? Lieber sterben als sechs Jahre illegal in diesem Loch, da bin ich mir sicher!

Semere erzählt, er habe einen Antrag auf Asyl beim Flüchtlingswerk der Vereinten Nationen (UN High Commissioner for Refugees) gestellt. – »Für welches Land?« – Er dreht die Augen zum Himmel, als ich ihn danach frage. »Australien oder Kanada oder war es Schweden? Europa jedenfalls!« – Ich brauche einen Moment. – »Wo auch immer!« – Aber Sami und Khalil lachen sofort los. Die beiden haben sich auch Tee eingeschenkt und lehnen an einem Müllcontainer aus blauem Wellblech. Ihre Arme verschränkt. »Und wie lebst du hier?«, fragt Sami. – »Mal hier einen Job, mal da. Flüchtlinge sind billige Arbeitskräfte. Da kannst du zehn Stunden in der Gluthitze Pizza backen oder Alkohol schmuggeln. Je nachdem, schmuggeln ist lukrativer, wenn du dich nicht erwischen lässt.«

»Und wenn doch?«, frage ich entsetzt zurück, schon der Besitz von Alkohol steht unter Strafe. »Dann wanderst du ins Gefängnis, wirst ausgepeitscht und, wenn du Pech hast, vergewaltigt.« Ich wage kaum zu atmen vor Anspannung, Semere nimmt kein Blatt vor den Mund. »Woher weißt du das so genau? Hast du ...?« – »... das selbst erlebt, willst du fragen?«, unterbricht er mich mit einer wegwerfenden Handbewegung. »Fast erlebt, wenn es dich interessiert. Aber ich rate euch, lasst die Finger davon.«

Und dann erzählt er, dass er einen Job als Fahrer hatte. »Ihr wisst schon, Chauffeur für eine Autowerkstatt.« Er wurde von der Polizei gestoppt, konnte als Illegaler keine Papiere vorweisen, die Männer filzten sein Auto und fanden ... An dieser Stelle springt er auf und fängt wild an zu gestikulieren. »Sie fanden drei Flaschen, drei Flaschen selbst gebrauten Fusel, ich kann mir nicht erklären, wie die ins Auto gekommen sein sollen, ich schwöre, bis heute nicht.« Irgendjemand, wenn nicht sogar die Polizei selbst, muss ihm den hochprozentigen *Aragi*, wie er hier aus gegärten Datteln in den Hinterhöfen gebrannt wird, ins Auto geschmuggelt haben.

So sehr Semere auch seine Unschuld beteuerte, er wurde zur Wache geschleppt, wo ihn die Polizisten mit Peitschenhieben zum Sprechen bringen wollten. Schrecklich, weil er keine Hintermänner nennen konnte, drohten sie: »Morgen treten wir dich, einer nach dem anderen ficken wir dich in den Arsch.« Vergewaltigung meinten sie, keine Straftat in dem Land, in dem es schon strafbar ist, eine Frau bloß anzuschauen. »Es sind immer die christlichen Jungs aus dem Südsudan, aus Äthiopien und aus Eritrea, auf die sie es abgesehen haben.«

Nur weil Semeres Freunde aus der eritreischen Gemeinde noch am selben Abend vor dem Internetcafé Geld gesammelt haben, kam er schon einen Tag später wieder aus dem Gefängnis frei. »Ein paar Pfund in der Tasche sind immer gut.« Sonst musst du mit Folter, Misshandlung und Abschiebung rechnen. Die Polizei ist korrupt und bestechlich. Schon kleine Summen reichen.

Ich hole frisches Wasser, rubble und wasche mir Gesicht und Hände so lange, bis die Haut brennt. Dann hänge ich meine Tasche über die Schulter. »Bis später!« Es treibt mich weg. Ich muss etwas tun, meine Mutter anrufen oder den Bruder in England, nicht länger hier herumlungern. »*Habesha, habesha*, willst du mitkommen?«, zischelt es in meine Richtung, und ich renne. Pater Francesco hatte uns gewarnt, auf keinen Fall mit Männern zu gehen, die uns ansprechen und sagen, dass sie uns Arabisch beibringen wollen. Denn immer wieder werden in Khartoum junge Flüchtlinge verschleppt und wie Sklaven gehalten.

Wäre ich nur nicht ... Eine Schnapsidee, abzuhauen! Ich irre durch die heißen Straßen, die keine Straßen sind, sondern Müllpisten. Planlos, mehr zufällig stoße ich auf das Internetcafé, wo uns Francesco am Abend zuvor abgesetzt hatte. Ich schwitze, über fünfzig Grad sind in dieser verdammten Telefonkabine, ich könnte heulen vor Heimweh, bin mutlos, und tief innen in meinem Bauch gärt eine Wut auf diese ganze Welt der Illegalität und am meisten auf mich selbst.

»Adey«, rufe ich abgehackt ins Telefon, »ich will zurück nach Asmara! Hier ist eine höllische Hitze, das kannst du dir nicht vorstellen, unerträglich, der Lärm, der Schmutz. Das ist nicht normal, das ist krank.« – »Dreh dich nicht um, Junge«, sagt meine Mutter mit bebender Stimme, und ich spüre ihre Beherrschung. Sie hat Mitleid und sorgt sich wie verrückt. Trotzdem sagt sie: »Wer bis Khartoum kommt, kommt auch nach Europa.« – »Mama, nur wenige von den vielen Flüchtlingen hier gehen weiter. Die meisten warten, warten und warten bis in alle Ewigkeit, Amen.« – »Aber du doch nicht, du bist ein Kämpfer, was du dir in den Kopf setzt, musst du ...« – »Muss ich nicht«, schreie ich wütend, »gar nichts muss ich!« Da höre ich, wie Adey die Luft durch die Nase einzieht, sie weint.

»Schau nicht hinter dich, Sohn«, sagt sie rau. »Hier bei uns kann ich dir nicht helfen und du dir auch nicht. Deshalb geh! Geh mit Gott, geh deinen Weg!« Anstatt zu sagen, komm nach Hause, Zekarias. »Hast du denn keine Angst um mich?« – »Doch, aber ich bete Tag und Nacht. Wenn du erst in Europa bist, kannst du tun, was du willst. Dreh dich nicht um!« Sie hatte ja recht, wie Mütter immer recht haben. Aber woher nimmt sie diese Kraft? Wenn sie von meinen Fluchtplänen gewusst hätte, hätte sie mir verboten zu gehen, aber jetzt ermutigt sie mich. Okay, sage ich kleinlaut und versichere ihr, Mikiele in London anzurufen. Mein großer Bruder hat mir versprochen weiterzuhelfen, sobald ich im Sudan sei. »*Ciao*, Mama.«

Wenn es nur nicht so heiß wäre, bei dieser Gluthitze kann man doch keinen klaren Gedanken fassen. »Was brauchst du?«, schnarrt mir die Stimme meines Bruders trocken entgegen, als ich gleich danach seine Nummer wähle. Ich zögere, weiß nicht, ob ich ihn bitten soll, mir Geld für einen falschen Pass oder für einen Schlepper, der mich weiterbringt, zu schicken. Erst einmal verschnaufen. »Ich habe einen Freund in Khartoum. Dr. Ermon Mesque, er arbeitet als Wissenschaftler beim World Food Programm, das WFP der UNO.« Ermon sei wie ein Bruder, kurz und knapp sagt Mikiele das, er spricht nie viel, dafür hört er als Agrarwissenschaftler das Gras wachsen. »Ermon fällt garantiert etwas ein, um dir ...« Die Verbindung ist schlecht, und mit einem Schlag bricht sie ab. Zu dumm – noch bevor ich nach der Adresse seines Freundes fragen kann.

17. März 2002, Khartoum, ein Palast: »Frag am Sonntag in der orthodoxen Kirche nach dem UNO-Gebäude«, hatte Semere mir geraten, jeder dort wisse etwas. Neuankömmlinge verteilen Mitbringsel aus der Heimat, per Aushang wird nach auf der Flucht verloren gegangenen Kindern gesucht und Adressen werden ausgetauscht. Mikiele habe ich nicht mehr erreicht, aber wer weiß, ob er überhaupt eine Adresse gewusst hätte. Die gibt es nämlich kaum in dieser staubigen Stadt ohne Straßennamen, wo jeder auf der Suche nach irgendwem oder irgendetwas ist. Zwei Tage irrte ich trotzdem umher, um diesen Dr. Mesque ausfindig zu machen.

Heute bin ich früh aufgebrochen, weil ich zur orthodoxen Kirche will. Sonntag, normaler Arbeitstag in der muslimischen Stadt, die Luft ist klar, um die vierzig Grad, angenehm, blassrosa Wolken am Himmel. Ich ziehe um unzählige Bauruinen, irgendwann begonnen und irgendwann im Krieg wieder abgebrochen. Sie sehen alle gleich aus, aber inzwischen erkenne ich doch ein paar Dinge wieder, die Werbetafel oder das Plakat des Palästinenserführers an einem Geschäftshaus.

Auf der blanken Erde haben Händler Gewürze in blauen und braunen Blechschalen ausgebreitet, es riecht nach Ingwer und Minze, aus einem Gettoblaster dröhnt Musik aus meiner Heimat.

Ein gutes Zeichen, denke ich, pfeife vor mich hin wie in Asmara, als ich durch ein großes Eisentor die Anlage der Kirche betrete. Schuhe ausziehen und nebeneinander auf den weiß gekachelten Fußboden neben dem Eingang stellen, dann sehe ich mich verlegen um. Mehr spüre ich es, als dass ich es sehe: Jemand beobachtet mich. Komisches Gefühl, schnell zu einem Altar außerhalb der Kirche, Beten kann nicht schaden. »Zaki, Zaki«, tönt es da verhalten über den Platz, auf dem es eigentlich still sein sollte.

Diese Stimme? Zaki, so nennen mich nur meine besten Freunde. »Zaki, was machst du denn hier?« Schon hält mir jemand seine Hand von hinten über meine Augen. »Mathios …« Ich fahre herum und stolpere schier über den Jungen, der einen Kopf kleiner ist als ich. Ich fass es nicht, der schüchterne Mathios mit den lustigen Augen, einer meiner besten Schulfreunde aus Asmara und sein großer Bruder, Ebsrat, stehen hinter mir. Wir fallen uns in die Arme, unglaublich, noch nie habe ich jemanden in der Öffentlichkeit umarmt. Verschämt wische ich mir deswegen mit dem Handrücken über die Augen. Ebsrat und Mathios, neunzehn und siebzehn, die beiden Brüder sind drei Monate vor mir los. Chic sehen sie aus, beide in karierten Hemden und hellen langen Hosen, Ebsrat hat sich sogar ein freches Bärtchen stehen lassen. Aber ernster sind sie geworden, und in Mathios' Augen schimmert Traurigkeit. Ich geniere mich vor ihnen, meine Jeans ist speckig, das helle T-Shirt auch, ich bin total verwahrlost, seit Tagen nicht aus meinen Klamotten herausgekommen.

Aber ich bin glücklich, die beiden wiederzusehen.

Ebsrat, mit dem ich in Asmara Musik gemacht hatte, ich sang, er spielte die Orgel, findet als Erster seine Sprache wieder. »*Selam, dehando w'alka?* – Wie geht es dir?« – »Gut. Na ja, nicht wirklich, kein richtiges Dach über dem Kopf, nur Dreck. Und euch?« Dass sie über Europa in die USA auswandern wollen, wo ihre Schwester lebe, erzählen sie. Doch die Schwester sei dagegen und verweigere das Geld für einen Schlepper. Sie denke gar nicht daran, schreibt sie per E-Mail. Was, wenn einer ihrer Brüder die Flucht mit dem Leben bezahle? Sie würde ihnen jederzeit helfen, aber nicht über die Sahara und das Mittelmeer. Lieber spart sie für gefälschte Pässe und zwei Flugtickets direkt in die USA.

Seit drei Monaten hängen die Brüder deshalb in Khartoum fest. Sie haben Asylanträge beim Flüchtlingswerk der Vereinten Nationen gestellt, halten sich mit kleinen Jobs über Wasser und warten. Warten, wie alle hier warten. Es sind nicht die Armen, Bettler und Penner, die flüchten, sondern diejenigen, deren Familien Rücklagen oder Verwandtschaft im

Ausland haben. Wer geht, muss sich eine Flucht leisten können, wer leere Taschen hat, bleibt hängen. Nicht selten wird für einen Sohn, eine Tochter, den Bruder oder die Schwester jahrelang gespart.

Zu dritt setzen wir uns auf eine weiße Plastikbank, lassen unsere nackten Füße baumeln, reden. Als die Leute anfangen zu zischeln, nehmen wir unsere Schuhe und verziehen uns nach draußen, wo eritreische und äthiopische Frauen auf einem großen Platz am Sonntag traditionelles Mittagessen für die Gemeinde kochen. Als wir das Fladenbrot in die scharfe Soße tunken, erzähle ich Ebsrat und Mathios, dass ich auf der Suche nach einem Freund meines Bruders bin, der bei der UNO arbeitet.

Es sind viele Menschen da, die wir fragen können. Wir suchen zu dritt und finden tatsächlich einen Landsmann, der uns den Weg zum UN-Gebäude beschreiben kann. Nicht leicht in Khartoum, wo scheinbar keiner den Unterschied zwischen links oder rechts und auch nicht zwischen dreihundert Metern oder drei Kilometern kennt. Arm in Arm, meine Freunde außen, ich in der Mitte, ziehen wir los und nehmen einen dieser Minibusse, deren Schaffner jeweils die Endstationen ausrufen, so schnell hintereinander immer dasselbe Wort, das sich mit dem Knattern der Rikschas zu einem einzigen lauten Geräusch vermischt. Nach einer halben Stunde stehen wir vor einem fünfstöckigen, weiß verputzten Gebäude. Eines von wenigen Häusern in diesem Viertel, aus dem keine Baustahlgitter ragen, weil es fertig gebaut wurde.

Ein Vorhang hinter der gläsernen Eingangstür taucht die Halle, in der ein paar schäbige Sessel um einen kleinen Tisch herumstehen, in gedämpftes Licht. Fernseher läuft, irgendwo surrt eine Klimaanlage. Es ist kühl, wenn man aus der Sonne kommt. Hinter einer Theke aus verkratztem Resopal eine junge Frau, die einen roten Schleier zum knallig roten Lippenstift trägt und ihre Fingernägel feilt. Als ich zaghaft ein paar Worte auf Arabisch versuche, antwortet sie auf

Englisch. Sie studiere Englisch an der Universität, erzählt sie, weil sie in die USA wolle, Psychologie studieren.

Meine Güte, wie geschwätzig. Ob Dr. Mesque da ist? Ich bin ungeduldig, aber es dauert eine Weile, bis sie ihre Nagelfeile beiseite legt und zum Telefonhörer greift. Ein paar Worte nur, dann drückt sie ihn mir, »*for you*«, in die Hand. »Endlich, du bist das, Zekarias«, höre ich eine laute Bassstimme vom anderen Ende, »ich habe mir schon Sorgen gemacht. Weißt du, dass ich seit Tagen auf dich warte?« Wo ich denn geblieben sei, und warum ich jetzt erst käme? Mein Bruder Mikiele hatte seinen Freund direkt nach unserem Telefonat angerufen. »Du kannst bei mir wohnen, das ist doch selbstverständlich.« Seine Stimme hat etwas Entschiedenes. »Willst du?« – Was für eine Frage! Schlimmer als im Flüchtlingsviertel kann es nicht sein. – »Hast du Gepäck?« – »Nein, nein, hab alles bei mir.« – »Okay, mein Fahrer steht draußen vor der Tür, weißer Nissan, Geländewagen, er soll dich nach Hause fahren. Ich kann gerade nicht, eine Besprechung. *See you this evening.*« Wahnsinn! Plötzlich geht alles ganz leicht. Mathios und Ebsrat sehen mich mit großen Augen an, kichern und laufen dann los, um mir die Tür aufzuhalten. »Braucht *Monsieur le refugée* vielleicht einen Chauffeur?« Wie zwei Hotelboys dienern sie vor mir her und platzen fast vor Lachen. »Wer die Wahl zwischen einem Chauffeur und einem Schlepper hat, sollte nicht zu lange zögern, sondern zugreifen.« Als wir in die Hitze hinaustreten, grüßt uns ein dünnes Männchen mit Zigarette im Mundwinkel, Alkoholfahne. Er nennt sich Pierre, Dr. Mesques Chauffeur.

Pierre, Eritreer, sieht aus wie sechzig, ist aber jünger, fährt uns mit quietschenden Reifen um ein paar Häuserblocks ins ehemalige Villenviertel Riad. Meine Freunde hat er, wie unter Landsleuten Brauch, einfach mit eingeladen. Die Straßen sind staubig wie überall, verlassene Häuser, verfallen, haben schon bessere Tage gesehen. Vor einem Haus aus roten Backsteinen bremst der Chauffeur ab. Über seine Mauern ergießen sich blühende Bougainvillen, eine riesige Dattelpalme im Garten, grüner Rasen. »Wir haben dir unser Gastzimmer mit Dusche hergerichtet«, sagt Pierre.

Nicht weit vom Flughafen mitten in der Stadt. Ein Palast. Ist es natürlich nicht, aber mir kommt es so vor. Nach dem Dreck und den Armseligkeiten der letzten Tage fühle ich mich überrumpelt, auch Ebsrat und Mathios steht der Mund offen, und während wir noch unsicher auf der Hausschwelle stehen, kommt uns schon Anna entgegen. Die Haushälterin, aus Eritrea, wuselig. Sie habe Kaffee zubereitet, sagt sie munter und bittet uns ins Wohnzimmer, in dem schwere dunkle Stores vor den Fenstern die Hitze abhalten. Ein leichter Luftzug bringt sie zum Flattern, und wir versinken in einer riesigen Couch, es ist wie im Märchen.

Wir trinken Kaffee, essen Popcorn dazu. Als sich meine Freunde verabschiedet haben, deutet Anna auf eine Tür am Ende des Flurs: »Hier ist dein Reich. Schnell unter die Dusche, dann gibt's Abendessen!« Eigenes Zimmer, Klimaanlage, Fernseher und Bad – mir schwindelt, und auf einen Schlag bin ich furchtbar müde, viel zu müde, um mich noch über etwas zu wundern. Ich drehe den Wasserhahn auf, in meinen Träumen höre ich Anna rufen, warmes Wasser läuft mir über den Rücken. Als die Haushälterin Injera auftischt, bin ich längst ins Handtuch gewickelt auf meinem Bett eingeschlafen. Wie gut, dass niemand weiß … nein, wie gut, dass ich nicht umgekehrt bin.

18. März bis 13. Juni 2002, Khartoum, frische Jeans und helles Hemd: Ich schlief und schlief. Den ganzen Abend und die ganze Nacht, sodass ich das Abendessen ebenso wie die Heimkehr Dr. Mesques verpasste. Auch sein Gehen am nächsten Morgen verschlief ich.

Als ich aufwache, hängen frische Jeans und ein helles Hemd über einem Stuhl. Der Freund meines Bruders hat sie besorgt und ist danach zur Arbeit aufgebrochen. Ich sehe mich um: bin vom Bettler zum Prinzen geworden! Mit einem vier auf vier Quadratmeter großen Zimmer für mich allein, frisch überzogene Kissen, Schreibtisch, alles da. Als ich in das frische Hemd schlüpfe und zu Anna in die Küche wanke, geht es mir so gut wie selten in den vergangenen drei Wochen. Ich bin ein Glückspilz, auch wenn ich ein paar Dinge dafür tun muss.

»Sie haben Pierre mit Alkohol erwischt und ins Gefängnis gesteckt«, holt mich Anna in die Realität zurück. Ob ich ihr helfen könne, Gemüse, Früchte und Mehl beim Markt um die Ecke einkaufen. Aber sicher, ich kaufe ein, putze und fege, und als Anna und ich am Nachmittag die Böden nass wischen, erzählt sie mir, dass sie selbst seit acht Jahren auf ihre Auswanderung warte. Vergeblich. Ihr Sohn, kaum jünger als ich, lebt in Äthiopien bei Verwandten. Um ihn durchzubringen und sich selbst über Wasser zu halten, arbeitet sie als Putzfrau und Haushälterin. Sie habe solches Heimweh nach dem Jungen, sagt sie und fängt an zu weinen. Eine Gestrandete, wie viele andere auch. Das tut mir so leid.

Aber sie habe es noch gut angetroffen. Die meisten Flüchtlingsfrauen in Khartoum verdingen sich als Babysitterin, Kellnerin und Friseurin, manche prostituieren sich sogar in diesem Land, in dem es offiziell keinen Sex gibt. Wenn sie aus dem Haus gehen, ziehen sie eine Abaya, einen einfarbigen Umhang mit Kopftuch über Jeans und T-Shirt, um nicht aufzufallen. Zwölf sudanesische Pfund verdienen sie mit einer guten Arbeit in zehn Stunden, das sind umgerechnet vier Dollar. Ein Viertel davon schicken sie nach Hause, ein Viertel ist für neu angekommene Flüchtlinge, weil man sich gegenseitig hilft, ein Viertel für die Fahrt zur Arbeit und das letzte Viertel legt man für die große Reise zurück. Eine Flasche Wasser kostet zwei Pfund, die Fahrt übers Mittelmeer tausend Dollar, bald viel mehr, ein falscher Pass achttausend, eine Scheinhochzeit ist für fünfzehntausend zu haben. Fürs tägliche Leben bleibt wenig.

Am Abend endlich lerne ich meinen Wohltäter, Ermon, kennen. Ein gut aussehender Mann, groß gewachsen, aber kein Hüne, Mitte dreißig, in Jeans und weißem Hemd, Zahnlücke zwischen den Schneidezähnen, langes Kraushaar, in Eritrea geboren, lebt schon lange in London. Seit zwei Jahren baut er im Sudan ein Ernährungshilfsprogramm der UNO auf. Nicht mehr allzu lange, sagt er, runzelt seine Stirn und streckt sich auf der plüschigen Couch aus, ein Glas Mangosaft, den ich ihm gemixt habe, neben sich. Er ist herzkrank, die Hitze macht ihm zu schaffen. Demnächst will er zu einem Gesundheitscheck nach London zurückkehren.

Meinen Bruder, den ich seit über zehn Jahren nicht mehr gesehen habe, kennt er aus dem Studium. »Toller Mensch«, sagt er bewundernd. »Kriegt alles unter einen Hut, Promotion, Familie in Eritrea, Familie in London, Kind. Kennst du seine Frau und deine kleine Nichte?« – »Nein, nicht, leider, obwohl sie schon vier Jahre alt ist. Ich habe sie noch nie gesehen.« Wenn ich daran denke, werde ich ganz sentimental. Ob ich Mikiele vielleicht noch einmal um Geld für meine Flucht bitten könne, frage ich zaghaft. »Könntest du ihn für mich fragen?« – Ermon setzt sich ruckartig auf und guckt plötzlich ernst. »Klar würde er dir helfen, schon weil es Familienpflicht ist«, sagt er. »Die Frage ist nur, ob das sinnvoll ist.« Und nach einer Pause: »Willst du dir nicht lieber hier in Khartoum einen Job suchen? Oder studieren?« – Wie bitte? »Nein, warum?!«, ereifere ich mich und springe auf. »Ich will keinen Job, sondern so bald wie möglich weiter nach Europa und dort studieren.«

»Aber klar!« Ermon kennt die Geschichten der Flüchtlinge. »Meinst du, in Europa warten die Menschen ausgerechnet auf dich?« – »Vielleicht?« – »Nein, nein, täusch dich nicht, keiner will dich dort haben; es gibt schon viel zu viele von deiner Sorte. Migranten.« – »Einschließlich dir, du sagst es«, entgegne ich aufgebracht. Warum spricht er so mit mir? »Du lebst doch auch in Europa, und du lebst nicht schlecht, wie ich sehe.« – »Ja, aber ich kam als Student wie dein Bruder. Nicht als Flüchtling mit nichts als einem Hemd auf dem Leib.« – »Habe ich denn kein Recht darauf, dort zu leben, wo ich will? Willst du mir das absprechen? Mein Bruder wird mich unterstützen – sicher!« – »Aber doch nicht ewig. Du musst lernen, auf deinen eigenen Füßen zu stehen. Das ist hier einfacher als in Europa.«

Ausgerechnet der Freund meines Bruders will mich von meinem Fluchtplan abbringen. Warum? Das macht mich wütend. Gönnt er mir das Paradies nicht? Will er es für sich haben und mit niemandem teilen? Ich bin völlig verwirrt, weiß nicht, wohin mit meinen Gefühlen, und wie immer fange ich an zu lachen, ein zorniges und unsicheres Lachen, bei dem ich mir die Hand vor den Mund halte. Doch Ermon lässt sich davon nicht beeindrucken.

»Europa ist kein Paradies«, fährt er fort, als ob er Gedanken lesen könnte. »Bevor du dort ankommst, gehst du durch die Hölle. Die Sahara, die Schlepper, das Mittelmeer, du willst es mir nicht glauben, aber das Risiko ist groß. Und wenn du aus dieser Hölle heil herauskommst, wird dich Europa genau dorthin wieder zurückschicken. Durch die Hölle in die Hölle! So sieht's aus, glaub mir.« – »Und wenn ich mich nicht zurückschicken lasse?« – »Das stellst du dir so einfach vor. Aber dein Übermut wird dir in Europa schnell vergehen. Da warten keine schöne Frauen, Villen und tolle Autos auf einen Auswanderer wie dich, sondern Ratten in miserablen Asylbewerberheimen oder noch schlimmer: das Gefängnis. Du bist ein Illegaler dort, darfst nicht arbeiten, kein Geld verdienen, wirst weggesperrt.« – »Das glaub ich dir nicht.« – »Ich sag's dir aber: Wie ein Verbrecher wirst du behandelt, auf Schritt und Tritt musst du dich rechtfertigen, warum du aus Afrika gekommen bist.« – »Weil ich mich nicht verstecken, sondern frei sein will!«

»Genau … frei wie der letzte Dreck.« Ermon seufzt. »Um alles musst du bitten, betteln, fragen. Daran sind schon viele zerbrochen. Bin gespannt, wie ausgerechnet du mit deinem Trotzkopf das schaffen willst.« – »Das sagst du nur, um mir Angst zu machen.« – »Nein, weil ich Europa kenne und mich um dich sorge.« – »Ich will es trotzdem versuchen, ich muss.« – Da pfeift der Freund meines Bruders durch die Zähne, er weiß, dass ich seine Bedenken und Warnungen nicht akzeptiere, nicht einmal ernst nehme. »Also gut, ich werde deinen Bruder nach dem Geld für die Flucht fragen, wenn ich in London bin.« – »*Yekeniele!* – Danke!«

Mir ist langweilig, tagsüber helfe ich Anna kochen und halte das Haus sauber, manchmal setze ich mich aber auch mit Pierre, der nach ein paar Peitschenhieben wieder freigekommen ist, vor den Fernseher. Es ist Fußballweltmeisterschaft in Japan und Südkorea. Obwohl ich kein Fußballfan bin und keine Ahnung habe, welches meine Lieblingsmannschaft sein könnte. Senegal, ja, die einzige Mannschaft aus Afrika, aber sie ist schnell rausgeflogen. Ich entscheide mich für Brasilien, umso mehr, als dass Brasilien im Finale gegen Deutschland spielt. Deutschland liegt in Europa, das weiß ich, Deutschland ist Adolf Hitler, das habe ich im Geschichtsunterricht gelernt. Dass er Millionen von Juden ermorden ließ, weiß ich, und dass es bis heute Menschen gibt, die ihm recht geben.

Pierre ist für Deutschland, sodass beim Finale nicht nur Deutschland gegen Brasilien spielt, sondern auch Pierre gegen mich. Wir fiebern, pfeifen, rufen und schreien um die Wette. Ermons Chauffeur lebt schon seit fünfundzwanzig Jahren im Sudan und träumt noch immer von Europa. »Warum nicht Deutschland?«, fragt er, »die Deutschen haben das Auto erfunden.« Er würde gern nach Deutschland auswandern, »auf jeden Fall, wenn Deutschland die WM gewinnt«, sagt er. Aber ich weiß genau, dass er nie mehr losgehen wird, deshalb ertränkt er sein Unglück täglich im Alkohol, säuft Hirsebier und glotzt mit glasigen Augen auf die Hochglanzbilder, die ihm Satelliten vom anderen Ende der

Welt schicken. Glotzt und träumt von einem besseren Leben. Dass Deutschland im Finale verliert, bekommt er nicht mehr mit, so vernebelt ist sein Hirn.

Täglich treffe ich Ebsrat und Mathios. »Spazieren gehen« nennen wir Flüchtlinge das ziellose Herumstreifen durch die Stadt. An den sandigen Seitenstreifen entlang von Khartoums Straßen tummeln sich Einheimische, Migranten und Auswanderer. Arbeitslose junge Männer, die schwitzend ihre Stunden, Tage, Monate, Jahre totschlagen. Nicht Ortskundige, die man nach dem Weg fragt, weisen dich jeder in eine andere Richtung, zwei begleiten dich ein Stück weit, dann übernimmt der Nächste die Führung, lotst dich über Ruinen, aus denen bunte Blechfetzen wie Blumen sprießen, vorbei an fliegenden Händlern in der Hoffnung auf ein kleines Taschengeld. Es sind zu viele, zu viele Männer vor den Ladeneingängen, am Busbahnhof, um die Bazare herum, viele junge Männer, meist sind es die Männer, die sich langweilen und nicht wissen, wozu sie nützen. Wie von der Hitze gelähmte Fliegen torkeln sie und starren mit rot geränderten Augen ins Nichts.

Khartoum, Stadt der Flüchtlinge in Ostafrika, die einen kommen, die anderen gehen, jeder in seinem eigenen Tempo. Der Kalender des Auswanderers zählt keine Minuten und Stunden, er zählt auch nicht von einem Tag zum nächsten, sondern von einem Termin bei einer Behörde zum nächsten, von einer Geldüberweisung zum nächsten Job und von einem Aufbruch zum nächsten Ziel, und das kann die Hölle sein.

Keiner will bleiben, alle wollen gehen, manche sind schon gegangen. Flüchtlinge treffen sich für Stunden, Tage, Wochen, gehen ein Stück Weg zusammen und trennen sich wieder. Menschen im Transit. Sammeln sich an einem der unzähligen Straßencafés. Ein einfacher Holzkohleofen auf dem Boden, vor dem Frauen auf niedrigen Hockern sitzen, locker haben sie ihre Gazella um Schultern und Kopf geschlungen und halten mit einem Fächer die Kohle am Brennen. Daneben ein Tablett mit Gläsern und ein Eimer Wasser zum Abspülen. Gekocht wird Tee oder Kaffee in kleinen Kännchen direkt über dem Feuer.

»Wer hier nach zwei Jahren nicht wegkommt, kommt nie mehr weg«, flüstern die Kaffeefrauen. Wir scharen uns mit anderen Flüchtlingen, scharen uns um einen Baum im Schatten, und wir warten wie andere auch, warten und flattern wie Vogelschwärme auf und ziehen weiter zum nächsten Schattenplatz, auf der Suche nach etwas, was Abwechslung verheißt. Und jedem Flugzeug, das über den Flughafen mitten in der Stadt donnert, stieren wir wie paralysiert hinterher, als fliege eine Hoffnung davon.

»Seid ihr neu hier? Kommt, trinkt Tee mit uns!«, ruft uns eine rundliche Frau zu. Die meisten dieser Kaffeefrauen stammen aus Äthiopien und Eritrea. Die rundliche reicht uns süßes Weißbrot, das wir in gleiche Stücke brechen. Wie alt mag sie sein? Vierzig vielleicht, mitleidig legt sie mir ihre Hand auf den Arm. Seit zwanzig Jahren sei sie in der Stadt und froh, dass sie ihre Familie mit Tee- und Kaffeekochen ernähren könne. Dann wünscht sie uns Glück und einen Schlepper, der uns gut durch die Sahara nach Libyen bringt. »Ihr seid noch jung und habt Träume. Ihr müsst …«

Ja, ich will, lieber heute als morgen fort von hier, wo die Menschen ihr Leben damit verschwenden zu warten und unterwegs vergessen haben, worauf sie warten. Gestrandete, die nie mehr aus Khartoum herauskommen. Manche Tage vertrödle ich wie im Tran, spätnachmittags renne ich los zu einer dieser öden, mit Unrat übersäten Brachen mitten in der Stadt, renne dort einem Ball nach, dann zum Bazar al Arabi, Eisenschmiede beobachten, wie sie hämmern und schweißen mit funkensprühenden Lötkolben, ihre Gesichter schwarz, der salzige Schweiß zieht tiefe Furchen über Wangen und Kinn, bevor er zu Boden tropft. Wie ich diese Männer beneide, die wissen, was sie tun, und am Abend ihre Knochen spüren.

Spät an solchen Abenden laufe ich vom Flüchtlingsviertel

Sahafa, in dem Ebsrat und Mathios leben, eine halbe Stunde zurück nach Riad. Unterwegs gerate ich in eine Demonstration gegen Israel, sehe die großen Plakate der palästinensischen Führer, die die Menschen vor sich hertragen und weiß nicht mehr, was ich denken soll. Auch die Israeliten sind geflüchtet und aus Ägypten ausgezogen. Von einer Ecke der Welt in die nächste flüchten sie noch immer, jetzt flüchten viele Eritreer nach Israel.

13. Juni 2002, Khartoum, Chor der Auswanderer: Ich verstehe diese Ungerechtigkeit nicht. Warum darf er ins Flugzeug steigen und nach Europa fliegen und ich nicht? Dr. Mesque ist zur Herzoperation nach Italien geflogen. Vorher drückte er mir zweitausend Dollar, die ihm mein Bruder gegeben hatte, in die Hand. »Das sollte reichen bis nach Italien, falls du es dir nicht noch einmal anders überlegst.« Für den gefährlichen Weg durch die Wüste. Warum um alles in der Welt konnte mich Ermon nicht mitnehmen?

Stattdessen ziehe ich zu meinen Freunden, weil Ermon nicht mehr zurückkommen wird und das Haus aufgibt. »Ich bin froh, dass du gehst«, brummelt Pierre, der nach Alkohol riecht, ohne mich anzusehen. Auch Anna nickt mir mit glänzenden Augen zu, während ich meine Habseligkeiten in eine Plastiktüte packe. Sehnsüchtig sehe ich den Flugzeugen am Himmel nach und trotte zu Ebsrat und Mathios in die Elendsbaracke, wo es von morgens bis abends nach abgestandenem Fett stinkt. Die Brüder hausen in einer winzigen Kammer hinter einem eritreischen Restaurant, ohne Schrank und nichts, eine einzige Matratze am Boden, Ventilator an der Decke und ein Blechkoffer, der scheppert, wenn man sich daraufsetzt.

Ebsrat jobbt als Nachtwächter in einem der sündig teuren Hotels der Ölmafia. Manchmal begleitet ihn Mathios, tagsüber schlafen sie. Sie haben sich auf dem Boden ausgestreckt und dösen. Ich lehne an der Wand, sitze, die Beine ausgestreckt. Die Luft ist stickig, ich schwitze, was für ein Mist, hier gibt es nicht einmal eine Dusche! Eine Fliege auf meinem Handrücken putzt sich die Flügel, es tut weh, als sie ihren Rüssel unter die Haut bohrt und saugt, Blut saugt, sehe ich ihr zu, ohne zum Schlag auszuholen. Ich bin wütend, streiche mir mit feuchten Händen übers feuchte Gesicht, verliere mich in Träumen.

Träume mich zu der Tuti-Insel am Rand der Stadt, wo der Weiße und der Blaue Nil in weißen und braunen Schlieren zusammenfließen, wo junge Pärchen mit Schleier und weißem Kaftan am Ufer sitzen und sich in die Augen sehen, ohne sich zu nahe zu kommen, und wo schwarze Auswanderer in zerschlissenen Hemden unter der glutheißen Mittagshitze Lehmziegel formen, die in der Sonne backen. Mit der Strömung des Nils, den die Menschen ein »Geschenk der Götter« nennen, würde ich mich wie Moses im Weidenkorb treiben lassen. Tausende von Kilometern weit durch das Land der schwarzen Pharaonen mit den Goldminen und den unzähligen Pyramiden in der nubischen Königsstadt Meroe, vorbei an den Obstgärten und Weizenfeldern, die das Wasser jedes Jahr mit seinem schwarzen Schlamm düngt, über Schleusen und Katarakte bis hin nach Ägypten, wo ich von einer Pharaonenprinzessin aus dem Schilf gerettet werde. Natürlich überhäufe ich sie mit Gedichten und Liebesgeschichten, bezirze sie, schmachte, bis sie mir die Erlaubnis gibt, meine Freunde aus Khartoum nachzuholen und vierzig Jahre lang durch die Wüste und das Meer zu führen.

Männerstimmen, es hämmert an der Tür. Meine Freunde haben ihre Augen aufgerissen, nur langsam kommen sie zu sich. Auch ich bin nicht richtig wach. Was wollen die Männer von uns? Wir sind illegal, ohne Aufenthaltserlaubnis. Fast täglich werden Auswanderer in Khartoum willkürlich verhaftet, der Einwanderungsbehörde vorgeführt und in sudanesische Flüchtlingslager mitten in der Wüste gesteckt oder nach Eritrea deportiert. Panik!

Wie Messer durchschneiden die Blicke der Uniformierten den Raum, kreuzen sich, versenken sich in unsere Gesichter und bleiben an dem Metallkoffer in der Ecke hängen. »Aufmachen!« Der Koffer springt mit einem hohen Klicklaut auf, schmutzige Klamotten, das ist alles. »Kennt ihr diesen Mann?« Sie zeigen uns ein Foto. Fast gleichzeitig schütteln wir unsere Köpfe. Sie zögern, haken noch einmal nach, und während zwei der Polizisten den Rückzug antreten, stochert der letzte verdrießlich mit seinem Stock auf unserer Matratze herum und klopft gegen die Wand, von der Verputz fällt. „Nehmt euch in Acht, Kosovos!«, brüllt er, bevor er seinen Kollegen nachstiefelt.

Vorbei der Spuk – was war das? Eine Razzia oder die Suche nach Drogenschmugglern? Nur langsam lösen wir uns aus unserer Starre, aber dann fallen wir uns um den Hals. »Denkt ihr nicht, dass wir uns etwas gönnen sollten nach dem Schock?«, ruft Ebsrat. Vor Erleichterung wissen wir nicht, was tun, so laufen wir einfach hinaus auf die Straße, schütten Wasser aus den Amphoren am Straßenrand über unsere verschwitzten Körper, springen auf die Minibusse auf, lassen uns kreuz und quer durch die Stadt kutschieren, springen auf und wieder ab.

Wenn du aussteigen willst, gibt es keine Haltestelle, sondern du schnippst mit den Fingern, der Busbegleiter zischt durch die Zähne, und während der Bus seine Geschwindigkeit drosselt, springst du. Natürlich lande ich flach auf der Nase. Aber wir haben Schlimmeres erlebt. Lachend schleppen mich meine Freunde von der Straße und kaufen mir zum Trost eine Cola. Ebsrat pfeift ein Liedchen, und nachdem die Muezzins um die Wette von den Minaretten der Stadt gerufen haben, sehen wir uns im einzigen Freilichtkino der Stadt eine Liebesschnulze aus Bollywood an. Khartoum ist schön im Dunkeln, sagen die Araber. Die Stunde nach Sonnenuntergang ist die schönste am ganzen Tag. Wenn sich über die Dattelpalmen und Mangobäume, die auf kleinen Plätzen wachsen, ein durchsichtiges, bläulich orangefarbenes Licht wie der Schein einer Öllampe legt, wenn es kühler wird und der scheppernde Lärm der Rikschas und Busausrufer gedämpfter wird.

Wir setzen uns zu den Kaffeefrauen, beobachten sie, wie sie Kaffeebohnen rösten und im Mörser zerkleinern, trinken diese unheimlich süße, schwarze Brühe und erzählen uns von der Zukunft. Alles an Ebsrat ist in Bewegung, ganz sicher ist er, dass er Musiker werden will, ein großer wie Michael Jackson. Mathios dagegen ist still, ein Zweifler, der nicht daran glaubt, aus dem sudanesischen Elend herauszukommen. Richtung Schweden, was weiß ich, will ich Afrika verlassen. »Und womit willst du dein Geld verdienen?« – »Sobald ich dort angekommen bin, werde ich einen Beruf haben – Politiker vielleicht.« – »… und eine hübsche, blonde Frau mit zwei hellen blonden Babys und viel Geld, mit dem du uns heraus aus dem Sudan holst.« – »Nichts lieber als das!« – »Was ist eigentlich aus deiner süßen, zarten, unwiderstehlichen Freundin geworden?«, fragt Mathios. Alle wussten damals in Asmara von meiner Schwärmerei. Eden, meine Augenliebe, die ich zum ersten Mal an der Francesco-Kirche getroffen habe. »Gibt es den Eden-awi-Club noch?«, fällt Ebsrat lachend ein. »Natürlich, willst du beitreten?«, erwidere ich heiter. Ob meine Schwester Adiam Eden erzählt hat, dass ich geflüchtet bin? Ich habe sie, seit ich mich versteckt hielt, nicht mehr gesehen. Ob sie nachkommen wird, wenn ich in Europa bin? Auf einen Schlag bin ich wieder traurig.

Europa! Dort sind alle Menschen hellhäutig, wohlgenährt und reich – wären wir auch gern. Ich erinnere mich an einen lustigen jungen Mann mit langen Haaren und einer sehr hellen Haut, der einmal in Asmara im Hof der San Francesco-Kirche mit einem VW-Bus campierte. Er kam aus Deutschland, und nachdem er mit uns Jungen Basketball gespielt hatte, setzte er sich auf den Boden, spielte Gitarre und erzählte. Eine Mauer habe sein Land in Osten und Westen getrennt. Die Menschen im Osten waren unzufrieden, weil sie eingesperrt waren. Immer mehr von ihnen flohen in den Westen, so lange, bis die Politiker nicht mehr anders konnten und die Mauer öffneten. Wenn unsere Regierung nur auch ein Einsehen hätte, jeder seinen Beruf frei wählen könnte und die Grenzen geöffnet würden!

In den vergangenen Wochen habe ich nach einem seriösen Schlepper gesucht. Männer, die unter den langen Ärmeln ihrer blütenweißen Kaftane teure Armbanduhren tragen, in ihrem Haar stecken Designersonnenbrillen, und sie fahren schwere weiße Landcruiser. Dass es aber nicht reicht zu beobachten, habe ich in Tesseney gelernt. Ohne Geduld und Mut läuft nichts, und ein paar Codes muss man auch kennen. Menschenschmuggel ist illegal, wird aber von der Regierung toleriert, Militär ebenso wie die Polizei sind daran beteiligt. Es gibt sogar halboffizielle Agenturen, bei denen ich eine »Flucht durch die Sahara« buchen kann.

Preise und Autos vergleichen, so vergehen meine Tage. Routen und Schlepperangebote diskutieren, Erfahrungen der Vorausgegangenen checken. Ich gehöre zu den Vorsichtigen, eine libysche Agentur, das ist mir wichtig. Libysche Schlepper, so heißt es, meiden mit ihren Pick-ups offizielle Wüstenrouten, umfahren Checkpoints und suchen neue Wege durchs Niemandsland. Jeden Zipfel in der Leere des sudanesisch-ägyptisch-libyschen Grenzgebiets kennen sie. Dafür sind sie teurer als die alten Lkws, die aus Westafrika kommen und oft auf der Strecke bleiben oder an Kontrollstellen aufgehalten werden. Papiere habe ich keine, ich muss so durchkommen.

Alles geheim, aber alle wissen Bescheid. Bei diesen Geschäften geht es um mehr als um Flüchtlinge, es geht auch um Drogen und Waffen. Denn Menschenhändler sind Schmuggler und Dealer, deren Handelsrouten in alle vier Himmelsrichtungen über den gesamten Kontinent verlaufen. Von Süden nach Norden und von Westen nach Osten werden Menschen und Drogen verschoben; von Norden nach

Süden Waffen und von Osten nach Westen auch. So sind die Autos und Lastwagen immer voll, und wenn sich täglich Hunderte von Wagen durch die unermesslichen Weiten der Sahara auf den Weg machen, profitieren private Geschäftsmänner ebenso davon wie das korrupte Militär, die Al Kaida und der jeweilige Staat.

Wir sind naiv, aber ohne Naivität keine Hoffnung. Abends, wenn es dunkel ist, spazieren meine Freunde und ich zum Internetcafé, wo wir uns E-Mail-Adressen eingerichtet haben. Warten im Pulk, drücken uns um das Metallgitter der Eingangstür, die Tag und Nacht offen steht. Warten auf Nachrichten, und es ist ein Summen und Raunen wie bei der Börse, das zu einem vielstimmigen Chor anschwillt und wieder verebbt. Der Chor der Auswanderer, der von denjenigen erzählt, die es bis Saudi-Arabien geschafft haben, nach Kuwait oder Dubai, Australien, in die USA, nach Schweden oder Italien.

Sie erzählen, wer mit dem Flugzeug oder wer mit dem Auto durch die Sahara aufgebrochen ist. Wie weit die einen und die anderen gekommen sind, bevor ihnen das Benzin ausging oder sie vor Durst gestorben sind. Sie erzählen auch, welche Gruppe umkehren musste, wer von Schleppern entführt oder verbrannt worden oder gegen Lösegeld wieder freigekommen ist und wer bei der Wüstendurchquerung vom Lastwagen gefallen und vom nachfolgenden überrollt worden ist.

Der Chor der Auswanderer wartet auf Lebenszeichen von Freunden, die sich vor Tagen oder Wochen verabschiedet haben, und verstummt, wenn er erfährt, dass sie im Mittelmeer zwischen Libyen und Italien ertrunken sind. Ob man nicht doch lieber vor Ort in den Handel mit Alkohol, Drogen, Diamanten, Uran oder Menschen einsteigen sollte? Nicht unbedingt gefährlicher als flüchten. Doch eines Abends leuchtet eine neue Nachricht aus dem World Wide Web auf: »Bin im Paradies! Bis bald in Italien, *Ciao*, Tantu.«

5. Etappe: Durst

news.ch, 03. August 2003, 12.28 Uhr

21 Flüchtlinge in der algerischen Sahara verdurstet

Algier – Bei einem Flüchtlingsdrama in der algerischen Sahara sind 21 Afrikaner verdurstet. Polizisten hatten ihre verwesten Leichen am Freitag in der Wüstenregion Assuf Mellan 1 200 Kilometer südlich von Algier gefunden. (...)

7. August 2002, Khartoum, zwanzig Flaschen Wasser: Wie trägt man einen Mehlsack voller Wasserflaschen? Auf dem Rücken? Am Bauch? Schwer! Zwanzig Flaschen, dreißig Kilo, ich pack es nicht, der Weg zu unserem Treffpunkt im Norden der Stadt hört und hört nicht auf. »Siebzehn Uhr im Hotel Sahara«, hatte Mohammed, der Schlepper, am Tag vorher gesagt, »und denk dran, nichts zum Essen, nur Wasser.« Wie viel Wasser braucht ein Mensch durch die Wüste, dreitausend Kilometer oder mehr, je nachdem, welche Patrouillen umfahren werden müssen. Wie viel trinkt er von Khartoum bis zur Oase Al Kufrah in Libyen?

Mohammed trug ein weißes Hemd und Jeans; er hatte drei goldene Siegelringe an den Fingern, mit denen er gegen das Teeglas klimperte und stöhnte, weil er sich bei einer Schlägerei sein Handgelenk verstaucht hatte. Verabredet beim Internetcafé saßen wir auf kleinen Hockern am Straßenrand.

Er zündete sich eine Zigarette an, stützte seinen Ellenbogen aufs Knie und musterte mich wohlwollend. »Ein Ausflug, du wirst sehen, Kosovo«, schnurrte er mit einem frechen Grinsen, »sechs oder sieben Tage, vielmals erprobt. Wir fahren mit drei Autos, klimatisierte Landcruiser, fünf Fahrer, angenehme Leute, nonstop bis Kufrah, eine echte Vergnügungsreise.« – »Wie sieht es mit Essen und Schlafen aus?«, fragte ich. Ich war misstrauisch, hatte von Leuten gehört, die verdurstet waren. – »Ihr geht picknicken«, lachte er frech, »so nennt euer Präsident das doch, oder?« Gar nicht witzig, doch er lenkte sofort ein: »Keine Sorge, um das Essen kümmern sich die Fahrer, die wissen am besten, worauf es in der Sahara ankommt.« Das leuchtete mir ein. Schlafen unter freiem Himmel, »im Hotel der tausend Sterne«. Wieder klopfte er gegen das Teeglas, bevor er die geforderten zweihundertfünfzig Dollar, die ich ihm zuschob, nahm, die Scheine zu einem Päckchen zusammenrollte und in seine Hemdtasche schob.

Der süße Kaffee erhitzte mich ebenso wie die Vorstellung, in zwei Tagen nach Libyen unterwegs zu sein. Mohammed reichte mir die Hand und neigte seinen Kopf, »*Safar mur'ih*! – Gute Reise!«, sagte er auf Arabisch. – »*Salam aleikum.*« In den vergangenen Monaten hatte ich die Sprache ganz gut gelernt. Es klang verheißungsvoll. Mir war heiß, die Sonne brannte auf meinen Kopf, in der Wüste würde es noch heißer werden.

Am gleichen Abend lud ich die Freunde, die ich in den vergangenen Monaten in Khartoum gewonnen hatte, ein: Daniel, Sami und Khalil, die zögerten, weiterzureisen. Ebsrat und Mathios, die auf das Geld ihrer Schwester hofften, Anna und Pierre, die bis ans Ende ihrer Tage warten würden. Wir hörten eritreische Musik, schlürften scharfe Soße und diskutierten über unseren Präsidenten, der die Verwandten von Geflüchteten inzwischen mit saftigen Strafen zur Kasse bat. Die Frauen stießen schrille Triller aus, Ebsrat und ich funktionierten unsere Gläser in Mikrofone um und sangen, andere tanzten. »Ich verwandle mich in einen Geist, verkrieche mich in eine deiner Wasserflaschen und komm mit«, sagte Mathios und lachte.

Der Sack mit den Wasserflaschen zieht mich zu Boden. Meine Beine sind nicht mehr so leicht wie fünf Monate vorher, als ich jubilierend von zu Hause in Asmara loshüpfte. Ich habe mich verändert. Bin nicht mehr Zaki, der übermütige Junge aus Asmara, der täglich zum Flughafen radelt, um den Flugzeugen nachzusehen. Es ist ein anderer, der in der schwülen Nachmittagshitze die staubige Straße von Khartoum entlangwankt. Älter, nachdenklicher, nicht mehr so verträumt. Einer, der den Absprung gerade noch geschafft hat.

»Gut so!« Ich gebe mir einen Ruck und steige für die letzten Meter in eine Rikscha: Ich ist ein anderer und wird noch viele andere werden auf dieser Wanderschaft in ein besseres Leben. Auswanderer aus ganz Ostafrika, aus Äthiopien, Somalia und Eritrea schwirren herum, aufgeregt wie ein Ameisenhaufen. Als ich aus der Rikscha steige und meinen schweren Sack wieder aufnehme, löst sich ein junger Mann aus der Menge, zwanzig vielleicht, groß, dünn, rundes Gesicht, gutmütige Augen, er trägt ein grellfarbenes Hemd und kommt mir entgegen. »Aki«, stellt er sich vor. »Komm, gib her, tragen wir dein Wasser zusammen.«

Ich lächle, »*Yekeniele.* – Danke!« Auf einen Schlag hellt sich meine Laune auf. Er kennt mich doch gar nicht. Niemanden kennt er, genauso wenig wie ich irgendeinen kenne. Aki sieht mich herausfordernd an, nimmt einen Sackzipfel in die Hand, ich den anderen, so schaukeln wir die Last zwischen uns. »Endlich geht's los«, sagt er, und ich merke, wie auch mich langsam das Reisefieber packt. »Ich bin wahnsinnig aufgeregt«, fährt Aki fort, »wir fahren, sobald es dunkel wird.« – »Wie lange bist du schon in Khartoum?« – »Zwei Jahre – viel zu lange.« – »Pooh!« Wie er das ausgehalten habe, frage ich. »Mit einem guten Job, Gott sei Dank.« Er hat als pharmazeutischer Assistent in einer Apotheke gearbeitet, gut verdient, fairer Chef, es sei ihm nicht leicht gefallen zu gehen. Trotzdem, sein Bruder lebe in Schweden, dorthin wolle er auch.

Ich freue mich. Noch bevor die Reise richtig angefangen hat, habe ich in diesem Durcheinander einen Freund gefunden. Um die achtzig Leute, knapp zwanzigtausend Dollar, überschlage ich kurz, hat Mohammed von uns für den Trip durch die Wüste kassiert. Das »Hotel Sahara«, von dem er sprach, ist eine üble Absteige, eine Locanda, ein Raum mit Strohdach, ohne Fenster, jede Menge Bettgestelle für Durchgangsreisende. Die Tore stehen weit offen. Da sind Frauen mit kleinen Kindern, die diese in bunten Tüchern auf dem Rücken tragen, andere, die kochen fürs letzte Abendessen. Männer haben sich auf den Pritschen ausgestreckt und schlafen, eingewickelt in blauweiß oder rotweiß karierte Nomadentücher, *Kshufs*, die man auch als Turban oder Rock tragen kann. Viele Kinder und vor allem Jugendliche in meinem Alter laufen wie aufgescheuchte Hühner kreuz und quer und werfen mit viel mehr Fragen als Antworten um sich: »Wie viel Wasser hast du? – Wie viel Geld hast du bezahlt? – Wo willst du hin?«

»Um zehn Uhr fahren wir!«, ruft einer. Noch fünf Stunden? Die Zeit kommt mir lange vor und vergeht dann doch im Nu. Während ich mich mit Aki unterhalte, kommt ein Mädchen in einem hellgrünen kurzen Kleid auf uns zu und bietet uns getrocknete Mango zum Essen an. »Lacht doch mal«, sagt sie plötzlich und zieht einen Fotoapparat aus ihrer Tasche – »Bitte lächeln!« – und drückt gleich auf den Auslöser. Auch sie lächelt. Ihre schönen geraden Zähne fallen mir auf. Solche, wie ich sie immer gern gehabt hätte. Aber wie kann man in einem solchen Moment nur ans Fotografieren denken? Typisch Mädchen! Awet, sechzehn, sie kommt aus Keren, herzkrank, war noch nie von zu Hause fort und ist jetzt allein auf ihrem Ausflug in die große Welt. »Mach ein paar Fotos«, habe ihre Mutter beim Abschied gesagt, »und schick sie uns, wenn du angekommen bist.« Beim Abschied der Flüchtlinge muss man ans Wiedersehen denken.

Aki und ich albern herum, stecken Finger in die Nase und zeigen uns gegenseitig Eselsohren, Awet soll mehr Fotos knipsen. Doch für Spaßfotos ist ihr der Film zu schade. Sechsunddreißig Farbbilder, sie hat nur einen dabei, der muss reichen bis Europa. Überhaupt ist sie schüchtern, aber unerwartet witzig. »Geht ein Sandkorn in die Wüste, dreht sich um und schreit: ›Hilfe, ich werde verfolgt‹«, erzählt sie, und wir schütten uns aus vor Lachen. Wollen nicht daran denken, uns auch nicht vorstellen, wie wir die nächsten Tage in der Sahara überleben. Gefährlich? Heiß? Tödlich? – Sicher. Aber egal, jetzt sind wir fröhlich. Auch das ist Afrika.

Ein paar Vögel fahren zwitschernd aus ihrem Schlaf auf, als der Muezzin sein langgezogenes Abendgebet durch die Stadt ruft, bellend fallen Hunde ein. Lange nachdem die Sonne untergegangen ist, kommt ein graugrüner Militärlaster und bremst heulend, Staub wirbelt auf. Von Kopf bis Fuß voll Sand, reiben Aki, Awet und ich uns die Augen. Dann geht alles schnell. Schon stürmen die ersten Fluchtgefährten den Laster, und obwohl mir jetzt nichts lieber wäre als eine Dusche, greife ich zu meiner Tasche. Ein Schrei, und der sudanesische Fahrer fährt dazwischen, drischt mit einem schwarzen Schlauch in die Menge. »*Haywan!* – Tiere!«, schreit er und schlägt gleichgültig zu, wie man Vieh antreibt.

In diesem Moment beginnt unsere Verwandlung; aus Illegalen werden Tiere. Wir sind junge Leute mit Abitur, Lehrer, Krankenschwestern, Handwerker, Ingenieure, Agrarwissenschaftler, Biologen, Architekten, Erzieher und werden nun zu Eseln, Ziegen, Schweinen. Tiere, die keine eigene Meinung haben, nichts wissen, nichts wollen, nichts reden und vor allem: nicht mehr aussteigen. »Nicht alle auf einmal!«, brüllt der Viehtreiber da. »*La, la, la!* – Nein, nein, nein!

Könnt ihr euch nicht anstellen und warten. Ich mache eine zweite Fuhre.«

Vierzig Leute ducken sich hinter die Wände des Pritschenwagens, wie der Mann mit der Peitsche es befiehlt. Dann tuckert er mit seiner Ware aus der Stadt, ohne Licht, über die Nilbrücke, auf der linken Seite des Flusses entlang, durch die Ziegelwerke der Vorstädte, über Omdurman hinaus in die offene Landschaft. Es ist dunkel, ich kann keine Straße und keinen Weg erkennen, nur steinstaubige Ödnis, unterbrochen von niedrigem Wurzelwerk, sonst nichts Richtung Norden. Die Sterne leuchten schwach in dieser Nacht, irgendwann kommt ein Wind auf, der uns kalt über die Köpfe streift.

Der Platz, an dem uns der Fahrer nach knapp zwei Stunden zurücklässt, ist eine kleine Anhöhe, heftiger Wind. »Morgen geht's weiter, aber nur, wenn ihr das Maul haltet«, knurrt er und macht mit seinem Lastwagen kehrt. Tiere dürfen nicht fragen und nicht wissen, was vor sich geht. Ich schlottere, da ruft mich Aki, er hat zusammen mit Awet eine Kuhle im Sand gefunden, in die wir uns verkriechen und mit unseren Tüchern zudecken. Während ich meine neuen Freunde ein Gute-Nacht-Gebet murmeln höre, träume ich von weit aufgerissenen Mäulern, ich habe Angst vor wilden Tieren, in der Ferne tönt ein langes, durchdringendes Pfeifen. Der Himmel so nah, wie funzelige Glühlampen die Sterne, weiten sich zu Augen. Und mich beschleicht eine Furcht, dass ein Mensch, der einmal ein Tier war, nie mehr so wird, wie er war.

8. August 2002, erster Tag in der Wüste: Motorenlärm weckt mich. Es ist noch dunkel, als ich die Augen öffne, ein heller lila Streifen, eingewoben in das Dunkel des Himmels, leuchtet vom Horizont. Drei Schatten bewegen sich von weit her auf uns zu, das müssen die Autos sein. Nur wenige Meter entfernt steht der Laster, der die zweite Gruppe der Flüchtlinge gebracht hat, der Motor läuft noch. Hey, rüttle ich Aki an der Schulter, aufwachen.

›Ultraneue, klimatisierte Landcruiser‹ habe ich die Stimme Mohammeds noch im Ohr, und ich habe mir schöne Kleinbusse mit Allradantrieb vorgestellt. Die drei grünen Toyota-Pick-ups mit libyschen Kennzeichen, die jetzt mit Karacho auf den Platz brettern, sehen nicht nach Klimaanlage aus. Offene Ladeflächen, verdreckt, ramponiert. Ich frage mich, wie wir alle auf den drei Pritschen Platz finden sollen.

Da steigen junge Kerle in weißen langen Hemden und Palästinensertüchern aus und bauen sich vor uns auf. Sie könnten Soldaten sein, um ihre Hüften tragen sie Gürtel mit Schlagstöcken und Pistolen. »Ausladen!«, brüllt einer auf Arabisch, da erst erkenne ich, dass die Ladeflächen der Pick-ups voll mit großen, schweren Kartons sind. »Zigaretten«, raunen die Wartenden. Vielleicht, aber der Zigarettenschmuggel ist vermutlich nur Tarnung, sie bilden die oberste Lage, was darunter kommt, geht uns nichts an.

Waffen aus dem Iran für die Hamas im Gazastreifen? Kokain aus Südamerika für Israel? Ich weiß es nicht, und eigentlich will ich es auch nicht wissen. »Tempo, Tempo, beeilt euch!«, treibt uns einer der libyschen Schleuser an, Vollbart, kaum älter als zwanzig. Wangen und Nase aufgequollen, seine Stimme klingt schrill. »Beeilt euch!« Er fuchtelt mit seiner Pistole durch die Luft, zielt und lacht. Auf der Flucht hast du nicht einmal mehr die Möglichkeit zu flüchten, nur noch die Wahl zwischen Unterordnen oder Tod. Sie nennen sich Führer, wir sind die Tiere. In der Wüste werden die Gesetze von den Schmugglern diktiert.

Der Tag graut, der Moment steht still, und die Grenzen zwischen Himmel und Erde verschwimmen. Es ist kühl, nur noch wenige Minuten, bis die Sonne explodiert. Da gellt ein Schrei des Schleusers über die Ebene: »Passt auf! Ich teile euch in drei Gruppen – so.« Mit zusammengebissenen Zähnen peitscht er einen langen Schlauch durch die Luft und zieht zwei imaginäre Striche zwischen den Leuten, die zu ihrer jeweiligen Gruppe zusammenrücken.

»Zuerst das Wasser auf die Pritschen«, brüllt er, »dann die Tiere. Alle, los, los, macht Platz! Platz da! Los, los. Wer Streit anfängt, bleibt da, wer widerspricht, auch, und wer uns aufhält, den frisst die Sonne. Wasser wird nur in den Pausen getrunken. Von den Benzinkanistern lasst ihr die Finger! Verstanden!« Während er seine Befehle herausballert wie ein Trommelfeuer, muckst und rührt sich keiner, dann ist unterdrücktes Tuscheln zu hören. Wer Arabisch versteht, übersetzt die Anweisungen für seine Freunde. »Wir nehmen euch alle mit«, ruft ein zweiter Schlepper nun, »den ganzen Kontinent fegen wir leer, und zum Schluss holen wir die Präsidenten!«

Ich sehe nach Norden, unverwandt, dort, wo sich das Land der Bayuda-Wüste ins Unendliche dehnt – unser Weg. Nehme langsam mein langes Nesseltuch vom Boden auf und wickle es um Kopf und Hals, lass es durch meine Hände gleiten, das Karomuster in Schwarz, Ocker und Rosa, es ist, als sähe ich die Farben zum ersten Mal. Was, wenn ich auf dieser Reise wirklich zum Tier werde? »Pack mit an«, reißt mich Aki aus meinen Gedanken; er hat seine Taschen schon auf den Wagen geworfen.

Aki, Awet und ich finden Halt an der hinteren Kante, auf ein paar Zentimetern, wenn wir nicht runterkippen wollen, müssen wir uns setzen, Beine anziehen wie die Katzen. Auf zwei mal drei Meter fünfzig drängen wir uns, sieben Quadratmeter für fünfundzwanzig Menschen, drei oder vier schwingen sich aufs Fahrerhaus, das bedeutet weniger als dreißig Quadratzentimeter für jeden Einzelnen. Kinder auf die Knie. Manche Beine baumeln über den Fahrzeugrand, manche werden ausgestreckt, einer setzt sich darauf und noch einer, so stapeln und verschachteln wir uns zu einer teigigen Menschenmasse, in der sich der Einzelne nicht mehr drehen und nicht regen kann.

Nur das Motorengeräusch der drei Toyotas ist zu hören. Der Sand, den die Vorausfahrenden aufwirbeln, nimmt uns die Luft. Wir haben damit zu tun, uns an unsere Körper zu gewöhnen. Diese Enge, Folter ist das. Rücken im Rücken, Schulter in der Schulter, Bauch im Rücken, Rücken am Bauch, Arme und Beine dazwischen, spüren wir bald nichts mehr, spüren nicht mehr, wo der eigene Körper aufhört und der nächste anfängt, fühlen unsere Knochen durch die Haut, wir riechen unseren Schweiß, atmen, atmen miteinander, diese bedrängende Hitze, der Geruch der anderen in meinem Geruch, schnaufen ein und aus, kleben und schmelzen und dehnen uns zu einem riesigen Körper – ein einziger Fluchtkörper, gefangen auf der Reise durch die nubische Wüste. Der ganz allmählich anfängt zu jammern und zu flehen: »Bitte, bitte, nimm deine Beine weg; bitte, bitte, ich brauch mehr Platz; Hilfe, meine Füße sind taub, ich spüre Arme und Beine nicht mehr.« Zusammengezwängt wie im Schraubstock, nicht auszuhalten, es dauert nicht lange, da geht das Jammern in böses Geschrei über.

Sieben Tage hatte Mohammed gesagt? Eine unvorstellbare Zeit lang. Das halt ich nicht durch, unmöglich. Ich sehe auf meine Uhr, die mir Pater Louis vor langer Zeit geschenkt hat, es ist noch nicht einmal Mittag, wir sind kaum drei Stunden unterwegs, und es kommt mir vor wie eine Ewigkeit. Die Minuten dehnen sich, wie sich unsere Körper dehnen, die Wüste dehnt sich, der Himmel und die Sonne und die Hitze dehnen sich auch, und plötzlich weiß ich, dass es eine Fahrt durch die Hölle wird. Fahren, wir fahren, die Wüste fährt mit.

»Mehr Platz!« Männer in kurzen Hosen kippen gegeneinander, rempeln, und während sie nach Halt suchen, um das Gleichgewicht nicht zu verlieren, ziehen sie Messer aus den Taschen. Das geht ganz schnell, dass Tiere keine Achtung mehr voreinander haben, wenn sie zusammengepfercht werden und ihnen die Luft wegbleibt. »Mehr Platz!«, schreien sie mit hochroten Köpfen. »Seid ihr übergeschnappt«, fahren andere dazwischen, während sie übereinander herstürzen. Doch da hat der Fahrer schon gestoppt. »Rattenpack«, schreit er, und seine Stimme überschlägt sich, »wollt ihr zu Fuß durch die Sahara laufen?« Mit seinem Schlauch peitscht er willkürlich nach oben in die Menge. Kein Zweifel, er meint es ernst. Aber auch Ratten wollen überleben.

Als wir absteigen, um uns die Beine zu vertreten, knicken sie weg wie bei Kamelen, die aufstehen. Flüche hallen durch die Wüste, verhallen ungehört. Die Schleuser dirigieren uns mit Stöcken, und als wir nach dem versprochenen Essen fragen, zucken sie mit den Schultern: »Warum wollt ihr essen, wenn ihr genügend Wasser habt?« Wir suchen und trinken aus unseren Flaschen und trinken. Wer eine Notdurft zu verrichten hat, läuft ein Stück weit, geht in die Hocke und ist froh, wenn etwas herauskommt.

Ich habe keinen Hunger und will auch kein trockenes Brot essen, zu dem mich Awet überreden will. »Ein Biss für die Mama …« Nein, verdammt noch mal, ich will nicht, habe unerträgliche Kopfschmerzen. Der Freund meines Bruders hatte recht. Ich hätte in Khartoum bleiben und studieren sollen, hätte Krankenpfleger in einem klimatisierten Krankenhaus werden können oder was weiß ich. Nur kein Tier. Zu spät. Nach zehn Minuten treiben die Fahrer uns zurück auf die Pritschen. Und nach einem Tag fühlt es sich schon fast normal an, wenn sie mit ihren Stöcken auf unsere Köpfe und Rücken eindreschen.

9. August 2002, zweiter Tag in der Wüste, Schmerzen: Die Gegend ist trocken und steinig, die Piste hart und voller Löcher. Hoch und runter, wie auf Schleudersitzen. Über Stunden klammern wir uns gegenseitig aneinander fest, bis wir Krämpfe in den Händen haben und alle Knochen wund geschlagen sind. Kopfschmerzen. Das Rütteln hört nicht auf. Bei jedem größeren Gesteinsbrocken hängen wir in der Luft und landen bretthart auf der Ladefläche. Frauen versuchen zu singen, manche beten laut zu Allah, Jahwe und Gott. Eine Frau lacht schon stundenlang wie eine Irre, wenn sie in die Luft fliegt, kreischt sie, kreischt vor Verzweiflung. »Langsamer, bitte!« Wir trommeln gegen das Fahrerhaus. »Langsamer!« Doch der Fahrer dreht sich nicht einmal um, stattdessen drückt er erst recht aufs Gas, und im Rückspiegel sehe ich, wie sich sein Mund zu einem hämischen Lachen krümmt. Bis plötzlich fünfundzwanzig Leute gleichzeitig kreischen. Ein junger Somalier ist vom Auto gestürzt.

»Halt, stopp, anhalten!« Der Pick-up steht. Ich kann nicht hinsehen, nein, mir dreht es den Magen um, der Junge brüllt wie am Spieß. Der Arme, mein Gott! Das Auto muss ihn mit dem Hinterrad am Bein erwischt haben. Fast gleichzeitig springen wir ab und scharen uns um den Verletzten. »Maul halten«, droht der Bärtige mit seinem Stock, »wie kann man nur so blöd sein?« Ein paar Männer öffnen ihre Wasserflaschen und reichen sie dem Jungen, dem die Tränen übers Gesicht strömen. Er ruft nach seiner Mutter, Frauen betten ihn auf Sand. »Wenn du nicht sofort ruhig bist, fressen dich die Geier«, schreit der Schlepper, die Arme in die Hüften gestemmt. Er ist wütend, denn ein Verletzter ist wie eine Autopanne und bedeutet Verspätung. Auch wenn Flüchtlinge keinen Fahrplan haben.

Das Knie des jungen Somaliers ist zerschmettert. Still weint er vor sich hin, während ein paar Frauen ihre Tücher in Wasser tauchen und das Bein, das Männer notdürftig mit ein paar Zweigen ruhiggestellt haben, kühlen. Er tut mir leid. Selbst wenn seine Knochen wieder zusammenheilen, wird der Junge nie wieder richtig laufen können. Nie wieder Basketball spielen. Was muss er für Schmerzen haben? Gott sei Dank hat Aki Medikamente aus der Apotheke in seinem Gepäck und versorgt ihn mit Schmerztabletten.

Wir fahren, seit Stunden schon, Richtung Nordwesten, die Landschaft eine Ödnis ohnegleichen, Sand und Steine, Steine und Sand, Sand und Steine, ein Flirren am Horizont wie Wasser. Fast fünfzig Grad, die Sonne brennt, brennt sich unter die Haut. Stumm zähle ich die Sekunden und stelle irrationale Rechenexempel auf. Wie viel Milliliter Wasser darf ich pro Sekunde trinken, damit mein Wasser noch sechs Tage ausreicht? Am Nachmittag des zweiten Tages sind schon zehn von zwanzig Flaschen leer, doch je länger ich rechne, desto mehr füllen sie sich in meiner Fantasie wieder.

Meine Beine sind dick angeschwollen, und ich spüre, wie sie von Sekunde zu Sekunde schwerer werden, zentnerschwer der ganze Körper. Und je schwerer, desto müder, ewigkeitsmüde. Trotz der Tücher sind unsere Gesichter schweiß- und sandverklebt. Ich muss durch den Mund atmen, durch meine Nase dringt kein einziger Luftzug mehr. Die Augen sind zugeschwollen, die Lippen rissig, blutig, Sand füllt meinen Gaumen, meine Zähne rau wie Holzsplitter, die Zunge ist trocken, Sandpapier. Immer wieder spüle ich mit einem Schluck Wasser, pisswarm, und spucke aus. Ich habe seit fünfzig Stunden nichts gegessen, geht irgendwie. Viel schlimmer ist der Durst. »Ich habe keinen Durst«, sage ich mir vor, »ich will kein Wasser trinken«, tausend Mal und mehr. Will nur das Feuer am Himmel löschen.

Am Abend, wenn die Sonne in einem verschwenderischen Feuerwerk untergeht und unsere Autos im weiten Nichts anhalten, wenn unsere Bäuche sich krümmen vor Hunger, unsere Brustkörbe schmerzen vor Hitze und die Köpfe platzen, fragen wir unseren Schlepper: »Bitte, sind wir bald in Libyen?« Doch der Bärtige zieht seine Oberlippe verächtlich nach oben, kneift die Augen zusammen, zischt: »Ich zeig euch Libyen, dass euch Hören und Sehen vergeht«, und ballert in die Luft, sodass wir erschreckt zusammenzucken. Fragen ist verboten, auch stöhnen, weinen, schreien, streiten.

Als ob die Autos uns Schutz böten, drängen Aki, Awet

und ich uns darunter, wickeln uns in unsere Tücher ein und hören den anderen zu, wie sie singen: »Gott wird uns führen …« Bevor wir einschlafen, drückt Awet auf den Auslöser, und wir reißen unsere Augen weit auf, als es blitzt.

10. August 2002, dritter Tag in der Wüste, krank: Nirgendwohin wird uns Gott führen, außer in die Hölle. Dass die Wüste Reinigung für Leib und Seele sei, sagt die Bibel; zynisch. Das Wasser geht zur Neige, die Sonne saugt jeden Tropfen auf, Kinder weinen vor Durst. Was werden wir morgen trinken? Aber wir denken nur an heute, wir fragen nicht mehr, sind nur noch sterbensmüde, Arme und Beine schlafen ein, die Zunge liegt schwer wie Blei zwischen den rissigen Lippen. Der eigene Körper ist uns längst abhandengekommen, unsere Haut und unsere Knochen, wir schniefen und schnaufen Blasen in einem schwitzenden, klebrigen Menschenteig. Nur noch das Nötigste reden wir und dämmern uns in die Apathie.

Ein Mann aus Äthiopien hat eine Nierenkolik und schreit den ganzen Tag, es ist normal, dass jemand schreit, die Schlepper schreien zurück. Es ist nichts, normal. Auch, dass jegliche menschlichen Gefühle in der Hitze verdorren. Hin und wieder erhaschen wir aus dem Augenwinkel Spuren vorübergegangenen Lebens. Ausgebleichte Stofffetzen, der Bügel einer Sonnenbrille, Stroh, Plastikteile einer verlorenen Wasserflasche, von der Sonne verblichene Knochen. Nichts außer mehligen Knochen, darum ein paar Steinbrocken, die für das Ende einer Reise stehen, an einem Ort ohne Namen, wo keiner bleibt.

Ich sehe sie und sehe sie doch nicht, weil ich in einem Niemandsland nicht denken, nur weitergehen kann. Stundenlang über spiegelglatte Flächen, die flirrende Hitze gaukelt weite glitzernde Seen vor, über denen Tafelberge schweben. Ohne Ziel, denn die Wüste hat kein Ende, nur einen

Horizont, der in den Himmel übergeht. Sand am Morgen, Sand am Abend. Gesplittertes Weiß, rote Flammen, die Schatten sind blau, wie im Schnee.

11. August 2002, vierter Tag in der Wüste, erniedrigt: Wir schaufeln mit den Händen wie eine Horde wild gewordener Totengräber. Und fallen übereinander her, sobald einer ein sandig grün schillerndes Rinnsal entdeckt. »Füllt ein paar Flaschen zum Duschen, ihr Schweine«, dringen die harschen Stimmen der Schlepper zu uns, die an einem feuchten Sandloch Halt gemacht haben. Ihr Lachen schallt kilometerweit, wenn sie uns verhöhnen: »Guckt mal die Schweine, wie sie sich im Schlamm wälzen.« Schwerfällig lösen sich dann ein paar Männer aus unserer Gruppe und taumeln in Richtung der Viehtreiber. Aus ihren entzündeten Augenschlitzen blitzt es weiß. Da zücken die Folterknechte ihre Pistolen. »Wir müssen euch nicht durch die Wüste kutschieren«, plärren sie, »Schweinefleisch verdirbt schnell in der Sonne.«

Weiter, unendliche Kilometer nichts, kein Tier, kein Mensch, nichts, die Wüste ist tot. So tot, dass man nicht mehr sterben muss, um zu wissen, was tot ist. Nichts, keine Zeit, kein Raum, immer das gleiche Bild, Sand. Wir fahren, die Wüste fährt mit. Nichts rührt sich. Nur ein leichter Wind, der die Sandkörner vor sich hertreibt, unablässig, und zu Dünen türmt.

Der Sand rieselt und wechselt mit den Tageszeiten seine Farbe, am Morgen fahlgelb, die Konturen haarscharf, je höher die Sonne steigt, desto mehr flimmert die Luft und umso heller wird der Sand, leuchtet fast weiß, am späten Nachmittag ockergelb. Sand und Steine scheinen über dem Boden zu schweben, kleine Dünen werden durch die Entfernung größer, ein Sandhügel wird zu einem Berg. Einzige Bewegung in der Wüste. Sand rieselt, Leben verrieselt. Erst am Abend werden die Konturen wieder klar.

12. August 2002, fünfter Tag in der Wüste, vergewaltigt: Der Sand hat sich verändert, ist feiner geworden und rötlicher, betörend rot. Er schlägt Wellen, immer höher, die Fahrer nehmen Anlauf und jagen mit Vollgas die Sandflanken hinauf. Sodass die Vorderräder über den Dünenkamm kommen und die Hinterräder darauf stehen bleiben. Dann voll in die Bremsen, denn dahinter geht's steil bergab. Eine riesige Düne vor uns. »Großer Gott«, flüstere ich. Aki neben mir zuckt nicht einmal mehr die Schultern. Vollgas und Schwung, doch diesmal heult der Motor auf, die Räder scharren im Sand, und unser Pick-up steckt fest.

Der Fahrer schnaubt. »Alle absteigen!« Wir gehorchen wie Schafe, sind aber viel zu erschöpft, um das Auto wieder in Gang zu bringen. Der Bärtige baut sich kaltschnäuzig vor uns auf. »Ein Spaziergang tut euch gut! Aber Achtung, wir sind in Ägypten, und ägyptische Grenzbeamte machen kurzen Prozess mit Flüchtlingen. Sie knallen euch ab wie Hunde. Deshalb betet zu Allah und lauft.«

Mit einem Flackern in seinen hellen Augen mustert er uns. Er will das Auto leer über die Düne fahren und uns danach wieder aufsammeln. Einen könne er mitnehmen, sagt er, seine buschigen Augenbrauen nach oben gezogen. Besser gesagt eineee, langes e. »Eine wäre besser.« Er taxiert die Frauen aus unserer Gruppe. Er sieht aus wie ein Kojote. »Du da hinten, wie alt bist du?«, ruft er. Keine Antwort. Doch da hat der Bärtige das Mädchen schon am Arm gegriffen und zieht sie zu sich. Ihre rote Bluse zerreißt. Ich sehe ihre Augen, weit aufgerissen, starr, Todesangst.

»Lass sie bei uns!«, rufen ein paar unserer Leute, die noch kräftig genug sind, wir anderen schweigen apathisch, sehen zu. »Wie ihr wollt«, entgegnet der Schlepper ungerührt. »Sie ist euer Pfand, wenn sie nicht mitkommt, fahre ich ohne euch weiter.« Das Mädchen lässt sich fallen, und ich sehe, wie ihr die Tränen übers Gesicht laufen. Der Peiniger reißt sie an den Haaren hoch. »Hör auf zu heulen!« Und mit bösem Grinsen: »Ein wenig Dankbarkeit erwarte ich schon.« Da greift das Mädchen mit beiden Händen in die offenen, vom Sand verfilzten Haare, um sie mit ihren Fingern vors Gesicht zu kämmen, dreht sich um, schweigend, und steigt mit dem Schlepper ins Auto.

»Hure«, keift jemand, aber das hört sie nicht mehr. Die, die vorher noch Mitleid mit ihr hatten, schimpfen jetzt. »Schlampe, du! Keinen Nakfa bist du wert, verdammte Schlampe, zur Hölle mit dir!« Was für ein entgleister Menschenhaufen sind wir eigentlich? Wahnsinnig wie Raubtiere, ekelfroh, dass nicht wir es sind, die der Schlepper in seiner Gewalt hat. Awet, Aki und ich senken den Blick, dem wir schon lange nicht mehr standhalten. Was passiert hier? Das Mädchen opfert sich für uns und wird dafür zum Teufel gejagt. Und ich kapiere, dass eine Flucht ihre eigenen Gesetze hat und die haben nichts mehr mit Respekt, Würde und Anstand zu tun.

Sand vor uns und Sand hinter uns, heißer, roter Sand, der unter den Füßen wegrutscht und die Fußsohlen verbrennt. Zwei Schritte vor, einer zurück, die glutheiße Sonne auf dem Kopf, auf der Brust, im Rücken, überall. Egal ob wir unsere Hemden und T-Shirts ausziehen oder anbehalten, die Sonne sticht unbarmherzig, wie Feuer. Minute für Minute, Stunde für Stunde, Tag für Tag, vom frühen Morgen bis zum Abend hetzt sie, bis das Blut stockt und jeder Gedanke zu Asche zerfällt.

Ein älterer Mann in Jeans und blauem Hemd schreit: »Allah hilf!« Er hat von der fauligen Brühe im Wasserloch getrunken, krümmt sich und wehklagt über höllische Schmerzen. »Sei still, endlich still!« Mit tonloser Stimme brülle ich ihn an, ich kann nicht mehr, selbst schuld, dieser Idiot. Ich kann nicht mehr, will weiterschreien, aber ich wende mich ab. Stundenlang stolpern wir den Autos nach. Jedes Sandkorn ein Stich in meine Fußsohlen, ich sehe nur einen Berg, der immer größer wird, ich rieche nichts mehr, fühle nichts, schmecke nichts … Als ich strauchle, zieht mich Aki wieder hoch.

Die Wüste zwischen Sudan, Ägypten und Libyen zählt zu den trockensten Gebieten weltweit. An manchen Stellen regnet es Jahrzehnte lang nicht. Wir sind nicht weit vom Plateau des Gilf al Kebir entfernt, wo Forscher die Höhle der Schwimmer entdeckt haben. Vor Tausenden von Jahren muss es hier Wasser gegeben haben. Unvorstellbar. Wir sind fast in Libyen, fünftausend Kilometer libysche Wüste um uns. Noch tausend Kilometer im Zickzack bis zu den Oasen von Kufrah.

Als die Sonne die Wüste in ein gleißendes Licht taucht und hinter einer dunklen Kraterlandschaft in der Ferne verschwindet, steigen wir wieder auf die Pick-ups. Auch die anderen Schlepper haben sich Mädchen geholt und hinter der Düne vergewaltigt. Von nun an müssen sie in den Fahrerkabinen mitfahren, mit den Schleppern in der Kabine schlafen.

13. August 2002, sechster Tag in der Wüste, Durst: Durst! Ich verbrenne! Wasser, bitte, ein Meer voll Wasser! Es ist still. Absolut still. Meine Ohren horchen ins Nichts. Horchen angestrengt in eine leere Landschaft, in der nicht einmal mehr das Blut rauscht. Da ist nichts, nur Wüste, bei deren vollkommener Stille man fühlt, wie gleichgültig man ihr ist. »Gott ist nichts«, denke ich. Gingen Moses, Jesus, Mohammed deshalb in die Wüste?

Hinter uns in weiter Ferne der Djebel Uweinat, der Berg der Brünnlein, vor uns wogende Dünen. Bilder in meinem Kopf. Wasser, Durst, Senait, ganz deutlich, meine Freundin, von klein auf. Jeden Tag haben wir aufeinander gewartet und sind morgens den Schulweg zusammen gegangen. Jetzt sehe ich uns durch die Straßen von Asmara laufen, aufgedreht, kichernd und kicksend. Wir albern herum wie alle Pubertierenden dieser Welt. Ich trage schwarze Bundfaltenhosen und ein weißes Hemd, sie Röhrenjeans und ein bauchfreies pinkfarbenes Top, die Sonnenbrille lässig im Haar.

Wir haben Geld gespart und einen Schwarz-Weiß-Film gekauft, wollten uns gegenseitig mit dem Fotoapparat, den mein Bruder aus England geschickt hat, fotografieren. Einfach so, wie Models, mit stylischen Klamotten vor coolen Läden. Wir gelen unsere Haare, frisieren sie zu Zöpfchen, sie malt sich die Lippen rot an, und wir ziehen Grimassen. So verrucht wie möglich, so unschuldig wie nötig. Dabei lachen wir uns halbtot. Vor der Glasfassade des Intercontinental-Hotels in Asmara schlüpft Senait in ein weit ausgeschnittenes Kleid – klick, klick, klick –, und ich hänge das Sakko lässig über meine Schultern, die Hände tief in den Hosentaschen vergraben – klick, klick, klick.

Ich leide!, Durst!, fantasiere: klick, klick, klick. Am Rand des Mai-Jah-Jah-Brunnens, der die Innenstadt Asmaras über Stufen und Becken mit dem höher gelegenen Außenbezirk Gheza Banda verbindet, hüpfen wir die Stufen hoch und runter wie junge Hunde und springen ins Wasser, planschen und spritzen und fotografieren die Wasserperlen in der Luft – klick, klick, klick. Schön, wie es plätschert und tost, springt und singt. Wir drücken im Takt, klick, klick, hundert Mal und hören nicht auf.

»*Mai* – Wasser!«, rufe ich. »*Mai!*« Und sehe deutlich vor mir, wie Senait und ich eine winzige Kurbel am Fotoapparat drehen, den Film zurückspulen, dann die Kurbel hochziehen, bis die Klappe sich öffnet. Leer! Der Fotoapparat ist leer. Kein Film. Wo ist der Film? Wir haben den Film verloren. Filmriss.

Wir rennen über Wellenkämme aus rotem Sand, über Wasser, endlose Flächen. Schneller und schneller und kommen doch nicht vom Fleck. Und plötzlich sehe ich den Brunnen ganz deutlich vor mir, sehe Wasser sprudeln, kann es nicht fassen, meine Hände nicht zur Schüssel formen, das Wasser nicht halten, das sich aus Fontänen ergießt.

Durst! Wie fühlt sich Durst an? Wie eine zu Schmerzen geknotete Frage: Warum habe ich das Glas Wasser nicht ausgetrunken, das meine Mutter mir am Morgen meiner Flucht auf den Tisch gestellt hat? Ich sehe das Glas noch vor mir. Warum nicht? Zum Greifen nah: »Wasser!« Sehe es doch stehen und wie ich meine Militärjacke über die Schulter werfe und aus der Küche stürme.

»Bitte, lieber Gott! Warum habe ich mein Wasser nicht ausgetrunken an diesem Samstagvormittag im März?« – »Ciao, ciao, Adey!«, rief ich meiner Mutter zu. Sie hatte die Arme in der Brotschüssel versenkt, als sie sich aufrichtete, Mehl in den Haaren. »Komm, trink!« Ihre Worte hämmern in meinem Kopf. »Warum habe ich mein Wasser nicht ausgetrunken?« Wie oft habe ich mein Wasser nicht ausgetrunken, wie oft habe ich mein halb volles Glas Wasser stehen lassen?

Ich kann es nicht mehr sehen! Halte mir die Hand vor meine schmerzenden Augen. Aber die Sonne kennt kein Erbarmen und schneidet durch die Luft, der Himmel sieht aus wie in Scherben. Wohin mit meiner Haut und meinen Knochen? Wie dieser Himmelsmörderin, die wie eine Säge in mich dringt und dabei tausend Funken schlägt, entkommen? Die Hitze breitet sich aus wie ein Meer, ich brenne, ein Meer aus glühendem Sand, der sich seit ewigen Zeiten wellt, und nie wird es anders sein. Bis ans Ende der Tage, wo der Horizont bläulich flimmert und es nach verbranntem Fleisch und Fett riecht.

Wasser zum Löschen. Wasser in Putzeimern und Brunnen, Waschbecken, Flüssen und unter der Dusche. Um Gottes willen, warum stellt denn keiner das Wasser ab? Löscht die Sonne aus? Ja, Gott im Himmel, wo bist du? Das ist dein Job. Jetzt in diesem Moment, in dem ich dich brauche. *Nebsi* – hey du, an den ich glaube. Warum bist du nicht da, wenn mir die Sonne ihren feurigen Dolch in die Brust rammt und kein Wasser zum Kühlen da ist?

»Hilfe«, quellen die Worte aus meinem Mund, »stopp, anhalten! Ich kann nicht mehr.« Will eine Wüste voll Wasser, mit dem ich die Sonne löschen kann. Hat das Auto wirklich angehalten? Betten mich Aki und Awet wirklich in den Sand? Ich spüre keinen Körper mehr. Nichts und gleichzeitig jedes Sandkorn, das durch die Haut rieselt, in meine Eingeweide und mich zerbröselt. Schlägt mir jemand ins Gesicht? »Aufwachen, Zaki!« Ich spüre nichts. Wasser in Augen und Mund: »Aufwachen, Zaki, nicht einschlafen!« – »Lass es sein, der packt es nicht mehr!« – »Doch, ich lege ihm eine Infusion.« Jemand schüttelt meine Hand, klopft. Es ist Aki, der versucht, mir eine Nadel ins dicke, aufgequollene Fleisch zu stechen.

Doch ich dämmere schon wieder weg, merke kaum, wie einer nach dem anderen versucht, mich zu stechen. Fratzen über mir, zwanzig Leute, die mir helfen wollen und meine Vene suchen. »Lass mich mal …« In der einen Armbeuge, in der anderen, auf der linken Hand, auf der rechten, alles zerstechen. »Er ist nicht der Erste und nicht der Letzte, der in dieser verdammten Wüste krepiert!«, schreit einer. »Lasst ihn verdammt noch mal liegen.« Sterben will ich, sterben, wie ein unumstößliches Gebot steht es fest! Heute, hier!

Ich sehe mir von außerhalb zu, wie sich mein Hals zuschnürt, fürchte mich, spüre, wie eine Wut hochkriecht. Wie sie sich breitmacht in meiner ausgetrockneten Kehle. »Warum ich?« Schlucke, spucke, hadre. Warum ausgerechnet ich? Will nicht sterben, noch nicht. Bin doch erst siebzehn, einer, der anfängt zu leben. Mein Gott, warum hast du mich in ein Land geworfen, in dem ich nicht leben kann? Gehen muss, um zu sterben?

»Zaki, komm, komm, wach auf!« Ich höre Frauen, Gebete, fühle Männerhände, die mich vom Sand aufheben. »Lasst mich!«, spuckt meine aufgequollene Zunge, »lasst mich liegen und sterben.« Man soll mir ein Dach gegen die Sonne bauen und verschwinden. »Nein, du kommst mit.« –

»Haut ab«, höre ich mich schreien, obwohl ich gar nicht schreie. Doch je schwächer ich werde, desto größer meine Wut. »Es gibt keinen Gott!« – »So darfst du nicht reden.« – »Warum nicht?« Was ist das für ein Gott, an den ich geglaubt habe und der mich in dem Moment, in dem ich ihn brauche, nicht beschützt?

Ach, den dummen Jungen, der dachte, sich ausdachte, er könne sich so einfach aus dem Staub machen und nach Europa ins Paradies flüchten. Die Wut ist tückisch, wendet sich auf einmal gegen mich selbst und höhnt: Jetzt krepierst du, ho, selbst schuld dran, hoho, Äuglein zu, Gott schaut zu, lacht sich schlapp und schleicht sich weg. Was interessiert ihn seine Schöpfung? Ich bäume mich auf, muss der Wut in die Parade fahren: »Mach deine Augen auf, Gott, sieh her, was du angerichtet hast! Du, im Himmel, jetzt in diesem Moment. Hörst du? Bist du dran! Wie Schaum quellen die Worte aus meinem Mund: »Gott, wo bist du?«

Ich wache auf, dämmere wieder weg, träume: ein Junge im Sand gekrümmt, sein Körper ist voller Brandblasen, von der Sonne versengt. »*Mai* – Wasser!« Wie ein schwacher Hauch, immer wieder: »*Mai!*« Seine Freunde sind losgezogen, um nach Wasser zu suchen, sie kommen lange nicht zurück, kommen nicht, kommen doch. Als sie ihm ein paar Tropfen auf die Lippen träufeln, krampfen sich seine Hände zusammen, und die Fingernägel schneiden ins Fleisch. Blut in den Händen. »*Mai*«, sagt er noch und: »Gott ist tot!«

17. August 2002, siebter Tag in der Wüste, gerettet: Ich spüre, wie es pocht, das gleichmäßige Pulsieren meines Blutes in den Adern. Mein Körper ist wieder da. »Zaki ist aufgewacht.« Über meinem Gesicht ein feuchtes Tuch, mühsam versuche ich, es beiseitezuschieben. Eine Ewigkeit lang, bis ich meine entzündeten Augen öffne. »Du hast es geschafft.« Das ist Akis klare Stimme.

Der Schlepper hatte getobt, doch gegen seine Befehle haben

mich meine Freunde wieder auf das Auto geladen, haben mit ihren Beinen eine Mulde geformt und mich hineingelegt. Ich weiß nicht, wie lange ich geschlafen habe, während Aki noch verzweifelt versuchte, mir eine Infusion mit Salzlösung anzulegen. So lange, bis meine Hände und Arme ganz blutig gestochen waren, ohne dass er eine Vene gefunden hätte. Mein Atem sei flach gewesen, es habe nicht mehr viel gefehlt ..., erzählt Awet und streicht mir über den heißen Kopf.

In der Nacht, als es kühler wurde, muss ich jedoch für einen kurzen Moment zu mir gekommen sein. Darauf hatte Aki gewartet und mir die Öffnung des Infusionsbeutels einfach in den Mund gesteckt: »Trinken!« Wenn es nicht durch die Vene geht, dann durch den Schlund. Ich kann mich an nichts erinnern, aber ich muss den ganzen Beutel ausgetrunken haben, bevor ich wieder einschlief.

»Wie viele Tage sind wir schon in der Wüste«, frage ich, »wie viele Tage?« – »Sieben«, antwortet Awet. – »Sieben Tage?« Ich bin nicht tot, aber noch zu wenig lebendig, um mich über meine Rettung zu freuen. Versuche krampfhaft, meine Augen offen zu halten, sehe meine Weggefährten mit verhangenen Blicken wie Zombies, Durchhaltegesichter auf dem Weg durch die Wüste. »Wer teilt mit mir seinen Urin?«, höre ich es wimmern. »Wer teilt mit mir seinen Urin?« Ich kann mich nicht erinnern, wann ich das letzte Mal gepinkelt habe. Schon kleben meine Augenlider wieder zusammen. »Wer lässt mir etwas von seinem Urin?« Wie ein mattes Stoßgebet. Zwei Mal flößt mir Aki an diesem Tag noch von seiner Infusion ein. Gegen Abend kann ich aufstehen und mit Hilfe der anderen eine Wasserflasche an einem alten Brunnen füllen. Ein tiefes Loch in der Erde, zu dem uns die Schlepper gefahren haben.

»Mai.« Als es durch meine Kehle läuft, sticht es wie Nadeln, und ich muss weinen. Für lange Zeit werde ich das gluckernde Geräusch, wenn jemand aus einer Flasche trinkt, nicht mehr hören können, ohne in Tränen auszubrechen.

18. August 2002, achter Tag in der Wüste, tot: Die Wüste, sagen die Araber, ist ein Garten in Flammen. Im harten Licht der Sonne wirkt der rötlich gelbe Sand wie von innen angezündet. Mit Steinen wie hingetupft. Das Licht blendet. Keiner rührt sich, aber unter der gläsernen Teilnahmslosigkeit lodert es. »Ich hab die Schnauze voll«, kläfft einer. Ein kleiner Funke, und wir fallen übereinander her wie Hyänen. Halbtote Frauen, die sich im Streit um Wasserflaschen die Haare ausreißen und ihre Kleider zerfetzen, weinende Kinder, stumpfsinnig drohende Männer. Wie Irre.

Dort am Horizont: »Ein Tier. Nein, viele Tiere!« – »Nein, seht doch, rote und grüne Zelte.« – »Oder Wasserkanister?« Flirrende Tücher im Wind, blau, rot, gelb, grün. Manchmal verschwinden die Farben, dann sind sie wieder da. Wie ein buntes Gemälde in der Wüstenei. Wir fahren direkt darauf zu. Diese Farben? Erst als wir ganz nah sind, können wir erkennen, was da auf dem Sand liegt. Awet schreit, ganz hoch, wie ein Fiepsen, ihre dunkle Nase wird weiß und ihr Gesicht sieht sehr alt aus, als sie sich ihre Hände vor die Augen schlägt. Ich will nicht und muss doch hinsehen, starr vor Angst wie Lots Weib im Alten Testament.

Doch was sich hier nicht weit vom Djebel Sherif im gleißenden Licht der Wüste abspielt, ist kein Sodom und Gomorrha. Dort, wo der Sand nach Asche riecht und die Sonne ihren Tribut fordert, ist ein Schlachtfeld voll mit Toten. Das Schlachtfeld der toten Flüchtlinge. Menschen aus Eritrea, Äthiopien, Somalia, die uns nur ein paar Stunden voraus waren und hier den Kampf gegen den Durst und die Hitze verloren haben.

Über ein Areal von fünfzig Metern liegen die Leichen verstreut. So, wie sie ihre Weggefährten von den Pick-ups geworfen haben, weil sie zu schwach waren, sie zu begraben. Auf dem Rücken, auf dem Bauch und auf der Seite. Starren mit leeren Augenhöhlen in den Himmel. Manche von ihnen knien und haben ihr Gesicht im Sand vergraben, als würden sie beten. Mein Herz schlägt bis zum Hals. »Gott, wo bist du?«

Die Toten haben ihre Hände wie in einem letzten Aufschrei zu Fäusten verkrampft. Männer, Frauen und Kinder. Ihre bunten Blusen und Hemden bläst der Wind zu Segeln auf, als sei noch Leben darin, und faltet sie wieder zusammen. Verstorbene Hoffnung. Die Menschen, die hier wie schlafend in der Wüste liegen, trägt kein Wind mehr weiter, sondern deckt sie zu. Alles, was von ihnen nach ein paar Tagen übrig bleibt, ist ein ausgeblichener Fetzen, eine Mütze oder eine Sonnenbrille. Die Hoffnung stirbt zuletzt, aber in der Wüste stirbt sie schneller.

19. August 2002, neunter Tag in der Wüste, stumm: Tränenlos sehen wir zu. Stumm, unsere Gebete und Lieder hat die mörderische Sonne gefressen. Ein paar Frauen drehen den Deckel zum Benzintank auf und versuchen, mit einem Stofffetzen Benzin herauszusaugen. Etwas trinken, egal was, nur trinken! Der Schlepper schlägt sie halb tot. Sie weinen, betteln und heben ihre Arme zum Himmel, so erbärmlich, dass ich mich schäme. »Wollt ihr Tiere, dass wir alle verrecken?« Tiere haben kein Recht auf den eigenen Tod.

Ich denke an meine Mutter, wer würde ihr die Nachricht von meinem Tod überbringen? Wie würde mein Bruder reagieren, der mir diese Fahrt in die Hölle finanziert hat? Vielleicht würde man meine Leiche nie finden und die Familie nie erfahren, was aus mir geworden ist. Sterben ist nicht schwer, so viel weiß ich jetzt, und es geht ganz schnell.

Wie viele Flüchtlinge in der Wüste sterben, verhungern, verdursten, verbrennen und verschwinden? Namenlos. Es sind Hunderte pro Jahr und werden immer mehr. Aber sie zählen nicht. Asche zu Asche, Staub zu Staub und eine Bewegung. Sand, der rieselt im fahlen Licht. Mit sechzig oder siebzig Stundenkilometern preschen die Pick-ups über die Sandmeere.

20. August 2002, zehnter Tag in der Wüste, Leuchten: Grenzenlose Ewigkeit? Unmerklich, aber zum ersten Mal seit zehn Tagen verändert sich die Landschaft. Wir lassen Hügel, Steine, Sand hinter uns. Es riecht nach verdorrtem Gras, Insekten torkeln in der Luft. »Schau, sieh da, guck dort!« Eine heisere Stimme überschlägt sich. Langsam öffne ich meine Augen, und ich sehe Aki, wie seine Nasenflügel vor Aufregung beben. Wenn ich Berge sehe, werde ich bald Bäume sehen, werde Wasser sehen und Tiere, werde Frauen, Männer und Kinder sehen. Mit jedem Kilometer, den wir weiterfahren, kehrt Hoffnung zurück. Zum ersten Mal seit zehn Tagen.

Als die Sonne tiefer rutscht und mit den letzten Strahlen die Wüste mit Flugrost überzieht, verlieren sich lange Schatten im Land, die Luft wird feucht und kalt, schon reicht das Hotel der tausend Sterne bis zum Horizont, und die Autos fahren immer noch. »Licht!« Wie eine Lawine rollt das Wort von den Vorausfahrenden zu uns nach hinten. »Licht!« Das Wort macht sich breit: »Licht!« Es leuchtet Hunderte von Kilometern weit in der Wüste, eine ganze Nacht lang.

6. Etappe: »Meer ansehen kostet sechs Dinar«

taz online, 5. Dezember 2010

Eritreer auf Sinai-Halbinsel ermordet

ROM taz | Wie italienische Medien am Wochenende meldeten, werden etwa 80 Eritreer seit einem Monat von ägyptischen Menschenhändlern unter unmenschlichen Bedingungen auf der Sinai-Halbinsel gefangen gehalten. Sechs der Flüchtlinge sollen in den letzten Tagen von ihren Bewachern ermordet worden sein. Die Schlepper fordern 8000 Euro für jeden ihrer Gefangenen. (…)

21. August 2002, Oase Al Kufrah in Libyen, Wasser: »*Temesgen amlak!* – Gott sei Dank!« Er hatte uns nicht vergessen. Tränen schossen mir in die Augen, von einem Moment zum anderen hätte ich tanzen und springen können vor Freude. So unbeschreiblich, als wir das Licht in der Ferne sahen. Die Oase! »Licht, Licht! Sieh nur, wie es leuchtet!« Ein kühler Abendwind war aufgekommen, und das Mondlicht zeichnete die Schatten unseres Flüchtlingstransports wie einen beweglichen Scherenschnitt auf den sandigen Boden. Leise Dankeslieder erklangen, und mitten in der Nacht huben ein paar Frauen an, die Legende der Königin von Saba zu erzählen. Unsere abessinische Ururgroßmutter aus dem äthiopischen Hochland. »Wisst ihr, dass ihr Sohn Menelik in Asmara geboren wurde?«, begann Awet.

»*Mai!*«, rief die arabische Königin, als sie in Wehen lag,

genau an diesem Ort, der Mai-bela – »Ich will Wasser trinken« – heißt und durch den heute die offene Kanalisation von Asmara verläuft und zum Himmel stinkt. Meneliks Vater war kein Geringerer als der weise König Salomon aus Jerusalem, weswegen Christen ebenso wie Moslems die Geschichte kennen, auch wenn sie jeder auf seine Art erzählt. So war es auch in dieser Nacht. An Schlafen war nicht zu denken, so eingekeilt, wie wir dalagen:

»Es war einmal ein schönes junges Mädchen in Tigray. Eteye Azeb nennen wir sie, die Königin von Saba, die einen bösen Drachen getötet hat und deshalb von ihrem Dorf zur Anführerin bestimmt wurde. Das Blut des Drachens hat ihre Ferse in einen Eselshuf verwandelt. Sie litt darunter, aber eines Tages berichteten ihr Handelsleute von einem König in Jerusalem namens Salomon. ›Wer immer zu ihm geht, wird von der Krankheit kuriert, die er hat.‹ Dass er sehr reich sei und klug und nur einen einzigen Gott anbete, hieß es. Eteye Azeb wollte ihn testen und flocht ihr Haar, sodass sie einem Manne glich. Dann gürtete sie sich mit Säbeln und zog davon.

Als sie sich Jerusalem näherte, berichtete man dem König Salomon: ›Der König von Abessinien kommt mit Gold und Silber. Er ist reich, aber er betet einen Drachen an.‹ Salomon war neugierig auf den reichen König, der da kommen sollte, und wollte ihn empfangen. Sobald die verkleidete Königin durch die Tür des Tempels trat, da wurde ihr Eselshuf wieder zum Fuß. Eteye Azeb freute sich und überhäufte den König mit Geschenken. ›Bringt Brot, Fleisch und Met‹, befahl Salomon und ließ die besten Speisen seines Landes auftischen. Während sie aßen, wollte die Königin seine Weisheit auf die Probe stellen und gab ihm viele Rätselfragen auf, die zu lösen seine ganze Klugheit erforderte.«

Wir kennen Hunderte solcher Rätselfragen der schlauen Eteye Azeb in unserer Heimat, und in dieser Nacht gab reihum jeder eine andere zum Besten: »Zuerst ließ die Königin der Wüste zehn Kinder hereinkommen, die alle gleich angezogen waren und gleich aussahen. ›Finde heraus, welches die Jungen sind und welches die Mädchen‹, forderte sie Salomon auf. Der König ließ den Kindern Süßigkeiten vor die Füße werfen. Die Jungen erkannte er daran, dass sie sich bückten und die Süßigkeiten einzeln in den Mund steckten, die Mädchen hockten sich hin und sammelten sie in ihrem Gewand.

Dann zeigte ihm die Königin zwei Rosen, die sich täuschend ähnlich sahen. ›Welche ist die echte und welche die künstliche?‹, fragte sie. Salomon ließ Bienen in den Raum bringen und beobachtete, auf welcher Blume sie sich niederließen. Noch viele andere Rätsel stellte die Königin dem klugen Herrscher. Er löste sie alle.«

»Und wisst ihr, wie er herausgefunden hat, dass die Königin von Saba eine Frau war?«, flüsterte Awet geheimnisvoll in die Dunkelheit. »Während Salomon und die Königin speisten, aß sie aus Bescheidenheit nur wenig und trank auch nur wenig. Der König ahnte schon jetzt, dass der Fremde eine Frau war, und als es Abend wurde, befahl er: ›Bereitet ein Bett für meinen Gast.‹ Und man bereitete es im gleichen Raum mit ihm. Salomon nahm einen Fellschlauch voller Honig, hing ihn auf und stellte eine Schale darunter. Als Eteye Azeb dachte, der König sei eingeschlafen, überkam sie doch Hunger und sie leckte aus der Schale. Da wusste Salomon, dass sie eine Frau war, denn nur Frauen verstecken ihre Gelüste in der Öffentlichkeit und naschen heimlich. Er näherte sich ihr wie die Biene den Rosen, und sie sprach: ›Das ist die Reinigung von meinen Blumen.‹

Wir können nur vermuten, was Eteye Azeb damit meinte, auf jeden Fall verliebte sich König Salomon in die schöne Königin wie in viele andere Frauen auch, über neunzig sollen es gewesen sein. Er dichtete ihr das schönste Liebeslied der Welt und beschenkte sie mit Gold und Edelsteinen. Doch bald quälte die Königin das Heimweh nach ihrem fernen Land: ›Höre gut zu‹, sagte sie zu Salomon. ›Ich will dir ein Rätsel stellen. Wenn du es lösen kannst, bleibe ich bei dir, wenn nicht, so lass mich ziehen: Wie heißt das Wasser, das nicht vom Himmel fließt, das auch nicht strömt von Bergen und aus Felsen, das manchmal süß ist wie Honig und manchmal bitter wie Wermut, das kein Bach ist, obwohl es von einer Quelle kommt?‹

Der König sah sie lange an, bis er bemerkte, dass sie weinte. Da wusste er: ›Das Wasser, das nicht vom Himmel fließt, sind deine Tränen. Aber ich will dich nicht länger festhalten. Geh heim in dein Land und erzähle deinem Volk von unserem Gott.‹ So kehrte Eteye Azeb schwanger in ihr Land zurück, erzählte von dem einen Gott Salomons und gebar einen Sohn, dem sie den Namen Menelik gab. Unser Stammvater, auf den sich bis heute die abessinischen Herrscher berufen.«

Eine ganze Nacht lang leuchten die Lichter der Oase Kufrah uns den Weg durch die Wüste. Als sie ausgehen, legt die aufgehende Sonne den staubigen Büschen und Gräsern einen Heiligenschein um. Ich juble vor Glück. »Kufrah«, mein Gott, das ist mein Sternenhimmel, mein New York, keine Ahnung, das Paradies und Wasser, alles gleichzeitig. Neues Leben! Wir liegen uns in den Armen, auch die Männer, die in der Wüste mit Messern aufeinander losgegangen sind.

Ein grüner Garten, Weizenfelder, Orangen-, Pfirsich-, Aprikosenbäume einige Kilometer außerhalb der Stadt, wo wir anhalten. *Mai* – zuerst hören wir das Wasser nur, wie es rinnt und plätschert, als würde es regnen. Dann sehen wir es in Brunnen, Gräben, Becken glitzern. Mit offenem Mund stehen wir und staunen, bis die Ersten von uns anfangen zu weinen. Wie Kinder. Auch mir kommen die Tränen, immer heftiger, bis ein Schluchzen meinen ganzen Körper schüttelt. Es ist ein Traum, als Awet, Aki und ich unsere Arme unter einer Sprühanlage ausbreiten, dann unsere Hände zu Schalen formen und uns das Wasser ins Gesicht schöpfen.

Das Wasser der Oase, mindestens fünftausend Jahre alt ist es aus einer Zeit, als es in der Sahara noch regnete, fossiles Grundwasser. Pumpen fördern es aus einer Tiefe von zweitausend Metern im Erdinnern und bewässern Feldkreise mit einem Radius von gut einem Kilometer mithilfe von riesigen Sprinkleranlagen. Die grünen Kreise der Kufrah-Oase sind das bekannteste Projekt der Wüstenkultivierung aus den 1980er Jahren. Seitdem ist der Grundwasserspiegel allerdings heftig gefallen und die Oase von der Austrocknung bedroht. Für uns aber ist in diesem Moment nur eines wichtig: das jahrtausendealte Wasser, das uns neues Leben schenkt.

Es dauert eine Weile, bis wir begreifen, dass wir gerettet sind. Doch dann ziehen wir unsere Kleider aus, schlenzen sie durchs Wasser, hängen sie in die Bäume zum Trocknen und springen in die Wässerkanäle. Kühl fühlt sich das Wasser an und weich. Wir greifen in den sandigen Matsch, werfen ihn in die Luft, um ihn auf dem flachen Handrücken wieder aufzufangen. Ein Spiel. »*Allahu Akbar!* – Gott ist groß!«, ruft von weit her ein Muezzin seine Gläubigen zum Gebet. Als die muslimischen Weggefährten ihren Kopf zur Erde neigen, kann ich nicht anders und bete mit. Alle fallen auf die Knie und beten.

Die Schlepper haben süßes Fladenbrot gebracht. Ich breche kleine Stückchen ab und lasse sie wie Zucker auf der Zunge schmelzen. Aprikosen dazu. Dieser Geruch, es ist, als würde ich zum ersten Mal in meinem Leben eine Aprikose riechen. Ich beiße, schlucke, taste die pelzige Haut der Früchte, rieche, schmecke, alles neu. Bin das wirklich noch ich, Zekarias, der drei Tage vorher fast gestorben wäre?

Ich beuge mich über einen Brunnen, in dem sich das Wasser leicht kräuselt, sehe dort mein Gesicht sich spiegeln. Die langen Haare, die sich wie ein struppiger Helm um meinen Kopf legen. Schmal das Gesicht, knochig und eingefallen, Augen wie Schlitze, verschleiert vor Traurigkeit, um den Mund liegt ein trotziger Zug. »Danke«, sage ich, als mir

Aki den Arm um die Schultern legt und wir zu zweit in den Brunnen sehen. Alt sind wir geworden, andere, Freunde, die die Hölle hinter sich haben. Mein Blick fällt auf das Muttergottesmedaillon von Pater Louis, das im Wasser blinkt. So schnell macht uns keiner mehr Angst.

Schön wär's! Natürlich haben wir Angst. Kufrah ist nicht nur eine fruchtbare Oase inmitten dieser Riesenwüste. Sie ist auch der größte Umschlagplatz Ostafrikas für Drogen- und Menschenschmuggel. Die Zahl der schwarzafrikanischen Flüchtlinge wird auf jährlich zwei Millionen geschätzt. Dafür hat Libyen fünf oder sechs riesige Flüchtlingsknäste zwischen grünen Bäumen stehen. Werden Flüchtlinge, die über Libyen nach Europa wollen, in der Wüste abgefangen, macht Staatschef Muammar al-Gaddafi kurzen Prozess mit ihnen und steckt sie in ein solches Internierungslager. Kufrah hat das Gefängnis mit dem schlimmsten Ruf.

Jeder Flüchtling weiß davon und hat Angst davor, denn in diesen Lagern wird gefoltert, gehungert, misshandelt, vergewaltigt. Fünfhundertsechzig Menschen starben bei Massenausschreitungen im September 2000 im Gefängnis von Zawiyah im Nordwesten von Libyen. Solche Nachrichten zeigt das eritreische Staatsfernsehen gern, nicht umsonst ist der libysche Staatschef ein guter Freund unseres Präsidenten. Konzentrationslager sind das, von denen die andere Hälfte der Welt nichts wissen will. Auch diejenigen, die sie erlebt haben, sprechen nicht davon, sondern leiden still wie Kriegsheimkehrer. Ich will gar nicht daran denken: Mein Cousin saß monatelang in einem solchen Folterknast, bevor er in Tripolis untertauchen konnte und dann weiter nach Israel flüchtete.

Sich erwischen lassen oder nicht ist auch hier eine Frage des Geldes. Wir bezahlen und sind still. Es ist schon dunkel, als die Schlepper mit normalen Pkws kommen. Um nicht aufzufallen, transportieren sie uns zu acht und zu neunt in einen Stall unter freiem Himmel. Mitten in der Stadt, ein Gelände mit Bäumen, umgeben von einem Bambuszaun. Die Schlepper haben uns Paletten voll mit Dosengetränken besorgt. Und ein Schaf, das wir zur Feier des Tages schlachten. Christen und Muslime zusammen. Dazu legt man es auf die linke Seite, den Kopf gegen Mekka, und schneidet ihm die Kehle durch. So will es der Koran. Ein Stich, ein kurzes Mähen, vorbei. Es hat mir leidgetan, und ich habe mir die Ohren zugehalten, wie damals zu Hause, wenn meine Mutter den Hühnern den Kopf abhackte. Der Tod hat eine Stimme, die ich nicht ertragen kann.

Während ein paar von unserer Gruppe damit beschäftigt sind, dem Tier das Fell abzuziehen, tragen die anderen trockenes Laub und Äste für ein großes Feuer zusammen, um das Fleisch zu braten. Ich verziehe mich unter einen Baum, zehn Dosen vor mir aufgereiht, Cola, Fanta, Spezi, Wasser, Cola, Fanta, Spezi. Obwohl ich die nie alle auf einmal trinken kann – nur um sie anzusehen.

Der Äthiopier mit der Nierenkolik jammert, der junge Somalier mit dem kaputten Knie auch. Awet setzt sich dazu, wie schön sie ist, aber immer irgendwie abwesend. Ob wir für sie beten, bitten die Kranken, die Schmerzen sind schlimmer geworden. Wir beten, dann nehmen wir die Männer an der Hand. »Wenn wir in Europa sind, dann bringen wir euch zu einem guten Arzt.«

Als ob die Ärzte dort Wunder vollbringen können. Einmal, ich war vielleicht zehn Jahre alt: Meine große Cousine war in Europa wegen einer Ohrenkrankheit behandelt worden. Als sie nach Asmara zurückkehrte, brachte sie meiner Schwester Rahel, deren Zähne wegen ihrer Diabetes-Erkrankung braun geworden waren, ein weißes Fläschchen mit. »Aus Deutschland – damit werden deine Zähne wieder weiß«, hatte sie behauptet, dort in Deutschland gäbe es die besten Ärzte der Welt. Eine blaue Flüssigkeit, Rahel gurgelte täglich damit. Auch ich habe heimlich davon probiert, damit meine schiefen Zähne endlich gerade und gleichmäßig wachsen würden. Aber geholfen hat das blaue Wunderwasser leider nicht.

Wie ein Schattenspiel wirkt das Festmahl im Schein des Lagerfeuers. Unsere Silhouetten finden sich im Dunkeln zu Grüppchen zusammen, diskutieren leise, lachen und trennen das Fleisch in Stücken vom Spieß, um es in Brot zu wickeln. Voller Ehrfurcht essen wir und schicken unsere Dankgebete zu Allah, Jahwe und Gott. Jeder auf seine Art und doch alle zusammen. Das Feuer prasselt, und wir blicken in die ausschweifende Horde kosmischer Lichter am Himmel, zwischen denen von Menschen konstruierte Satelliten ihre Bahnen ziehen und Sternschnuppen verglühen. Aber was soll man sich in einem solchen Augenblick noch wünschen?

22. August 2002, Ajdabiya, auf dem Laster unterwegs: Im Morgengrauen wartet ein großer grüner Obsttransporter mit hohen, nach oben hin offenen Seitenwänden vor dem Stall. Unsere Schlepper haben uns an Tubus weiterverkauft. Gebirgsnomaden, die ihr Geld mit Menschenhandel verdienen. Von jedem von uns kassieren sie sechzig Dollar für die Weiterfahrt nach Tripolis.

»Weiter, weiter, es müssen alle hinein«, zischt Osman, einer von ihnen. Mit Stöcken treiben sie uns über eine schräge Rampe nach oben auf die Ladefläche. Fünfundsiebzig Leute, eng zusammengepfercht, unbeweglich, Luft gibt es keine, für die kleinen Kinder reicht es erst recht nicht. Aber so können wir wenigstens nicht umfallen. Bei jeder Rast, die die Fahrer zum Essen oder Beten einlegen, bleiben wir eingesperrt.

Es stinkt zum Himmel, achthundertfünfzig Kilometer weit, vierzehn Fahrstunden lang, wo wir unsere Bedürfnisse vor allen anderen verrichten und in der Scheiße stehen, weil es keine andere Möglichkeit gibt. Als einer seinen Wasserkanister nicht findet, kommt Panik auf. Wie besoffen stehen wir wankend nebeneinander, fallen übereinander. Im Vergleich zu unserer Höllentour durch die Wüste ist diese Fahrt jedoch ein Spaziergang. Unser Ziel ist Tripolis, das Tor zur anderen Seite der Welt. Hoffen wir.

Die Sonne ist schon untergegangen, als Osman ein paar Mal den Rückwärtsgang einlegt, rangiert und hält. Wir hören hupende Autos, Blaulicht, Sirenen, Stimmen. »Tripolis«, flüstern wir, »das muss Tripolis sein.« Eine Stadt voll mit fantastischen Märchenschlössern, stelle ich mir vor. Denn in Libyen liegen die größten Ölreserven Afrikas. Europäische, amerikanische und russische Ölmultis umwerben den Staat wie eine Braut mit einer guten Mitgift. Da drückt sogar die UNO bei Menschenrechtsverletzungen ein Auge zu.

Ich bin gespannt. Durch das offene Lastwagendach habe ich bisher nur einige Palmen und ein paar Hochhäuser erspähen können. Als Osman mit lautem Quietschen den Riegel an der Laderampe herauszieht, um sie langsam nach unten zu lassen, flüstert er: »Schnauze halten! Wer einen Mucks macht, bleibt auf der Straße.« Einer nach dem anderen kriechen wir über die schräge Rampe durch eine schwach erleuchtete Einfahrt und bleiben in einer Tiefgarage stehen. Nichts zu sehen, gar nichts. Sie haben den Laster in eine dunkle Sackgasse gefahren und uns wie Müll direkt vor einem Kellereingang ausgekippt.

»Wo sind wir?« Ungehört verhallt die Frage an den Mauern aus Beton. Erst, als wir durch einen dunklen Treppenaufgang in einer schwach beleuchteten Werkstatt ankommen, rückt Osman heraus: »Ajdabiya, nicht weit zum Meer. Die alte Karawanenroute.« – »Was, wie? Noch nie gehört.« Wo denn das sein soll, rufen wir durcheinander und sind entsetzt. Schon wieder eine Enttäuschung! Ich merke, wie es mir den Boden unter den Füßen wegzieht, verdammt, diese gottverdammte Hilflosigkeit! »Auf den Küstenstraßen gibt's viel zu viele Kontrollen. Wir kommen nicht durch bis Tripolis.« – »Aber wir müssen! Wir haben bis Tripolis bezahlt«, schreien die Leute aufgebracht, »was ist das für eine Schikane?« Es fehlt nicht viel, und Osman geht es an den Kragen. Der jedoch, seiner Sache absolut sicher, zielt wie ein Cowboy mit beiden Zeigefingern auf uns: »Wisst ihr was, ihr Dreckskerle? Wenn ihr nach Tripolis wollt, braucht ihr Passierscheine. Wenn ihr brav seid, werde ich euch die besorgen. Aber jetzt erst einmal duschen. Hier stinkt's.«

Dass wir froh sein sollen, blafft er und zündet sich eine Zigarette an, dass wir nicht in einem der berüchtigten libyschen Container-Transporte gelandet seien, mit denen Soldaten schwarzafrikanische Flüchtlinge in allen Teilen des Landes abfangen, um sie in Lager zu deportieren oder in der Sahara auszusetzen. Offensichtlich hat Osman Spaß an seiner Macht und hält uns mit einer Mischung aus Verachtung und vermeintlicher Großzügigkeit in Schach. Manchmal fahre er die Flüchtlinge auch retour, sagt er, bläst den Rauch vor sich her. Was meint er damit? »Schlepper sind die modernen Karawanenführer. Ihr Migranten seid die Waren. Wir transportieren euch zu Tausenden und kassieren ab, damit wir euch vor den Toren Europas aussetzen. Von Europa kassieren wir, damit wir euch wieder zurückbringen.« Jetzt lacht Osman sogar, als ob er einen guten Witz gemacht hätte. »So einfach ist das. Wie mit jeder anderen Ware.« Er transportiert, egal was, egal wohin, Hauptsache, die Kohle stimmt.

Ich wage nicht, daran zu denken, aber Aki, der wild gestikulierend hin und her springt, spricht es auf Tigrinya aus: »Ob er uns in eine Falle gelockt hat?« Womöglich wird er uns morgen in ein Internierungslager nach Sheba oder Misratah oder sonst wohin verladen. »Hey Leute, wir haben die Wüste überlebt.« Eine Frau um die dreißig ergreift das Wort. Weyni, klein, hübsch, strubbelige Haare, sie hat sich ein Tuch um die Hüften geschlungen. »So schnell lassen wir uns keine Angst machen. Das Wichtigste ist, dass wir zusammenbleiben.« Hätte der Schlepper die Absicht gehabt, uns in den Auswandererknast zu karren, hätte er das billiger haben und uns in Kufrah aussetzen können. Wir diskutieren hin und her, alle gleichzeitig, und erst als der zweite Schlepper mit riesigen Töpfen voller Reis kommt, werden wir ruhiger. Wenigstens lassen sie uns nicht verhungern.

Sperrstunde. Absolutes Verbot, die Werkstatt, deren Fenster mit Pappe zugeklebt sind, zu verlassen. Wir schlagen die Zeit mit Anstehen vor der einzigen Dusche und mit Schlafen tot; wir beten und warten. Streiten mit den Schleppern, die sich wieder an unsere Frauen heranmachen. Als Osman zwei Tage später ankündigt, dass Schlepper-Kollegen uns mit Pkws hundertsechzig Kilometer westlich nach Bengasi kutschieren wollen, kommt Leben in die Gruppe. »Und die notwendigen Papiere?« – »Bekommt ihr dort.« Wir sind erleichtert, fast wollen wir schon dankbar sein. Nichts anderes erscheint er zu erwarten, als er sagt: »Zuerst die Frauen, später die Männer!« Dabei fährt er sich mit seiner Zunge über die Lippen.

Doch da hat er nicht mit Weyni gerechnet. »Jede Frau bekommt einen Mann als Beschützer«, stellt sie sich vor uns, »oder wir bleiben alle hier.« Weyni kennt das Leben als Migrantin, hat schon als Lehrerin im Libanon gearbeitet, begleitet jetzt ihren Bruder nach Europa, sie verwaltet sein Geld, weil er, kaum dass er welches in den Fingern hat, alles in Alkohol umsetzt. Osman ist baff, doch diese kleine, muntere Frau scheint den richtigen Ton zu treffen. Tatsächlich schickt er uns, Frauen und Männer gemischt, in zehn Autos nach Bengasi.

26. August 2002, von Bengasi nach Tripolis, Haare schneiden: Bengasi ist ein Traum, eine Hafenstadt, schicke Boulevards, Parks, Cafés, Kaufhäuser. Zu unterschiedlichen Zeiten checken wir in einem billigen Hotel ein, alle fünfundsiebzig Leute. Ich kann mir nicht vorstellen, dass wir nicht auffallen, ohne Gepäck, aber keiner von uns wird nach Papieren gefragt.

Nach den Erlebnissen der vergangenen Wochen wünsche

ich mir nichts mehr als Zahnbürste und Zahnpasta, Seife und Shampoo, Creme und Haargel. Das Einzige, was wir an Gepäck dabeihaben, sind unsere in den Hosenbund eingenähten Dollars. Die packe ich zuallererst aus. Mit Aki und Awet zur Bank, Geld wechseln, shoppen gehen, dann die ganze Angst und die Erinnerung abwaschen, mich abschrubben und wieder ein Mensch sein. Wenn auch illegal.

Wir lassen uns die Haare schneiden und kaufen neue Klamotten, wir gehen ins Fotostudio, lassen uns für den falschen Passierschein ablichten und fühlen uns wie neu geboren. Sobald wir die Ausweise haben, wollen wir einen Bus chartern, der uns nach Tripolis bringt. Eine Idee von Weyni, die unsere Sprecherin geworden ist. Es dauert nicht lange. Zwei Tage später halten wir einen Fetzen Papier mit arabischen Zeichen in der Hand. Der Busfahrer weiß Bescheid. Als er mit seinem weißen Luxusreisebus mit Toilette und Fernseher vor dem Hotel anhält, fotografiert Awet eine ganz normale Reisegruppe aus Ostafrika. Die Verwandlung von verdreckten, halbverhungerten Tieren in Touristen ist perfekt.

Es regnet, deshalb haben die Autos das Licht eingeschaltet und rasen wie verrückt durch die Wasserpfützen. Wir sind herausgeputzt wie zu Weihnachten, doch im Handumdrehen klatschnass. Macht nichts, wir haben es fast geschafft, noch siebenhundert Kilometer bis Tripolis, noch einmal fünfzig Dollar für jeden, egal, wir lachen drüber. Unterwegs werden wir von einem Konvoi mit dreißig Landcruisern des Staatschefs aufgehalten. »Gaddafi feiert Geburtstag«, scherzen wir, »feiern wir mit.« – »Schämt ihr euch nicht, den Namen unseres Führers in den Mund zu nehmen?«, schimpft der Busfahrer. Flüchtlinge sind es nicht wert, den Namen des libyschen »Bruder Staatschef«, wie er sich nennt, auszusprechen. Egal. Im Bus beschlagen die Scheiben, und wir zeichnen lustige Gesichter drauf. Hätte uns das einer vor einer Woche erzählt, wir hätten ihn für verrückt erklärt.

27. August bis 20. September 2002, Tripolis, unter Flüchtlingen: Die Stadt leuchtet. Als wir ankommen, ist es Mitternacht. Blinkende Lichter überall, schneeweiß glänzende Fassaden, prächtige Hotels und Einkaufspassagen, Regierungspaläste, ultramoderne Hochhäuser, genau so, wie ich mir den Eingang zum Paradies vorgestellt habe. Oder sind wir am Ende schon in Europa? Die riesigen Schaufensterfassaden glitzern so verheißungsvoll wie die Fernsehbilder, die wir von Amerika kennen. Ich bin begeistert. »*Ma-asalama!* – Tschüss!«, hat der Fahrer gesagt und uns auf dem Busbahnhof aus seinem Bus komplimentiert. Und jetzt? Müssen wir uns selbst weiterhelfen! Leichter Wind kommt auf, unbekannte Gerüche steigen mir in die Nase. Salzig, modrig, es riecht nach Vergorenem. Wohin jetzt? Selbst Weyni, die wir inzwischen Mamaflüchtling nennen, weiß nicht weiter. Ratlos sehen wir uns an. Irgendwohin – gehen wir einfach los, der Straße nach.

Wir kommen nicht weit auf den breiten, hell erleuchteten Boulevards, ohne dass uns ein paar junge Männer auf Motorrollern bespucken und beschimpfen. Wir verstehen nur »*Lajin* – Flüchtling«. Aber das ist schon einmal ein Vorgeschmack auf das, was uns in den nächsten Wochen erwarten wird. Der schöne Schein trügt.

»Woher kommt ihr?«, werden wir unerwartet von einem Mann angesprochen. Jung, zwanzig vielleicht, zartes, feines Gesicht, ein Somalier, Landsmänner aus unserer Gruppe erkennen ihn sofort. Er ist vorsichtig: »Wohin wollt ihr?« Wir zögern mit einer Antwort, denn Spitzel lauern überall. Da versucht er es noch einmal: »Ich bin vor zwei Wochen aus der Wüste gekommen«, sagt er, »und ihr?« – »Wir suchen ein Hotel!« Sofort bietet der Somalier uns an, mit ihm zu kommen. Es sei kein Hotel, wo er wohne, aber ein Schlafplatz mit somalischen Landsleuten, alles Flüchtlinge, nicht weit von hier.

Ein heruntergekommenes Haus mitten im Zentrum, drei

Stockwerke ohne Fenster, vom UNO-Flüchtlingshilfsdienst zur Verfügung gestellt. Manche von uns wollen, andere haben Angst; wir diskutieren, während der junge Mann hinter einem türkisfarbenen Tor verschwindet und nach höchstens drei Minuten wiederkommt. »Kommt, wenn wir alle zusammenrücken, klappt es schon.« Sprachlos folgen wir. Luxus ist es nicht, im Gegenteil. Voll, überall Menschen auf Pappkartons, schon im Hof, auf den Fluren, in den Zimmern ohne Türen, weil diejenigen, die hier hausen, sie verbrannt haben, um zu heizen und zu kochen. Dieses Haus mitten in Tripolis ist die Kehrseite der Glitzerfassaden. Aber in der Dunkelheit sehe ich nicht viel, bin nur froh, ein Dach über dem Kopf zu haben. Schon am nächsten Tag können auch wir über die Vermittlung der UNO ein leerstehendes Haus im Stadtviertel Gurji mit der gleichnamigen Moschee mieten. Ebenerdig, vier Zimmer, die Wände haben Risse, in Küche und Bad sind die Fliesen abgesprungen und die Armaturen verrostet. Wir kaufen Matten aus buntem Bast, das sind unsere Möbel. Schlicht. Noch am gleichen Abend planen wir unser Zusammenleben. Die fetzige Weyni knotet wie immer einen Schal um die Hüften, schiebt ihre Ärmel hoch und organisiert. Koch- und Arbeitspläne müssen her. Wir legen Geld zusammen, Töpfe, Geschirr und Lebensmittel werden besorgt. Da es für Männer draußen einfacher ist, übernehmen wir den Part des Einkaufens und der Suche nach einer zuverlässigen Schlepperorganisation, währenddessen die Frauen kochen und putzen, traditionelle Rollenaufteilung.

Wie in einer großen Familie. Eng ist es, unerträglich, eine einzige Toilette für fünfundsiebzig Leute, dauerbesetzt, in der Badewanne stehen wir zu viert zum Duschen. Matte an Matte sitzen und liegen wir zusammen, zwanzig Menschen in einem Raum. Awet weint viel in den ersten Tagen. »Alle halten mich für arrogant«, sagt sie, während sie sich an die blassgrüne Wand lehnt, von der der Verputz bröckelt, »am liebsten würde ich ein Zimmer für mich allein mieten.« Ich verstehe sie nicht, warum allein? »Über Wochen oder Monate mit so vielen Menschen zusammen … Das macht mich krank«, jammert sie, »ich bin krank, herzkrank, verstehst du, ich brauche Ruhe.« Dieses unablässige Geschrei, die Gerüche, die Enge, keinen Moment Stille – sie halte das nicht aus.

»Komm, lass uns ein Fotogeschäft suchen und deine Fotos entwickeln«, schlage ich vor. Eine Einkaufsliste von Weyni in der Tasche ziehen wir los, geben den Film ab und kaufen Brot, vierzig Fladen für einen Dinar. Im Laufen stecken wir uns gegenseitig große Bissen in den Mund, lachen und heulen gleichzeitig. Gottverdammtes Heimweh. »Mama, ich lebe noch«, töne ich ins nächste Telefon, das wir finden, und gerate ins Stocken. Durst und Wüstentour habe ich schon komplett aus meinem Gedächtnis gestrichen, weg, verdrängt, vergessen. Ich will nichts erzählen, und Adey will Gott sei Dank nicht viel wissen, ist nur unendlich dankbar. Sie bete Tag und Nacht, jede Stunde zur heiligen Maria-Hilf, sagt sie. Auch die zarte Awet telefoniert mit ihrer Mutter, weint und lässt sich kaum beruhigen. Als wir unsere Mails in einem Internetcafé checken, blinkt mir eine Nachricht von Tantu entgegen: »Wann kommst du?« – »Bald! Mit Gottes Hilfe – ja, inzwischen glaube ich daran.«

Nicht lange. Wir haben sie nicht kommen sehen. »*Lajin?* – Wie spät ist es?« In einer riesigen Einkaufspasssage stellen sich uns unvermutet zwei junge Männer in den Weg. Erschreckt drückt sich Awet an mich. Ich spüre, wie sie zittert und strecke dem Frager trotzig mein Handgelenk mit der Uhr entgegen. Doch ehe wir uns versehen, schubst der Kleinere von beiden Awet zur Seite und hält mir ein Messer an den Hals. So schnell, dass ich vor Schreck den Sack mit den Broten fallen lasse. »*Money!*«, ruft der Mistkerl, »*money*«, zischt mir auch sein Kumpel ins Ohr. Ich rieche seinen Zigarettenatem und spüre die harte, flache Klinge an meiner Kehle, er drückt zu, ich huste …

Komisch, Angst habe ich keine, sondern nach dem ersten Schreck packt mich die Wut. Miese Ratte, will ich rufen, doch es kommt nur ein Husten aus meiner Kehle. Keine Chance. Als der junge Libyer den Druck ein wenig lockert, deute ich mit meiner Hand auf die Brusttasche: hier. Er greift hinein, zieht einen Dinarschein heraus, lässt los, und so überraschend, wie die beiden aufgetaucht sind, verschwinden sie wieder im Gewühl der Passanten. Mit schreckgeweiteten Augen sieht mich Awet an, eine Sekunde lang, dann rasen wir wie wild, ohne ein Wort zu sagen, in unser Stadtviertel nach Hause.

»Wir wurden überfallen, stellt euch vor ...«, erzähle ich atemlos, »zwei libysche Idioten. Mit ein paar Dinar zufrieden, Gott hat mir geholfen, ich will gar nicht daran denken, was wäre, wenn ... » – »Wie was wäre wenn?« – »... wenn sie mir mein ganzes Geld gestohlen hätten. Tausend Dollar – ich, ich hatte tausend Dollar in meiner Hosentasche«, stottere ich, »alles für die Überfahrt übers Meer.« – »Bist du nicht ganz bei Trost?«, prasselt eine Schimpfkanonade auf mich nieder.« – »Bist du wirklich so bekloppt, dass du nicht weißt, dass Flüchtlinge für die Libyer der letzte Dreck sind?« Freiwild, willkommene Beute. Flüchtlinge werden in diesem Land nicht nur ausgeraubt, sondern sogar umgebracht wegen ein paar Dollars. Kein Hahn kräht nach uns. Einer weniger von denen, bei denen man nicht weiß, wohin mit ihnen. Tripolis leuchtet, aber nicht für Auswanderer. »Lass dein Geld in Zukunft besser zu Hause.«

Trotzdem gehe ich jeden Tag vor die Tür oder gerade deswegen, manchmal allein, oft mit Awet. Das Mädchen gefällt mir einfach, so still und besonnen, wie sie ist. Von ein paar Münzen und kleinen Scheinen abgesehen, stecken wir unser Geld zukünftig in Plastiktaschen, lassen es unter unseren Strohmatten im Haus. Auch wenn es in der Wüste ganz anders aussah, in Tripolis halten wir Flüchtlinge zusammen. Draußen beginnt der Spießrutenlauf. Denn kein Tag vergeht, an dem wir nicht mit Stöcken oder Messern bedroht, bespuckt und mit Steinen beworfen werden. Völlig willkürlich, überall heißt es: Passierscheine vorzeigen! Schutzgeld bezahlen!

Schnell wird die Demütigung zur Gewohnheit und der Rassismus zur Kultur. Aber wir lassen uns nicht niederzwingen, nicht von diesen elenden Mafiosi; wir regen uns nicht einmal mehr auf. Auf überdimensionalen Plakaten an Hauswänden prangt das Konterfei dessen, dessen Namen wir nicht aussprechen dürfen. Dekoriert mit Pfauenfedern, Orden und Fantasieuniformen hat er alles im Blick, wahrscheinlich auch den Bandenkrieg gegen uns Auswanderer. »Bist du Moslem oder Christ?«, fragen die jungen Libyer. »Moslem«, antworten wir und müssen einen halben Dinar bezahlen. »Christ«, antworten wir, müssen bezahlen und die Straßenseite wechseln, »Jude«, antworten wir und werden erschlagen.

Einkaufen, Schlepperagenturen checken, spazieren gehen, Fotos abholen. Als Awet mir das Foto, das sie in der Wüste von mir gemacht hat, zeigen will, streike ich. »Zaki als Halbtoter« will ich nicht sehen, nicht, wie ich um ein Haar verdurstet wäre. »In Italien«, sage ich, während wir durch die Straßen von Tripolis laufen, »wenn wir die Reise übers Meer geschafft haben, dann sehen wir uns die Fotos an.« – »Und wenn nicht?«, fragt die Hübsche, »ich meine, wenn wir es nicht schaffen?« – »Dann sehen sich halt die Fische unsere Fotos an.« Fische, die sich über die Fotos ertrunkener Flüchtlinge lustig machen? Was für eine absurde Vorstellung, wir lachen uns kaputt. Abends stellen wir den Kassettenrecorder, den wir gekauft haben, laut, hören die Lieder von Michael Jackson und tanzen dazu.

4. September 2002, Tripolis, das Meer: Allein, am Meer, am Strand, der ein kilometerlanger Streifen Dreck ist, Plastikbeutel, Schuhe, Holzplanken, Müll, so weit das Auge reicht. Das Meer liegt grün und glatt, unermessliche Weite, noch weiter als die Wüste, Schaumblasen wabern, als ob jemand Seifenblasen ausgepustet hätte. Wenn ich nur darüber gleiten könnte, mit den Möwen, die kreischend ihre Kreise ziehen, bis ans andere Ende der Welt. Einfach loslaufen. Ich weiß nicht, wie sich das Meer anfühlt, deshalb ziehe ich meine Schuhe aus, kremple meine Jeans über die Knie und tauche mein Füße ins Wasser. Es ist weich, so, als ob unsere Katze Lilli mir um die Füße streicht. Ich laufe, höre die Wellen, wie sie lecken, kommen und wieder gehen. Es kribbelt und riecht nach Algen und Tang.

Bald! Gestern Abend haben wir einen Chairman, der die Schlepperszene kennt, getroffen. Robel, ein Landsmann, er ist um die vierzig, klein, mit schwarzen Zahnstummeln vom vielen Kif rauchen. Er lächelte. In Eritrea hatte er als Agraringenieur bei einem Ministerium bessere Anbaumethoden für Getreide entwickelt. Eine Art Zivildienst, seinen Lohn behielt der Staat. Seit Jahren schon lebt er mehr schlecht als recht in Tripolis, sammelt Altmetall und Münzen am Strand. Wie viele Leute?, wollte er wissen, was für ein Boot wir brauchen und wohin wir wollen. In den vergangenen Monaten habe es viele Abschiebungen aus Malta gegeben, Sizilien sei sicherer, wenn auch ein paar Seemeilen weiter: »Jasin, ein Colonel beim libyschen Militär«, sagte er, »ist genau der richtige Mann für euch.« Über zehn Boote habe dieser Schlepper schon übers Meer geschickt, alle heil angekommen. Jasin geht kein Risiko ein. Seine Boote holt er aus Ägypten, ausrangierte Fischerkähne, »kosten zehn- bis fünfzehntausend Dollar, besser als die tunesischen Schrottbüchsen.« Hört sich gut an.

Nicht ganz billig sei der Colonel, tausend Euro für ein Ticket übers Mittelmeer, dafür sei Jasin keiner, der zwei Mal kassiere. Außerdem, und das mache nur dieser Colonel, gäbe es zwischen sechs und acht Prozent Rabatt auf jede Bootsladung. Ein altruistischer Libyer, der Flüchtlinge liebt? Wir schüttelten unsere Köpfe. »Doch, doch, Rabatt bei prompter Zahlung!«, versicherte Robel, er habe es selbst erlebt. »*Kulu dehando?* – Alles klar«, sagte er, fünf Leute aus eurer Gruppe könnten umsonst mitfahren.« – »Und du bist der Fünfte«, sagte Weyni. Wir anderen nickten. Da wurde er kurz still. Jahrelang schon warte er darauf, fuhr Robel nach ein paar Sekunden fort. »Ob ich hier vor die Hunde gehe oder im Meer – egal, ja, ich komm mit.«

Die Grenze zwischen Land und Meer ist fließend, ich weiche den Wellen aus und laufe. Das Wasser riecht faulig, schimmert friedlich, feiner Ölfilm drüber. »Was machst du hier?«, höre ich plötzlich eine Stimme hinter mir. »Über das Meer sehen«, antworte ich, ohne mich umzudrehen. Drei Jungs mit dicken Sonnenbrillen und zerschlissenen Hemden ziehen an mir vorbei und schlenkern mit den Armen. »Meer ansehen kostet sechs Dinar!«, sagt einer, Pickelgesicht, und haut stramm seine Beine in den Sand, während sich die anderen beiden an seine Schultern hängen. »Wusste ich nicht.« – »Aber jetzt weißt du es.« – Ich bleibe stehen.

Überfall, Flüchtlingsalltag, zögernd, fast kühl krame ich fünf Dinar aus meiner Hosentasche und kehre sie nach außen. »*Here you are* – mehr habe ich nicht.« Normalerweise reicht das, dieses Mal nicht. Wie bissige Hunde lauern und laufen sie neben mir her, als ich weitergehe. Fragen grinsend, ob ich nicht schwimmen wolle oder duschen oder mich ausziehen. So einfach lassen sie mich nicht entkommen. Weil ich jedes Mal verneine, rempeln sie mich an, schubsen mich nach links und rechts, dann plötzlich mit einem gemeinen Schlag ins Wasser, dass es nur so spritzt. Mit Anlauf rammt mir einer seinen Schuh ins Kreuz, der Zweite tritt mich in die Lenden, der Dritte greift in meine Hosentaschen, wo er noch ein paar Dinar findet.

Eine Zeit lang rühre ich mich nicht. Ich bin benommen, spüre nicht meinen Schweiß, wie er über meinen Rücken rinnt – oder ist es Blut? Es reicht! Diese gnadenlose Ohnmacht. Ich will keine Angriffe und Demütigungen mehr erleiden. Will weg und bleibe doch liegen. Eine lange Zeit. Bis endlich meine Wut wieder Oberhand gewinnt: »Verfluchte Arschlöcher!«, brülle ich gegen den Wind und versuche mich aufzurappeln. In diesem Moment sehe ich aus dem Augenwinkel einen Jungen auf mich zukommen: rotes T-Shirt, blaue Baseballmütze. Ich kann es kaum glauben: Den hüpfenden Gang kenne ich.

Auch der andere scheint mich erkannt zu haben, läuft, rennt und streckt mir seine Hand entgegen. »Was machst du denn hier am Boden?« Er lacht und zieht mich mit einem Ruck hoch. »Du hättest ruhig früher kommen können!«, entgegne ich, während ich mich schüttle, alles tut weh. Tatsächlich, es ist Samuel, ein Freund aus der Nachbarschaft in Asmara, breitschultrig, ein Draufgänger, wie er leibt und lebt. Vor Monaten, da habe ich selbst noch nicht einmal ans Flüchten gedacht, ist er mit seinem Bruder getürmt. »Das gibt's nicht – hast du dich etwa von diesen libyschen Mafiosi überfallen lassen?«, ruft er und grinst breit. Sein Lachen hat etwas Befreiendes, was soll's? Wenigstens leben wir noch und fallen uns in die Arme. Jetzt erst recht!

»In ein paar Tagen geht's weiter«, sagt Samuel, er wolle die Überfahrt nach Europa machen, solange die Herbststürme noch nicht über dem Meer toben. »Und dein Bruder, kommt er auch mit oder …?«, frage ich, denn eine goldene Fluchtregel lautet: nie zwei aus einer Familie in einem Boot. Doch noch bevor ich die Frage ganz ausgesprochen habe, sehe ich, wie der kräftige Junge von einem zum anderen Moment in sich zusammenfällt und seine Augen sich mit Wasser füllen. »Weg«, sagt er und weist mit unsicherer Geste übers Meer. »Dort, dieses Ungeheuer hat Tekle verschlungen.« Entsetzen packt mich, das darf nicht sein. Doch! Wütend stampft Samuel ins Wasser. »Er kommt nicht mehr zurück. Sein Boot ist vor Malta gekentert und abgesoffen. Niemand hat meinen Bruder gerettet.«

Nein! Bitte nicht!? Doch! Immer denkt man, es trifft die

anderen, nur einen selbst nicht; jetzt hat es einen Freund getroffen. Tränen laufen uns übers Gesicht, schweigend waten wir weiter durchs Wasser, schweigen minutenlang. »Woher weißt du …?« – »Sie haben Fotos von den Toten gemacht. Einer, der mit ihm geflohen ist und überlebt hat, hat es mir gemailt.« Wie kann man da noch in ein Boot steigen? Samuel hebt die Arme zum Himmel und erzählt stockend, dass die beiden Brüder Hölzchen gezogen haben, wer zuerst darf. Sein Bruder hatte, so schien es, Glück, zog das längere. »Menschen, die man liebt, zu verlieren ist hart, aber man stirbt nicht davon – leider.« Aus Samuels Kehle dringt schon wieder unterdrücktes Schluchzen. Sein Rücken ist gebeugt, seine Schultern beben, und ich wage nicht ihn anzusehen, als ich meine Frage stelle: »Willst du trotzdem mit dem Boot …?« – »Ich muss. Was bleibt mir anderes übrig?«, sagt er schlapp. Er kann nicht nach Eritrea zurückkehren. »Lieber im Meer sterben als beim eritreischen Militär …« Und nicht in Libyen bleiben, ebenso wenig wie ich. »Ich habe Angst«, sagt er. – Ich auch. »Mit Gottes Hilfe werden wir es schon schaffen.« – »Das hat Tekle auch geglaubt.« Weil ein Flüchtling nur weitergehen kann.

21. September bis 1. Oktober 2002, warten an der Küste: »In diesem Land«, sagt Ahmed, unser Fahrer, Schweißperlen auf seiner Stirn, »entscheiden am Ende nur zwei: Allah, der Allmächtige und Gaddafi.« Wir steigen in den Wagen, weißer Minibus, die Fahrt durch Tripolis ist nichts für schwache Nerven. Es ist kurz vor Sonnenuntergang, die Libyer steuern ihre Autos, als wichen sie feindlichem Gewehrfeuer aus. Vorbei an nackten Blockbauten im Sowjetstil und eingezäunten Wüstenflecken, die auf große Architekten warten, die hier ihre symbolistischen Protzbauten aufstellen werden: Wolkenkratzer in Form von Parfümflaschen, Raketen oder Schwertern.

Ahmed fährt uns an der Küste entlang Richtung tunesische Grenze. Ein paar Tage vorher haben wir unserem Mittelsmann das Geld gegeben, jeder tausend Dollar, manche mehr, manche weniger. Siebzigtausend Dollar. Die Bedürftigsten aus unserer Gruppe hatten wir schnell ausgewählt, alle waren wir froh, dass wir keinen zurücklassen mussten. Aber am fröhlichsten von allen war Robel, der selbst nicht mehr daran geglaubt hatte, den Absprung nach Europa zu schaffen. Raus aus der Stadt, hatte es geheißen, und dass wir uns bereithalten müssten, bis Jasin ein neues Boot gefunden habe. Jasin, dieser ominöse Colonel beim Militär.

Flüchtlingsboote legen an keinem Hafen ab, wo Strandwachen patrouillieren, sondern an gottverlassenen Küstenstreifen. Wir fahren schnurgerade bis zu einem riesigen Autofriedhof am Wasser, der, wie aus der Landschaft gefallen, in allen Farben leuchtet. Als sei er vom Meer ausgespuckt worden. Dann biegt unser Fahrer abrupt nach links ab, landeinwärts in die Pampa. Bis irgendwo zwischen staubigen Büschen eine Baracke aus Holz und Wellblech aus dem Boden wächst. Menschenleer? Wir sehen niemanden, doch als wir aussteigen, dringen Stimmen aus einem mit Kakteen umfriedeten Areal.

Ein großer Hof, in dem wir alle schlafen, zwei Zimmer für die Schlepper, kleine Küche, kein Bad, sondern ein Brunnen im Freien. Es sind schon achtzig Menschen dort. Flüchtlinge aus dem Niger, aus Mali, aus dem Tschad, die vor dem Hunger und den Kriegen um Uran und Diamanten geflüchtet sind. Alle drängen sie nach Libyen, Italien, Europa, unaufhörlich. »Wann kommt das Boot?«, ruft einer. »Heute oder morgen oder übermorgen. Wenn Jasin kommt, kommt auch das Boot«, antwortet Ahmed, der Schlepper, und verteilt eine Kiste mit Orangen. »Hier habt ihr alles, was ihr braucht. Kommt bloß nicht auf die Idee, das Gelände zu verlassen!« Sogar fürs Essen wollen er und seine Kollegen sorgen. Trotz Schmiergeldern macht die libysche Polizei an der Küste gezielte Razzien und deckt immer wieder das eine oder andere Flüchtlingsversteck auf.

Während ich an den hohen Kakteen, die unser Lager wie ein Schutzwall umgeben, entlanggehe, jeden Tag viele Runden, habe ich einen Traum: Der libysche und der italienische Staatschef fallen sich in die Arme und schließen einen Deal. Freundschaftsvertrag, sagen sie dazu. »Bist du einverstanden, *Amigo*«, fragt Silvio Berlusconi seinen Freund Muammar al-Gaddafi, »ich kaufe mehr Gas und Benzin aus Libyen ...« – »Dafür schicke ich dir weniger illegale Einwanderer«, fährt Gaddafi fort. »Aber nur wenn du mir zusätzlich fünf Milliarden Dollar als Entschädigung für die Jahre, in denen Libyen italienische Kolonie war, bezahlst – *capito*?«

Ein Mann, ein Wort. »*Ho capito*, ich gebe unseren Rüstungskonzernen Anweisung, ein Satellitensystem zur Überwachung des Flüchtlingsstroms zu entwickeln – an den Kosten beteiligt sich die Europäische Union«, macht der italienische Amigo dem libyschen Amigo ein Angebot. Denn natürlich wollen auch die anderen europäischen Staaten die Flüchtlinge möglichst weit vor ihren Grenzen abfangen. »Afrikas Probleme müssen in Afrika gelöst werden«, sagt ein deutscher Innenminister, der Otto Schily heißt, wäscht seine Hände in Unschuld und schießt flott eine fette Finanzspritze zu den Kosten für Kampfhubschrauber, Überwachungsflugzeuge und bewaffnete Abfangboote hinzu. Auch Frankreich und England beteiligen sich mit Panzerabwehrraketen. Auf einmal ist der libysche Staatschef, der gerade noch ein Terrorschurke aus Nordafrika war, ein guter Freund von Europa, weil er das Paradies vor dem schwarzen Mann bewahrt.

»Frontex«, eine von der Europäischen Union finanzierte »Agentur für operative Zusammenarbeit an den Außengrenzen« fischt Flüchtlinge aus den libyschen Hoheitsgewässern, immer mehr Flüchtlinge werden herausgefischt und der libyschen Flüchtlingspolizei übergeben, die sie in Konzentrationslager steckt und foltert. Menschenrechtsorganisationen mischen sich ein, aber Gaddafi droht: »Wenn ihr unsere

Lager nicht gutheißt, wird euer Kontinent schwarz.« Das wirkt, eine Prüfungskommission der EU drückt beide Augen zu und bezeichnet die Flüchtlingsabfangmaßnahmen als »schwierig«, aber schlussendlich »annehmbar angesichts des allgemeinen Rahmens«. Egal wie, tot oder lebendig, Flüchtlinge haben keinen Zugang zum Paradies. So lange, bis die Gefängnisse überquellen und sie halbtot in die Wüste deportiert werden, wo sie vollends in der Sonne krepieren.

Ein Albtraum. Die Tage vergehen, aber Jasin kommt nicht. Warten. Wir schlafen auf dem Boden und essen auf dem Boden, hören Musik auf dem Boden und vertreten uns die Beine, wenn wir uns bei der einzigen Toilette für einhundertfünfzig Menschen im Freien anstellen. Immer schreit irgendeiner »Tür zu«, weil es stinkt, aber es gibt keine Tür. Wir träumen, und manchmal spielen wir auch. Aki, Awet und andere Jugendliche drehen leere Plastikflaschen auf sandigem Boden. Derjenige, auf den der Flaschenhals zeigt, muss eine Aufgabe erfüllen: Awet ist dran! – Nein, sie sträubt sich, alle lachen. Awet soll Samhar küssen, aber nein, da geniert sie sich – ein Mädchen, das geht nicht. »Und ob das geht!«, ruft Weyni, die kecke Lehrerin, und ehe Samhar merkt, was passiert, drückt sie ihr einen Kuss auf die Wange. Wir halten uns die Bäuche vor Lachen, und mitten hinein in das Gelächter fängt Awet an, wie ein Katze zu miauen. So spielen wir stundenlang. Ich muss singen, tanzen und herumhüpfen wie ein Affe.

Dennoch bin ich deprimiert. Muss dauernd an Tekle, den ertrunkenen Freund denken, sehe ihn immer wieder vor mir, Basketball spielen, im Hof der San Francesco-Kirche, lang und schmal, und wie er die Bälle elegant in den Korb versenkt. *Toutia*, die Spinne, wie die Araber das Meer nennen, hat ihn gefressen, tot, für immer, kommt nicht mehr. Die Minuten und Stunden zerfließen im Nichts, Tag für Tag für Tag, Grau in Grau, Fäkaliengestank, sonst nichts. Die Anspannung zermürbt mich, und während die anderen sich ausmalen, was sie machen werden, wenn sie nach Europa kommen, zweifle ich. »Ich werde Medizin studieren!«, höre ich Aki rufen. – »Ich mach ein Flüchtlingsdomizil auf.« – »Und ich werde meiner Familie viel Geld nach Hause schicken.«

Aber was, wenn Jasin nie kommt?, frage ich mich. Ich weiß nicht mehr, ob es mir etwas ausmachen oder ob ich mich sogar darüber freuen würde. Dann hätte das Schicksal entschieden. Dass man sich vor dem stillen Wasser in Acht nehmen soll, sagt ein Sprichwort. Das Wasser in Tripolis war unheimlich still. Bei diesen Gedanken hasse ich mich. Wo ist meine Hoffnung? Fragen mich die anderen, was los sei, antworte ich: »Ich bete.« – »Zu deinem Schutzengel?« – Ich nicke, obwohl ich nicht daran glaube, dass mir noch ein Schutzengel helfen kann. Robel setzt sich zu mir, er hustet und spuckt grünen Schleim und strahlt doch vor Freude. »Sag mal, du bist doch Christ«, fängt er an. Er ist Moslem, das weiß ich. »Ich kenne nicht nur den Koran, ich kenne auch die Bibel. Meinst du, dass Gott wirklich einen Sohn hat, wie es in der Bibel steht?« Ich richte mich von meinem Pappkartonlager auf, sehe ihn fragend an. – »Wir Moslems glauben, dass Gott keine Kinder hat.« – Zögernd antworte ich, weil ich nicht genau weiß, wie ich erklären soll, dass Jesus eben Gott, der als Mensch zur Erde gekommen ist, sei. Das soll einer verstehen.

Wer ist Jesus? Ein Gott, ein Sohn oder beides gleichzeitig? Robel bringt mich zum Lachen, und plötzlich sind wir mitten in der Legende von Abraham oder Ibrahim, wie er bei den Moslems heißt. Christen und Moslems nennen ihn ihren Stammvater, den, der nur an einen Gott glaubte. Darin sind wir uns einig. Weil Abraham sich seiner Sippschaft widersetzte und keinen Sinn darin sah, an viele Götter zu glauben, musste er aus Ur in Chaldäa, dem heutigen Irak, fliehen.

Auch ein Flüchtling, sieh mal an. Einer wie wir, den sein eigener Wille und die göttliche Verheißung dazu verleitet haben, sein Glück woanders zu suchen. »Geh aus deines Vaters Haus in ein Land, das ich dir zeigen will!«, rief Gott, und der folgsame Prophet schnappte seine jüdische Sara samt ihrer Magd, der rassigen Ägypterin Hagar, die er zu seiner Geliebten machte, und zog los ins Land Kanaan, dem heute bitter umkämpften Israel und Palästina.

Warum sollte es dem Stammvater der Flüchtlinge auch anders gehen als uns? Obwohl Abraham ein gehorsamer Diener seines Herrn war, stellte gerade der ihn immer wieder auf harte Proben. Ein Volk solle er gründen, befahl ihm Gott. Offensichtlich ohne daran zu denken, dass die gute Sara schon eine alte Frau war. Ibrahim ließ sich nicht beirren und zeugte flink mit seiner Geliebten Hagar einen Sohn, den er Ismael nannte.

Gott, der seinen Fehler wiedergutmachen wollte, schenkte dann aber auch Sara noch ein paar fruchtbare Jahre. Deshalb wurde diese im biblischen Alter von sage und schreibe neunundneunzig Jahren schwanger und gebar ihrem Abraham den Isaak als Sohn.

Die beiden Jungs wuchsen heran, alles lief gut, da beschloss Gott, seinen Diener noch einmal zu prüfen. Der göttliche Auftrag an Ibrahim lautete: Bringe deinen lang ersehnten Sohn, Isaak oder Ismael, auch darin sind sich die Bibel und der Koran nicht einig, auf dem Berg Morija als Brandopfer dar! Der eigene Vater? Unmenschlich so etwas! Doch anstatt an seinem Glauben endgültig zu verzweifeln, führte Abraham seinen Sohn tatsächlich zum Schlachtfest.

Schon hatte er ein paar Tränen vergossen und seinem Sohn das Messer an den Hals gesetzt, lange Pause … Da trat in allerletzter Sekunde ein Schutzengel dazwischen und stoppte den Vater jäh. Endlich hatte Gott, der Herr, ein Einsehen, vertraute darauf, dass Abrahams Glaube unerschütterlich und felsenfest war und machte ihn zur Belohnung zum Stammvater vieler Völker.

Übrigens waren die beiden Frauen, Sara und Hagar, natürlich eifersüchtig aufeinander. Die Bibel und der Koran haben unterschiedliche Ansichten dazu, wer von beiden wen aus Abrahams Haus geworfen haben soll. Aber spätestens bei der Hochzeit ihrer Enkelkinder müssen sie sich wieder begegnet sein. Abraham, der Stammvater, war damals einhundertsiebzig Jahre alt, als sein Enkel Esau, der Sohn Isaaks, seine Enkelin Basemat, die Tochter seines Stiefbruders Ismael, zur Frau nahm. Und wenn sie nicht gestorben sind, dann feiern sie noch heute. Irgendwo zwischen Israel und Palästina, wo sie noch immer symbolisch für die Hoffnung aller Auswanderer und Flüchtlinge stehen.

1. Oktober 2002, abermals warten: Er kommt in Jeans, rotem T-Shirt, roten Schuhen. Auf seiner Nase sitzt eine große runde Sonnenbrille und in seiner Hand glänzt ein Luxushandy, jung ist er. Eines Morgens steht er in unserem Hof, zehn Tage nach unserer Ankunft. Mühsam rappeln wir uns aus dem Schlaf, da steht er einfach in seinen roten Schuhen da und spricht leise mit den Schleppern. Wendet sich an uns: »Jasin, darf ich mich vorstellen?« Formvollendet, als ob wir die Herren dieser miesen Unterkunft seien. Träumen wir noch, oder sind wir wach? Aber Jasin, der Chefschleuser, redet schon weiter, manche Sätze auf Arabisch und manche weltmännisch auf Englisch.

Dass heute Nacht das Boot unten am Meer ablegen würde, ein gutes Boot, tüchtiger Kapitän, der schon zwei Mal Menschenladungen nach Italien geschippert habe. Proviant brauchen wir nicht, schnurrt er herunter, als ob er singen würde, die Überfahrt dauere nur vierundzwanzig Stunden. Alle hundertfünfzig Leute, zehn davon frei – wie vereinbart. Denn Menschenschmuggel, sagt er, sei ein Geschäft wie jedes andere. »Herzlichen Dank für Ihren Auftrag und bye-bye bis zum nächsten Mal.«

Kaum zehn Minuten hat Jasins Auftritt gedauert, dann ist er wieder fort. Wie ein Geist, ein stinkreicher, mächtiger

Geist, der es sich leisten kann, zehn Flüchtlinge für Gottes Lohn übers Meer zu bringen. Die Situation ist surreal, doch nach ein paar Schrecksekunden kommt Leben in unsere Schar. Endlich! Wie Vögel flattern wir durcheinander, waschen uns und wollen packen, wo es nichts zu packen gibt. »Lasst uns Steinchen werfen und in die Zukunft schauen«, schlägt Weyni vor, und wir werfen Steine in die Luft wie Kinder. Je nachdem, wo sie wieder herunterfallen, ist unser Ziel. Robels Stein fällt in den Westen, Amerika; Awets Stein nach Süden, sie bleibt in Italien, meiner in den Norden, ich gehe nach Schweden, und Weynis nach Osten, sie geht nach Australien.

Als der Abend dämmert und die Schlepper mit blauen Kastenwagen vorfahren, werde ich nervös. Da sollen wir alle hineinpassen? »Eure Tickets« – jemand teilt bunte, leere Papierschnipsel aus, ohne Witz – »alle einsteigen.« Wir öffnen die Autotüren und stutzen. Der Kastenwagen hat keine Sitze, wir müssen auf dem Boden Platz finden. Aber wir sind nicht die Einzigen. Völlig verschreckt blicken uns ein paar Gesichter entgegen. »Die zehn, die nicht bezahlt haben, vortreten«, brüllt plötzlich einer der Schleuser auf Tigrinya; eine Stimme, die sich fast überschlägt. Er muss Eritreer sein. Mit einer Pistole wedelt er vor uns herum. Was soll das? Ungläubig sehen Robel und ich uns an. Gottesprüfung wie bei Abraham oder ein schlechter Witz?

Keine Ahnung, bisher waren Jasin und seine Kollegen korrekt mit uns umgegangen. »Los, los, wird's bald!«, kommandiert der Revolverheld noch eine Spur aufgebrachter und ballert in die Luft. Er meint es ernst, seine Munition ist scharf. Wie versteinert bleiben wir stehen, bis sich Robel und neun weitere Leute, die kein Geld für die Überfahrt hatten, ganz langsam aus unserer Gruppe lösen und einen Schritt auf ihn zugehen. »Geht doch, oder?«, schreit er. »Wer nicht bezahlt hat, bleibt hier!«

Es knallt. Das ist nicht wahr. Der einzige Gedanke, der in

meinem Kopf trommelt. Ein Landsmann? Nicht wahr, das kann nicht sein – absolut unmöglich! Ein hundsgemeines Schwein ist er, der seine eigenen Leute betrügt! In dem Moment, in dem alles zu laufen scheint. Ich sehe in das aschfahle Gesicht von Robel, der sich zu mir umdreht. Mir wird schlecht, gleich muss ich mich übergeben, dieser Teufel von einem Schlepper hat die zehn freien Plätze an andere Flüchtlinge weitervertickert. An diejenigen, die schon im Auto sitzen. Alles klar, jetzt geht mir ein Licht auf, die Ausbeute lohnt sich, zehntausend Dollar oder mehr.

Als Weyni aufbegehrt, droht ihr der Verräter mit der Pistole, und wir rufen: »Bleib ruhig, Weyni! Wir können nichts machen.« Ohnmächtig vor Wut. Wie durch eine Nebelwand nehme ich meine Freunde wahr. »Warum er und nicht ich?« Robel? Wo ist er? Stumm setze ich mich ins Auto, warte, dass es losfährt. Stumm ziehen Bäume und Sträucher an mir vorbei, stumm die Polizisten, die uns, kaum dass wir auf die Küstenstraße eingebogen sind, kontrollieren. Mir stockt der Atem. »Jasin!« Wie von weit her dringt das Codewort zu mir, ich will nicht mehr und muss doch.

Weiß nicht, ob Stunden oder Minuten vergangen sind, als wir an einer Klippe über dem Meer halten. »Da hinunter!«, brüllen die Schlepper und hetzen uns wie Hunde, sodass wir im wilden Durcheinander über die Steine stolpern und an Felsvorsprüngen Halt suchen. Ein paar verschreckte Möwen bellen in der stockfinsteren Nacht, kein Stern am Himmel, es ist eisig, der Wind bläst und schäumend brandet das Meer gegen den Strand. Mit aufgeschrammten Füßen stehen wir kurze Zeit später in der Gischt, Schweiß und Tränen im Gesicht. Das Boot? Wo ist das Boot? Auf den Wellen sehen wir die Lichter von ein paar Feuerzeugen schaukeln. Es hat gerade abgelegt, ohne uns, das Boot war schon voll.

7. Etappe: Paulus ist auch gekentert

Welt online, 31. März 2009

Mittelmeer wird zum Massengrab für Flüchtlinge

Drei völlig überladene Schleppkähne mit Flüchtlingen sind am Wochenende vor der Küste Libyens gesunken. Noch immer werden leblose Körper geborgen. 300 bis 500 Menschen haben die Sehnsucht nach Europa mit dem Leben bezahlt. Italien und Libyen wollen den Flüchtlingsstrom mit Seepatrouillen zurückdrängen. (…)

8. Oktober 2002, Aufbruch nach Sizilien, das Boot ist da: Die Hände in den Hosentaschen, habe ich vor mich hingestarrt, aufrecht, in meinen Jeans, dem hellen Hemd und meiner blauen Trainingsjacke, alles parat für die Reise, neu, frisch und sauber, die Lippen zusammengepresst. Ich begriff es nicht. Was war das für ein Spiel? Zuerst mussten wir zehn verzweifelte Weggefährten zurücklassen, jetzt waren wir alle angeschmiert. Monströs, es war ungeheuerlich, ein grausamer Albtraum. Wie geschlagene Hunde standen wir in dieser Nacht am Strand, den Blick auf die Lichtpunkte geheftet, die sich immer weiter entfernten. Ein paar von uns wollten dem Boot hinterherschwimmen und haben sich vor lauter Verzweiflung ins Wasser gestürzt. Andere haben sie wieder herausgezogen – es war, als ginge die Welt unter.

Nicht umsonst war ich den ganzen Tag vorher so depressiv gewesen, hab's doch geahnt. Was haben wir denn verbrochen? Sind nur harmlose Flüchtlinge. »Was gibt es noch zu verlieren, wenn die Hoffnung verloren ist?«, murmelte ich. – »Nichts mehr?«, antwortete Awet aus dem Dunkeln. Aki blickte uns an, lange, und drehte sich um.

Während wir drei in der Düsternis versuchten, den Rückweg über die Felsen zu finden, sahen die anderen immer noch ungläubig in die Nacht hinaus, mit der winzigen Hoffnung, ein zweites Boot würde aufkreuzen. Unsere Hände suchten in den Steinen nach Halt, als wir erschraken: der Colonel. Ohne dass wir ihn gehört hatten, stand er plötzlich vor uns. Wild gestikulierend. »Seid ihr verrückt, wo wollt ihr den hin? … dumm gelaufen«, stieß er voll Zorn hervor, »ganz dumm gelaufen. Aber daran bin ich nicht schuld.« Ein Schlepper hatte ihn über Handy gerufen, nachdem uns das Schiff vor der Nase weggefahren war. »Das habt ihr eurem sauberen Landsmann zu verdanken!« Der natürlich längst über alle Berge war. »Elendes Arschloch, er hat die Plätze doppelt und dreifach verkauft!«, fluchte Jasin. »Dass der sein Grab in der Wüste bekommt, dafür sorge ich persönlich.«

Als er alle aufforderte, zurück zur Straße zu kommen, wehrten sich die Leute. »Wir gehen hier nicht weg, bis du uns ein neues Boot besorgst. Heute Nacht noch!«, riefen sie durcheinander und stapften am Wasser entlang. Der Wind war heftiger geworden, trieb die Satzfetzen fort.

»Warten hat keinen Zweck, nein, nein, nein, es gibt kein zweites Boot – nicht in dieser Nacht.« Keine Frage, Jasin meinte es ernst. Sonst wäre er nicht gekommen, sondern hätte uns unserem Schicksal überlassen. Dass wir schleunigst in unser Versteck zurückgehen sollten, befahl er und versprach, uns wieder zu holen, sobald er ein neues Boot habe. »Und was ist mit unserem Geld?«, schrien die einen. »Bring uns nach Tripolis«, die anderen. »Wer nicht mehr nach Italien übersetzen will, bekommt sein Geld zurück, wenn ihr zurück nach Tripolis wollt, bitte sehr, wie ihr wollt.« Jasin überließ die Entscheidung uns, nicht unbedingt, weil er ein Menschenfreund war, aber er hatte einen Ruf zu verlieren. Das Letzte, was er wollte, dafür liefen seine Schleppergeschäfte viel zu gut. Lieber eine Bootsladung, die ihm durch die Lappen ging, als in der Szene als unzuverlässiger Schleuser zu gelten – das spricht sich herum, und die Konkurrenz schläft nicht.

Blut überall. Als wir gegen Morgen unser altes Versteck wieder erreicht hatten, wartete das nächste Unheil. Fünf von den zehn der zurückgebliebenen Männer hatten versucht, sich in der Nacht, in der wir vermeintlich nach Europa ausschifften, umzubringen. Zu groß war ihre Enttäuschung gewesen, zu abgründig die Hoffnungslosigkeit. Sie waren nicht tot, aber ihre Gesichter: leblose, reglose Grimassen. Mit gebrochenem Blick stierten sie uns entgegen, als wären wir Luzifer und alle anderen bösen Teufel zusammen. Leere in den Augen. Die Zurückgebliebenen waren in den nächtlichen Stunden durch eine Hölle gegangen. Mit Scherben haben sie sich ihre Pulsadern aufgeschnitten, haben sich Messer in den Bauch gerammt und mit Kleidungsstücken versucht, sich aufzuhängen.

Während Jasin das einzig Richtige tat und sofort einen Arzt verständigte, suchte ich nach Robel. Rief leise seinen Namen und fand ihn im Dunkeln unter den Kakteen, die sich über ihn breiteten. Zusammengekauert wie ein Kind rang er nach Luft. »Robel, Robel«, flüsterte ich und strich ihm mit meiner Hand über den Kopf, »wir sind wieder zurück und warten auf ein neues Boot, das uns alle zusammen nach Europa bringt.« Als er seine Augen aufriss, schlugen seine Zähne aufeinander. »Wir waren so verzweifelt …«, stammelte er. »Ich habe euch den Schlepper besorgt, ich habe euch da hineingeritten. Ich bin schuld …« Immer wieder: »Ich bin schuld.« Da setzte ich mich neben ihn, bettete seinen Kopf auf meine Knie und strich mit den Händen über sein Haar. Dass das Boot ohne uns weggefahren sei, Jasin uns aber ein neues organisieren werde, versuchte ich, ihn zu trösten. Es dauerte lange, bis er mich hörte und sich beruhigen ließ. Ich erzählte ihm ein Märchen. Das arabische Märchen vom Knaben, der am sandigen Ufer eines großen Wassers auf einem Felsen saß und Flöte spielte:

»Plötzlich sah er, wie ein alter Mann mit einem langen weißen Bart in einem Boot auf ihn zuhielt. Der Alte stieg aus, hörte dem Jungen eine Weile zu und sagte dann: ›Dein Flötenspiel gefällt mir sehr gut! Was spielst du denn da?‹ Der Knabe antwortete: ›Bei allem Respekt, mein Herr, aber ich spiele nicht, ich bete!‹ – ›Oha!‹, antwortete der alte Mann. ›Mein Junge, wenn es jemanden gibt, der etwas vom Beten versteht, dann bin ich das! Über hundert Mal habe ich schon den Koran von vorn bis hinten durchgelesen und Tausende von Schülern habe ich das Beten gelehrt. Möchtest du, dass ich dir beibringe, wie man richtig betet?‹

Der Knabe, der ein lieber und auch wissbegieriger Junge war, dachte bei sich, dass es nicht schaden könne, das richtige Beten von so einem großen Meister beigebracht zu bekommen, und willigte ein. ›Ich beginne, indem ich dich die wichtigsten Suren des Korans lehre‹, sagte der alte Mann, und so geschah es. Nachdem einige Stunden vergangen waren und der Junge sich als aufmerksamer und gelehriger Schüler erwiesen hatte, sagte der alte Meister: ›Schau, die Sonne geht bald unter! Ich muss nun gehen. Ich bin froh, dass ich dich wenigstens die wichtigsten Dinge lehren konnte. Mach weiter so, und du wirst es vielleicht einmal so weit bringen wie ich, mein Sohn.‹

Damit bestieg er das Boot, stieß sich vom Ufer ab und fuhr auf das offene Meer hinaus. Er mochte einige hundert Meter weit gekommen sein, als er eine Stimme hinter sich hörte: ›Meister, warte! Wie lautete noch mal das Ende des letzten Verses der dritten Sure?‹ Als der alte Mann sich umblickte, sah er zu seinem allergrößten Erstaunen, dass der Junge auf dem Wasser hinter ihm hergelaufen war. Er zuckte zusammen, stockte kurz, dann brachte er hervor: ›Junge, das ist nicht so wichtig. Spiele einfach weiter deine Flöte und kümmere dich um nichts anderes.‹ Mit diesen Worten wandte er sich um und fuhr hinaus in das dunkle Meer der Ungewissheit. In die Ungewissheit des immer dunkler werdenden Meeres.«

»Wir lassen niemanden zurück«, sagte ich zu Robel, »und wenn wir zusammen übers Meer laufen müssen.«

Sieben Tage vergingen, bis Jasin wiederkommt, seine roten Schuhe übersät mit sandigen, nassen Spritzern. Dass er für kommende Nacht ein Boot besorgt habe, verkündet er. Graue Wolkenfetzen jagen über den Himmel, die ersten Regentropfen fallen. »Es wird stürmisch werden über dem Meer«, sagt er, »ihr müsst so schnell wie möglich los.« Auf eigenes Risiko. »Wer nicht mitwill«, und das bietet der Colonel nun zum zweiten Mal an, »bekommt sein Geld wieder.« Alle wollen mit. Zuerst gibt es Streit, ein paar Leute fordern ihr Geld zurück, aber dann ist keine Rede mehr davon, umzukehren. Nicht nach Tripolis und auch nicht zurück in die Heimat.

»Mit Gottes Hilfe werden wir es schon schaffen.« – »Wenn ihr Glück habt, kommt ihr in Italien an, wenn nicht, dann nicht.« Der Regen zieht schlierige Spuren in den Sand, und mir ist warm und kalt gleichzeitig. Warum muss der Himmel ausgerechnet heute seine Schleusen öffnen? Innerhalb von Minuten sind wir nass bis auf die Haut. Aber nichts kann uns jetzt noch abhalten, nicht einmal Sturm und Gewitter.

Als die Schlepper gegen Abend mit den Kastenwagen kommen, um uns abzuholen, ist Jasin wieder dabei. Unser Colonel muss mächtig sein und reich, »wenn er schon ein Boot für uns organisieren kann, dann muss er auch in der Lage sein, Sturm und Regen abzustellen«, versuchen wir zu scherzen, fahl im Gesicht aus Angst vor dem, was kommt.

Doch: »Jasin hat einen direkten Draht zu Gaddafi und Allah.«

Tatsächlich regnet es weniger, als wir zum Strand hinunterklettern. Dafür pfeift uns der Wind um die Ohren und zerrt an dem niedrigen Gebüsch, das sich an den Felsen festkrallt. Unser Keuchen ist zu hören und das Meer. Unheimlich, wie das Wasser gegen den flachen Küstenstreifen brandet. Bleiches Mondlicht spiegelt sich in den Wellen; da, dort, ein längliches Etwas, ein dunkler Balken am Strand. Ein Ruderboot, das umgedreht auf den Steinen liegt.

So ein Boot habe ich noch nie gesehen, wie ein Sarg, aber das kann nicht unseres sein. Viel zu klein. Auch die anderen haben es gesehen und laufen darauf zu. »Was ist das?«, fragen sie alle auf einmal. »Was sollen wir damit? Da können wir ja gleich schwimmen.« – »Maul halten«, knurrt einer der Schlepper und funzelt mit einer Taschenlampe über das Boot, dessen schwarzer Teeranstrich Risse hat. »Wie blöd seid ihr eigentlich?«

»Dieses Boot bringt euch zu dem großen Kahn da draußen auf dem Wasser!«, ruft Jasin und weist mit seinem rechten Arm über das Meer, sein heller Regenmantel flattert. Vielleicht zweihundert Meter vor der Küste schaukelt ein Fischkutter, von nachtschwärmenden Möwen umringt. Nicht groß, mehr kann ich nicht erkennen, weder Farbe noch Ausmaß.

Fieberhaft gleitet mein Blick zwischen dem Kahn und dieser Holzschachtel am Strand hin und her. Mulmiges Gefühl, jetzt wird es ernst. Weiße Gischt spült um meine Füße, der Wind zaust in meinen Haaren, Awet steht mit hochgezogenen Schultern neben mir. Sie hat sich ein blaues Tuch um den Kopf gewunden und ihre Arme fest über der Brust verschlossen.

Ob sie friert? Sie sieht mich nicht an, sondern übers Wasser. »Wann werden wir in Italien ankommen?«, fragt sie plötzlich. – »Weiß nicht, vielleicht morgen Abend«, antworte ich, »bestimmt morgen.« Wie es rauscht, das Meer, und gegen die Steine klatscht, wie eine Nachricht aus einer anderen Welt. Ich bin aufgewühlt, voll Ungeduld. Ich will los, wo sind Robel, Aki, Weyni?

Ein paar von uns machen sich daran, das Boot aufzuheben und umzudrehen. Es ist schwer, vollgesogen mit Wasser, riecht nach Tang und Verwesung. Und während die Wellen ohne Unterlass kommen, schieben wir die Kiste ins Wasser. Kalt! Jäh stolpere ich zurück.

»Kinder und Frauen zuerst!« Jasin schreit.

Das Boot schwankt und schaukelt, während die Ersten sich an den Händen halten und einsteigen. Als es voll ist, stemmen sich zwei kräftige Männer in die Ruder und paddeln hinaus. Was ist? Der Colonel lüftet seine Kapuze. Auch ich lege meine Hand ans Ohr. Hundegebell wird vom Wind zu uns herangetragen, schwach und abgehackt. Das kann ein streunender Hund sein oder ein Strandwächter, der hier mit Schäferhunden seine Runden dreht. Die Schlepper knipsten ihre Taschenlampen aus. Immer deutlicher wird das Kläffen und wütender.

Abiel, ein mächtiger Mann mit dicker Jacke und einer Pudelmütze auf dem Kopf, stößt mich an. Ich höre, wie er mit den Zähnen klappert. »Höllenhunde«, flüstert er. Das Gebell kommt näher. Plötzlich wächst ein Wolfshund an der Stelle, an der unser Boot abgelegt hat, aus dem Boden. Ein hünenhafter Mensch in Stiefeln, grünes Ölzeug, daneben. Wie ein Berserker jault der Hund über das Wasser, dem Boot hinterher. »Jasin«, keuchen ein paar von uns. Aber der läuft schon auf den Mann zu, spricht kurz mit ihm, winkt uns dann heran. Ein Soldat, der den Strand kontrolliert, Jasin hat mit ihm gerechnet. Er steckt ihm Schmiergeld von ein paar hundert Dollar zu, das Übliche. Einmal hat ein Schlepperkollege nicht bezahlt, die Polizei hat geschossen und Tote am Strand zurückgelassen.

Aki, Awet und ich kommen mit der letzten Ladung beim

Fischerkahn an. Über zwei Stunden hat das Verladen gedauert; es muss nach Mitternacht sein. Ich taumle und muss mich festhalten, greife an die Reling und falle hart auf eine Bootskante. So ist es, wenn man den Boden unter den Füßen verliert.

9. Oktober 2002, auf dem Meer, Unwetter: Es stürmt. Tiefgraue Wolkenfetzen jagen über den nächtlichen Himmel, Sterne tauchen auf und verschwinden wieder, über dem Wasser ranken Nebelschwaden, und kreischend flattern die Möwen in die Höhe, als unser Kapitän den Motor anwirft. Der blubbert und säuft ab. Da beginnt der Mann, stechende Augen, hager, in Stiefeln, zu toben, versucht es ein zweites, drittes, viertes Mal. Ein Choleriker, noch bevor wir ablegen, verteilt er Fußtritte nach links und rechts. Die Leute ducken sich weg, und im Nu ist so viel Wasser ins Boot geschwappt, dass wir völlig durchnässt sind.

Der Kahn ist nicht groß, sieben Meter lang vielleicht, blauweiß gestrichen, die Bordwand ragt nur einen halben Meter über das Wasser, ein Mast und ein Unterstand für den Steuermann. Zusammen mit meinen Freunden sitze ich am äußersten Rand des Hecks auf den Bodenplanken. Wieder mit angezogenen Beinen, Leib an Leib und fast so dicht gedrängt wie auf dem Pick-up in der Wüste. Rücken an Rücken, so können wir uns aneinander festhalten, schnaufen miteinander, frieren miteinander. Denn es ist kalt, eisig.

Das Boot nimmt Fahrt auf und gleitet aufs offene Meer, hinein in die Nacht. Der Wind peitscht mir Wasser ins Gesicht, ich sehe zurück, wo der schmale felsige Küstenstreifen immer kleiner wird und bald nur noch aussieht wie eine dunkle, umgeschlagene Buchseite. Auch Jasin, der Soldat und der Hund sind verschwunden, an ihrer Stelle ein Funkeln. »*Ciao* Libyen, *ciao* Afrika«, flüstere ich, »ich bin froh, dass ich deine Demütigungen und die Unfreiheit los bin.«

Ab jetzt wird alles anders, neu und schön. Ich habe Grenzen überwunden, Hunger und Durst, die Angst vor dem Tod und die Scham, ein Nichts zu sein – hinter mir. Wäre es nicht so unheimlich, würde ich lachen. Doch hier, wo das feste Land in Wasser übergeht, ist eine neue Grenze. Wahrscheinlich die härteste auf meiner ganzen Reise. Übers Meer kann ich nicht gehen, fliegen auch nicht, und wenn ich aus dem Boot falle, habe ich genau einhundertzwanzig Sekunden Zeit, bevor ich ertrinke ... So nah war ich dem Paradies am anderen Ende der Welt noch nie, aber auch noch nie so weit davon entfernt.

Es ist schon ein oder zwei Jahre her, da half ich meiner Freundin Senait im Garten vor ihrem Haus Wäsche aufhängen. »Wenn jetzt ein Flugzeug landen würde, hier direkt vor dir, um dich nach Europa zu bringen«, fragte ich sie, »und du hättest drei Minuten Zeit. Würdest du ins Haus laufen, deine Lieblingsklamotten einpacken und dich verabschieden oder sofort einsteigen?« – »Sofort einsteigen«, antwortete sie. »Und du?« – »Ich auch.« Da fühlte ich mich dem Paradies sehr nah.

»Woran denkst du?«, reißt mich Awet aus meinen Träumen und legt mir ihren Arm um die Schultern. – »An zu Hause.« – »Willst du nicht lieber von Europa träumen?« – »Mach ich, aber es ist noch weit«, entgegne ich kühl, bloß keine falschen Hoffnungen wecken. »Zweihundert Seemeilen bis Sizilien, das nennst du weit? Zaki, das schaffen wir.« Awet ist wie ausgewechselt, gar nicht mehr das zurückhaltende Mädchen, sondern richtig aufgedreht. Fast übermütig, dass sie sich freue, erzählt sie, wie vor Weihnachten. Weil sie Verwandte in Italien hat, in Deutschland auch. »Studieren«, ruft sie in die Dunkelheit, »ich will unbedingt Sprachen lernen in Europa, Französisch!«

Wie kann sie jetzt nur ans Studieren denken, während Wind und Wellen immer heftiger werden? Aus Angst vor Patrouillenbooten hat unser Kapitän die Positionsleuchten ausgeschaltet. Er fährt mit Kompass, stur Richtung Norden. An

Schlafen ist nicht zu denken. Zu nass. Himmel und Meer sind undurchdringlich und schwarz, und jegliches Zeitgefühl geht verloren, ich weiß nicht, ob wir seit zwei oder vier Stunden unterwegs sind.

Kann mich nicht orientieren, nichts erkennen, nichts als Dunkel und weiße Wellenkämme, die sich heben und senken, es ist, als kämen wir nicht vom Fleck. Das Meer tost und rauscht, Regen prasselt, und plötzlich sehe ich in weiter Ferne helle Schlangen, die vom Himmel zucken. Blitze, ein Gewitter auf hoher See. Mein Atem geht schneller, der Puls rast, Awet, Aki und ich fassen uns an den Händen, da merke ich, wie sehr wir alle zittern.

»Lieber Gott, bitte hilf mir«, fleht ein Landsmann neben mir. »Warum hast du mich nicht gewarnt, lieber Gott, vor dieser unsäglichen Reise?« Bitterlich wie ein Kind. Ich wundere mich: ausgerechnet Abiel, der an Land immer die größte Klappe hatte. Nach einer Weile geht mir sein Jammern auf die Nerven. Er wusste doch, worauf er sich einließ und dass es gefährlich werden würde. Keiner hat ihn gezwungen, in dieses Boot zu steigen und übers Meer zu fahren.

Auch ich habe Angst, verdammte Angst sogar, trotzdem bin ich froh, dass ich in diese verfluchte Holzkiste gestiegen bin. Ich, ich selbst habe frei entschieden, alles riskiert. Und bin stolz! Auch wenn ich vor lauter Kälte meinen Körper nicht mehr spüre. Meinen Trotz dafür umso mehr: Wenn ich in diesem elenden Wassergrab zwischen Afrika und Europa absaufen sollte, dann bin ich dafür verantwortlich, ich allein. Kein Gott und kein Diktator.

Das Boot wird hin und her geworfen, und ich versinke in eine Art Trance, Zahlenkolonnen in meinem Kopf wie Gebetslitaneien: Sie wurden über Bord geworfen, sind ertrunken, verdurstet, wurden erschlagen oder sind verschollen. Seit 1988 sind vierzehntausendneunhunderteinundzwanzig Auswanderer bei der Flucht übers Meer nach Europa ums Leben gekommen. Im Mittelmeer und im Atlantischen Ozean nach Spanien starben zehntausendsiebenhundertvierzig Menschen. Viertausendeinhundert sind im Kanal von Sizilien zwischen Libyen, Tunesien, Malta und Italien ertrunken, zweitausendneunhundertdreiundachtzig davon hat das Meer nicht mehr zurückgegeben. Hundertachtunddreißig weitere Tote zwischen Algerien und Sardinien. Viertausendvierhundertfünfundvierzig Flüchtlinge sind zwischen Marokko, Algerien, Mauretanien, Senegal und Spanien beim Überqueren der Meeresenge von Gibraltar oder in der Nähe der Kanarischen Inseln ums Leben gekommen, davon zweitausendzweihundertdreiundfünfzig mit unbekanntem Grab. Eintausenddreihundertfünfzehn Tote sind in der Ägäis zwischen der Türkei und Griechenland zu beklagen, davon sind achthundertdreiundzwanzig verschollen. Sechshundertdrei Tote in der Adria zwischen Albanien, Montenegro und Italien, davon sind zweihundertzwanzig verschollen. Im Indischen Ozean starben sechshundertvierundzwanzig Menschen zwischen Comore und der französischen Insel Mayotte. In Transport-Cargos auf Frachtern sind hundertdreiundfünfzig Menschen erstickt oder ertrunken.

Ich halte mich fest, meinen ganzen Körper, meine Freiheit; das Einzige, was mir zum Leben geblieben ist, verschlinge meine Arme vor meiner Brust. Oder ist es die Angst, die mich fesselt und zuschnürt wie ein Paket? Ich kann nicht mehr denken, nur noch hören, sehen, riechen, fühlen. Horche in den Sturm, höre den Kapitän. »Schöpfen!«, brüllt er. Er kämpft, versucht beizudrehen, steuert quer. Wie Automaten beginnen wir und kippen und schütten das Wasser eimerweise über die Reling, obwohl es im nächsten Moment wieder hereinschwappt.

Meine Mutter, denke ich, sie würde ein solches Gewitter als Strafe Gottes verstehen. Aber wofür – was haben wir falsch gemacht? »Lieber Gott, wir sind noch so jung und sollen schon sterben?« Wieder halten Aki, Awet und ich uns an den Händen. »Findest du nicht, dass das zu früh ist?« Ich kann mir nicht vorstellen, dass wir diese Hölle überleben. Wie ist er, der Tod im Wasser? Langsam oder schnell, wie lange dauert es, bis sich die Lungen mit Wasser füllen? Tut es weh? Ich halte mich fest.

9. Oktober 2002, auf dem Meer, Wassergrab: Wer bin ich? Einer von weltweit 43,3 Millionen Menschen auf der Flucht. 5,5 Millionen sind seit fünf oder mehr Jahren unterwegs. Zwei Millionen warten auf die Gelegenheit, um von der libyschen Küste über das Mittelmeer nach Italien zu gelangen.

Als der Morgen graut, beruhigt sich das Gewitter endlich, aber noch immer türmen sich Wolkengebirge über dem Wasser. Es regnet, nichts zu sehen außer Wasser und Nebel. Kein Horizont, wir stecken unter einer Nebelglocke. Einerlei-grau-endlos-Wüste, es ist wie ein Wunder, aber wir leben. Liegen und lehnen eingelegt wie Sardinen über- und aufeinander, haben nichts zu essen und zu trinken. Allein zwischen Himmel und Wasser.

Hunger. Mir ist flau im Magen, bin hungrig, ein fast befreiendes Gefühl, aber nur für einen Moment: Ich lebe. Auch wenn meine Augen brennen vom Salzwasser, ich lebe, auch wenn meine Haut runzelig und aufgequollen ist. Ich will aufstehen, geht nicht, wie ein leerer Sack falle ich in mich zusammen. Aki und Awet ziehen sich gegenseitig hoch, wanken und knicken ebenfalls wieder ein. Dass wir sitzen bleiben sollen – verstanden!, fliegen uns Satzfetzen um die Ohren. »Wer es wagt, aufzustehen, geht über Bord!«

Nichts zu essen. Meine Freunde suchen in ihren Taschen nach Brot, finden aber nichts als feuchte Krümel. Ich fahre mit der Zunge über meine salzigen Lippen, öffne den Mund, versuche Regentropfen auf der ausgestreckten Zunge zu fangen. Salzig, vermische sie mit meinem Speichel zu Brei, ekelhaft. Mir wird schlecht.

Ein ganzes Meer voll Wasser und nichts zu trinken, ich

würge. Bevor ich mich zur Reling durchkämpfen kann, breitet sich violettbraune Soße auf den Planken vor mir aus, vermischt sich mit grüner Brühe, die in Bächen zwischen uns hindurchsickert. Ich bin nicht der Einzige, fast alle haben in der Nacht still oder hustend vor sich hin gekotzt, manchen hat der Wind ihren sauren Auswurf sogar ins Gesicht zurückgetrieben. Der Natur ausgeliefert sind wir und entkommen unseren Exkrementen genauso wenig wie dem Meer.

Ohne uns von der Stelle zu rühren. Wenn einer sein Geschäft verrichtet, zieht er seine Hose runter und pinkelt oder kackt, wo er gerade sitzt. Flucht kennt keine Scham. Aber Flucht stinkt und modert. Unwillkürlich halte ich mir die Hand vor Mund und Nase. Manche von uns gehen in die Hocke, verharren, weichen der widerlichen Brühe aus. Auf die Dauer geht das nicht. Keiner fragt, wie lange es noch dauert bis Italien.

Wenn sich der Sturm nur endlich legen würde, aber im Gegenteil. Der Wind heult und johlt. »Wie spät ist es?«, fragt Aki irgendwann, er lehnt an meinen Knien und wendet seinen Kopf nach hinten. Ich schiebe meinen nassen Ärmel hoch, sehe auf die Uhr und erschrecke. Stehen geblieben. Beim Abschied hatte der Pater versprochen, für uns zu beten. Hoffentlich hat er nicht aufgehört, gerade jetzt, wo wir alle Gebete der Welt nötig hätten. »Weiß nicht«, antworte ich Aki so ruhig wie möglich. »Wenn ich könnte, würde ich den Sturm einfach wegschnipsen.« Über Akis Gesicht zieht ein verzweifeltes Grinsen, er schnipst einen kurzen Rhythmus mit den Fingern, ich stimme ein, und wir singen tonlos gegen den Wind.

Der Nebel ist verschwunden, unendliche See, es ist nichts als Wasser im Himmel und auf der Erde. Keine Zeit, kein Raum, alles fließt und wellt, nur die weißen Schaumkronen auf den Wellenkämmen, an denen sich die Blicke für einen vergänglichen Moment lang festhalten können.

Unsere Mitflüchtlinge ziehen Bibeln und den Koran aus Plastiktüten hervor und vertiefen sich schweigend. Plötzlich wirft mir Weyni ihre Bibel zu. »Da lies«, ruft sie, »du stiller Zweifler, willst du uns nicht vorlesen?« Es klingt nicht nach einer Bitte. Mit klammen Fingern blättere ich, suche, Wassertropfen weichen die dünnen Buchseiten auf. »Bitte, bitte«, schreit Weyni. – »Was denn?« Ich versuche ein Lächeln. »Ich bin doch kein Pfarrer.« Kann mich kaum noch spüren und soll lesen, um die anderen zu trösten. Als ob das helfen würde. Ich habe keine Lust und beginne doch.

»Paulus auf der Fahrt nach Rom.« Passt. »Seesturm und Schiffbruch im Mittelmeer vor der Insel Malta.« Wenn die anderen wollen, dann lese ich eben: »Und daselbst fand der Hauptmann ein Schiff von Alexandrien und ließ uns darauf übersteigen. Da wir aber an vielen Tagen langsam fuhren und nur mit Mühe bis Knidos kamen, denn der Wind wehrte uns …« Meine Stimme ist ein Ächzen gegen den Sturm. »Nicht lange aber danach erhob sich von der Insel her eine Windsbraut, die man nennt Nordost. Und da das Schiff ergriffen ward und konnte nicht wider den Wind halten, gaben wir nach und trieben dahin …« Ich lese immer lauter, es ist wie eine Befreiung. »Und da wir großes Ungewitter erlitten, warfen sie des nächsten Tages Ladung ins Meer. Und am dritten Tage warfen sie mit eigenen Händen das Schiffsgerät hinaus. Da aber in vielen Tagen weder Sonne noch Sterne erschienen und ein gewaltiges Ungewitter uns drängte, war alle Hoffnung unsers Lebens dahin.«

Ich schreie, bis ich heiser werde. Mit den Möwen um die Wette, die bellend um die Masten kreisen. Das unheimliche Tackern des Motors gibt den Takt an, und ich lese weiter: »… da man lange nicht gegessen hatte, trat Paulus mitten unter sie und sprach: Liebe Männer …«, der Wind haut mir meine Worte um die Ohren, »… doch nun ermahne ich euch, dass ihr unverzagt seid; denn keines Leben aus uns wird umkommen, nur das Schiff. Denn diese Nacht ist bei mir gestanden der Engel Gottes, des ich bin und dem ich diene, und sprach: Fürchte dich nicht, Paulus, du musst vor den Kaiser gestellt werden; und siehe, Gott hat dir geschenkt alle, die mit dir schiffen. Darum, liebe Männer, seid unverzagt; denn ich glaube Gott, es wird also geschehen, wie mir gesagt ist.«

Die Wellen buckeln auf wie ungestüme Pferde, branden gegen das Boot, während die Leute um mich herum rhythmisch klatschen. Je länger ich lese, desto mehr wächst die Hoffnung. »Und da wir fuhren an einen Ort, der auf beiden Seiten Meer hatte, stieß sich das Schiff an, und das Vorderteil blieb fest stehen, unbeweglich; aber das Hinterteil zerbrach von der Gewalt der Wellen.« Eine Windböe nimmt mir die Luft, und ich stocke. »Lies weiter«, rufen die anderen wie im Chor. Ich huste und räuspere mich, suche die Stelle, an der ich herausgerissen wurde, finde sie nicht, lese woanders weiter, auch mir tun die Worte gut. »Aber der Unterhauptmann wollte Paulus erhalten und hieß die da schwimmen könnten, sich zuerst in das Meer lassen und entrinnen an das Land, die anderen aber, etliche auf Brettern, etliche auf den Trümmern des Schiffes. Und also geschah es, dass sie alle gerettet zu Lande kamen. Und da wir gerettet waren, erfuhren wir, dass die Insel Malta hieß. Die Leutlein aber erzeigten uns nicht geringe Freundschaft, zündeten ein Feuer an und nahmen uns alle auf um des Regens, der über uns gekommen war, und um der Kälte willen.«

10. Oktober 2002, auf dem Meer, »Allah hilf!«: Gerettet! Auch wir werden gerettet werden, wieder festen Boden unter den Füßen haben, nichts anderes will ich. Dann ein Feuer anzünden und mich daran wärmen. Ich glaube fest daran, als die Nacht anbricht. Unsere zweite Nacht auf dem Meer. Meine Augen brennen: Wo ist Malta? Irgendwann muss doch endlich Land zu sehen sein. »Wir werden es schaffen, wenn wir nur alle daran glauben«, flüstere ich, und die anderen flüstern es weiter. »Malta«, wie ein leuchtender Stern geistert das Wort über unser Boot. Wir suchen die Dunkelheit ab – wo ist die Insel? – Vielleicht dort … Regen rinnt uns ins Gesicht und nimmt uns die Sicht.

»Malta muss uns aufnehmen.«

Längst sind wir aus den libyschen Gewässern heraus. Da bricht abermals ein Sturm los. Wellen bäumen sich auf, beugen sich und brechen schäumend nieder, tosen und rauschen. Der Kapitän schreit Unverständliches. »Wir sollen nach hinten!«, brüllt Aki. Nach hinten, um den Schwerpunkt zu verlagern, aber hinten ist dicht. Dann gibt der Mann Gas, sodass wir über die Wellen schießen, um in den dahinterliegenden Wellengraben zu klatschen, immerfort. Die Gischt spritzt über uns, im Bug schöpfen die Weggefährten schon wieder Wasser aus dem Boot.

Noch tiefer ziehen sich die Wolken zusammen, und bald zerreißen erneut Blitze den Himmel. Es ist Nacht, aber plötzlich taghell. Ohne es zu merken, sind wir mitten in dem Gewitter. Der Donner kracht, zerbirst und grollt mit fürchterlicher Gewalt. Es faucht, das Meer schäumt, brodelt, spuckt Feuer, und der Wind peitscht die Wellen hoch über uns hinweg. Wie Ohrfeigen prasselt das Wasser nieder. Minuten, oder sind es Stunden?

Unaufhörlich, während unser Boot wie ein Spielball von einem Wellental hoch auf den Wellenkamm und wieder hinunter geschleudert wird. »Allah!«, schreit ein junges Pärchen bei jeder neuen Welle, »Allah, hilf!« Auch die anderen schreien, aber nichts ist zu hören, außer der Wind, der uns die Wörter aus den Mündern reißt. Das zweite Unwetter.

Ich kralle mich an Awet und Robel fest, und sie an mir, um nicht über Bord zu stürzen. Das Meer ist ein Ungeheuer, das uns ins Gesicht springt, es verbeißt sich in Bauch und Rücken, in Armen und Beinen. Dass man ihm nur das Maul stopfen könnte. Doch man kriegt es nicht zu fassen, in Strömen stürzt es auf uns ein, fürchterlich, die Schaumkronen unerbittlich auf den Wellen. Jede kann das Ende sein. »Allah, hilf!«, rufen die Menschen. »Vater unser im Himmel – hilf«, beten sie, »geheiligt werde dein Name – hilf; dein Reich komme – hilf; dein Wille geschehe – hilf; im Himmel wie auch auf Erden – hilf; in Ewigkeit …«

Doch der Sturm hackt ihre Worte tot und schleudert sie ins grenzenlose Meer, so weit, tief und groß. »Allah, hilf!« Das Flehen hört nicht auf, wiederholt sich, immer wieder, die Zeit wiederholt sich, bleibt stehen. Bis ich das Tosen nicht mehr höre, nicht mehr den Donner, will schlafen. Schlafen und ausschweifen, nur noch träumen. Wie Mond und Sterne am Himmel funkeln, ich träum mir die Nacht schön und die See glatt wie Fensterglas. Sehe Wolken darin schwimmen, klar und ruhig. Kiemen und schuppige Flossen wachsen mir, und ich träume, dass die Wellen mich tragen, weit hinaus ins offene Meer, bis sie schließlich über mir zusammenschlagen und mich in die Tiefe ziehen. Alles verstummt, nichts mehr zu hören, nicht einmal das Beten meiner Fluchtgefährten.

Nur noch zwei Minuten, einhundertundzwanzig Sekunden zum Sterben, das reicht für ein ganzes Leben.

Es ist wie im Film. Ich sehe mich an der Hand meiner Mutter, wie wir sonntags den Zoo von Asmara besuchen, meine Schwester Adiam ist dabei, wie wir Scherze machen und lachen, bis uns die Tränen kommen. Sehe, wie mich mein Lehrer in der Schule zur Strafe, weil ich zu spät komme, taub dastehen lässt. Ich muss meine Arme von hinten durch die Beine stecken und mir mit den Händen die Ohren zuhalten. Sobald ich loslasse, schlägt er mich mit der Rute. Ich schreie laut und schrill, aber es hört mich ja keiner unter Wasser. Nicht einmal ich selbst höre mich.

Dann bin ich wieder der kleine Junge, der mit großen Augen in unserem Garten steht, weil sein Bruder aus England zurückgekehrt ist. Es ist Frühling, der Aprikosenbaum trägt rosa Blüten, aber der Junge erkennt seinen älteren Bruder nicht mehr. Ein fremder Mann in blauem Poloshirt und weißer Hose, auf den er so lange warten musste. Geschenke hat der Unbekannte mitgebracht, die der kleine Junge aber nicht auspacken darf. Noch nicht, er weint, ich weine. Und der Bruder wendet sich ab und verschwindet.

Und plötzlich ist da ein Foto, eingewickelt in einem Brief, alles nass, alles wellt sich. Die ganze Familie darauf, auch der Vater. Sie war beim Fotografen, es muss kurz vor seinem Tod gewesen sein. Wie Stabpuppen, vier Kinder und ihre Eltern, das kleinste auf Mutters Arm, Vaters Hände auf den Schultern eines Jungen. Ich weiß, er ist ich. Vaters Blick ist traurig, um den Mund ein melancholischer Zug, das schmale Gesicht mit den hohen Wangenknochen, der Junge sieht ihm ähnlich.

Lange wusste er nicht, dass der Vater tot ist. Vierzehn ist er, ein hoch aufgeschossener Teenager, als er das Foto entdeckt. Ich sehe mich, die Augen tränenverschleiert. Herbst 1999, Krieg, das Wasser ist knapp, nichts zu essen, aber die Mutter hat sich in den Kopf gesetzt, vielleicht um ein Stück Normalität herzustellen, eine Wasserleitung legen zu lassen. Dazu braucht sie die Eigentumsurkunde des Hauses. »Geh sie suchen«, schickt sie den schmalen Jungen ins Schlafzimmer, bei den Dokumenten in der Schublade. Je älter er wird, desto öfter überträgt sie ihm allen Schreibkram, den sie selbst hasst. Es wundert die Mutter, dass der Junge sich freiwillig hinsetzt und stundenlang schreibt.

Das Foto riecht feucht, fast giftig. Als er es wieder in das vergilbte, dicht beschriebene Papier einschlagen will, liest er: »Dr. Kebraeb.« Es ist das Wort darunter, das ihn fesselt, das Wort darunter. »Testament« steht da, handschriftlich mit blauer Tinte geschrieben und zwei Mal unterstrichen. Noch nie hat er einen Brief des Vaters in der Hand gehalten, und auf einmal ist er furchtbar aufgeregt. Dass der Vater schwer krank sei, liest er, und nicht mehr lange zu leben habe. Er liest und ich lese, mir strömen die Tränen übers Gesicht.

Nicht wahr, nicht wahr, sein Vater ist in Amerika und kommt bald zurück. Doch hier steht in Vaters Schrift, dass er nicht länger für die Mutter und die sechs Kinder sorgen könne ..., schreibt er, weil er schwerkrank sei. Die Zeilen verschwimmen vor den Augen des Jungen; diese unscharfen Bilder, der giftige Geruch und die ungeheuerlichen Worte brennen sich wie Brandzeichen in sein Hirn: »Ich habe nicht mehr viele Tage zu leben, aber mein letzter Wunsch ist, dass meine Kinder eine gute Ausbildung bekommen und zu selbstbewussten, freien Menschen heranwachsen«, liest er. Ich schluchze, er schluchzt.

Und plötzlich sehe ich meine Mutter schwarze Kleider tragen und erinnere mich wieder, wie die Nachbarinnen gekommen sind, ihr das Haar aus dem Gesicht banden und traurige Lieder anstimmten. Dann weint die Adey des Jungen, und abends schläft sie nicht mehr in ihrem Bett, sondern auf dem Fußboden daneben. Wie Nieselregen perlt die Trauer in den Jungen, während er sich fest an die Beine der Mutter schmiegt. Klagt und weint, will nicht, dass diese Frauen wiederkommen und seine Adey zum Weinen bringen.

Wann wird meine Mutter erfahren, dass ich im Meer gestorben bin? Es tut mir leid, Adey, ich wollte dich doch nie wieder weinen sehen.

10. Oktober 2002, auf dem Meer, der Tod stinkt: Ein stechender Geruch fährt mir in die Nase. Als ich die Augen aufschlage, ist es hell und stinkt bestialisch. Braune Jauche wabert unter uns, süßlich, sauer, gärig, es riecht nach Verwesung, so schauderhaft, dass ich nur noch einen Gedanken habe. »Mit diesem Geruch musst du jetzt sterben.« Ich denke nicht an Schmerzen, nicht ans langsame Ertrinken, sondern rieche nur diesen unerträglichen Gestank, den ich nicht abschütteln kann. Er drängt sich zwischen uns, saugt sich fest, stößt in uns hinein. Ich fürchte mich, Angst, Todesangst, wie lange noch, lange noch, noch? Es stinkt nach Tod. Die Angst vorm Sterben hat einen Geruch, eine Farbe. Blaugrünbraun wie Erde, Luft und Wasser, der Geruch ist ein Ton wie das Rauschen des Meeres. Dieser Gestank ist ein Abschied: Morgen bin ich nicht mehr da.

Wo bin ich? Wer bin ich? Schon tot? Meine Haut schneeweiß aufgequollen unter der braunen Farbe, blutleer, meine Zunge trocken und schwer, ich kann mich nicht bewegen. Kinder weinen. Aki, Robel und Awet neben mir, ohne etwas zu sagen, blicken sie mit offenen Augen in die Weite. Wie eine graue Decke hängt der Himmel über uns, es stürmt nicht mehr, regnet noch leicht. »Land!«, ruft da plötzlich jemand, und noch einmal: »Land!« Automatisch drehen wir unsere Köpfe, schwer zu glauben nach dieser Trostlosigkeit, und doch: »Land steuerbord.«

Malta – Insel zwischen Libyen und Sizilien, näher an Sizilien als an Libyen. Es ist ein dunkler Streifen am Horizont. Wir rufen und schreien, Fischerboote, mindestens zwei oder drei, doch wenn sie in unsere Nähe kommen, drehen sie ab. Obwohl Kapitäne gesetzlich dazu angehalten sind, Menschen in Seenot zu retten, will uns niemand helfen, denn wer Flüchtlinge in sein Boot aufnimmt, wird vor Gericht gestellt und verliert mindestens seinen Gewerbeschein. Nicht einmal sehen will man uns.

Wovor hat Europa Angst? Je näher wir den maltesischen Inseln kommen, desto wacher werden wir. Hoffnung lodert auf. Wir brauchen Hilfe, davor kann doch Europa nicht die Augen verschließen. Wie viele Italiener, Deutsche, Franzosen und Spanier sind im 19. Jahrhundert nach Amerika ausgewandert, weil es ihnen in ihrer Heimat nicht gut ging. Uns geht es nicht gut in Eritrea, in Somalia und Äthiopien, sonst würden wir nicht gehen. Wer verlässt denn freiwillig seine Heimat?

»Lasst uns in Malta anlegen«, rufen die Ersten, »wir wollen hier bleiben!« – »Wenn ihr abgeschoben werden wollt, bitte«, johlt der Kapitän, »die Malteser haben genug von euch Flüchtlingen. Sie schicken euch dahin zurück, wo ihr herkommt!«, schreit er, so gehe ihm wenigstens die Arbeit nicht aus. Erst ein paar Wochen vorher hat Malta zweihundertzwanzig eritreische Flüchtlinge mit Flugzeugen zurück nach Eritrea abgeschoben. Bei ihrer Ankunft in Asmara wurden die Flüchtlinge ausgepeitscht und auf der Insel Dahlak vor der Küste ins Gefängnis gesteckt, wo sie bei über vierzig Grad Hitze angekettet im Freien verdursten und verbrennen.

Malta ist dicht. Aber wir wollen nur eines: festen Boden unter den Füßen. »Die Malteser haben Paulus und seine Männer aus Seenot gerettet, also werden sie auch uns retten!«, schreien einige. »Lieber tot im Meer als gefoltert in Dahlak oder Singo Wi'a.« Streit entfacht. Erbittert, hysterisch, hemmungslos. Tränen fließen – auch Blut? Als hätten Meer und Wellen jede Menschlichkeit hinweggefegt. Die Männer gehen sich an die Gurgel, weil sich jeder selbst der Nächste und die Rettung ist.

»Geisteskranke Tiere«, wütet unser Kapitän und schlägt willkürlich mit seinem Knüppel auf die Streitenden ein. Nicht einen Augenblick hat er geschlafen; ich weiß nicht, wie er es schafft, sich über so viele Stunden wach zu halten. Vermutlich Drogen, ich hätte es an seinen Augen sehen müssen. Man will seinen Prügeln entkommen, steht auf. Als ein paar Leute fallen, bricht Panik aus, und das Boot fängt an zu schlingern.

Hört das denn nie auf? Ich schnelle in die Höhe, aber Awet packt mich am Arm, verzweifelt. Reiß dich zusammen! Da merke ich, wie sich die Angst, die mich seit vierzig Stunden wie ein Panzer in Schach hält, in bissigen Protest verwandelt. Ich klatsche in die Hände, dann auf die Schenkel, damit mir warm wird. Für einen Augenblick denke ich daran, wie schön es wäre: springen, wie als Kind am Sonntagmorgen zur Kirche, wo ich immer erst ankam, wenn ich an der Reihe war, die Orgel zu spielen. Ich richte mich auf und sehe mich um. In unserer Gruppe sind Flüchtlinge, die die Todesfahrt übers Meer zum zweiten Mal machen, weil sie schon einmal abgeschoben wurden. In ihren Gesichtern spiegelt sich das blanke Grausen.

»Sizilien«, murmle ich, »wir müssen es versuchen!« Awet nickt, und während sich die anderen noch streiten, rücken wir enger zusammen. »Leute, wir haben es durch diesen Sturm geschafft, dann werden wir es auch bis Sizilien schaffen«, meldet sich Weyni schwach, sie ist krank. Doch die Nerven liegen blank, und die Streitereien verstummen erst, als Malta am Horizont hinter uns verschwindet. Gegen Mittag fängt unser Bootsmotor an zu stottern, auch das noch, und wieder gebärdet sich der Kapitän wie eine Furie, heult, grölt, jammert. Aber nichts zu machen, wir kommen nur noch mit halber Kraft voran. Unablässig schöpfen wir Wasser und Jauche aus dem Boot, Kinder greinen und lassen sich nicht mehr beruhigen. »Spanischer Frachter steuerbord!«, brüllt auf einmal jemand. »Zündet ein Feuer an.« Tatsächlich hält ein großes Schiff mit gelbroter Flagge auf uns zu.

Wir schwenken das Tuch, das brennt wie eine Fackel. Im Abstand von dreihundert Metern fährt der Frachter auf gleicher Höhe mit uns, die Mannschaft kann uns nicht übersehen. Aber keine Menschenseele an Bord, niemand, der die Fahrt drosselt und beidreht. Das gibt es doch nicht, wir brauchen Hilfe, und die lassen uns verrecken. Eine ganze Mannschaft kann doch nicht blind sein, wenn einhundertfünfzig Menschen um ihr Leben kämpfen.

Die Seele lärmen wir uns aus dem Leib. Aber nichts, keine menschliche Regung. Wie ein Geisterschiff zieht es vorbei, als ob wir nicht existieren. Es gibt keine Lösung, nur Überleben oder Tod. »Gott, gnädiger Gott, hab Erbarmen«, beten die Frauen.

Es ist natürlich Unsinn, aber auf einmal habe auch ich

das Gefühl, etwas tun zu müssen. Ein Steinchen. Ich lasse es durch meine schrumpelig weißen Finger gleiten, es fühlt sich weich an, nicht ganz glatt, sondern uneben, grün und rot, ein Herz oder eher ein Katzenkopf. Erinnerung an zu Hause. Auf einer meiner Radfahrten zum Flughafen in Asmara habe ich es aufgehoben und in meine Hosentasche gesteckt. In hohem Bogen werfe ich es jetzt in die Gischt. »Wir werden alle ertrinken«, schluchzt Abiel, wie es ein Mann sonst nicht tut.

Nicht lange, bis wir ein türkisches Schiff, weißer Stern und Halbmond auf roter Flagge, in der Ferne sichten. Das zweite Tuch fängt Feuer, wir trommeln und schreien wieder, aber auch dieser Frachter fährt vorbei, ohne unsere Hilferufe zu beachten. Mich packt kaltes Entsetzen: Als Flüchtling bist du ein Nichts. Niemand will dich haben.

Dann trennen wir libysche Etiketten aus unseren Klamotten, werfen übrige libysche Dinare ins Wasser, auch die Passierscheine mit Fotos, auf die wir so lange gewartet haben. »Wir kommen aus der Türkei«, hatte der Kapitän zu uns nach hinten gebrüllt. Was meinte er damit? Robel weiß Bescheid. »Wenn Italien uns abschieben will, dann lieber in die Türkei als nach Libyen.« Seine Stimme ist nur ein Hauch, seine Hände hat er gefaltet, die Arme an den Körper gepresst wie festgefroren. Ob er es bereut, aus Libyen weggegangen zu sein?

Ob aus Libyen oder aus der Türkei – ist doch egal, wenn die Fische an unseren Knochen nagen. Und wenn nicht? Sollten wir Europa je erreichen, sind wir nichts, blank wie neugeboren. Ohne Vergangenheit. Und die Fotos von Awet? »Bitte nicht.« Ich habe sie doch noch gar nicht gesehen. »Willst du?«, fragt sie. Nein, nicht jetzt, wo wir außer dem nackten Leben nichts mehr sind und nichts mehr haben, keine Geschichte, keinen Lebens- und keinen Fluchtweg mehr. Nur ein paar Erinnerungsfotos.

Plötzlich. Hubschrauber. Über uns. Sie kreisen, der Lärm

ist ohrenbetäubend und das Licht. Es ist schon dunkel und regnet in Strömen, als wir mit Schlagseite dahindümpeln, das Boot manövrierunfähig. Aber die sizilianische Küste ist nicht mehr weit. Ohne es zu bemerken, sind wir bis auf ein paar Kilometer dem Land nahe gekommen. Mit gleißenden Scheinwerfern tasten die Hubschrauber über das Meer, leuchten es taghell aus, bis sie unsere Nussschale aufspüren und ihre Lichtkegel wie Netze über uns werfen. Blaulicht, Sirenen, Hupen dringen von der Küste her. Auf einen Schlag ist alles laut und hell.

Geschrei überall. Wir halten unsere Hände über die Augen, so sehr blendet das Licht. Ich zähle nicht, aber es ist ein ganzes Geschwader von Hubschraubern. So etwas habe ich noch nie gesehen. Blau-rot-weiß die Polizei, olivgrüne Militärhubschrauber des Croce Rossa, weiße Helikopter von diversen Fernsehsendern, die ihre Kameras auf uns richten. Sie müssen uns schon seit Stunden im Visier haben und berichten in den Spätnachrichten. Aber erst in allerletzter Minute greifen sie ein.

Unverständliches, das sich erst allmählich zu Worten formt, hören wir aus einem Militärhubschrauber direkt über uns. »*Clandestini!*«, rufen sie durch Megaphone und: »*How much?*« Sie wollen wissen, wie viele Flüchtende wir sind. Dann regnet es orangerote Plastikteile vom Himmel, aufgepumpt mit Luft; woher wissen, was das soll? Noch ahnen wir nicht, dass es die Rettung ist. Wir fischen die Plastikteile aus dem Wasser und stecken unsere Arme durch. Schwimmwesten. Der Kapitän macht es uns vor. »Wenn die Italiener fragen, wer das Boot gefahren hat: Das waren wir alle. Kapiert!«, brüllt er.

Ich fühle nichts, bin wie taub. »Zaki ...« Awet rüttelt an meiner Schulter. »Wir sind gerettet. In Europa!« Dieser gellende Aufruhr? Das soll Europa sein? Meine Ankunft im Paradies habe ich mir anders vorgestellt. Ich dachte, ich würde platzen vor Freude. Und nun? Als eines der Schnellboote, die wie Glühwürmer über die Wellen schweben, seinen Motor drosselt und backbord andockt, sehe ich weiße Männer in grauen Uniformen. Sie winken. Was wollen sie? »*Ragazzi, ragazzi!*«, rufen sie, tragen dünne Plastikhandschuhe an ihren hellen Händen: »Kinder und Frauen zuerst!«

8. Etappe: Festung Europa

ZEIT online, 21. November 2009, 09.52 Uhr

Boot mit 200 Flüchtlingen auf Sizilien angekommen

Rom (dpa) – Nach tagelanger Irrfahrt ist ein Boot mit knapp 200 Flüchtlingen aus Afrika auf der Mittelmeerinsel Sizilien angekommen. Mehrere Schiffe der Küstenwache hatten das Boot am Abend entdeckt und um Mitternacht in den Hafen Pozzallo bei Ragusa begleitet. Die Migranten stammen nach ihren Angaben alle aus Eritrea. Unter den Flüchtlingen sind 48 Frauen, vier Kinder und ein Neugeborenes. Einige von ihnen litten unter Flüssigkeitsmangel und mussten in Krankenhäuser gebracht werden. (…)

11. Oktober 2002, Pozzallo, Milch und Honig: Die Küstenwache schleppte uns in den Hafen von Pozzallo. Nach über fünfzig Stunden Sturm und Wetter, nach über dreitausend Minuten Kälte und Todesangst waren wir wie gelähmt. Nur wenigen von uns war es gelungen, aus eigener Kraft in die Schnellboote umzusteigen. Aber wir hatten es geschafft, alle einhundertfünfzig Flüchtlinge, ohne einen einzigen Toten.

Morgens um sechs landet unser Boot an der südlichsten Spitze von Sizilien. Die Luft lärmt, es ist, als ob eine ganze Stadt auf den Beinen sei, um afrikanische Flüchtlinge zu retten, alle wollen helfen. Seit der Zeit, als Paulus an den Ufern von Malta strandete, trägt der Wind nicht nur den Sand der

Sahara nach Norden, sondern auch die Menschen aus Afrika. Sie sind nicht willkommen, aber der Empfang ist immer gut für eine Sensation. Es dröhnen Sirenen, blinken Blaulichter, zücken Journalisten Mikrofone, machen Dolmetscher Notizen, es eilen Carabinieri mit mobilen Tragen zur Anlegestelle, es legen Ärzte, Sanitäter und Rotkreuzschwestern einen Mundschutz an. Und in dramatischen Rettungsaktionen bergen und betten sie uns und heben uns an Land.

Ich habe in den vergangenen zweieinhalb Tagen nicht eine Sekunde ans Paradies gedacht, sondern eine Viertelmillion Sekunden lang an festen Boden unter den Füßen. Nichts anderes. Als mich die Rettungssanitäter auf dem Betonboden der Hafenmole absetzen, mir eine Decke um die Schultern legen und einen Becher mit warmer Honigmilch, »*bere* – trinken«, in die Hand drücken, kommt mir alles unwirklich vor. Wie im Traum. Ich schwanke, und um mich herum dreht sich alles weiter, während Geisterwesen mit weißen Binden um Mund und Nase unverständliche Worte ausstoßen.

Ich zittere, die Hälfte meiner Milch ergießt sich auf den Boden. »*Mangiare* – essen!« Jemand hält mir einen Keks unter die Nase, den ich mit ungläubigem Staunen betrachte. Hände greifen unter meine Arme und ziehen mich hoch; wackelig, aber ich stehe. So hell alles hier und still. Gewoge und Getümmel, aber ich höre nichts mehr; hat denn jemand den Ton abgestellt? Über den nassen Verladestraßen des Hafens liegt weißlich der Dunst, zieht in Schlieren um rostrote Containerschiffe, schmutzweiße Lagerhäuser, über verzinkte Masten und Zäune, um den Leuchtturm herum. Immer heller wird die Luft, so frisch und glasklar, bis alles leuchtet. Noch ist die Sonne nicht aufgegangen, aber ein Schimmern liegt über dem feuchten Teer, den Lagerhäusern, Masten und Zäunen, ein mythischer Glanz.

Ich bin geblendet, sehe nicht die sterilen Packungen und Milchbecher, die achtlos auf dem Boden landen, sondern werde eingesogen von diesem surrealen Licht und einem Himmel, so taubenblau, wie ich ihn aus Asmara kenne. Zu Hause – durchflutet mich ein warmes Gefühl, fast kann ich es riechen – das Paradies. Nur einen Augenblick lang, dann ist es vorbei. »*Avanti, avanti!*«, rufen die Carabinieri in ihren Stiefeln. »*Andiamo!*« Und mit unsicheren Schritten taumelt gleich ein Menschenhaufen in die Polizeiwagen, manche untergehakt von Rote-Kreuz-Schwestern. Robel? Awet? Aki? Auf der Suche nach den anderen lasse ich meine Augen schweifen, entdecke Awet, sie wischt sich Tränen aus dem Gesicht.

Am Ende des Hafens ein leerer, fensterloser Flugzeughangar, auf dem Betonboden liegen zerfressene Schaumstoffmatten, über denen ein Heer von Insekten schwirrt. Noch einmal bekommen wir heiße Milch mit Honig und süßes Brot. Eine junge eritreische Übersetzerin wird geholt, doch als sie unser ansichtig wird, schnäuzt sie sich und kriegt kein Wort über die Lippen. Zu erbärmlich der Anblick: verlumpt, verdreckt, versifft, verfroren, verhungert, verdurstet, krank, müde. Diese Jammergestalten müssen ihre Finger auf Papiere drücken, buchstabieren ihren Namen dazu, bevor sie die Decken fester um sich falten und sich auf den Boden fallen lassen.

Wie lange wir unterwegs gewesen seien, will die Polizei wissen, und woher wir kämen. Wer unser Schiff gesteuert habe? Als sich die Dolmetscherin gefasst hat, übersetzt sie die Fragen. Doch unsicher heben wir die Achseln und lassen sie wieder sinken. Nichts gesehen, geschlafen, krank gewesen. Aus Furcht, umgehend wie zu kleine Fische ins Meer zurückgeworfen zu werden, schweigen wir lieber. Da greifen sich die Italiener willkürlich zwei Männer aus unserer Gruppe und legen ihnen Handschellen an. Ich bin fassungslos – was jetzt? Die beiden Verhafteten lassen sich auf die Knie fallen und klammern sich an den Händen der Carabinieri fest. »Bitte, wir sind Flüchtlinge und haben bezahlt für die Fahrt. Wir haben das Boot nicht gefahren.« – »Nein, nein, bitte nicht!«, stößt auch die Übersetzerin schon wieder unter Tränen hervor.

Als die beiden den ägyptischen Kapitän verraten, verflucht er sie – »verdammte Hundepisse« – in Grund und Boden, lässt sich dann aber widerstandslos festnehmen. Viel passieren kann ihm nicht. Gegen ein angemessenes Trinkgeld setzen ihn die Polizisten wieder auf freien Fuß oder in ein Flugzeug nach Libyen, nach Ägypten oder in die Türkei. »Ihr könnt nicht hier bleiben. Morgen holen sie euch mit Bussen ab und bringen euch in ein anderes Lager in Italien«, sagt die junge Eritreerin noch, wünscht uns »viel Glück« und eine gute Weiterreise in Europa. *Welcome* sagt keiner. Aber das ist nicht schlimm, ich will nur noch den Gestank des Todes abwaschen.

12. Oktober 2002, Crotone, Ankunft im Paradies: »Was, wenn uns die Italiener wieder zurückschicken?« Wir sind verstört, als unser Bus gegen Mittag einen Hafen ansteuert. Eingereiht in eine lange Autoschlange stehen wir auf der Zufahrtsstraße zum Meer, vor uns ein riesiges weißes Ungetüm, das die Autos in seinem Schlund verschluckt. Ich habe noch nie eine Fähre gesehen und kann mir nicht vorstellen, dass darauf sogar Lastwagen und Busse verladen werden.

Wohin fährt uns dieser riesige Walfisch? Die Dolmetscherin hatte von »Italien« gesprochen, uns sonst aber im Unklaren gelassen, denn die italienischen Sicherheitskräfte sind strikt dagegen, Informationen zum Asyl an ankommende Flüchtlinge weiterzugeben. Rückendeckung gibt ihnen das italienische »Gesetz gegen die Förderung der irregulären Einwanderung«. Pure Abschreckungstaktik.

Das Meer, gerade erst sind wir dem Wasser entkommen, jetzt sollen wir schon wieder hinein in diese Ungewissheit. Keine Ahnung, dass wir am Hafen der sizilianischen Stadt Messina stehen, um von dort aus auf das italienische Festland überzusetzen, wo wir in ein Auffanglager, ein sogenanntes Identifikationszentrum für Asylsuchende, überstellt werden sollen.

Nachdem wir fast einen ganzen Tag lang geschlafen hatten, sind wir früh am Morgen aufgebrochen. Von Pozzallo haben wir nicht viel mitbekommen, außer einem riesigen Friedhof mit Hunderten von blau-, rot- und grünweißen Fischerkähnen, die hier mit Tausenden von illegalen Immigranten gelandet waren und nun zu einem großen Haufen aufgetürmt wie ein überdimensionales Skelett gestrandeter Hoffnungen aufragt. Ob diese Flüchtlinge alle überlebt haben?

Aber was für ein himmlisches Land, dieses Italien, viel herrlicher, als ich es mir in meinen Träumen ausgemalt hatte. Wir fuhren über Syrakus und Catania an der sizilianischen Ostküste entlang, und ich kam aus dem Staunen nicht heraus: grüne Berge und Täler, strahlend weiße Städte, prächtige Kirchen und Paläste mit reich verzierten Säulen, Türmen und Bögen, von denen Engel lachten. Orangen- und Zitronenplantagen in aprikosenfarbenem Licht. Noch schöner als in Asmara. Auch Aki, Awet, Robel, Weyni und die anderen gerieten in einen wahren Freudentaumel. Wir sangen und lachten. Angekommen im Paradies, endlich. Den festen Boden unter unseren Füßen wollten wir nie mehr verlassen.

Und jetzt? Schon wieder Wasser! Als der Bus unmittelbar vor dem dunklen Schiffsmaul steht, bricht heftiger Tumult aus. Händeringend fallen die Menschen im Mittelgang auf die Knie und fangen an zu beten. »Ich will nicht mehr aufs Wasser«, klagt Awet. Doch der Busfahrer schüttelt nur unwillig den Kopf, als wir ihn mit Fragen bestürmen. »Crotone – Italia – *non Africa*!«, sagt er, kann uns aber kaum beruhigen. Das Auffanglager liegt fast vierhundertfünfzig Kilometer weiter an der Ostküste Kalabriens. Es gibt keinen anderen Weg als den über das Meer. »*Venti minuti* – zwanzig Minuten.« Die älteren Eritreer unter uns haben Italienisch von ihren Eltern oder Großeltern gelernt und verstehen ein paar Brocken. Trotzdem, als die Schiffssirenen ertönen und der Bus ratternd über die eiserne Rampe in den Schiffsbauch fährt, haben wir weiche Knie.

Es wird Abend, als wir Crotone erreichen. Von der Stadt am Golf von Tarent sehen wir nichts, sondern unsere Fahrt endet fünfzehn Kilometer südwestlich beim Flughafen Sant'Anna, wo über krustiger Ödnis Kerosingeruch wabert und Hochspannungsleitungen ins Unendliche streben, dazwischen grüne Container, Wohnwagen und Zelte von einem drei Meter hohen Zaun aus Eisengestänge, Mauern und Stacheldraht umschlossen. Das kalabrische Lager sieht aus wie ein Hochsicherheitstrakt. Als unsere beiden Busse durch das streng bewachte Tor in den Hof fahren, stehen die dunklen *Clandestini* Spalier, wie sie bei allen Neuankömmlingen stehen. »Sag bloß, die warten auf uns«, knirscht Aki erstaunt und fährt sich durchs Haar. Doch ja, ganz Afrika reckt seinen Hals und späht durch unsere Busfenster, in der Hoffnung, bekannte Gesichter aus der Heimat zu erkennen. Auffällig, dass einige von ihnen ihre Arme oder Beine in Gips tragen.

Noch bevor wir richtig aussteigen können, stimmen unsere Landsleute aus dem Lager ein Lied an. »*Zemen* – Zeit« singen sie:

Die Zeiten haben sich verändert. Zeit, du hast mich zum Flüchtling gemacht. Unsicher bin ich und lasse meinen Kopf hängen. Ich kann nicht tun, was ich von Herzen gern tun würde, deswegen fühle ich mich mies.
Zeit, ich will dich fragen, bitte antworte mir: Warum hast du mir den Frieden, meine Menschenrechte und auch meine Würde gestohlen?
Als Flüchtling kann ich die Erde eines fremden Landes nicht mit Stolz betreten.
Meine Meinung zählt dort nicht, ich kann nicht wählen und kann auch nicht gewählt werden.

Aus meiner Hoffnung ist Wüste geworden, und mein grüner Traum ist vertrocknet.
Zeit, du hast mich verändert und mir das Leben schwer gemacht. Was gut war, ist schlecht geworden.
Zeit, von dir lerne ich und glaube an deine Erfahrung. Du spielst die Hauptrolle in unserer Geschichte, denn du warst von Anfang an da. Die Natur hat dich als Erste geboren.
Aber meine Meinung zählt nicht, ich darf nicht wählen und auch nicht gewählt werden.

»*Welcome to paradies*«, sagt einer von uns leise, und wir können unsere Tränen nicht zurückhalten. Es ist das Lied des eritreischen Sängers Yemane, der sich zeit seines Lebens für Menschenrechte einsetzte. *Barya* nannte er sich, Sklave. Im Sudan druckte er mit Kartoffeldruck Reisepässe für illegale Flüchtlinge. 1997, noch vor Beginn des letzten Krieges, starb er. Seine Lieder aber begleiten uns … wie lange noch?

Das Centro ist in die Blöcke A, B, C, D eingeteilt, die mit Zäunen voneinander abgetrennt sind und für den jeweiligen Flüchtlingsstatus stehen. Aufnahme, Identifikation, Asylsuchende und Abschiebegefängnis – theoretisch. Praktisch wird man hineingesteckt, wo gerade Platz ist. In der Mitte stehen die Baracken mit Duschen und Toiletten, Essensausgabe und die Büros am Eingang. Beton, Blech und Staub, kein Busch, kein Baum, kahl und kalt das alles. Müllcontainer quellen über, Scherben und Rinnsale von kackbraunem Wasser zwischen dem Unrat. Über den Hof huschen Ratten, dazwischen kicken Kinder und Jugendliche barfuß mit einem kaputten Fußball. Auch von ihnen tragen einige ihre Arme in Gips.

Kein trostloserer Ort, nirgends. Der Nordwind pfeift ungebremst durch die Containerschluchten, als wir aussteigen. Er fährt mir ins Gesicht, und mit dem Handrücken streiche ich mir über die Augen, drücke mit Zeigefinger und Daumen gegen die Nase. Ich bin abgrundtief enttäuscht, aber ein afrikanischer Mann zeigt das nicht und weint auch nicht! Als ich die Augen zusammenkneife und in die Ferne blicke, sehe ich direkt in die Sonne. Wie sie, kurz bevor sie untergeht, riesengroß und gelb, fast weiß über dem fleckigen Land am Himmel steht. Und es ist wie in Asmara, wenn ich abends auf dem Hof der Sankt-Francesco-Kirche Basketball spielte. Dieses verheißungsvolle Licht, umringt von gelben, blauen, roten, violett- und rosafarbenen Wolkenstrahlen, die die Sonne ausschickt wie ein Versprechen, um sich dann mit einem grandiosen Feuerwerk zu verabschieden. Warum bleibt die Zeit jetzt nicht stehen?

Er kommt direkt auf mich zu. Wir steigen aus dem Bus, und ein stämmiger Mann mit lebhaften Augen und einer grünen Schiebermütze auf dem Kopf drängt sich durch die Menge. Aziz, ein Zimmermann aus Asmara, bei dem mich meine Mutter noch während der Schulzeit zu einer Lehre angemeldet hatte. Ich bin damals nicht hingegangen, sondern habe die Nachmittage träumend damit verbracht, Flugzeugen beim Starten und Landen zuzusehen. »Warum zitterst du, Bruder?«, fragt er mich und legt mir seine Jacke um die Schultern. Er grinst und macht ein paar kindliche Hopser neben mir her, so sehr freut er sich über ein bekanntes Gesicht. Aber ich kann nicht mehr, dieser Wechsel zwischen Hoffnung und Angst brennt auf meiner Seele. Gott, jetzt schießen mir auch noch die Tränen in die Augen.

Man bringt uns in eine große Halle, wo sonst ferngesehen wird oder Versammlungen stattfinden. Über Lautsprecher werden wir, jeder einzeln, aufgerufen und erfasst, wieder werden Fingerabdrücke genommen, dann Zahnpasta, Seife, Handtuch, Bettzeug und Lunchpakete verteilt. In einem verbeulten Containerwohnwagen bei zwei äthiopischen Jungen aus Gonder, die wie ich direkt nach dem Abitur geflohen, weist man mir ein Bett zu. Ohne Möbel, nur ein elendes Matratzenlager am Boden, Block B.

Und während mir Aziz nicht von der Seite weicht, komme

ich langsam wieder zu mir. »Hier, meine Telefonkarte«, fordert er mich auf, bei meiner Mutter anzurufen. Sofort, sofort. »A-D-I T-I-L-Y-A-N«, buchstabiere ich langsam ins Telefon. »Ich bin in Italien.« Meine große Schwester Rahel, zufällig auf Besuch bei Adey, ist am Telefon. Sie kann es nicht fassen, schreit und jubelt außer sich vor Glück. »Adey«, höre ich sie rufen, »mein kleiner Bruder hat es geschafft; Zaki ist in Italien. Adey, wo bist …?« Aber da ist das Guthaben auf der Telefonkarte schon aufgebraucht.

Aziz lässt mich kaum aus den Augen, als wir später alle zusammen essen. »Das italienische Guantánamo, sagen manche!« Er presst seine Lippen zusammen. »Du wirst es erleben.« Während des Kosovo-Kriegs, erzählt er, sei diese ehemalige NATO-Basis an der italienischen Stiefelspitze zu einem Flüchtlingslager umgebaut worden. Unser Centro – mit dreißigtausend Quadratmetern und eintausendfünfhundert Plätzen ist es eines der größten Auffang- und Abschiebelager Europas, in das vor allem Migranten gebracht werden, die auf der Mittelmeerinsel Lampedusa aufgegriffen werden. Flüchtlinge aus ganz Afrika, aus Afghanistan, Palästina, Pakistan, Indien, Kurden aus der Türkei leben hier völlig isoliert im rechtsfreien Raum. Aufnahme und Abschiebung gehen ineinander über, und für die meisten ist das »Centro« die Endstation ihrer Flucht. Denn gegenüber auf dem Flughafen werden die *Clandestini* umgehend nach Libyen, Ghana, Togo oder Bangladesh zurückgeschoben. Fünf EU-Länder, darunter Italien und Deutschland, organisieren die Abschiebeflüge.

13. Oktober 2002, Crotone, die Untersuchung: Viele Minderjährige ohne Begleitung, so wie ich, sind dabei. In diesen Fällen schreibt das Gesetz vor, sofort einen Asylantrag zu stellen und einen Vormund zu bestellen. Das geschieht jedoch so gut wie nie. Am nächsten Morgen werden wir wieder in der Halle zusammengerufen. Antonella, unsere Sozialhelferin, sie trägt ihre grauen Haare kurz geschnitten, einen knallroten Lippenstift auf den Lippen, ist kugelrund und versprüht vom ersten Moment an gute Laune. Mit Hilfe einer Übersetzerin stellt sie sich als zuständig für Essen, Kleidung und alle lebenswichtigen Probleme vor. Auch für Liebeskummer und Heimweh. Antonella rollt mit den Augen, *»l'amore, l'amore«*, sodass wir unwillkürlich in Lachen ausbrechen.

»Verliert sie nicht«, zwitschert sie wie ein Vogel, während sie Ausweiskärtchen mit Nummern austeilt, »denn die sind wichtig, wenn ihr etwas zu futtern haben wollt.« Jeder von uns bekommt frische Kleidung, Hose, Sweatshirt, Jacke und eine Telefonkarte, Guthaben fünf Euro. Dann gibt uns Antonella noch einen Zettel in die Hand, auf dem in Englisch, Französisch, Spanisch und Arabisch steht, was wir tun dürfen und was nicht. Zum Beispiel keine Möbel zerstören, ich frage mich, welche. Auf der Rückseite des Zettels sind die Telefonnummern der Präfekten, der Polizeidienststelle und die des Flüchtlingswerks der Vereinten Nationen notiert.

»Jeder muss im Laufe des Tages zum Gesundheitscheck und wird mit Lautsprecher aufgerufen«, kündigt Antonella an und verweist auf eine Informationsveranstaltung zum italienischen Asylgesetz. Dass wir uns doch schon einmal überlegen sollten, ob wir hier in Crotone einen Asylantrag stellen wollen oder nicht und wo wir bei Freunden oder Verwandten in Italien oder in anderen europäischen Ländern unterkommen könnten. Tantu? Ich muss ihn sofort anrufen.

Es ist ein schöner Tag, mild und herbstlich, weiße, flaumige Tupfer am blauen Himmel. Nur langsam sickert mir ins Bewusstsein, dass ich am Ziel meiner Reise angekommen bin. Europa! In diesem reichen Land, von dem ich träumte, weil dort das Geld aus den Hauswänden wächst und alle Menschen frei sind und in luxuriösen Villen leben. Von diesen Menschen habe ich bisher noch keine entdeckt.

Dafür patrouillieren in diesem »Centro« alle hundert Meter Wachmänner in dunklen Einsatzanzügen, Einsatzstiefeln und mit Pistolen oder Schlagstöcken am Halfter zwischen den Blöcken. Das ganze Langer ist hermetisch abgeriegelt, und wir stehen wie Schwerverbrecher unter Beobachtung.

Trotzdem mache ich mich nach dem Frühstück, Milch und Croissants vom Roten Kreuz, frohgemut auf den Weg zu den Telefonzellen. Wir treffen Awet, kaum wiederzuerkennen, sie hat die Haare hochgesteckt und trägt ein luftiges Kleid. Alle wollen wir unsere Mütter anrufen. »Adey«, rufe ich, »es geht mir gut. Ich bin in Europa.« Sie weint und bringt kaum ein Wort heraus, als sie mich hört. »Gott sei Lob und Dank«, schluchzt sie. »Bist du nicht stolz auf deinen Sohn?« – »Doch, doch, aber ich kann es noch nicht glauben.« – »Hey Mama, ich habe durchgehalten und du auch. Toll, oder?« – »Uwe, tzubokh – ja, gut!« Ihre Stimme klingt kratzig. »Wenn ich jetzt endlich wieder schlafen kann.« Sie habe keine einzige Nacht in den vergangenen sieben Monaten durchgeschlafen, erzählt sie. Sondern tagsüber Gospels gesungen und in der Nacht stundenlang Rosenkränze gebetet: »Gegrüßt seist du, Maria, voll der Gnade …« – und jeden Morgen hat sie auf das Klopfen der Klageweiber an der Haustür gewartet, die ihr die Nachricht vom Tod des Sohns überbringen würden.

»Es tut mir so leid«, stammle ich. Was muss meine Adey gelitten haben? Nie wieder. »So eine Angst überlebt nur, wer ein unerschütterliches Gottvertrauen hat«, sagt sie unter Tränen. »Du wirst sehen«, rufe ich, es soll zuversichtlich klingen, obwohl mir überhaupt nicht danach zumute ist, »ich stelle einen Asylantrag, und dann dauert es nicht mehr lange, bis wir uns wiedersehen!« Ich merke, wie mir auch die Tränen kommen bei dieser Vorstellung. Wie gern würde ich Adey in den Arm nehmen, und mit der Sehnsucht packt mich das Heimweh. Auch Awet in der Telefonzelle nebenan hat ihre Hand aufs Herz gelegt und weint.

»*Zekarias Kebraeb di Eritrea*«, tönt es am Spätnachmittag

durch die Lagerlautsprecher. Es dauert eine Weile, bis ich meinen Namen, auf Italienisch ausgesprochen, verstehe. Mit anderen jungen Männern werde ich in den grün getünchten Verwaltungsblock gleich neben dem Eingangstor gerufen. Gesundheitscheck. Es geht mir gut. Ich sei glücklich, in Italien zu sein, sprudle ich auf Englisch heraus. Doch das interessiert keinen, die Ärzte und Polizisten winken ab und wollen die Untersuchungen so schnell wie möglich hinter sich bringen. Vorerkrankungen abfragen, Blut und Urin abnehmen, auf Malaria und HIV testen, Thorax röntgen.

Danach werde ich in ein anderes Untersuchungszimmer gelotst, wo zwei junge Carabinieri, kaum älter als ich, rauchen. »Ausziehen, *my friend*«, bedeutet mir einer, dreht sich weg und macht mit seiner Zigarette einen arroganten Schlenker nach oben. Während ich langsam, aber folgsam meine Kleider über den Kopf ziehe und auf einen Stuhl lege, treten die beiden ihre Zigaretten auf dem Boden aus und streifen sich Plastikhandschuhe über. Ich mustere sie aus dem Augenwinkel, und auch sie mustern mich, meinen nackten Körper, dann kichern sie. Ich weiß nicht warum, fühle mich unwohl unter ihren schamlosen Blicken. Mein Mund – ich soll ihn öffnen, »*open!*«, befehlen sie auf Englisch. Ich halte mir meine Hand davor, doch sie reißen sie weg und fahren mit ihren Fingern in den Gaumen, sodass ich würgen und husten muss. Dann in die Ohren, in die Nase und ohne Vorwarnung mit einem kräftigen Griff zwischen die Schenkel, und dann: Finger in den Arsch. »*Are you clean, my friend?*« Sie lachen.

Ich erstarre. Damit habe ich nicht gerechnet. Erschrecken ist gar kein Ausdruck für das, was ich fühle. Ich zittere. Provozierend bläst mir jetzt der eine auch noch seinen Zigarettenqualm ins Gesicht. »Stell dich nicht so an, reine Routine«, fasst er nach, sie reißen Witze. Mir wird eiskalt, und ich schäme mich wie ein Kind, obwohl ich nichts verbrochen habe. Doch sichtlich haben die beiden ihren Spaß daran, mich zu demütigen und kleinzumachen. Sie sind die Mächtigen, ich der letzte Dreck. Klar verteilte Macht zwischen den Göttern und dem *Clandestin*. So schnell ich kann, ziehe ich meine Hose wieder hoch, aber als ich draußen bin, dröhnt mir noch immer ihr Hohnlachen in den Ohren.

Ich würge, würge und eine lila Brühe ergießt sich auf den sandigen Boden vor mir. Es ist, als sehe ich mir selbst zu beim Kotzen. Laufe dann wie benommen zum Waschhaus, wo die Stehklos verschmutzt sind, die Abflüsse verstopft, Klapptüren, oben und unten offen, keine Privatsphäre, man wäscht sich, kackt und kotzt vor aller Augen. Toilettenpapier gibt es nicht. »Sch…« Als ich langsam meine Ärmel zurückschiebe und mir mit beiden Händen Wasser ins Gesicht werfe, um mich abzukühlen, hasse ich Italien, ich hasse Europa!

Mir ist hundeelend zumute, und ich verwünsche den Tag, an dem ich von Eritrea losgezogen bin. Am Abend knöpfe ich meine neue schwarze Jacke bis oben hin zu und drücke mich, deprimiert wie ich bin, zwischen den Wohnwagen bei den unbewohnten Blöcken herum. Es dauert eine Weile, bis ich merke, dass ich nicht allein bin. Junge Wachmänner und Carabinieri? Was haben die hier zu suchen? Anstatt Wache zu schieben, lungern sie im Dunkeln. Noch während ich mich wundere, sehe ich Mädchen und Jungen aus unserem Lager, wie sie sich nähern, unsicher um sich blickend. Ich erkenne sie an den Jacken mit den Streifen an den Seiten, die wir alle bekommen haben, das ganze Lager läuft in dieser Uniform herum.

Das gibt es doch nicht! Zusammen mit den Wachmännern verschwinden sie paarweise in den unverschlossenen grünen Containern, die leer stehen. Sehr schnell und ohne Worte. Und ich beobachte, wie Dinge von Hand zu Hand gehen. Geld, Telefonkarten, Handys, Alkohol, Zigaretten, Drogen? Ich dachte, Geschäfte solcher Art gäbe es nur in Afrika. Doch nicht im Paradies? Hallo, das muss wohl eine Täuschung sein! Ich bin schockiert, aber auch hier boomt das Geschäft mit Sex, Drogen und Menschen. Wer Augen hat, sieht weg.

Ein Kassettenrecorder läuft, meine Landsleute singen zu eritreischen Liedern und wiegen ihre Schultern, als ich auf den freien Platz, auf dem sie sich inmitten unserer Wagenburg versammelt haben, zurückschleiche. Ich erzähle nichts, bin nur still und beobachte Frauen, wie sie sich gegenseitig Zöpfe flechten und sich leise unterhalten. Als ob alles in Ordnung sei. Ein unwirklicher Tag. Noch nie habe ich mich so sinnlos gefühlt, mein Leben so sinnlos. Wie diese allabendlichen Gespräche, die alle irgendwann beim Asylgesuch enden, das wir einreichen, und bei der Anhörung vor der territorialen Kommission, bei der wir vorsprechen werden. Das Interview, wie wir es nennen, das über unser Leben in Europa entscheiden wird.

taz online, 11. Januar 2010

Alle Afrikaner vertrieben

Anschlag, Krawalle, rassistische Treibjagd: Italienische Behörden und Bürger vertreiben mehr als 1000 afrikanische Arbeitsimmigranten aus dem Dorf Rosarno. Jetzt herrscht Feierlaune.

ROM taz | Mit der kompletten Vertreibung der Afrikaner aus der Stadt endeten am Samstag die Zusammenstöße zwischen Immigranten und der einheimischen Bevölkerung im süditalienischen Rosarno. Mehr als 1000 Afrikaner wurden mit Bussen der Polizei in Aufnahmelager in Crotone und Bari verbracht, weitere Hunderte machten sich individuell auf den Weg nach Neapel, nach Rom oder Richtung Norditalien. (…)

28. Oktober 2002, Crotone, Lücken im Zaun: Abiel, der Feigling, und ich haben uns gestritten. Um nichts anderes als um »das Interview« drehten sich unsere Gespräche in den vergangenen zwei Wochen. Wir wurden identifiziert, haben Formulare ausgefüllt, den Asylantrag gestellt. Denn laut Dublin-II-Verordnung der Europäischen Union, die ein paar Monate später in Kraft treten wird, ist der europäische Mitgliedstaat für die Durchführung des Asylverfahrens zuständig, der die Einreise eines illegalen Flüchtlings nicht verhindert hat. Das ist in unserem Fall Italien.

Bei der Anhörung kommt es darauf an, was du sagst. Woher und warum du illegal nach Italien eingereist bist. Davon ist abhängig, ob dein Asylantrag positiv oder negativ beschieden wird. Über zwei Drittel aller Asylanträge werden abgelehnt. Wenn du dich dann nicht rechtzeitig aus dem Staub machst oder keinen guten Anwalt einschaltest, wirst du umgehend wieder in die Heimat zurückgeschickt. Wie dein Empfang dort aussieht, hängt ganz davon ab, was für Fluchtgründe du in deinem Asylgesuch angegeben hast.

»Ich werde bei der Anhörung nichts Schlechtes über unseren Präsidenten sagen, auch wenn er ein Arschloch ist«, meint der kräftige Abiel, als wir am Abend vor unseren Wohnwagen essen. »Immerhin hat er für uns gekämpft und das Land in die Unabhängigkeit geführt. Und wenn du dich bei der Befragung negativ über seine Regierung äußerst, musst du dich nicht wundern, wenn er dich nach deiner Rückkehr ins Gefängnis steckt.«

»Nicht wundern?« Mir fallen dauernd die Nudeln von der Gabel. Ich bin es nicht gewöhnt, mit Messer, Gabel und Löffel zu essen. Doch so aufgebracht, wie mich Abiels Gequatsche macht, geht es sowieso nicht. »Unser Diktator steckt jeden ins Gefängnis, der nicht zum Militär geht«, entgegne ich wütend, »das ist die reine Willkür, eine Militärdiktatur.«

Abiel streicht über seine Bartstoppeln, die er sich nachlässig stehen lassen hat. »Abwarten«, meint er besserwisserisch. – »Phhh«, mache ich mir Luft. Es ärgert mich, dass Abiel, der auf dem Meer heulte wie ein kleines Kind, jetzt so überheblich tönt.

»Aber Himmel noch mal, es ist wichtig, dass wir Landsleute uns einig sind, wie wir unser Heimatland bei der Anhörung darstellen«, sage ich, »was sollen die Italiener denn sonst glauben? Etwa, dass wir eine super Regierung haben und deswegen geflohen sind?« – »Warum nicht?« – »Dann kannst du deinen Asylantrag vergessen, weil Italien uns sowieso wieder zurückschickt.« – »Mir egal«, kontert Abiel, »falls ich zurück nach Eritrea muss, dann auf keinen Fall ins Gefängnis. Deshalb: nichts Schlechtes über den Präsidenten.« – Abiel regt mich maßlos auf. Dieser Opportunist, der sich die Tür nach allen Seiten hin offen hält. »Wir haben einen Präsidenten, der lieber einen Krieg anfängt, als seinem Volk eine Verfassung zu geben. Und den willst du ernsthaft verteidigen?«, rufe ich erbost. – »Wieso? – Äthiopien hat den letzten Krieg begonnen.« – »Nein, Eritrea, um davon abzulenken, dass wir immer noch keine Verfassung haben.« – »Eine Verfassung braucht Geduld.« – »Warum bist du dann überhaupt geflüchtet, wenn in Eritrea alles in Butter ist?«

»Wird mir schon etwas einfallen, was ich der Kommission auftische«, sagt er, zuckt mit den Achseln. Jetzt bin ich wirklich auf hundertachtzig, und als ich aufspringe, landet mein Spaghettiteller im Dreck. »Wie wär's mit: verfolgt von solchen Regimegegnern wie mir?« Nicht eine Minute länger halte ich das aus, laufe ein Mal, zwei Mal, drei Mal um unseren Block, immer an den hohen Zäunen entlang, die mich wegschließen von der Welt, in die ich geflohen bin. Das gibt's doch nicht: Ich bin vor dem lebenslangen Militärdienst geflohen und lande in diesem elenden Lagerknast. Gefangen im Paradies. Ich könnte brüllen vor Enttäuschung und würde am liebsten aus dem Paradies türmen.

»Willst du heute gar nicht mehr aufstehen?« Ich habe mich in unserem Wohnwagen auf den Boden geworfen und muss wohl eingeschlafen sein, denn als mich meine äthiopischen Mitbewohner wachrütteln, ist es fast Nacht. Dass ich Streit mit Abiel hatte, erzähle ich schlaftrunken und unbedingt hier raus will, sofort raus. »Komm mit, wir zeigen dir, wie's geht. Wenn du dann immer noch abhauen willst, dann los.« Es gab schnell einen gemeinsamen Draht mit den beiden, weil sie auf der gleichen Schule wie mein großer Bruder waren, der in Addis Abeba eingeschult worden war. Richtige Freunde sind wir inzwischen.

Draußen ist es dunkel, und der Wind fächelt unseren Verpackungsmüll durch die Luft, als wir quer über den Hof zu der düstersten Ecke an den Zäunen schleichen, um dann wie angewurzelt stehen zu bleiben. Ich traue meinen Augen nicht, aber aus allen Ecken kommen sie angelaufen. Mitflüchtlinge aus Indien, Pakistan, Ägypten. Werfen Decken über den Stacheldraht, der sich über hohen Gitterzäunen und Mauern rollt und ... ich glaub es nicht ... nehmen Anlauf und spurten los. Manche haben Stecken in der Hand, federn sich ab und springen. Drei Meter hoch wie Stabhochspringer über die Zäune. Wo sie auf der anderen Seite, wenn sie Glück haben, auf dem Hintern landen –, oder sich Arme und Beine brechen. Es sind viele, zehn oder zwanzig.

Nein! Ich greife mir an den Hals, ich wende mich ab, ich kann das nicht sehen. Nachdem diese Menschen im Mittelmeer fast ertrunken wären, setzen sie hier an diesem blöden Zaun – »das italienische Guantánamo« – ihr Leben aufs Neue aufs Spiel. Diese Verzweifelten, die von kriminellen Banden und korruptem Personal dazu angestiftet wurden, aus dem Lager zu flüchten. Auch wenn in Europa jeder das Recht hat, Asyl zu beantragen, glauben viele der Flüchtlinge, dass ihre Fluchtgründe für eine Anerkennung als Asylberechtigte nicht ausreichen. Deshalb geben sie bei der ersten Identifizierung falsche Personalien an, womit sie sich nach der italienischen Migrationsregelung strafbar machen und abgeschoben werden können.

Aus lauter Angst flüchten sie dann über die Zäune erneut in die Illegalität. Einige schaffen den Sprung, andere bleiben liegen. Gegen gutes Trinkgeld schauen die Wachleute weg oder verlängern ihre Zigarettenpause. So dauert es eine Weile, bis sie kommen und die Verletzten an den Zäunen einsammeln wie Fallobst. Die eingegipsten Arme und Beine – wie Schuppen fällt es mir von den Augen: Im Paradies ist die Flucht noch lange nicht zu Ende. Aber im Gegensatz zur Wüste und zum Meer verdurstet und ersäuft hier keiner mehr, sondern Flüchtlinge in Europa brechen sich die Knochen. Festung Europa.

Mauern und Zäune sind tödlich, egal ob in Deutschland, Palästina, Mexiko, Marokko oder im Flüchtlingslager. Am nächsten Morgen sehe ich wehrlose Bündel, Hand- und Fußgelenke mit Kabelbindern gefesselt, die in Polizeiautos zum Flughafen gefahren und ins nächste Flugzeug nach Ägypten oder Pakistan verfrachtet werden. Andere wiederum sehe ich mit Wachmännern tuscheln und zum Schäferstündchen in unbewohnten Containern verschwinden. Für Dollars und Sex ist alles zu haben. Auch ein Ausbruch. Dafür finden sich immer Lücken im Zaun. Oder ein Schlepper, der die Flüchtenden zum Bahnhof fährt. Der Menschenhandel kennt keine Grenzen, sondern geht in Europa weiter wie gehabt, sudanesisch, libysch oder italienisch.

Medien, Menschenrechtsorganisationen und Rechtsanwälten werden der Zugang ins Lager verwehrt, behaupten meine äthiopischen Freunde, während wir barfuß im Zickzack durch die dreckigen Rinnsale zu den Duschen laufen. »So wachsen Willkür und Korruption, und die Wanderschaft der Illegalen geht weiter!«, rufen wir uns durch die offenen Türen zu und spritzen mit dem Wasser. »Wohin?« – »Wohin du willst.« Flüchtlinge rechnen sich in anderen europäischen Ländern mehr Chancen auf eine Anerkennung aus, hoffen auf ein Visum für die USA oder tauchen einfach unter. Nicht nur in Italien, sondern in ganz Europa. Die Zahl der Ausbrüche aus dem Lager Sant'Anna steigt konstant.

»Einmal abgetaucht, verstecken wir uns in den letzten Kellerlöchern und Abbruchhäusern Europas«, erzählt mir Tantu, als ich mit ihm telefoniere. Er ist in der Nähe von

Mailand illegal bei seiner Schwester und seinem Bruder untergekommen und arbeitet schwarz in einer Lackiererei. Andere arbeiten für Hungerlöhne als Orangen- oder Tomatenpflücker in Süditalien oder rackern sich in süddeutschen Reinigungs- oder Baufirmen ab, gehen putzen, pflegen Kinder oder alte Menschen. Die neuen Sklaven im Paradies.

3. November 2002, Crotone, das Interview: Ich will einfach nur die Wahrheit sagen. Dass ich frei sein will. Etwas anderes fällt mir nicht ein. Einen Rechtsanwalt habe ich nicht. Auch wenn ich nicht genau weiß, wie die Anhörung ablaufen würde, hatte ich sie in den vergangenen Tagen bestimmt hundert Mal in meinem Kopf durchgespielt. Hatte Argumente für meine Flucht aus Eritrea neu überlegt. Alte, die ich längst kannte, und die, wenn es nach mir ginge, die ganze Welt kennen müsste. Dass ich nicht in einem Land leben kann, wo es keine Meinungs- und keine Pressefreiheit gibt, würde ich sagen, keine Demokratie und Verfassung, sondern nur den lebenslangen Dienst an der Waffe. Freiheit – das muss doch Grund genug für eine Flucht sein, oder?

»Zekarias Kebraeb aus Eritrea«, schallt es an diesem Morgen wieder aus den Lautsprechern im Hof, gefolgt von anderen Namen. Es war herbstkühl, die Luft grau, Nordwind wie so oft. Knapp drei Wochen nachdem wir unser Asylgesuch im Centro gestellt haben, werden wir nacheinander zur Anhörung vor die Territoriale Kommission gerufen. Ich bin am Nachmittag an der Reihe und so aufgeregt, dass ich nichts essen kann. Kalt ist mir, weil ich die ganze Zeit unbeweglich draußen vor unserem Wohnwagen gelehnt und den Flugzeugen nachgesehen habe, die auf dem nahen Flughafen landen und starten. Unsere Wagenburg erzitterte unter ihrem Donnern. Kein Ort für mich – könnte ich nur fort hier.

Vor dem Büro im grasgrünen Verwaltungsgebäude mit

den weißen Balkonen muss ich warten, viele warten. Wir stehen, niemand sagt etwas, bis ich aufgerufen werde. Das Büro ist klein, verqualmt, die Jalousien vor den Fenstern geschlossen, grün gestrichene Wände. Ein Mann im Anzug und eine Frau im Kostüm sitzen an einem weißen Schreibtisch aus Holz, meine Papiere vor sich, ein Gesetzbuch daneben. Sie haben sich zurückgelehnt, sind in ein Gespräch vertieft, während sie mit den Stühlen kippeln, beachten mich nicht, rauchen. Ein Übersetzer und ein Beamter, der die Fragen stellt. Ich nehme auf einem weißen Plastikstuhl Platz, sitze ganz vorn auf der Kante, drücke meinen Rücken durch und lege meine Hände auf meine Oberschenkel. Warte.

»Flüchtlinge sind Personen, die in ihrem Heimatstaat oder im Land, in dem sie zuletzt wohnten, wegen ihrer Rasse, Religion, Nationalität, Zugehörigkeit zu einer bestimmten sozialen Gruppe oder wegen ihrer politischen Anschauungen ernsthaften Nachteilen ausgesetzt sind oder begründete Furcht haben, solchen Nachteilen ausgesetzt zu werden. Als ernsthafte Nachteile gelten namentlich die Gefährdung des Leibes, des Lebens oder der Freiheit sowie Maßnahmen, die einen unerträglichen psychischen Druck bewirken.« So heißt es in den Genfer Flüchtlingskonventionen, an die alle Staaten der Welt gebunden sind. Als Flüchtling wird eine Person definiert, »die sich aufgrund einer begründeten Furcht vor Verfolgung außerhalb des Staates aufhält, dessen Staatsangehörigkeit sie besitzt, sowie ein Staatenloser, der sich deshalb außerhalb seines gewöhnlichen Aufenthaltsstaates befindet«.

Immer wieder habe ich in den vergangenen Tagen auf diesen Sätzen herumgekaut, bis sie ganz fasrig wurden. Ich wurde nicht verfolgt, werde nicht verfolgt. Aber ich musste mich verstecken und konnte nicht frei entscheiden, was ich tun will. Da bleibt nur die Rebellion. Ich bin gegangen. »Wenn ich in Eritrea für meine politische Überzeugung gekämpft hätte, hätte ich überhaupt nicht mehr nach Europa fliehen können, sondern würde längst im Gefängnis sitzen oder Schlimmeres.«

»Piano, piano, Freundchen«, ergreift da der Mann im Anzug das Wort. Er ist groß, seine dunklen Haare sind nach hinten gegelt, mit dem Zeigefinger klopft er auf den Tisch. In meiner Aufregung muss ich den letzten Satz laut gesagt haben. Ohne darauf einzugehen, fragt er mich nun schnoddrig, wo und wann ich denn geboren sei, in welche Schule gegangen, woher ich komme. »Aus Asmara in Eritrea«, antworte ich brav, während die Dolmetscherin übersetzt. »Wo liegt denn dieses schöne Land; in Australien oder auf dem Mond? Kannst du das genauer definieren?« Habe ich mich verhört? Will der Haargegelte das im Ernst wissen? Ungläubig entgegne ich: »In Ostafrika, Eritrea war italienische Kolonie bis 1933.« Da grinst er. »Kleiner Scherz, mein Freund. Weiß ich, weiß ich alles. Ich will nur wissen, ob du das auch weißt.«

Warum? Ich bin verwirrt, aber er macht schon weiter mit seinen seltsamen Fragen. »Welche Buslinie fährt vom Zentrum in Asmara zum Flughafen?« – »Drei.« – »Was kostet ein Liter Milch in Asmara?« – »Zwei Nakfa, ungefähr.« – »Ein Kilo Linsen?« – »Weiß nicht.« – »Und ein Brot, was kostet euer Brot?« – »Nichts, das backt meine Mutter selbst.« Was sollen diese Fragen? Bin ich fast verdurstet, um den Italienern zu erzählen, wie viel ich in Eritrea für einen Liter Milch hinblättern muss? Was denkt er, wofür ich auf der Flucht mein Leben aufs Spiel gesetzt habe? Oder macht er sich nur lustig über mich?

Dabei ist dieser Mann nicht einmal unfreundlich, eher wie ein Zahnarzt, lässig, abgebrüht, etwas überheblich. Erst viel später fragt er mich dann nach meinen Gründen für die Flucht. Ich hole weit aus, berichte von der eritreisch-äthiopischen Unabhängigkeit von 1993, damals war ich acht, und wie wir auf der Straße tanzten und uns freuten. Und wie ich mein allererstes Gedicht auf einen Zettel gekritzelt habe.

»*La libertà*«, sage ich auf Italienisch und dass »Radio Eritrea« mein Gedicht tatsächlich gesendet habe.

Dass ich schon früh regelmäßig für eine eritreische Jugendzeitung schrieb, erzähle ich dem Beamten. Keine Regung. Erzähle, dass die Militärregierung sie verboten hat und ich daher unter einem Pseudonym für den staatlichen Radiosender weiterschreiben musste. Auch davon lässt er sich nicht beeindrucken. Ich strenge mich an, erzähle alles ganz genau, von meiner Angst, als ich mich vor der Militärpolizei unterm Dach versteckte und von meiner Flucht über die Sahara, Libyen und das Mittelmeer.

Aber der Frager ist damit beschäftigt, seine Zigarette im Aschenbecher auszudrücken, steht dann auf, geht zum Fenster, wo er die Jalousie mit einem scheppernden Geräusch anhebt und wieder fallen lässt, setzt sich wieder und blättert gelangweilt in seinem dicken Gesetzesschinken. Der Job ist ihm lästig, Flüchtlinge auch. Noch schlimmer, er hat absolut keine Ahnung und kann sich auch nicht vorstellen, was einen Flüchtling antreibt, seine Heimat zu verlassen. »Das bisschen Militärdienst kann es ja wohl nicht sein?«, sagt er. »Aber ich konnte in Eritrea keinen freien Beruf wählen.« – »Kannst du hier auch nicht. Und dafür riskierst du dein Leben?«, fragt er und schüttelt seinen Kopf, auf dem das Haar glänzt. Er arbeitet einfach nur seinen Fragenkatalog ab.

Nach knapp dreißig Minuten unterbricht er und schickt die Übersetzerin, die alle meine Antworten notiert hat, hinaus, um Kaffee zu holen. Zwei Espressi für die Beheimateten, keinen für den Heimatlosen. »Zu jung«, sagt er. Nicht, dass er von Rechts wegen einen Vormund bestellen müsse, weil ich als Minderjähriger gar kein Asylgesuch stellen kann. Das ist ihm offensichtlich zu aufwendig. »Eine Anerkennung wirst du nicht bekommen«, sagt er nur, drückt seine dritte Zigarette mit Nachdruck aus und kippelt wieder mit dem Stuhl. »Aber einfach abschieben können wir dich auch nicht. Wir prüfen, ob du subsidiären Schutz bekommst. Aber das kann dauern.« – Was das sei, möchte ich wissen, aber er hat keine Lust mehr: »Mach's gut, *ciao amigo.*«

In Italien entscheidet die Territoriale Kommission über die Anerkennung eines Flüchtlings, die Erteilung von subsidiärem Schutz oder eine Ablehnung. Abgelehnte Asylsuchende kommen entweder in Abschiebungshaft oder werden mit einem sogenannten *foglio di via* (Ausreiseverfügung) sofort auf die Straße gesetzt. Subsidiärer Schutz wird Flüchtlingen gewährt, die, wenn sie zurück in ihre Heimat abgeschoben werden, ins Gefängnis geworfen oder gefoltert werden würden, erklärt mir Antonella auf Englisch, als ich sie am Abend bei der Essensausgabe frage. Wahrscheinlich, so meint sie, würde ich bis zu meinem endgültigen Flüchtlingsstatus eine vorübergehende Aufenthaltserlaubnis bekommen. Sechs Monate, »*sei mesi*«, die dann regelmäßig im Centro verlängert werden müssen. Aber so lange hier bleiben könne ich leider nicht. Will ich auch nicht.

4. bis 19. November 2002, Crotone, Hungerstreik: Wieder warte ich. Warte und warte auf meinen »*Sei-mesi*-Aufenthalt« und beobachte derweilen die Kondensstreifen der Flugzeuge am Himmel. Glasklare weiße Geflechte, die sich wie Gitter über den morgenblauen Himmel spannen, minutenlang, bis sie langsam verfransen und verfließen, als ob ihnen jemand den Halt genommen hätte.

»Hast du schon deinen *Sei-mesi*?«, fragen Aki und Awet jeden Morgen, wenn wir uns bei der Frühstücksausgabe treffen. »Und ihr?«, frage ich kopfschüttelnd zurück, während ich angewidert ein fettiges Hörnchen zuerst in den Kaffee tunke und dann in den Mund schiebe. Auch die anderen Freunde haben noch keine Nachricht von der Territorialen Kommission. Fast fünf Wochen warten wir jetzt schon und wissen nicht, was tun vor lauter Lagerüberdruss.

Ich kann das Fertigessen nicht mehr schlucken, ohne zu

würgen, die Billigseifenlaugen in unserer Aufenthaltshalle nicht mehr riechen, die dröhnenden Lagerlautsprecher nicht mehr hören, die gebrochenen Gliedmaßen der Flüchtigen nicht mehr sehen, es tut mir weh. »Vielleicht doch abhauen und auf den Feldern Orangen pflücken?« Aziz, der noch länger wartet als wir, stellt die Frage mehr sich selbst als uns, während er sich seine Hände an der Hose abreibt. »Nur zu, wenn du auf die Mafia hereinfallen willst«, warnt Weyni und nickt vielsagend. Woher sie das weiß? Von Antonella.

»Aber wir könnten streiken, was haltet ihr davon?«, schlägt sie eines Morgens vor, haut ihre Ellenbogen auf den Tisch und verzieht ihren Mund zu einem Grinsen. »... ein Hungerstreik. Hungern können wir.« Das Essen verweigern, die eritreische und äthiopische *Community* gemeinsam, sechzig oder siebzig Leute, alle auf einmal. Die Lagerleitung würde uns schon nicht verhungern lassen.

Als das Rote-Kreuz-Auto mit dem Frühstück kommt, versammeln wir uns auf dem Platz, nehmen unsere Milchtüten in Empfang, reißen sie auf und schütten die Milch auf den Betonboden, wo sie zu einem weißen See mit grauen Pünktchen zusammenläuft. Demonstrativ. Eine ziemlich große Sauerei. Wie die Rote-Kreuz-Schwestern kreischen. Ein paar von uns werfen wütend ihre Essenspakete dazu, dass es nur so spritzt.

Weyni, wie immer mit einem Tuch um die Hüften und die Ärmel hochgekrempelt, geht voran, als wir anschließend das Verwaltungsgebäude stürmen. »Hungerstreik« skandierend knallen wir unsere restlichen Pakete den verantwortlichen Beamten auf den Tisch. Raus aus dem Lager, egal wohin. Es kommt zu einem Riesentumult, woraufhin die Carabinieri uns mit ihren Schlagstöcken – *»avanti, avanti«* – umgehend wieder aus den Büros hinauskatapultieren.

Also macht sich Weyni allein auf den Weg, um zu verhandeln. Es dauert lange, bis sie wiederkommt ... na endlich! Aber, wer sagt's denn? »Wir bekommen unsere vorläufigen Aufenthaltsgenehmigungen und können damit das Lager verlassen.« Jubel. Man hat Weyni aufgetragen, zu fragen, wohin jeder Einzelne von uns gehen will. Rom, Neapel, Florenz oder Milano?

»Rom!«, rufen Aki und Awet wie aus einem Munde, so aufgeregt sind sie. »Nicht alle durcheinander«, beruhigt Weyni. Wir sollen unsere Wünsche bei der Lagerleitung anmelden. »Milano«, sage ich, ohne zu zögern, als ich gefragt werde. Weil Tantu irgendwo in der Nähe von Mailand lebt. Auch wenn er mich nicht beherbergen würde können. Nicht noch einen Illegalen, aber wenigstens wiedersehen will ich meinen Freund.

19. November 2002, Crotone, Abschied: Ich liege noch auf meiner Matratze, als ich eines Morgens mal wieder meinen Namen aus den Lautsprechern höre. »Zekarias di Eritrea«, tönt es über den Platz. Wie der Ruf eines Muezzins, denke ich verschlafen, aber keine Hunde stimmen mit ein. Sondern die Flugzeuge landen auf dem Flughafen nebenan und fliegen fort wie immer. Ich bin überrascht, denn in unserer Versammlungshalle finden sich noch mindestens zwanzig andere Jugendliche ein, die alle nach Mailand wollen. Nur meine Freunde leider nicht. Antonella, die gute Seele, ist schon ganz quirlig und teilt gratis Zugfahrkarten aus, dann unsere *Sei-mesi*-Aufenthaltserlaubnis, endlich. Und schließlich Geld, zweihundert Euro für jeden. Wir küssen die Scheine, schütteln ihr beide Hände. »Grazie«, so reich waren wir noch nie im Paradies. »Morgen früh«, sagt unsere Flüchtlingsfee, »kurz nach Sonnenaufgang, kommt der Bus und holt euch ab. Nicht verschlafen!«

»Möchtest du nun unsere Fotos aus der Wüste sehen?«, fragt Awet am Abend, als wir uns zu einem Abschiedsfest auf dem Platz treffen. Ich sehe sie an, ganz anders als sonst. Sie hat sich hübsch gemacht, die kurzen Haare rund um den Kopf geflochten, kurzer Rock und Bluse, zierliche blaue

Schuhe mit Absatz, die ihr Antonella aus der Kleiderkammer besorgt hat. Sie gefällt mir.

Unser letzter Abend, die ganze Gruppe aus der Wüste ist versammelt und Aziz natürlich auch. Vierzehn Wochen haben wir zusammen gelebt; wir haben den Durst geteilt, den Sturm und das Meer, waren der Verzweiflung und dem Tod nah, haben uns getröstet und miteinander gebetet. Als jetzt ein paar Leute feuchte Augen bekommen, fordert Weyni uns auf zu singen. »Lasst uns ein Lied für Antonella machen!«, ruft sie. Und so legen wir eine Kassette mit eritreischer Musik in den Kassettenrecorder, und jeder von uns bastelt Wörter und Sätze dazu. Nach einer halben Stunde haben wir ein Lied: »Antonella, deine Spaghetti schmecken gut, hast du sie mit Mehl aus Eritrea gemacht? ...«

Wir singen, und dann setzen wir uns auf ein paar Steine, und Awet breitet ihre Fotos auf dem Boden aus. Alle wollen sie sehen: unsere kindlichen Faxen vor unserer Abfahrt in Khartoum, unsere sand- und schweißverklebten Geistervisagen in der Wüste, halbtot in der Sonne, am Lagerfeuer in der Oase, unsere angstgeweiteten Augen in Libyen am Meer, der Sturm und das Boot. Was für einen Weg haben wir hinter uns! Ich bin noch immer siebzehn wie im März, als ich ohne Abschied, aber voller Begeisterung aus Asmara losgezogen bin, fühle mich aber plötzlich steinalt.

Nie wieder in meinem Leben werde ich so naiv fortgehen und weiß doch inzwischen: Nur wer sich bewegt, kann etwas bewegen. Nur wer sich verändert, kann etwas verändern. Nur wer etwas riskiert, kann etwas gewinnen. »Aber hör mal, mein lieber Zaki«, sagt Awet da, lacht hell auf und greift sich theatralisch mit ihrer Hand ans Herz. »Gewonnen hast du bisher noch gar nichts, oder? Bewegt und verändert auch nicht.« – »Aber es kann nur besser werden.« – »Das hast du auch bei unserem Abschied von Khartoum gesagt.« – »... Und ich hoffe immer noch!« – »Träumer!«

Ich sage nichts mehr, lächle, während ich die Augenbrauen nach oben ziehe. Sie ist absolut mein Typ; klug, frech, witzig, geht es mir durch den Kopf. Wenn ich denselben nur frei hätte und mir nicht so viele Gedanken über die nächsten Schritte in meinem neuen Leben machen müsste, würde ich mich vielleicht, unter Umständen … in sie verlieben. Vielleicht würde ich …

Ein paar lustige Spatzen picken Essenskrümel zwischen unseren Füßen, ein paar versprengte Ratten suchen das Weite; es riecht nach weiter Welt, die Drähte an den Strommasten summen, und auch an diesem Abend geht die Sonne über Sant'Anna wieder mit einem spektakulären Auftritt unter.

9. Etappe: Frieren über dem Abluftschacht

Vienna online, 20. Jänner 2009, 14.50 Uhr

Sechs Obdachlose binnen zehn Tagen in Mailand erfroren

Bei den Opfern handle es sich mehrheitlich um illegale Immigranten, berichtete die Tageszeitung »La Republica«. (…)

20. November 2002, unterwegs nach Milano, der Traum von Utopia: Mimmos Utopia ist nicht weit von hier. Riace – an der Fußsohle Kalabriens, drei Kirchen, zwei Schutzheilige, Schafe in den Bergen, Orangenbäume in den Tälern. Aber keiner im Aufnahmelager hat mir von diesem Dorf erzählt, das der Bürgermeister, den alle nur Mimmo, den Kurden, nennen, mit Einwanderern aus allen Teilen der Welt wiederbelebt. *La Città Futura* – die Stadt der Zukunft.

In einem Mannschaftswagen wurden wir vom Lager in Sant'Anna direkt zum Bahnhof von Crotone gefahren. Frei – wir konnten tun und lassen, was wir wollten, hüpften ausgelassen um das Gebäude, zogen mit den Fingern Graffitis auf der sandfarbenen Hauswand nach, sprangen über ein paar Stiegen durch die Eingangstür. Antonella hatte uns mit Lunchpaketen versorgt, eine Flasche Wasser dazu. Ich habe alles in meine Umhängetasche gesteckt, noch immer dieselbe, mit der ich Asmara verlassen habe. Die lasse ich nun übermütig über meinem Kopf kreisen. Wo ist Gleis drei? *Binario tre*, der Zug fährt von Gleis drei ab, Abfahrt achtzehn Uhr.

Noch viel Zeit. Meine Uhr von Pater Louis funktioniert inzwischen wieder. Es hatte nur an der Batterie gelegen. Auch wenn wir es anfangs nicht glauben wollten, hatten wir im Centro von Crotone unsere Uhren unter viel Gelächter von der Sommer- auf die Winterzeit umgestellt. Wer ist so vermessen, die Zeit nach Belieben zu verändern? In Afrika hat man Zeit, in Europa bestimmt man die Zeit – ha, ha. Ich sehe Gott Vater im Himmel mit den Augen zwinkern. Aber sollen die Europäer ihren Willen haben, ist doch egal, ob die Uhr eine Stunde früher oder später anzeigt.

Dov'è il treno di Milano? Für einen kurzen Moment halten die Menschen mit ihren Rollkoffern und Kinderwagen inne. So eine aufgeregte Herde junger Afrikaner erlebt man hier nicht alle Tage. Lachen und drängeln, bis jemand mit seinen Armen auf ein weißblaues Schild auf dem Bahnsteig deutet: »*Questo – binario tre*«, über den Schienen dort drüben. – »*Grazie!*« Und schon springen wir von dem asphaltierten Bahnsteig hinunter auf den Schotter, fünfzehn Jungs und ein paar Mädchen. Wir balancieren auf und über die Schienen, stolpern und fangen uns wieder. Zuerst hören wir nicht, was die Menschen von den Bahnsteigen rufen und schreien. »*Non! Pericoloso! Vieni qua!*« Woher wissen, dass ihre Rufe uns gelten? Bahnhöfe sind uns fremd, Züge auch, wir haben noch nie Bahngleise gesehen und keine Ahnung … Also hopsen wir über die Gleise. Welch herrliches Gefühl – frei sein, frei in Europa!

Ich, Zekarias, kann gehen, wohin ich will. Endlich. »*Attenzione! Attenzione, raggazzi!*«, rufen die Menschen auf den Bahnsteigen, während wir wie beim Seilspringen von links nach rechts und wieder zurück über die Schienen hüpfen. Keinen Schimmer, dass das gefährlich ist. Dann das Rauschen und Rattern des herannahenden Zuges – »Weg, weg da!« Wenn uns nicht im letzten Moment ein paar beherzte Bahnbeamte in blauen Uniformen von den Schienen gezerrt hätten, wer weiß, wir wären nie irgendwo angekommen, sondern unter die Räder.

Meine Utopie heißt Milano. Welt der Wirtschaft, der Autos, der Mode, des Reichtums und des Kapitals. Weil ich es nicht besser weiß. »Melde dich, wenn du einen Arzt brauchst«, hatte Aki zum Abschied gesagt und mir auf die Schulter geklopft, »oder einen Pfarrer«, hatte Robel gesagt. Dann schwärmten wir alle in verschiedene Richtungen von Europa aus.

Als der grünweiße Regionalexpress pünktlich aus dem Provinzbahnhof zuckelt, drehe ich mich nicht mehr um.

Das Tageslicht verlöscht und taucht die Welt in ein magisches Blau. Blaue Pinien und Dörfer wie Adlerhorste an felsige Hügel gekrallt ziehen an den Zugfenstern vorbei, blaue Olivenhaine in den Ebenen und blaue Felswände in den Höhen. Es hat etwas Heiteres, Luftiges, Leichtes, wie Fliegen, dazu das gleichmäßige Tatammtatamm der ratternden Räder, der zigarettenwarme Dunst in den Abteilen, es summt in meinem Kopf, ich bin hellwach mit geschlossenen Augen und wie von weit her flattern die Wörter und Sätze von Mitreisenden, die sich über *Clandestini* unterhalten:

»Das Flüchtlingsboot strandete im Juli 1998. Domenico Lucano, damals Lehrer, heute Bürgermeister von Riace, einem Dorf nicht weit von hier, sah die Menschen aus dem Wasser waten. Dreihundert Männer, Frauen und Kinder, kurdische Flüchtlinge, die das Meer genau dort an den Strand seines Heimatdorfes gespült hatte, wo vor Jahren zwei griechische Bronzestatuen herausgefischt worden waren. Krieger aus dem 5. Jahrhundert vor Christus, die in der Fachwelt für großes Aufsehen sorgten.

Für Domenico Lucano ein Zeichen. Die Griechen waren über das Meer gekommen, der Apostel Paulus, die Araber, die Normannen und jetzt die Migranten. ›*Benvenuto*!‹, sagte er und bat die Menschen in sein Dorf. Ein Ort in einer der ärmsten Regionen Italiens. Keine Kinder in der Schule, kein

Fleisch in der Metzgerei, keine Milch in der Molkerei, kein Espresso mehr an der Bar, weil seine Menschen sich schon lange Arbeit in der Schweiz, Deutschland oder Amerika gesucht hatten. Ausgestorben.

Die Menschen nannten Domenico Mimmo, den Kurden, und dieser beschloss, eine Stadt aufzubauen, wo Einheimische und Flüchtlinge zusammen wohnen und arbeiten können. Mit Freunden gründete er den Verein »Città Futura«. Die Banca Etica gab Darlehen aus, und seitdem bietet Riace Zuwanderern aus Pakistan, Afghanistan, Ägypten, Eritrea und Somalia die Möglichkeit, bei freier Logis und einem Monatslohn von vierhundert Euro ein Handwerk und Italienisch zu lernen. Während in anderen italienischen Orten Einheimische mit Eisenstangen auf Immigranten einschlagen, weil sie illegal und für einen Sklavenlohn Orangen pflücken, renovieren die Flüchtlinge in der Città Futura leere Häuser. Sie fertigen italienisches Kunsthandwerk und backen Brot und Pizzen in Holzöfen.

Keiner der Einheimischen muss um seinen Job fürchten. Im Gegenteil, es klingt wie ein Märchen: Aber ein italienisches Dorf rettet die Flüchtlinge, und die Flüchtlinge retten das Dorf. Mimmos »Città Futura« ist der einzige Ort in Europa, der Einwanderer mit offenen Armen aufnimmt. Das globale Dorf als Rezept, um das schrumpfende Europa wieder wachsen zu lassen. Auf dem Ortsschild steht »*Paese dell'accoglienza* – Dorf der Ankunft.« Wenn mir nur einer vorher von Riace erzählt hätte, vielleicht …

Dorf der Ankunft … abfahren … ankommen … ich bin noch lange nicht angekommen, aber irgendwann sinkt mein Kopf auf die Brust, und ich schlafe ein. Der Zug fährt die ganze Nacht lang.

»*Stazione di Milano Centrale*«, tönt es aus Lautsprechern und hallt es von monumentalen Stahlträgern und Glasfenstern wider. Sodass ich erschrocken auffahre und durchs Fenster spähe, während sich die anderen schon hektisch zum Aussteigen fertig machen. Nebel und schmutzige Wolkentücher haben sich in einem Gewirr von Hochspannungsleitungen, Eisenmasten und Schienensträngen verfangen. Ein Rauschen, Pfeifen und Schleifen, wie ich es noch nie gehört habe. Unwillkürlich halte ich mir die Ohren zu. Milano ist einer der wichtigsten Bahnhöfe Europas, 1931 von Mussolini eingeweiht, vierundzwanzig Gleise, fünfhundert Züge am Tag, einhundertzwanzig Millionen Fahrgäste im Jahr, weiß ich. Bahnhöfe und Flugplätze interessieren Menschen, die unterwegs sind.

Menschen überall, die laufen und hetzen. Unablässige Lautsprecheransagen, Trillerpfeifen, Zeitungsverkäufer, die ihre Zeitungen ausrufen, Taxifahrer, die nach Kunden hupen, wummernde Bässe aus Kaufhäusern und dieses ewig dumpfe Knattern der Rollkoffer. Es duftet nach warmem Kaffee und Brioche, nach billigem Deo und Seifen. Ich fröstle und knöpfe meine Jacke bis oben hin zu. Ich – einer von dreihundertzwanzigtausend Reisenden pro Tag auf diesem Bahnhof.

Sprachlos vor Ehrfurcht und zitternd vor Kälte. Nachdem wir ausgestiegen sind, bleiben wir einfach stehen. Haile, ein dünner, drahtiger Mann, ein paar Jahre älter als ich, reibt sich seine großen Augen und trippelt von einem Bein aufs andere. Er trägt nur Flipflops an seinen Füßen. »Kalt!« Ich nehme ihn an der Hand, obwohl ich ihn kaum kenne, normal für Männer in Afrika. Als Erstes brauchen wir feste Schuhe in dieser Stadt. »Schau mal!« Mein Blick fällt auf einen in Lumpen gekleideten Mann auf dem Bahnsteig. Auch er barfuß, torkelt; als er Halt an einem Mülleimer findet, greift er mit langen Armen hinein und wühlt ein angebissenes Sandwich hervor, steckt es sich in den Mund. »Ein weißer Mann?« Haile und ich sehen uns an, mehr überrascht als entsetzt, dass im Paradies weiße Menschen Brot aus dem Müll holen. Warum? Haile zieht mich weiter, irgendwie verstört. So habe er sich Milano nicht vorgestellt.

Was tun? Ohne Adresse, ohne Richtung, keiner erwartet

uns. Wie kann man losgehen, wenn man kein Ziel hat? Wir könnten einen Kaffee trinken, aber keiner von uns macht den Vorschlag. Oder ich rufe Tantu an: »Hi Tantu, ich bin hier ganz in deiner Nähe. Wann treffen wir uns?« Aber ich rufe nicht an, weil ich nicht weiß, wie es weitergeht. Sobald ich eine Bleibe habe, nehme ich mir vor. Tantu lebt illegal, und ich bin viel zu stolz, um ihn nach Hilfe zu fragen.

Wohin? – Kein Plan! In diesem unbekannten Land, dessen Sprache wir nicht sprechen? Wir sind fremd, stolpern ein paar Schritte hintereinanderher und überlassen uns dann der Ziellosigkeit. Ein blödes Gefühl, wenn die Freiheit kein Ziel hat.

»Hey Brüder, wo wollt ihr hin so früh am Morgen?« Auf Tigrinya? Meint er uns? Ich lasse Hailes Hand los und sehe mich nach diesem Möchte-Bruder-Sein um. Zwei klare, helle Augen in einem runden dunklen Gesicht, ein Landsmann, er spricht Tigrinya. »Jonas«, sagt er, schnipst mit den Fingern und tänzelt. »Braucht ihr einen Stadtführer?« Er kenne sich aus, sei schon eine ganze Weile in Mailand. Ein echter Schutzengel, unwillkürlich greife ich an mein Muttergottesmedaillon, den muss uns Pater Louis geschickt haben. Ohne zu wissen, wohin es geht, folgen wir Jonas durch das Getümmel. »Auf zur Metropolitana«, sagt er, als ob wir wüssten, was das sei, wirft ein paar Münzen in einen Automaten und verteilt Tickets. Das Ganze geht so schnell, dass mir schwindlig wird. Und während die anderen schon weiterstürmen, sehe ich aus dem Augenwinkel eine Frau mit einem in Decken gewickelten Kind auf den Fliesen des Bahnhofs kauern und ihre Hände ausstrecken. Obdachlos, keiner nimmt Notiz von ihr. Kann nicht sein – darf das sein? Hier im Paradies?

Was ist das? Treppen, die sich bewegen, aufwärts die eine, abwärts die andere. Jonas hat uns zu einer Treppe geführt, die abwärts kriecht wie eine Schlange den Baum hinunter. Ich habe Angst, lache und halte die Hand vor meinen Mund.

Die anderen auch, im Pulk drängen wir vor, staunen, weichen zurück. Noch nie gesehen. Warum läuft eine Treppe, wenn wir selbst laufen können? Wir sehen Menschen, die unbeweglich und starr wie Automaten daraufstehen. Als habe sie einer aufgezogen, fangen sie an, sobald sie oberhalb oder unterhalb der Treppe ankommen, zu gehen.

Wir müssen da hinunter, hat Jonas gesagt. Doch keiner von uns stellt sich freiwillig auf diese Geisterbahn, die einem davonläuft, wenn man nicht schnell genug ist. Immer nur schnell, »schnell mit den Füßen drauf, stehen bleiben und schnell abspringen, wenn du unten ankommst.« Jonas' Gesicht wird immer runder, als er bis über beide Ohren lacht, weil wir so begriffsstutzig aus der Wäsche gucken. – »Nein, nein, ich stell mich da nicht drauf«, sage ich scheu. – »Du musst!« Schon schiebt mich Jonas, weil ich ihm am nächsten bin. Hoppla.

Stolpernd greife ich nach dem Geländer, das sich ebenfalls bewegt und steh still. Endlose Sekunden, in denen sich die Treppe nach unten bewegt. »Spring!«, ruft Jonas. Er steht vor mir, macht einen Satz, ich ihm hinterher, strauchle und lande auf der Nase. »Bravo!« Alle lachen, ich auch, obwohl ich in Wirklichkeit am liebsten Reißaus nehmen würde. Aber wieder auf den Beinen, recke ich meine Arme in die Höhe. »Halb so schlimm, los geht's!« Jonas ist schon wieder oben, wo er den Nächsten an der Hand nimmt und mit ihm nach unten fährt. »*Andiamo!*« Voller Vergnügen feuern wir jetzt jeden Einzelnen an und klatschen in die Hände, wenn er unten ankommt. Runter und wieder hoch, zwanzig Mal macht Jonas die Tour.

21. November 2002, Milano, vogelfrei: Alle Vögel fliegen hoch. Hunderte, Tausende. Als wir aus dem Bahnhof ins Freie treten, fliegen sie einen Moment lang auf, als würden sie an einem Gummiseil hochgezogen, flattern, schweben und lassen sich wieder nieder. Sie rufen gurr-guu-ru-guuu, weichen schnellen Schritten aus, fliegen auf und wieder nieder. Die Vögel haben keine Angst. Sie sind graublau, haben einen kräftigen Rumpf, auf dem ein kleiner Kopf sitzt, der beim Laufen vor- und zurückzuckt.

»Zieh dir lieber deine Kapuze über den Kopf«, ruft ein Mädchen aus unserer Gruppe und grinst, »oder willst du einen Vogelschiss abkriegen?« Helen, spitze Nase, so warm eingepackt wie sie ist sonst keiner von uns. Wahrscheinlich hat sie die Kleiderkammer in Sant'Anna geplündert.

Es nieselt, ist kühl, alles feucht, und das Licht der Straßenlaternen spiegelt sich in den nassen Pfützen auf dem Asphalt. Ich frage mich, warum so viele Frauen und Männer in dieser Stadt Sonnenbrillen tragen, wenn doch keine Sonne zu sehen ist. Mit großen Taschen an den Handgelenken stöckeln sie riesigen Leuchtreklamen entgegen. Elegante Herren in Businesskleidung fahren mausgraue Lancias, die sie alle paar Meter mit quietschenden Reifen vor roten Ampeln anhalten.

»*No, no! Va fanculo, clandestini!*«, hören wir plötzlich die Herren hinter den Steuern fluchen und erschrecken. *Clandestini*, sind das wir? Aber wie auf Kommando springen dunkelhäutige Männer, Frauen und Kinder in blauen Trainingsjacken von irgendwoher, zücken Flaschen, spritzen und wischen die Windschutzscheiben der Autos, während sich die Fahrer furchtbar darüber aufregen. »*Va fanculo!*« Dankbar klingt das nicht. Doch diese Illegalen lassen sich von den Rufen weder einschüchtern noch vertreiben. Sie wollen ein paar Cent, einer fällt immer irgendwo ab.

In den Straßen des Zentrums reihen sich Modehäuser und Geschäfte aneinander. Klassisch, arrogant und versnobt. »Schuhe, Schuhe, Schuhe!«, rufe ich Haile ausgelassen zu, der nicht nur friert in seinen Flipflops, sondern sich auch geniert und nun trotzig den Kopf schüttelt. »Hast du sie nicht alle? Guck mal auf die Schilder mit den roten Zahlen.« In der Via Montenapoleone gibt es alle hundert Meter ein Schuhgeschäft. Aber nicht für uns, denn neben den Schuhen stehen Preise, für die man ganz Asmara mit Schuhen eindecken könnte.

Armani an Prada, Gucci an Chanel, Versace an Hermès, die Mädchen aus unserer Gruppe brechen in ein richtiges Wiedersehensfieber aus: Alles da, genau so wie auf den Farbbildern im Fernseher zu Hause und in unserer Vorstellung vom Paradies. Gestylte Läden, gestyltes Personal, alles schön und gut und teuer, Jeansläden, Parfümläden, Unterwäscheläden, Schmuckläden, Eisläden und ab und zu einen Cappuccinoladen. Menschen, Tauben, Autos, laut und lärmend. Wir können gar nicht genug kriegen von diesem paradiesischen Luxus, der sich uns in Mailands Straßen auftut. Was-wie-wo sollen wir zuerst kaufen? Alles haben! Doch es ist wie im Theater, die Stadt eine Bühne, wir schauen zu. Wir wünschen, sie spielen. »*Va fanculo!*« – als *Clandestin* mit weniger als zweihundert Euro in der Tasche, mit denen du die nächsten Monate überleben sollst, gehörst du nicht dazu.

Mit dem Strom schwimmen, nie dagegen. »Milano ist das Tor zur Welt«, singt Helen noch voller Übermut. Sachte, sachte! Was, wenn dieses Tor verschlossen ist? »Nicht weit«, hatte Jonas gesagt, »... zur Metropolitana.« Was immer das ist. An hupenden Autos vorbei schleust er uns zur nächsten Rolltreppe. Wieder hinunter, das können wir jetzt, und wieder hinauf. Schnell auf die Treppe, schnell runter von der Treppe, auf den Gehweg, über die Straße, die Schaufenster entlang, hinauf und hinunter. Schnell, schnell, werd ich mich je daran gewöhnen?

Ohrenbetäubendes Getöse unter der Erde. Es rauscht, kreischt, zischt, kracht, rast. Ein richtiger Hokuspokus, als sich plötzlich so ein Monsterwurm aus dem Dunkeln in die taghell erleuchtete Metrostation frisst. Hilfe! Türen knallen. »Einsteigen!«, brüllt Jonas. Doch ein paar von uns schrecken zurück, und dieses lärmende Ungetüm fährt ohne uns weiter. »Mist!« Durch Wände. Es ist mir ein Rätsel, wie sich dieser fauchende Drache durch die Erde bohrt, ohne stecken zu bleiben. Ich fürchte mich, die anderen auch.

»Kommt mit der nächsten«, hatte unser lustiger Stadtführer uns im letzten Moment noch zugerufen, »Porta Venezia«, während sich die Türen schon schlossen. Rund um die Porta Venezia hat sich die eritreische und äthiopische *Community* eingerichtet. Erst auf den dritten Anlauf haben wir es geschafft, in die Metro einzusteigen, auszusteigen und die Rolltreppe nach oben zu fahren: »Auch schon da?«

Frühstück im Café Asmara. Nur ein paar Schritte von dem monumentalen Venedig-Tor mit den riesigen Rundbögen entfernt, unser erster Kaffee. Die Musik aus der Jukebox ist eritreisch, die mit Ziegenleder bespannten Hocker sind eritreisch, die niedrigen Tischchen mit Glasplatten, gefüllt mit eritreischen Früchten und Körnern, die sandfarbenen Wände mit Bildern von Kaffeezeremonien. Wie in Eritrea. Mir wird auf einmal warm ums Herz, ich fühle mich zu Hause, ein dunkles Mädchen bringt Tee und süßes Brot, und die Männer um uns herum palavern Tigrinya.

Alle sind neugierig; sobald wir uns gesetzt haben, bestürmen sie uns mit Fragen. Woher wir kommen und wie, seit wann wir in Italien sind und so weiter. Die meisten von ihnen leben schon über zwanzig Jahre in Europa.

Während des eritreisch-äthiopischen Kriegs in den achtziger Jahren sind sie hierhergeflüchtet, haben ihre Kinder in italienische Schulen geschickt und ihr Geld mit Putzjobs in Krankenhäusern oder beim Kotflügelanschrauben in Autofabriken verdient. Heute sind sie arbeitslos oder wegen ihrer Kriegsverletzungen frühverrentet. »Seit zwei Jahrzehnten schicken wir zwei Prozent unseres Einkommens nach Eritrea«, sagt einer, und es klingt fast vorwurfsvoll. Zwei Prozent Steuern, damit die Heimat sich endlich eine Demokratie leisten kann und viele tausend Euros jedes Jahr für die Familien. »Warum haut ihr Jungen einfach ab, anstatt unserem Land auf die Füße zu helfen?«

Ich bin sprachlos und kann kaum glauben, was ich höre. »Weil wir eingesperrt sind!«, entgegne ich schüchtern und verstecke meinen Kopf zwischen den Schultern. »Wisst ihr denn nicht, was los ist in unserem Land?« Dass die Auswanderer mit ihren Devisen weder die Wirtschaft noch die Bildung in der Heimat finanzieren, sondern einzig und allein Waffen und Militär, traue ich mich kaum zu sagen. »Aufbau« und »Demokratie« heißt es immer wieder, und blitzschnell ist eine wilde Debatte im Gang, bei der alle durcheinanderreden. »Als Studenten demonstrierten, weil sie für ihre Zwangsarbeit in eritreischen Aufbauprojekten nicht bezahlt wurden, ließ die Regierung sie in Containergefängnissen verschwinden und verbriet das Geld von ausländischen Hilfsprojekten für Waffen«, versuche ich den Landsleuten die Misere zu erklären. Doch die Männer zucken mit ihren Schultern: »Egal, mir stellt der Präsident ein Grundstück zur Verfügung, wenn ich zurückkehre.« – »Mir ein Haus.« – »Mir ein Auto.«

Viele von ihnen haben ein Haus am Horn von Afrika gebaut, auch wenn sie dort nie einziehen werden, weil ihre Kinder in Italien zu Hause sind. »Warum verlasst ihr unser Land, jetzt mal im Ernst?«, fragt einer provozierend und knallt sein Teeglas auf den Glastisch, dass es scheppert. »Weil ich frei sein will und keiner Militärdiktatur dienen kann.« – »Jeder denkt nur an sich selbst. Was seid ihr bloß für verwöhnte Fratzen?« Ein paar Männer fahren auf. »Wenn ihr gekämpft hättet wie wir, kämen euch nicht solche Flausen in den Kopf« Einer verlässt sogar laut schnaubend das Café.

»Wofür haben wir denn unser Leben riskiert?« Auch wir Jungen sind empört. »Doch nicht aus Eigennutz, sondern aus Not.« – »Schon der letzte Krieg gegen Äthiopien von 1998 war eine Farce …«, versuche ich es. Aber vergeblich, man hört mir nicht zu, einer tippt sich sogar an die Stirn. Ich will mich nicht rechtfertigen für meine Flucht und tu es dann doch: »Wir sind geflohen, weil wir uns nicht zwingen lassen wollen, im Gleichschritt in den nächsten Krieg zu marschieren. Nicht aus Angst vor Äthiopien.«

Aber die Wahrheit der ersten Generation ist beim Kampf um Eritreas Unabhängigkeit stehen geblieben, sie glaubt noch immer an die alten Feindbilder außerhalb der eritreischen Grenze und hat ganz verpasst, dass der Feind längst im eigenen Land ist.

»Dann geh doch nach Äthiopien!«, ruft einer der Männer aufgebracht. Seine Augen zu Schlitzen verengt weist er uns die Tür und knurrt: »Kehr um, bevor es zu spät ist!« Meine Fluchtgefährten schweigen betroffen, ich auch, will mich doch nicht gleich am ersten Tag in der europäischen Freiheit streiten. Aber innerlich schäume ich vor Wut. »Wir brauchen eigene Ideen in Eritrea, Selbstbewusstsein und Freiheit, Gesetze«, erkläre ich ruhig, »wir können uns nicht länger auf die Hilfe aus Europa verlassen.« Ich bin tief enttäuscht. Wer, wenn nicht die Auswanderer, die einst in einer ähnlichen Situation waren wie wir, soll uns verstehen? Gerade sie müssten, aber gerade sie können es nicht.

Warum haben sie, verdammt noch mal, so ein nostalgisch-verklärtes Bild von ihrer Heimat? – »Warum wehrt ihr euch nicht in Eritrea, wenn alles so schlimm ist, wie ihr sagt? Macht eine Rebellion? Aber dazu seid ihr zu feige, was?« – »Nein, nicht feige, sondern zu wenige!«, stoße ich heiser hervor, meine Hände zwischen den Beinen zu Fäusten geballt.

»Lass gut sein«, sagt Jonas, legt mir beruhigend die Hand auf meinen Schenkel, »du darfst deine Landsleute nicht falsch verstehen.« – »Wie dann?« – »Ein anderes Mal. Jetzt müssen wir dringend einen Schlafplatz für euch suchen. Das ist viel wichtiger.« In San Donato bei der Caritas; vielleicht könne die Gemeinde dort weiterhelfen.

San Donato ist ein Vorort von Mailand, schöner Park, See, einige Hotels. Wir also hinaus in den Regen, abkühlen. Weiter mit der Metrolinie 3. Nicht schwer, wir stellen uns an einen Fahrkartenautomaten, beobachten andere Passagiere. Wie sie auf Knöpfe drücken, Münzen oder Scheine in Schlitze stecken, bis das Gerät rattert und etwas ausspuckt. Gleich mache ich es nach, drücke verschiedene Knöpfe, finde »San Donato«, drücke wieder und stecke Münzen in den Schlitz. Als das Ticket mitsamt dem Wechselgeld herausrattert, schrecke ich zusammen.

Das Ticket, beobachten wir, wird wiederum in den Schlitz einer Schleuse gesteckt, worauf ein Drehkreuz auf geheimnisvolle Weise den Weg freigibt, sodass wir durch eine weiß geflieste Halle auf den Bahnsteig spazieren können. Dort wieder dieses Wahnsinnsrauschen und Quietschen, wenn Stahl auf Stahl reibt. Wie es nur möglich ist, dass sich dieses fauchende Ungeheuer durch Wände frisst? Mit schweißnassen Händen steigen wir ein.

Die Kirche von San Donato ist ein modernes Gebäude ohne Turm, nur mit einem Kreuz über der Frontseite. Zwei Frauen von der Caritas schlagen ihre Hände über dem Kopf zusammen, als Jonas klingelt und sie die Tür öffnen. Wir brauchen nichts zu erklären, sie wissen, warum wir gekommen sind. »Es tut uns leid«, sagt die größere von ihnen, die ihre roten Haare zu einem Knoten im Nacken verschlungen hat, »aber die Flüchtlingsunterkunft ist voll.« Dann lassen sie uns verdattert stehen und eilen nach innen, um gleich wieder mit großen Pappkartons zurückzukehren.

Was sie uns geben können, seien Essensmarken für die Armenspeisung bei der katholischen Associazione, Porta Venezia, und eben diese Kartons zum Schlafen. »Tut uns leid, mehr können wir wirklich nicht tun.« – »Und schlafen? Wo können wir schlafen?«, fragen wir durcheinander, während wir uns auf die Kartons stürzen. »Draußen im Park«, sagt die Rothaarige, Bedauern in der Stimme. Wie bitte? Es ist Ende November und kalt in Europa. »Zu nass!« – »Wir werden erfrieren«, wenden wir ungläubig ein, wir können es nicht fassen, und Jonas beschwört die Frauen wie ein Priester. Aber hilft alles nichts, sie seien nicht in der Lage, Schlafplätze aus ihrem Ärmel zu zaubern. Während die eine verzweifelt »Gott-oh-Gott, was können wir denn tun?« murmelt und ihren Blick hilflos von uns abwendet, kneift die zweite missmutig ihren Mund zusammen. »Ihr seid einfach zu viele. Die Kirche kann nicht alle Flüchtlinge versorgen, leider, leider!«, sagt sie mit Nachdruck. »Auf Wiedersehen.« Ein kleiner Trost: Wir dürfen in den nächsten Tagen noch einmal nachfragen. Aber versprechen könne sie nichts.

1. Advent 2002, Milano, obdachlos: Wir haben angeklopft und nachgefragt, aber *niente*, kein Platz. Auch eine Woche später – tut uns leid. Also schlafen wir im Park, schlafen unter Brücken, in der U-Bahn-Station, in Bussen und Zügen. Wir sind obdachlos. Vogelfrei. Ist das nicht verrückt, gestern noch eingesperrt, ich dachte, schlimmer könne es nicht kommen, und heute auf der Straße. Die erste Nacht unter freiem Himmel war unheimlich, die zweite kalt, die dritte noch kälter. Der blanke Horror.

Achtzehntausend Obdachlose leben in Italien auf der Straße, jammerte die rothaarige Frau von der Caritas, sie könne das schier nicht mit ansehen. Ob wir nicht bei Freunden oder Verwandten unterkommen können? Ich muss unbedingt bei Tantu anrufen, traue mich aber immer noch nicht. Was sagen? Dass ich bei ihm wohnen will? Einen Freund setzt man nicht unter Druck! Nein!

Achtzig Prozent der Obdachlosen in Italien sind Männer, die meisten Asylsuchende, deren Verfahren läuft und die für fünfundvierzig Tage eine Unterstützung bekommen haben. Das war's! Eine staatlich geförderte Unterbringung außerhalb des Aufnahmelagers gibt's nicht. Kirchen, Wohlfahrtsverbände und sonstige Organisationen, die die Versorgung und Unterbringung übernehmen, sind überlastet und nicht einmal in der Lage, der Hälfte aller Flüchtlinge Unterschlupf zu gewähren.

Die meisten sind jung wie wir, ohne Dach über dem Kopf seit über drei Jahren. »Und wenn im Winter ein paar von uns erfrieren, sind es ein paar weniger«, witzeln wir bitter und schleudern ein »Sch…« hinterher.

Oder wir tauchen in der Illegalität unter. Viele von uns. In maroden und verlassenen Firmengebäuden der Vorstädte verkriechen wir uns, in Abbruchhäusern oder auf Schutthalden ohne Wasseranschluss, Strom und Klos. Arbeiten dürfen wir nicht, trotzdem versuchen wir jeden Morgen aufs Neue einen illegalen Knochenjob auf Feldern oder in Fabriken zu finden. Unsere einzige Chance wäre eine Legalisierungskampagne, durch die wir mit unserer Arbeit einen legalen Aufenthalt erhalten könnten. Unwahrscheinlich. So bleiben wir ohne Schutz, ohne Hilfe und möglichst unsichtbar.

Ich bin wie vor den Kopf geschlagen, doch die Caritas-Frauen haben uns jedes Mal wieder fortgeschickt. Wie stellen sie sich das vor? Aber niemand stellt sich hier irgendetwas vor – lieber nicht. Wir sind nichts als ein hilflos versprengter Haufen von Schwarzafrikanern, über die keiner nachdenken und die schon gleich gar keiner haben will im Paradies.

Vor die Tür gesetzt. Auf uns allein gestellt. Das ist demütigend. Wer wie das letzte arme Schwein abgewiesen wird, dem bleibt nicht viel Würde und Selbstachtung.

»Nur für ein paar Tage«, versucht Jonas, unser Schutzengel, zu trösten. »Nur nicht entmutigen lassen!« Leicht gesagt, aber ich fühle mich winzig klein, und mit hängendem Kopf folge ich den anderen durch einen Park zurück zur U-Bahn.

Es ist ruhig, grau verhangen, Bäume recken ihre Äste wie Skelette zum Himmel. Es dauert eine Weile, bis ich bemerke, was mich irritiert. Die kahlen Äste. Braun und verwelkt kleben die Blätter am Boden und verströmen einen eigenartig süßlichen, feuchten Geruch. »Herbst«, sagt Jonas, der mein Staunen bemerkt. »Es ist wie ein kleiner Tod, wenn die Bäume ihre Blätter fallen lassen. Im Frühjahr wachsen sie wieder neu.« Ich kicke mit meinen Füßen in einen Laubhaufen, es wirbelt auf, dampft, und der Dampf hüllt uns ein wie eine feuchte, nasskalte Decke. Kein Ort, wo wir uns einen Schlafplatz einrichten könnten.

Zurück bei der Metrostation setzen wir uns auf den überdachten Vorplatz, helle Granitsteine, klamm. Doch warme, abgestandene Luft aus den Lüftungsschächten der U-Bahn schlägt uns entgegen. Könnte hier ein guter Schlafplatz sein? Auch wenn die Luft nach verbranntem Gummi, nach abgeriebenem Metall, Schimmel, Brot und Seife stinkt. Wenigstens ist es nicht nass. Während die anderen weitersuchen, breiten wir zu siebt oder acht unsere Kartons aus und rücken ganz nah zusammen. Alkohol zum Wärmen haben wir nicht, auch keine Decke, nur unsere schwarzen Jacken aus Crotone.

Von unten her ist es warm, aber über uns zieht – eisig kalt – die Luft. Mitsamt den Gesprächsfetzen der Passanten, die uns nicht beachten. Tuen so, als gäbe es uns nicht, diese Menschenherde, die sich über Abluftschächten wie Schafe zusammenkauert und friert. An der sozialen Wahrnehmungsgrenze: Obdachlose sind überall und nirgends, stören, obwohl sie unsichtbar sind. Werden höchstens beiläufig mit Blicken, die zwischen Mitleid und Abscheu pendeln, gestreift.

Ich will auch nicht gesehen werden, sondern mich verstecken und in Luft auflösen, so sehr schäme ich mich. Was soll ich meiner Mutter sagen, wenn ich sie das nächste Mal anrufe? Was Tantu, wegen ihm hat es mich hierherverschlagen? Dass ich bei den Pennern gelandet bin? Unter freiem Himmel schlafe? In der Kälte, ohne Stall zum Aufwärmen wie Maria und Josef mit ihrem Jesuskind. Meine Freunde beten, denn wenn man nichts hat, gibt es immer noch den lieben Gott, zu dem man beten kann. Ich nicht. Gegen bodenlose Scham hilft kein Gebet. Ich sehe hinaus in die regengraue Ein-Dach-über-dem-Kopf-Landschaft, die jeden Lichtstrahl bis in die letzten Winkel verschluckt. Keine Sterne am Himmel und kein Mond an diesem Abend.

Bisher habe ich geglaubt, wer obdachlos ist, sei selbst schuld daran. Drogensüchtige, Alkoholiker, Penner, aber doch keine Flüchtlinge. »Wir sind nicht schuld daran, dass wir auf der Straße sitzen«, flüstere ich jetzt Haile zu, mit dem ich Bauch an Rücken liege. Als ob er Asthma hat, keucht er mir ins Ohr: »Da bin ich mir nicht mehr so sicher.« – Würgen. – »Unser machtgeiler Präsident ist schuld daran.« – Husten. – »Er hat dich doch nicht gezwungen zu gehen.« – »Doch!« Je mehr ich grübele, desto mehr bin ich überzeugt davon, dass dieser Mensch mich vertrieben hat. Er ist schuld daran, er allein, wenn ich nie wieder in meinem Bett mit den vielen warmen Decken schlafen kann, nie mehr von Michael Jackson träumen.

Ich könnte heulen vor Selbstmitleid und war doch ein paar Tage vorher noch so stolz auf mich gewesen, weil ich aus eigenem Willen weggegangen bin. Aber wie Ratten in der Kälte über stinkenden Löchern schlafen macht elend und kleinmütig, kleinklein. Ich habe Heimweh und unwillkürlich kommen mir die Tränen.

So sehr kann man sich täuschen. Es kann nur noch besser werden, habe ich Awet bei unserem letzten Abend in Crotone großspurig und voller Überzeugung gesagt. Und jetzt? Ich friere, wie ich noch nie in meinem Leben gefroren habe und spüre, dass Erfrieren schnell gehen kann, so schnell wie die spritzenden Autos, die an der U-Bahn-Station vorbeifahren. »Picknick im Paradies!«, ruft Haile in die Dunkelheit und lacht wie ein Verrückter. In dieser Nacht macht keiner von uns ein Auge zu.

Nachts ist es am schlimmsten. Wir liegen gekrümmt und ineinander verhakt. Trotzdem streicht es eisig kalt über Hintern, Arme und Schultern. Ich schlafe nur kurz. Eine halbe Stunde vielleicht, friere von oben her, bis mein Körper taub und pelzig wird. Muss mich umdrehen, von der Seite, die von unten gewärmt wird, zur kalten oberen Seite, von kalt nach warm und von warm nach kalt. Jedes Mal schlage ich dann die Augen auf. Wo bin ich? Wenn es nur nicht so kalt und nass wäre, jeden Tag sinken die Temperaturen mehr. Dauerregen, Frost am Morgen, bald wird es schneien.

Die Kälte ist fies, sie fängt bei den Füßen an und schleicht sich Zentimeter für Zentimeter wie eine Zecke von unten nach oben, nadelt, tut weh, Arme und Beine schwellen an, werden dick und taub, der Bauch wie ein Klumpen Eis. Bis ich nichts mehr spüre. Nichts. Wo bin ich? Wo ist Lilli, meine Katze, die sich nachts immer an mich geschmiegt und mich gewärmt hat? Verdammt noch mal! – Lilli, warum habe ich dich nicht mitgenommen? Ich versuche mich zu erinnern, wie ihr warmes Fell roch, rieche es nicht, höre nicht ihr Schnurren.

Unmöglich, mich zu drehen. Starr und steif. Obwohl ich mich mit Zeitungen aus Mülleimern zugedeckt habe. Alles taub. Aber ich muss, muss mich umdrehen, um nicht zu erfrieren. Brauche eine Ewigkeit lang, in der ich mit kalten Blicken den vorbeifahrenden Autos nachsehe. Manchmal sehe ich wuschelige Hunde darin und träume, wenigstens ein Hund in Europa zu sein, dann wäre mir warm, und versichert wäre ich auch. Meistens schlafen und frieren wir bei der U-Bahn-Station in San Donato. Und jeden Morgen bin ich überrascht, dass ich noch lebe. Es tut so weh. Diese Kälte – wie es sticht, wenn das Fleisch auftaut. Aber wir müssen uns bewegen, zum See in der Nähe, um eine Handvoll Wasser ins Gesicht zu werfen. Weil das noch mehr weh tut, »auuu« – wir lärmen uns die schmerzhafte Kälte aus dem Leib.

Manchmal fahren wir auch direkt mit der Metro zur Porta Venezia. Ein alter Volkspark, großflächige Rasenanlagen, Seen, alte Bäume, Vogelvolieren, Naturkundemuseum und Planetarium. Mitten in der Stadt. In den Giardini Indro Montanelli halten wir unsere Nasen zu und suchen die Toiletten auf, schmutzig, aber echte Toiletten, dann waschen wir uns wie Vögel in Wasserpfützen und trinken halbtot einen Espresso an einem Kiosk. Stundenlang fahren wir mit der U-Bahn durch die Gegend, alle drei Linien von der ersten bis zur letzten Station und wieder zurück, oft steigen wir auch aus, laufen um die Wette durch die unterirdischen Labyrinthe, möglichst, ohne jemanden anzurempeln. Wenigstens wird uns dabei warm. Trotzdem vergehen die kalten Tage und Nächte wie in Zeitlupe, vergehen nicht, weil keiner von uns weiß, wie es weitergehen soll. Wir leben hinein in die Nacht und hinein in den Tag und drücken uns an den Schaufenstern der noblen Geschäfte des Corso Vittorio Emanuelle II die Nasen platt. In andere Läden gehen wir hinein, trauen uns aber nicht, Kleider anzuprobieren. Nur Haile kauft sich Schuhe, billige im Supermarkt, ich auch ein Paar Stoffturnschuhe.

Wir sind vernünftig und rümpfen über den Luxus im Paradies die Nase, denn jeder will seine Euros aus Crotone für die Weiterreise sparen. Aber Milano ist Mode, Musik, Design, Shopping, Business, Sport, Kunst und Kultur, Gossip und Jetset, Understatement und Internationalität. Straßen und Plätze sind wie ein Laufsteg. Modischer Schickschnack und Geschichte. Was soll's? Man schüttelt den Kopf darüber, redet nicht viel, worüber auch, wenn man keine Idee hat. *Clandestini* sind unsichtbar. Die Scala, das Castello Sforzesco, der Palazzo Reale und die Museen, Kirchen, Basiliken, der Dom. Manchmal schleichen wir uns auf den riesigen Domplatz, wo wir heimlich den Straßenmusikern zuhören. Sie spielen Akkordeon, wir lauschen Vivaldi und Mozart, noch nie gehörte Musik, sind melancholisch und staunen.

»Musik aus dem Paradies«, sagen wir dann und lachen, obwohl uns nicht zum Lachen zumute ist. Und »Haus im Paradies« nennen wir den Mailänder Dom mit den größten und farbenprächtigsten Glasfenstern der Welt. Wären wir Touristen, würden wir uns davorstellen und Fotos knipsen.

Doch als *Clandestini* ducken wir uns vor den großen Kirchentüren oder stehlen uns hoch auf die Terrazzi zum Dach des Doms und suchen in der Aussicht durch die filigranen Türmchen und Figuren einen Ausweg aus unserer Ziellosigkeit.

Die Vögel, die ganz in weißen Marmor geschnitzt sind und die alle fünf Eingangstüren zieren, sehen aus, als könnten sie jederzeit losfliegen. Womöglich wissen sie nicht, wohin, deshalb verharren sie seit Jahrhunderten an Ort und Stelle. Zum Betteln würde ich mich zu ihnen setzen, um ihnen ein wenig Gesellschaft zu leisten. Gott, wie weit bin ich gesunken, tiefer geht's nicht. Wo ist mein Stolz? Will keine Hand aufhalten und betteln. Bis jetzt ist es nur ein Gedankenspiel: kurz nur, ein paar Euro für Seife und Zahnbürste. Ein Deal mit mir selbst.

Ich brauche Geld. Ein junger Italiener, smart, Silvio nennt er sich, spricht die aparte Helen und mich an. »*Do you need a job?*« Klar, sofort, *per favore*! Er gibt uns seine Telefonnummer, bei der wir anrufen sollen. Silvio am Apparat, er bestellt uns deswegen in dieses und jenes Café in der und der Straße. »Einer von euch beiden reicht auch.« – »Wir kommen«, antworte ich und merke, dass er mehr an Helen interessiert ist als an mir. Als wir dort ankommen, kennt keiner einen Silvio. Wir rufen ihn wieder an, und er bestellt uns in einen anderen Laden, wieder ist er nicht da. So geht das ein paar Mal, ich weiß nicht, was Silvio von uns will. Uns testen oder doch nur Helen?

Ich frage auch bei den Autoputzern an den Ampeln der Straßenkreuzungen nach Arbeit. Doch unter den *Clandestini* herrscht Krieg. Die zu putzenden Windschutzscheiben sind längst von der Mafia verteilt, und wer sich einmischt, lebt nicht lange in Milano. Ich habe keine Ahnung wohin, aber in Italien kann ich nicht bleiben, wenn ich nicht als obdachloser Bettler erfrieren will.

Meistens bin ich allein. Wird mir zu kalt, laufe ich vom

Dom weiter zur Kirche Santa Maria delle Grazie, wo das letzte Abendmahl von Leonardo da Vinci zu sehen sein soll. Fast täglich beobachte ich verstohlen die Menschenschlange vor dem Museum.

Touristen, die anstehen wegen eines Bildes? Ein Flüchtling steht an für Essen, für Kleider, für einen Schlafplatz, für ein paar Cent. Aber wegen eines Bildes – wie kann man nur, auch wenn es das heilige Abendmahl ist? Ich hasse Anstehen.

Ich gehe die Fashion-Meile mit den großen Billigläden des Corso Buenos Aires hoch bis zur Kirche San Francesca Romana in der Via Alvise Cadamosto. Bevor ich mich durch die unscheinbare Holztüre neben der Kirche drücke, sehe ich mich um wie ein Dieb. Vor Scham. Doch die Suppenküche der Caritas ist der einzige Fixpunkt am Tag. Dort stehe ich stundenlang im feuchten Mief vor der Essensausgabe an, dann ein Schlag Ravioli mit Tomatensoße auf den Teller, basta. Es ist deprimierend, doch eines lehrt mich das Bitten und Einreihen in eine Menschenschlange: Demut. Wer ins Paradies will, muss sich anstellen. Schadet nichts, wenn einem dabei ein paar Zacken aus der Krone brechen. Es ist warm in der Suppenküche, und das Essen schmeckt gut. Gegen die Vorlage meines Ausweises darf ich mich hier sogar ein bis zwei Stunden am Tag aufwärmen. Auf weißen Campingstühlen oder ausrangierten Sofas sitzen, mit Gabel und Löffel essen und mit Landsleuten diskutieren.

Ein Fest. Man erzählt uns in der Suppenküche davon. Die eritreische Botschaft veranstaltet für ihre Landsleute eine Weihnachtsgala mit Essen und Tanz. »Unsere Landsleute wollen uns unseren Rückflug bezahlen«, behauptet Adam und zieht den Mund zu einem Strich. Ein trauriger Mann, der seine Familie, Frau und zwei Kinder, in Eritrea gelassen hat. Vor über zwei Jahren ist er ins Paradies aufgebrochen und auf einem Schrottplatz gelandet, wo er illegal in Autokadavern übernachtet. Tagsüber sitzt er auf den chicen Boulevards, ein Schild vor sich: »*Help, please!*« Nachts friert er. Er hat nichts mehr, nicht einmal Würde und Selbstachtung, das Letzte, was ihm das Paradies gestohlen hat.

»Was meinst du damit?«, frage ich naiv, und mit hängenden Schultern erzählt er, dass Landsleute bei diesem Fest Geld für uns Neuankömmlinge sammeln wollen. »Um uns zurück nach Eritrea zu schicken?« Als ich aufspringe, fällt der Plastikstuhl um. Unglaublich! Das macht mich wütend, nein, Wut ist falsch, enttäuscht bin ich: Was soll das? Was denken diese Leute denn, warum wir unser Leben bei der Flucht riskiert haben? Aus purer Reiselust? »Doch, doch, unsere Botschaft will dich zurück in den Terrorstaat schicken!«

»Ohne mich«, sage ich, »und wenn mich der eritreische Botschafter höchstpersönlich holen würde. Boykott für ein solches Fest!« Lieber picknicke ich weiter über dem Abluftschacht, als dem Präsidenten diesen Gefallen zu tun. Ich schlafe keine Nacht mehr, weil mir kalt bis auf die Knochen ist, ich will endlich ein Dach über dem Kopf, aber kein Oneway-Ticket ins eritreische Folterlager.

15. Dezember 2002, Milano, tot: In Mailand sind die Straßen gekrümmt und verschachtelt. Das Fest findet in einer verlassenen Fabrikhalle am Rande des Volksparks statt. Es ist ein frostiger Abend, knapp über null Grad, windig, der Himmel in orangeroten und hellblauen Streifen. Als ich mit Haile und noch ein paar Jungen die Halle endlich finde, schlagen wir uns gegenüber des Eingangs in die Büsche.

Sehen Frauen, wie sie Berge von Injera hineintragen, riesige Töpfe mit scharfer Fleisch- und Gemüsesoße. Männer kommen mit Trommeln und Leiern. Es riecht nach Heimat, es klingt nach Heimat, und eine Sehnsucht nach zu Hause schüttelt uns, schlimmer als die Kälte. Mein Gott, ich darf da nicht hinein, wir dürfen da nicht hinein. Gott sei Dank bin ich nicht allein. Stundenlang schleichen wir um das Haus. Längst ist es dunkel geworden, als wir uns auf den Rasen im

Park setzen und mit den Fingern durch das feuchte Laub scharren. Traurig versunken formen wir es zu weichen Kugeln, die wir in die Luft werfen und wieder auffangen. Das Laub ist gezackt oder rund, aber ich kenne nicht die Bäume, von denen es gefallen ist, lausche melancholisch dem Knistern der Blätter in meiner Hand, sehe sie auseinanderfallen und in alle Richtungen wirbeln.

Das afrikanische Märchen vom Affenbrotbaum fällt mir ein, der einem Mädchen das Leben rettete. Auch er wirft in Trockenperioden sein Laub ab, und seine Äste sehen dann aus wie Wurzeln, in denen die Geister wohnen. Wir kennen es alle, da es als Zeichentrickfilm im eritreischen Fernsehen läuft: »Es war einmal ein Mädchen, Milenu. Schöner, als die Sonne war sie, das schönste Mädchen vom ganzen Dorf. Alle Jungen wollten es heiraten, allen voran ein Junge mit sechs Geschwistern aus einer Familie, die nicht aus dem Dorf stammte. Dem Vater des Mädchens aber war keiner der Jungen gut genug, und er beschloss, Milenu innerhalb der eigenen Familie mit ihrem älteren Bruder zu verheiraten. Dabei war Milenu heimlich und schwer in einen Nachbarsjungen verliebt.

Als Kind hatte sie von ihrer Mutter von einem Baum im Wald gehört und dass der Baum mit geheimen Zauberkräften den Menschen helfen könne. Der Baum wird mir helfen, dachte sie, und so ist Milenu zu dem Baum, der sehr groß und sehr alt war, geflüchtet. Denn wenn ein Mensch mit Problemen zu diesem Baum kommt, dann neigt er seine Äste nach unten und nimmt den Menschen mit nach oben.

›Lieber Baum, mein Vater will, dass ich meinen Bruder heirate, obwohl ich doch einen anderen Jungen so sehr liebe. Was soll ich bloß tun?‹ Da beugte der Baum seine Krone zu ihr herunter, Milenu setzte sich darauf wie in ein Nest, und der Baum streckte sich wieder nach oben. Das schöne Mädchen fühlte sich geborgen zwischen den Zweigen und stieg lange Zeit nicht mehr hinab. Auch nicht, als ihre Eltern, die den Baum kannten, kamen und sie anflehten: ›Liebe Tochter, Milenu, das ist doch kein Leben im Baum, komm doch wieder mit uns nach Hause.‹ Da widersetzte sich das Mädchen und blieb in ihrem Nest aus Zweigen. Zum ersten Mal hatte Milenu ihren Eltern nicht gehorcht, und Mutter und Vater bekamen große Angst vor dem Baum und seinem Zauber und flüchteten.

Doch eines Tages kam der kleine Bruder des Mädchens, der es vor Sehnsucht nach seiner Schwester nicht mehr ausgehalten hatte. ›Milenu, kleiner Vogel, willst du nicht mit mir spielen?‹, rief er hinauf. Da neigte der Baum wieder sein Haupt, und Milenu, der es tatsächlich ein wenig langweilig geworden war, stieg hinunter und spielte mit ihrem Bruder bis ans Ende des Tages. Viele Tage und Wochen blieb er bei ihr, doch eines Tages, als sie unter dem Baum Verstecken spielten, oh Schreck, da kamen die sieben Brüder, die nicht aus dem Dorf stammten und die lange nach dem Mädchen gesucht hatten. Milenu und ihr kleiner Bruder flüchteten, doch die Jungen waren schneller, und der Älteste, der Milenu heiraten wollte, stieß ihrem kleinen Bruder ein Messer ins Herz, sodass er sofort tot war.

Das Mädchen weinte und flehte: ›Bitte, tötet mich auch und lasst mich hier bei meinem kleinen Bruder liegen.‹ Aber ohne Mitleid verschleppten die Brüder das Mädchen in den Wald. Milenu hatte Todesangst, und in der Nacht, als alle schliefen, erhob sie sich, nahm ihren ganzen Mut zusammen, suchte nach einem dicken Ast und erschlug den Ältesten der sieben Brüder. Dann rannte sie heim zu ihren Eltern und berichtete, was geschehen war. Mutter und Vater waren sehr froh, ihre Tochter wiederzuhaben, die so tapfer war und den kleinen Bruder gerächt hatte. Und noch am gleichen Tag durfte Milenu den Jungen heiraten, den sie so sehr liebte.«

»Mutige Milenu!«, flüstern meine Freunde, und jeder von uns denkt an zu Hause. »Sie ging als Flüchtling und kam als Heldin zurück.« Es ist spät, als wir aufstehen und zu unserem Nachtlager in San Donato lostrotten. Die Kälte nagelt ins Fleisch. Um uns aufzuwärmen, sprinten wir los, bremsen ab, sprinten wieder. Es ist neblig, nur ein paar Straßenlaternen erleuchten den Weg, noch immer lärmen die Autos, Disco-Musik hämmert, irgendwo schreit ein Kauz. Das Märchen hat uns Mut gemacht, und so schlagen wir auf den Rasenflächen Räder und Purzelbäume, bis einer von uns abrupt stoppt.

»Dort, was ist das?«, ruft Haile aufgeregt und zeigt mit der Hand auf einen Baum, vielleicht hundert Meter vor uns. Der Baum ist dunkel, versteckt hinter anderen, seine knorrig kahlen Äste reckt er wie verbogene Riesenarme von sich. Da hängt etwas. Aufgeregt gehen wir näher. Fast unbeweglich, ein Windstoß, jetzt schwingt das Ding hin und her wie ein Pendel. Ein dunkler Sack? Ein lebloser Schlauch? Nein, nein, ein Körper. Es ist ein menschlicher Körper, der wie eine Glocke tonlos bimmelt. Den Kopf unnatürlich weit nach vorn auf die Brust gebeugt, um den Hals ein ... Strang oder eine Kordel, ein Gürtel, der über einen dicken Ast geschlagen ist, ein heller Plastikstuhl umgekippt auf dem Rasen.

Der Körper hängt nicht weit über dem Boden. Wir wagen aber nicht, ihn zu berühren, als wir neben ihm stehen. Wir schreien auch nicht, wir bleiben einfach stumm. Er schlenkert im Wind, als ob noch Leben in ihm wäre. Der Kopf schlackert, und für einen kurzen Moment nur sehe ich seine Augen, höre ich, wie meine Zähne aufeinanderklappern: Seine Augen sind schwarz, schwarz wie die schwarze Jacke, die er trägt – schwarz mit Streifen, die gleiche, wie wir sie tragen.

Weihnachten 2002, Milano, »Ich friere«: Auf dem Domplatz steht ein riesiger Weihnachtsbaum, über und über voll mit Lichtern und Goldglitter behangen. Haile, Helen und ich sind mit der Metro hingefahren und stehen jetzt mit großen

Augen und offenem Mund da. Es regnet, und im Gegenlicht sehen die Regentropfen aus wie golden glänzende Fäden. Ein Vorhang. So etwas haben wir noch nie gesehen.

An Weihnachten wird in Eritrea traditionell ein Schaf geschlachtet und mit Gemüse und Injera gegessen. Abgesehen von neuen Kleidern gibt es keine Geschenke. Einmal, ich war noch ein Kind, wollte meine Mutter mir und meiner kleinen Schwester Adiam Schuhe kaufen. Solide eritreische Schuhe, Chipollini von einem ursprünglich italienischen Unternehmen, das seit der Kolonialzeit bis heute Schuhe in Eritrea produziert. Dafür hatte sie ihren letzten Goldring versetzt, der ihr von der Aussteuer geblieben war.

Eigensinnig, wie ich war, wollte ich zu Weihnachten aber keine Schuhe aus Eritrea, sondern Schuhe »*made in Italia*«. Zornig stapfte ich im Schuhgeschäft auf, und als Adiam mich dann auch noch ärgerte und meinte, die Chipollini würden aussehen wie Frösche an meinen Füßen, war ich so sauer, dass ich barfuß aus dem Geschäft nach Hause rannte. Dort bewaffnete ich mich mit einer Handvoll Kieselsteinen, kletterte trotzig auf den Zahnbürstenbaum im Garten und bewarf unser flaches Hausdach mit den Steinen. Auch noch, als meine Mutter mit der Schwester längst zu Hause war. Die beiden wunderten sich über den Hagel, obwohl doch die Sonne schien.

Fast muss ich lachen, als ich mich daran erinnere. Doch wenn ich auf dem hell erleuchteten Domplatz die Menschen so gleichgültig mit ihren großen Tüten durch den goldenen Regenvorhang hasten sehe, ist mir wieder zum Heulen. Möchte nach Hause, Kerzen anzünden, mich am Feuer wärmen wie alle anderen auch. Aber ich bin nass bis auf die Haut, meine Haut ist blau gefroren, spürt nichts mehr … Es ist kein Trost, wenn ich mir jetzt meine Arme um den Körper schlinge, es macht alles nur noch schlimmer. Was gäbe ich heute für ein solides Paar Chipollini.

Und wenn ich erfriere? Keiner würde es bemerken! So

wie keiner merkt, dass ich Hilfe brauche. Weil ich unsichtbar bin, unsichtbar hinter einem glitzernden Regentropfenvorhang. Seit bald drei Monaten lebe ich in Italien, seit über einem Monat auf der Straße, habe keine Papiere, kein Geld, keine Familie. Ich existiere nicht in Europa, von dem ich siebzehn Jahre lange geträumt habe. Unsere einstigen Götter setzen ihre Flüchtlinge aus und lassen sie jämmerlich krepieren.

Vor dem Weihnachtsbaum, der so groß ist und ich so klein, blinzle ich in die Lichter, schlage die Hände vor mein Gesicht wie beim Beten und flüstere leise vor mich hin. Flucht gehört zum Leben. Auch wenn ich nicht weiß wohin, ich muss. Das Land verlassen, um meine elende Haut zu retten. Dreihundert Statuen und groteske Fabelwesen auf dem Dom sind meine Zeugen. Sie haben mir zugehört, und ich höre mir selbst zu, die Angst in meiner Stimme. Ich höre meinen Atem. Mein Entschluss ist wie eine Befreiung. Gehen. Sofort. Solange ich noch nicht ganz erfroren bin. Fliehen wie Maria und Josef an Weihnachten mit ihrem neugeborenen Jesus. Hätten die heiligen Eltern ihren Sohn nicht auf einen Esel gepackt und wären nach Ägypten abgehauen, hätte König Herodes ihn erschlagen. Ja, wer hätte denn dann die Welt erlöst?

»Weihnachten ist ein Geheimnis der Freude«, verkündet Papst Johannes Paul II. beim Segen *urbi et orbi* am nächsten Tag auf dem Petersplatz in Rom. »Die Engel haben in der Nacht gesungen: ›Verherrlicht ist Gott in der Höhe und auf Erden ist Friede bei den Menschen seiner Gnade.‹ Den Hirten verkünden sie dieses Ereignis als ›eine große Freude, die dem ganzen Volk zuteilwerden soll‹. Freude – trotz der Entfernung von daheim, der Armut der Krippe, der Gleichgültigkeit des Volkes und der Feindseligkeit der Mächtigen …«

In dieser Heiligen Nacht bleibt die Kirche offen, und wir schlafen bei Ochs und Esel an der Krippe. Nur einer ist nicht dabei. Adam vom Schrottplatz.

Kein Wort haben wir miteinander gewechselt in dieser Nacht nach dem Fest im Park, nur den Toten angesehen. Wie der Wind ihn sachte hin und her wiegte. So standen wir eine Weile schweigend und frierend, bis einer von uns langsam, ganz langsam loslief, weiter Richtung Porta Venezia. Wir anderen folgten. Fuhren schweigend zu unserem Schlafplatz und kauerten uns bibbernd vor Kälte auf den Pappkartons aneinander. Der Frost nagelte uns fest, an Einschlafen war nicht zu denken, und die ganze Nacht über verfolgte uns das Bild des leblosen Körpers mit dem schlackernden Kopf und den weit geöffneten Augen. So unwirklich, als wäre es ein Albtraum. War es aber nicht.

Es war Adam vom Schrottplatz. Andere Migranten stürzen sich vor die U-Bahn, wieder andere von Kirchtürmen. Adam im Park ist nicht der einzige Auswanderer, der sich aus lauter Enttäuschung das Leben nahm. Das Leben auf der Straße hat ihm das Rückgrat gebrochen, aus der Traum, er hatte grässlich versagt. Zynischer, als dass seine Landsleute bei dem Fest der Botschaft Geld für seine Rückkehr in die Heimat sammelten, hätte man es nicht sagen können. Der Auswanderer wollte seiner Familie Geld aus dem Paradies schicken, sobald er es erreicht hatte. Zu Weihnachten kam er selbst – im Sarg.

26. Dezember 2002, Milano, der Freund: Fort aus Italien – aber nicht ohne Tantu, meinen Freund, gesehen zu haben. Auch wenn ich mich schämte. Als ich ihn von Crotone aus anrief, sagte er mir, dass er in Norditalien, in Bassano del Grappa, lebe. »Bitte, bitte, wir müssen uns noch sehen, bevor ich weiterziehe«, bat ich ihn am Telefon. Wozu bin ich denn sonst nach Europa gekommen? Am zweiten Weihnachtsfeiertag, weil er da nur vormittags arbeiten müsse, es war nicht einfach, eine Stunde herauszuschlagen.

Nachmittags um sechzehn Uhr Treffpunkt an der Stazione Centrale. Der Himmel stahlblau und ohne eine Wolke, der eiskalte Wind fährt wie ein Messer unter die Kleider und schneidet ins Fleisch. Alles auf den Beinen, als ob man in den letzten Tagen des Jahres noch nachholen könnte, was man dreihundertsechzig Tage lang verpasst hat. Krach und Getöse, auch in mir lärmt es bis zum Hals vor lauter Aufregung.

Natürlich erkenne ich ihn sofort. Ich warte auf dem Bahnsteig, und als ich Tantu zwischen den bunten Mänteln und Anoraks entdecke, sehe, wie er mir entgegenrennt, muss ich krampfhaft meine Tränen zurückhalten. »Tantu«, der Floh, noch immer so klein und dünn. »*Nebsi!*«, rufe ich schon von Weitem. »*Nebsi*, Zaki!« Und wir stoßen einander gegen die Schultern. Inmitten des Getümmels fallen wir uns in die Arme und ziehen und schieben uns und klatschen in die Hände.

Lange habe ich mich nicht so gefreut wie in diesem Moment. Mein bester Freund. Auf einen Schlag ist die Erinnerung wieder da. Wie Tantu und ich vor der Erstkommunion zusammen zur Beichte gegangen sind und wie aufgeregt wir waren. Wie wir durch unser Viertel gezogen sind, getrommelt und gesungen haben, und wie wir uns vor der Militärpolizei versteckt und vom Paradies geträumt haben. Endlich.

Alles klar? Tantu hat dunkle Ringe unter den Augen, einen bitteren Zug um seinen Mund. Er versucht zu lächeln, ich auch. Aber es ist schwieriger geworden als vor einem Jahr. Wer Hunger, Durst, Hitze, Kälte, Demütigung und Angst durchlitten hat, ist nicht mehr der Alte. Mein Freund und ich sind im Frühjahr als Kinder auseinandergegangen und treffen uns zehn Monate später als Erwachsene wieder. Anders sind wir geworden, aber immer noch Freunde.

Wer sind wir? Wir nehmen uns an den Händen und laufen los. Noch bevor wir einen Espresso zusammen trinken, machen wir uns auf die Suche nach einem Bahnhofs-Fotoautomaten. Ein rotweißer da hinten, von dem eine Frau in

Blond so verkrampft lächelt, als habe man ihr ein Messer an den Hals gesetzt. Den blauen Vorhang zuziehen, reinsetzen, Tantu auf meinem Schoß, weil er der Kleinere ist. Geld reinstecken, reingucken, reindrücken, reinlachen. Dann grinsen wir wie Beknackte in die spiegelnde Glasscheibe und warten, bis es herausblitzt und klick, klick, klick, klick macht. Die Fotos fallen aus dem Schlitz, ein Föhn, der sie trocken pustet.

Auf meiner ganzen Flucht habe ich nicht so viel gelacht wie in dieser Stunde mit Tantu auf dem Mailänder Bahnhof. Ich lachte immer noch, als er sechzig Minuten später am gleichen Bahnsteig, auf dem er angekommen ist, wieder in den Zug steigt und Richtung Bassano davonfährt. Ein Zipfel von unserer afrikanischen Unbeschwertheit ist mit diesem Treffen zurückgekehrt, sodass ich fast beschwingt zum nächsten Fahrkartenschalter laufe und die Frau in blauer Uniform hinter der Glasscheibe auf Englisch nach der billigsten Fahrkarte ins Ausland frage: »*The cheapest ticket to a foreign country, please.*«

Sie schüttelt den Kopf und fragt etwas zurück, was ich nicht verstehe. Ich wiederhole noch einmal: »*Cheap ticket please, not Italy, another country, across the border, over the rainbow.*« Zu aufgeregt, um zu begreifen, was sie fragt: »*Lugano? Do you want to go to Lugano!*« Ich nicke, als sie auf ihren Computer eintippt, ein Ticket herauslässt und zwölf Euro zwanzig verlangt. So billig über die Grenze? Hätte ich nicht gedacht. Für zwölf Euro zwanzig bin ich noch nie über eine Grenze gekommen. Auch wenn es nur ein Katzensprung war, wie Aster bei meiner ersten, der eritreisch-sudanesischen Grenze meinte.

10. Etappe: Der Schweizer Liebesbrief

Tagesanzeiger, Schweiz, 25. April 2010

Nigerianische Flüchtlinge: Ineichen schlägt Alarm

Brisante Behauptung von FDP-Nationalrat Otto Ineichen: Zurzeit kämen jeden Monat rund 1000 illegale Flüchtlinge – die meisten kriminell, vor allem Nigerianer – von Italien über die Schweizer Grenze. Er fordert drastische Massnahmen.

(...) »Die italienischen Behörden animieren Flüchtlinge aus Schwarzafrika, in die Schweiz weiterzureisen«, sagt Ineichen in der Zeitung »Sonntag«. Seit Anfang des Jahres habe die Kriminalität im Tessin massiv zugenommen. Ineichen fordert »eine militärische Führungspersönlichkeit«, eine Art Migrationsgeneral, der über Maßnahmen entscheiden könne, ohne den Bundesrat und die Kantone zu fragen. Polizei und Auffangzentren seien »komplett überfordert«. Es brauche »überwachte Migrationszentren. Am besten militärische Camps, wo die Flüchtlinge bleiben müssen, bis abgeklärt ist, ob sie in der Schweiz bleiben dürfen oder nicht.« (...)

1. Januar 2003, Genf im Schnee: Es schneit. Federflaumleicht, alles weiß und still. Dieser Watteregen aus dem Himmel deckt jedes irdische Geräusch zu und schraffiert die Berge und die Häuser grau. Unmöglich, Schnee zu beschreiben, wenn man ihn nie erlebt hat. Ich habe mir die weißen Flocken schwerer vorgestellt, wie Diamanten. Nicht so zart und weich. Mit den bloßen Händen greife ich hinein, beobachte das Gespinst aus weißen Kristallen mit spitzen Zacken, wie sie auf meinen dunklen Handflächen schmelzen und sich zu Wassertropfen verwandeln.

Ich muss lachen, vielleicht ist das Paradies ja aus Schnee. Wenn es nur nicht so kalt wäre. Es krachte und knallte und jedes Mal schrak ich zusammen, als ich heute Nacht zum zweiten Mal mit dem Zug über die italienisch-schweizerische Grenze gekommen bin. Dachte, Polizei und Grenzbeamte seien mir auf den Fersen. Aber es waren nur die Lichter am nächtlichen Himmel, diese Fontänen von Blitzen, die sich wie Sternschnuppen über die Erde ergossen. Über Genf, Hauptstadt des Friedens, Sitz der europäischen UNO, der Weltgesundheitsorganisation, der Flüchtlingshilfe der Vereinten Nationen und Hauptsitz des Roten Kreuzes. Was kann mir hier noch passieren?

Der erste Versuch, nach dem Besuch von Tantu über die italienische Grenze zu gelangen, war fehlgeschlagen. Es muss nach Mitternacht gewesen sein, als ich mit meinem billigen Ticket in Lugano eintraf. Der Zug leerte sich, deshalb stieg auch ich aus. Frankreich, Schweiz, Österreich oder Slowenien? Keine Ahnung, welches Land. »*Where I am?*«, fragte ich einen Bahnputzmann, der unwillig den Bahnsteig mit einem Besen fegte. Der sah auf, an mir vorbei und tippte sich an die Stirn. Aber ich wusste es tatsächlich nicht. War nur fort aus Italien, egal wohin.

Verloren – zum ersten Mal auf meiner Flucht. Und nun? Die Mutter anrufen! Geht zur Not immer. Lang genug hatte ich mich nicht gemeldet. Etwas Besseres fiel mir im Moment nicht ein. Die Berge, an denen sich die Lichter der Häuser wie eine Girlande nach oben wanden, ragten wie blitzende Kegel in der Dunkelheit auf. Sie erinnerten mich an Eritrea, nur das Geglitzer war mir fremd. »Zekarias, ich kann nächtelang nicht schlafen. Wo bist du denn?«, schallte es mir von Adey entgegen. Recht hatte sie, wochenlang hat der Sohn nichts von sich hören lassen. Weil er zu stolz … nein, weil … ja, weil er nicht zugeben wollte, dass er bei den italienischen Göttern im Paradies auf der Straße saß.

Obdachlos! Unmöglich, der Mutter das zu erzählen. Ich hatte mich aufgerafft und stand nun mitten in der Nacht in einer unbekannten europäischen Stadt am Bahnhof und wusste nicht weiter. »Ich bin nicht mehr in Italien, Adey. Bin mit dem Zug gefahren, irgendwo ausgestiegen, weiß blöderweise nicht, wo ich bin«, antwortete ich.

Warum ich nicht in Italien – wie hieß die Stadt noch gleich?, Milano – geblieben sei, natürlich zeterte sie und machte mir Vorwürfe. Kein Wunder, »du Dickkopf« und so weiter. Sie dachte, es ginge mir gut in Italien, was sonst? Schüchtern murmelte ich etwas von zu kalt im Paradies und keinen Job. Dass sie es doch immer gesagt hatte, »hättest du bloß bei dem Zimmermann ein Handwerk gelernt«, warf sie mir vor. Egal, sollte meine Adey ruhig sauer auf mich sein, zu gut tat es mir, ihre Stimme zu hören. Das allein war schon Trost.

Unvermittelt fiel mein Blick durch die Telefonzelle auf das Nummernschild eines vorbeifahrenden Autos: weißes Kreuz auf rotem Grund. »Adey«, schrie ich nun fast in den Hörer, »du bringst mir Glück. Switzerland – ich muss in der Schweiz sein.« War das nicht wunderbar? Mein Herz machte einen Hüpfer. Die Schweiz, klar, ist meine Rettung. Sogar bis Afrika hatte sich herumgesprochen, wie gastfreundlich die Schweizer gegenüber Fremden seien. Wenn sie mit Geld kommen, ich weiß, nun ja, hoffe aber, dass sie gegenüber denjenigen, die nichts haben, noch gastfreundlicher sind. Selbstverständlich eigentlich, oder? Warum sonst gibt es die Genfer Konventionen, die Flüchtlinge in Schutz nehmen? Jetzt konnte mir nichts mehr passieren. »Weißt du, dass eine entfernte Cousine, Lula, du kennst sie nicht, in der Schweiz lebt«, sagte meine Mutter nun fast heiter, obwohl es mitten in der Nacht war. »In Genf, glaube ich, sie soll dir helfen.« – »Ja. Morgen gleich werde ich einen Asylantrag stellen. *Ciao*,

Adey, danke, du hast mir geholfen.« In der Schweiz war ich gut aufgehoben.

»*Passport, per favore* ...« Zwei Polizeibeamte in blauer Uniform, Schildmützen auf dem Kopf, klopften an die Tür der Telefonkabine. »*Passport?*« Hatte ich keinen. Und eine Aufenthaltsgenehmigung für die Schweiz auch nicht. Fieberhaft durchsuchte ich meine grüne Tasche nach meiner sechsmonatigen Aufenthaltsgenehmigung aus Italien. Aber was soll's? Passport-Kontrollen war ich gewöhnt. »*Sei mesi per Italia.*« Die Polizisten lachten mich aus, als ich ihnen den Wisch reichte. »*Amigo mio*, das ist kein *Passport* und auch kein Papier für die Schweiz. Du bist ein *Sans Papiers*, ein Papierloser. *Avanti*, mitkommen.«

»Tut uns leid, mein Junge, aber wir müssen dich nach Italien zurückschicken«, sagten sie und hauten mir auf den Rücken, als seien wir Freunde. Sie waren freundlich, als sie mir Handschellen anlegten und auch, als sie mich auf die Polizeiwache führten. Dann das übliche Procedere: Klamotten ausziehen, Griff zwischen die Schenkel, in den Arsch. Suche nach Drogen, demütigend, aber gehört dazu. »Deine schwarzen Brüder sind gut im Geschäft«, das klingt schon weniger freundlich, »die dealen wie die Zocker.« – »Wundert's euch, wenn ihr den Brüdern nur die Drecksgeschäfte überlasst?«, hätte ich gern gesagt, verkniff es mir aber.

Die beiden Zöllner verfrachteten mich in eine Gefängniszelle. Halleluja, zum ersten Mal seit Wochen ein warmes Nachtlager! Es war heiß, stickig, aber ich schlief wie im Paradies, halleluja! Leider nur eine Nacht. Am nächsten Vormittag fuhren mich die netten Schweizer dann zur Grenze und übergaben mich ihren netten italienischen Kollegen. Die wollten nicht einmal meine Papiere sehen, zu viel Bürokratie, zu viel Ärger, also ließ man mich laufen. Und ich fuhr zurück nach Milano in die Kälte.

Jetzt wollte ich es wissen. Das nächste Mal würde ich nach Genf fahren, unbedingt, eine gute Stadt für Flüchtlinge.

Gäbe es sonst die Konventionen? Das Recht auf Asyl haben die Schweizer erfunden, dachte ich. Meine Mutter hatte mir die Telefonnummer von Lula besorgt, ich rief an, und weil Familie verpflichtet, kam meine Groß-groß-groß-Cousine tatsächlich mit dem Zug nach Italien, um mich abzuholen. Ausgerechnet an Silvester.

Sie hätte am liebsten abgelehnt, so ängstlich war sie, denn sie hatte nur einen unsicheren Aufenthaltsstatus. Würde sie beim Menschenschmuggel über die Grenze erwischt, befürchtete sie, abgeschoben zu werden. Im Zug schickte mich Lula deswegen die ganze Zeit auf die Toilette, wo ich mich verstecken sollte. X-mal haben wir Plätze gewechselt, das allein war schon auffällig. Doch ohne es zu planen, hatten wir ein ideales Datum für meine illegale Ausreise gewählt. Silvester, da waren auch für die Schweizer Beamten Sekt und Böller wichtiger als jeder illegale Aus- und Zuwanderer. »Wehe, wir fallen hier auf!«, drohte meine Cousine immer wieder. »Wir haben nichts miteinander zu tun, hörst du?« Sie war richtig panisch, so dass ich sogar versuchte, sie ein wenig aufzuheitern. »An Neujahr zogen wir als Kinder immer mit brennenden Kakteenblättern durch die Stadt und ließen Leute für ein paar Groschen drüberspringen«, erzählte ich ihr, doch sie hatte keinen Kopf dafür.

Deshalb brachte mich ihr Mann nach einer kurzen Nacht am Neujahrsmorgen im gerufenen Taxi zur zentralen Flüchtlingsaufnahmestelle in Vallorbe.

1. bis 7. Januar 2003, Mama Afrika: Ich reibe mir meine Hände, es schneit noch immer, als ich an der Pforte klingele, mir ist kalt. Hinter der Glasscheibe sehe ich ein paar Männer in Uniform. Die scheinen nicht sonderlich interessiert an einem Neuankömmling, zumal auch noch Feiertag ist. Ich zittere, klappere mit den Zähnen. Mein Gott, die sitzen im Warmen und lassen mich einfach im Schnee stehen! Hallo, es schneit! Aber es dauert eine halbe Stunde, bis sie mir aufsperren. Und dann beachten sie mich immer noch nicht.

Ein komisches Gefühl, anwesend zu sein und doch nicht gesehen zu werden. Es haftet uns Flüchtlingen an wie ein unsichtbarer Mantel. Nur wenn unsere Papiere, die wir nicht haben, kontrolliert werden, nimmt man uns wahr. Als *Sans Papiers*. Wenn wir im Supermarkt einen Schokoladenriegel klauen, fallen wir auf, auch wenn wir mit Handys oder mit Drogen dealen. Als Kriminelle. Nur dann. Sonst nicht, sonst sind wir niemand. Man spricht in Vallorbe Französisch mit mir. Ich verstehe nichts, antworte auf Englisch. Aber es ist das Übliche, was sie wollen: nackt ausziehen, Griff in alle Körperöffnungen. Noch ein Foto und einen Fingerabdruck, dann ab in die Notunterkunft.

Eine Baracke, die Wände vom Wetter vergilbt. Warme, abgestandene Luft schlägt mir entgegen, es riecht nach altem Fett und Urin, aber ich bin froh, ein Dach über dem Kopf zu haben. Ob ich einen Asylantrag stellen wolle. Klar will ich! Ich habe nicht gesagt, dass ich schon Asyl in Italien beantragt habe. Wieder hat es geschneit. Über Nacht hat der Winter der Stadt, dem See, den Häusern und Straßen, den Autos und den Bäumen weiße Hauben übergestülpt. Schon der Anblick aus dem Fenster lässt mich schauern. An meine obdachlosen Freunde in Mailand mag ich gar nicht denken. Die billigen Turnschuhe, die ich mir dort gekauft habe, gehen aus dem Leim. Wasser- und kältedicht sind sie sowieso nicht. Ich brauche warme Pullover, Mütze und Handschuhe. »Mama Afrika«, sagt ein Landsmann aus Eritrea und begleitet mich zu einer Kleiderkammer mitten in der Genfer Innenstadt, die eine Afrikanerin betreut. Ich bekomme einen grünen Pullover und Gummistiefel, die mir eine Nummer zu klein sind.

Tage später werde ich in einem Polizeibus mit getönten Scheiben in ein Asylbewerberheim nach Sankt Gallen verfrachtet. Mein größter Zeitvertreib dort ist es, den Schneeflocken vor dem Fenster zuzusehen. Als würden sie tanzen, sie fallen nicht einfach, sondern der kleinste Hauch wirbelt sie wieder nach oben, bis sie schließlich alles wie mit einem Schleier verhüllen. Eine eiskalte Hülle, die uns Menschen aus Afrika beim bloßen Anblick das Blut in den Adern gefrieren lässt. Einem Mädchen aus Südafrika bleibt plötzlich der Mund schief stehen, als wir uns unterhalten. Ich erschrecke und laufe zur Lagerleitung, doch der Arzt ist das gewöhnt und gibt ihr eine Flüssigkeit, die einen Brechreiz auslöst. Hinterher können wir darüber lachen: »Ein schiefer Mund, so schief, wie unsere Flucht bisher gelaufen ist.«

Vielleicht liegt es aber auch am Essen. Immer das Gleiche: Kartoffeln, salzig oder als Rösti, mit Käse oder in der Suppe. Das ist mir so fremd, dass mir allein schon der Geruch den Magen umdreht. In Sankt Gallen esse ich Brot, trinke Tee. Sehe fern und schlafe. Gnadenlose Langeweile, die Tage vergehen wie Jahre.

28. Februar 2003, Zollikon bei Zürich, Asylbewerber-Lager, unterirdisch: Die Zehn-Uhr-Pausenglocke läutet, und aus dem Schulhaus Buechholz in Zollikon, rechtes Zürichseeufer, am Rand von Zürich, stürmen die Kinder auf den Pausenhof. Sie spielen Basketball, Faul-Ei und Fangen. Alles ganz normal. Doch nicht weit davon entfernt hält ein Polizeibus, ein paar Migranten steigen aus. Einer davon bin ich. Ich sehe mich verwundert um. Schickt die Schweiz ihre Migranten jetzt in die Schule? Wenn ich in diesem gebirgigen Land mit seinen Tunneln und Pässen bleiben darf, lerne ich sogar Schwyzerdütsch. »Grüezzi« kann ich schon grüßen, und »Uff Wiederluaga« habe ich im Lager in Sankt Gallen gelernt.

Die Berge gefallen mir, weil sie mich an zu Hause erinnern. Auch der Schnee gefällt mir – trotz der Kälte –, weil er die Welt so friedlich macht. Ich würde gern in die Schule gehen. Doch man lässt uns nur aussteigen, um gleich wieder zu verschwinden. Nicht weit vom Pausenplatz entfernt führt eine Treppe in den Untergrund. Ein Schild mit der Aufschrift »DZ Zollikon«, Durchgangszentrum Zollikon, weist den Weg nach unten. Ein schlichtes Büro für die Flüchtlingsbetreuer, dahinter reihen sich entlang eines breiten Gangs zwei riesige Hallen mit vielen Kajütenbetten, die eine für Männer, die andere für Frauen, jeweils vierzig Leute. Bett an Bett, Bett über Bett, ein Fernseher, eine einzige Küche, Gemeinschaftstoiletten und Duschräume mit Frauen- und mit Männerstunden. Durch winzige Fenster strömt Licht in die unterirdischen Räume.

Eine militärische Anlage, die direkt unter dem Schulhof liegt, wird als Durchgangszentrum für Asylsuchende benutzt. »Die Menschen kommen aus Eritrea, Äthiopien, Nigeria, Somalia, viele aber auch aus Afghanistan, aus dem Iran und dem Irak«, erklärt uns Emmanuelle, ein Landsmann, der uns in Empfang nimmt und durch das unterirdische Labyrinth führt. Es stinkt nach schlechtem Rasierwasser und faulen Eiern. Vier bis sechs Monate würden wir dort wahrscheinlich verbringen, sagt der Junge, pfiffige Augen, schmale Nase. »Meine Güte, wie soll ich diesen Gestank so lange aushalten?« Ich quetsche mir die Nase mit den Fingern zu. »Ganz einfach, entweder du gewöhnst dich dran oder du stinkst mit.« Emmanuelle scheint sich daran gewöhnt zu haben und erklärt mit breitem Grinsen, dass wir erst später auf kleinere Heime verteilt würden. »Solange das Asylverfahren läuft und läuft und läuft. Keiner weiß, wie lang.« Monatelang mit über hundert fremden Menschen aus den verschiedensten Kulturen im Keller? Wer hält das aus? Schon der Gedanke daran macht mich verrückt, und jetzt fangen auch noch ein paar Männer an, sich um die Fernbedienung des einzigen Fernsehers im Aufenthaltsraum zu streiten. Sie schlagen zu, grölen »Arschficker«, »Hurensohn« in allen Sprachen. Sofort sammelt sich eine Menschentraube um sie, doch erst, als einer ein Messer zieht, greift jemand ein.

Ein Vorgeschmack auf alle Tage im Durchgangslager, denn seelenruhig zitiert Emmanuelle jetzt das Sozialamt Zürich: »Im Durchgangslager Zollikon soll der Papierlose in seiner ersten Phase als Flüchtling soziale Kompatibilität lernen, sich mit lokalen Gegebenheiten anfreunden und sich mit der deutschen Sprache vertraut machen.« – Aha?! – »Während ihres Aufenthalts in Zollikon dürfen sich die Asylsuchenden aber frei im Dorf bewegen, denn man befindet sich hier schließlich nicht in einem Gefangenenlager.«

Alles klar? Emmanuelle klopft sich auf die Schenkel und lacht ein sehr tiefes afrikanisches Lachen aus dem Bauch. Ist doch schlau vom Kantonalamt, die Papierlosen hin und wieder an die frische Luft zu setzen, sonst gäbe es Mord und Totschlag im Lager. So kommt es wenigstens nur zu Messerstechereien. Soziale Kompetenz ist wahrhaftig gefragt, wenn man sich mit so vielen Menschen, von deren Sprache und Kultur man nicht den kleinsten Schimmer hat, ein paar Quadratmeter unter Tage und einen Fernseher teilt. Wer die Fernbedienung besitzt, ist Tagessieger und entscheidet, ob Fußball, Pornos oder *Big Brother*, das sowieso keiner versteht, geguckt werden. Ich nehme dieses Gerät bestimmt nie in die Hand.

Im Lager ist es unerträglich. Den lieben langen Tag bei Neonlicht im Vierzigerzimmer auf dem Bett herumgammeln, fernsehen und verkochte Kantinenkartoffeln, auch hier immer nur Kartoffeln. Als ich einmal einen halben Teller zurückgehen lasse, weil ich beim besten Willen nicht mehr runterschlucken kann, schimpft die Mitarbeiterin bei der Essensausgabe: »Wo du herkommst, haben die Leute nichts zu beißen, und hier kippst du unser Essen in den Müll. Schämst du dich eigentlich nicht?« – Nein, aber ich weine – vor Zorn.

Oh, du zähe, träge Langeweile! Es hilft alles nichts, auch wenn ich meinen Blick noch so beschwörend auf den Zeiger meiner Uhr hefte, bewegt er sich nicht schneller. Und dieser beißende Gestank, stechend, sauer, heiß, die Luft so dick, dass man kaum schnaufen kann. Überall Menschen, überall ranziger Geruch, der frisst sich in den Kopf, der macht mich krank. Dauernd kippe ich um, der Notarzt muss kommen, misst meinen Blutdruck, verschreibt Vitamine und Aufbaupräparate und befiehlt mir, mehr zu essen. Aber das geht einfach nicht. Wenn ich dieses Essen bloß rieche, muss ich mich schon übergeben. Über acht Monate lang bringe ich nichts außer Tee, Brot und Butter hinunter.

Meistens verziehe ich mich nach draußen, auch wenn es dort bitterkalt ist. Vierzehn Franken bekommen wir pro Woche. Damit fahre ich allein oder mit anderen *Sans Papiers* mit der S-Bahn nach Zürich. Stundenlang bummeln wir dann die Bahnhofstraße anderthalb Kilometer rauf und runter und rauf und runter. Gucken von außen in die Kaufhäuser und Modeboutiquen, in die Schmuck- und Uhrenläden, in die Lobbys der Luxushotels und der Luxusbanken. Alles in gediegenen Brauntönen gehalten, dazwischen glitzernde Kronleuchter. Ein echtes Paradies, aber mit vierzehn Fränkli können wir uns nicht einmal einen Burger bei McDonald's kaufen. Es ist schwer, immer diese Verlockungen vor der Nase.

Obwohl mir mein Appetit inzwischen ziemlich vergangen ist. Mit all diesem Konsum und Luxus hier habe ich wirklich nichts am Hut. Ich hatte von der Freiheit in Europa geträumt, stattdessen sperrt man mich in einen Bunker. Weiß nicht, ob das eritreische Militärlager schlimmer ist. Auf gar nichts mehr habe ich Lust, sondern betrachte die prächtigen Auslagen der Schaufenster und die dicken Einkaufstaschen der Passanten fast schon mit Widerwillen. »*Passport*, bitte!« Kontrollen auf Schritt und Tritt wie in Asmara. Wer bei einer Schweizer Polizeikontrolle nur ein Stück Papier mit Foto, aber ohne Stempel vorweist, weil er noch keinen hat, wird verhaftet. »Keine Papiere, mitkommen!«, heißt es dann, und man kehrt in Handschellen ins unterirdische Lager zurück. Meistens fackeln die Behörden dann nicht lange, und die Ausweisung aus der Schweiz ist nur eine Frage von Tagen.

Am schlimmsten ist es, wenn die Polizei mitten in der Nacht kommt. Vier Uhr morgens, alle schlafen. Männer in Uniform und mit Pistolen an ihren Gürteln stiefeln mit ihren Schäferhunden in unsere Höhle, schalten alle Neonröhren auf Volllicht, knipsen Taschenlampen an.

Was-wo-wie-warum? Erst weiß ich gar nicht, wo ich bin ... Das grelle Neonlicht blendet, unwillkürlich kneife ich die Augen zusammen. Weglaufen ist mein erster Impuls, obwohl ich doch nichts verbrochen habe. Aber wohin? Die Hunde bellen, und ich stolpere aus dem Bett. »Fass!«, schreit einer, weil ein paar Männer tatsächlich abhauen wollen. Mit harten Griffen werden sie gepackt und zu Boden geschleudert, während die Polizei die anderen nach oben auf den Schulhof treibt. Jetzt sind wir hellwach, zittern. Ich sehe in die schneebedeckten Berge am Horizont, die der Vollmond beleuchtet. Schön, es könnte wie im Märchen sein, wären da nicht die schwarzen Schatten der Bewaffneten, die im Schein der Straßenlaterne lang über den Asphalt fallen. Irgendwo in den Gärten fauchen Katzen, sonst ist es still.

In der Nacht machen Razzien nicht so viel Aufsehen wie bei Tag. Auch keine Schulkinder werden erschreckt. Wir fallen nicht auf, wie wir da im Dunkeln bibbern vor Kälte und Angst, während die Beamten Matratzen umdrehen und unter jedes Bett leuchten. Manchmal finden sie etwas, manchmal führen sie Unschuldige ab in den Knast.

2. März 2003, Zollikon, auf dem Strich der Dicken: Sonntag, ich muss raus, Menschen im Lager furzen und rülpsen wie andere auch, manche waschen sich oft tagelang nicht aus Frust. Dieser Mief macht mich krank. Emmanuelle kommt mit. Auf dem Schulhof ist es ruhig, der Schnee getaut, neues grünes Gras unter dem braunen, und ein Busch über und über voll mit gelben Blüten. Die Luft riecht lau. »Frühling«, höre ich jemanden sagen. In Asmara war immer Frühling. Mein Land fehlt mir, mein Lachen, meine Kindheit, meine

Gedichte und meine Träume von damals, als ich die Flugzeuge am Flughafen von Asmara in den Himmel aufsteigen sah. Heute vor einem Jahr bin ich aufgebrochen, habe das Paradies erreicht, es erlebt: Menschen, die nach dem Sprung über die Sicherheitszäune von Crotone nicht mehr aufstanden, der aufgeknüpfte Landsmann im italienischen Volkspark, mein Paradies ohne Dach über dem Kopf bei null Grad Kälte, aus dem Weg geräumt und entsorgt in der Militäranlage unter den Schweizer Bergen, verdammt zu Mühsal und Langeweile bis in alle Ewigkeit. Wie schon die ersten Menschen der Menschheitsgeschichte, Adam und Eva, nachdem sie unerlaubterweise den Apfel vom Baum der Erkenntnis gegessen haben. Und prompt von ihrem Schöpfer vertrieben wurden. Aus dem Paradies.

Habe ich auch einen verbotenen Apfel gegessen? Weil ich frei sein wollte, frei denken, sagen und tun, was ich will? Ich muss raus zum Luftschnappen. Emmanuelle und ich laufen los Richtung Zürichsee. Auf der Straße Kollegen aus der Notunterkunft. Nicht allein, verwundert bleibe ich stehen und zupfe den Freund am Ärmel. »Guck mal!« Die schwarzen Asylbewerber gehen mit weißen Frauen spazieren. Übergewichtig die meisten, manche älter, die Haare mädchenhaft mit großen Schleifen zu Pferdeschwänzen zusammengebunden, in kurzen Röcken und Sandalen, aus denen rosa das Fleisch quillt.

Ich grinse Emmanuelle an, er mich auch. Dann pufft er mich in die Seite und spricht es aus: »Sollen wir uns auch eine Frau zum Heiraten aussuchen?« – »Häh, wie meinst du?«, frage ich, rolle mit den Augen. Er wohnt schon ein paar Monate hier, kennt sich aus. Aber heiraten? – »Bist du so doof, oder tust du nur so?«, fragt er. – Ich spitze die Lippen zu einem leisen Pfiff. Nichts gegen weiße Frauen, aber die sind echt nicht mein Typ.

Man redet mit Händen und mit Füßen und hat offensichtlich trotzdem Schwierigkeiten, sich verständlich zu machen.

Dafür hält man Händchen. Am helllichten Tag, aber hallo, seh ich recht, das macht kein afrikanischer Mann! Oder doch? Wenn er in Europa bleiben will! »Das ist ein astreines Geschäft«, klärt mich Emmanuelle laut lachend auf, während er rückwärts vor mir herläuft und Faxen macht. »Die dicke Frau kriegt einen afrikanischen Mann, kapiert? Der macht ihr ein Kind und bekommt dafür eine Aufenthaltsgenehmigung. Alle zufrieden, so einfach!« Zu einfach – die Allee vor unserem Bunker ist der Strich der Dicken. Ich stutze. »Ist das der einzige Weg ins Paradies?« – »Einer, den viele ausprobieren.« – »Und wenn ich eine Frau heiraten will, die ich liebe?« – »Dann lässt du dich nach drei Jahren wieder scheiden, und du bist ein freier Mann, der sich die Frau seiner Träume aussuchen kann.«

Mir wird schlecht. Drei Jahre mit einer Frau, die mir nicht gefällt? Mich von ihr aushalten und versorgen lassen, mit ihr schlafen, womöglich ein Kind mit ihr bekommen – prrr. »Nein danke! Ich könnte das nicht«, sage ich und schüttle mich. »Wahrscheinlich auch besser so. Ich kenne einen Typen aus Gabun, der ein Schweizer Mädchen geheiratet hat«, redet Emmanuelle weiter. »Kurz vor seiner Hochzeit hat er das Durchgangslager verlassen, kommt aber immer noch regelmäßig vorbei, weil er es zu Hause nicht aushält. Seine Frau nennt ihn Scheinasylant.« – »Einen was?« – »Scheinasylant, weil er sie nur zum Schein geheiratet hat. Sie war nach der ersten Nacht schwanger, und er zählt jetzt die Tage, bis er die Scheidung einreichen kann. Noch fast tausend Tage ...« – »Okay, lassen wir die Frauen.« – »Na gut, dafür machen wir eine Fahrt übern See«, schlägt Emmanuelle vor, »mit dem Ausflugsdampfer«.

Der Zürichsee liegt vor uns, das Wasser schimmert samtig, über den Kräuselwellen schweben die Möwen. Das Meer vor einem halben Jahr war stürmisch, trotzdem bin ich ins Boot gestiegen. Aber jetzt? Unwillkürlich weiche ich zurück. Um Himmels willen, nie wieder. Zu tief sitzt mir die grausige

Mittelmeerüberquerung noch in den Knochen. »Boot fahren ist noch schlimmer als eine dicke Frau heiraten.«

Erst mal einen Cappuccino an der Ablegestelle, dann vielleicht … Vor ein paar Tagen war ich zur Anhörung wegen meines Asylgesuchs beim Migrationsamt, wo wieder diese seltsamen Fragen zu Lebensmittelpreisen und Busverbindungen in Eritrea kamen anstatt zur politischen Situation. Trotzdem antwortete ich tapfer. Unvorbereitet, deprimiert, hoffnungslos.

Es geht mir nicht in den Kopf, dass ein europäisches Bundesamt für Migration nichts vom eritreischen Gewaltregime und seiner Willkür wissen will. Wie kann man nur so blind sein? Es muss sich doch herumgesprochen haben, dass in geheimen Gefängnissen Journalisten und Regimekritiker ohne Wiederkehr verschwinden. »In der Schweiz herrscht Pressefreiheit, warum berichtet keiner von den politischen Gefangenen und Deserteuren, die in Eritrea unter grauenvollen Bedingungen weggesperrt werden?«, fragte ich provozierend. – Keine Antwort.

Was ich denn wolle, wurde mir dafür vorgehalten. »Asyl«, sagte ich. Asyl stammt aus dem Griechischen. In der Schule waren Politik und Geschichte meine Lieblingsfächer. Asylon – eine Zufluchtsstätte. In früheren Zeiten waren Asyle heilige Orte, die Flüchtende vor dem Zugriff der weltlichen Macht schützten. Die Schweiz ist nicht heilig, aber in der Schweiz darf ich mich frei bewegen, werde mit Essen und Kleidung versorgt. »Wem das nicht reicht, der ist undankbar und soll am besten gleich wieder verschwinden.« – »*Merci vielmols*«, habe ich so ruhig wie möglich gesagt und niemandem mehr in die Augen gesehen. Man hatte mir ein blaues Papier mit Foto und dem großen Buchstaben *N* darauf gegeben. Das Papier der *Sans Papiers*. Es bedeutet nicht mehr und nicht weniger, als dass mein Asylverfahren läuft. Artikel 30, Asylverordnung 1.

Mein formloser Antrag auf Asyl beim Bundesamt für Migration sei einer von über zwanzigtausend pro Jahr, wurde mir erklärt. Der größte Teil davon abschlägig beschieden. »Kein Asyl in der Schweiz erhalten Personen, die aus einem sicheren Drittland einreisen, und Menschen, die nicht im Sinne des Asylgesetzes als Verfolgte gelten. Das sind Personen, die ihr Land wegen Armut und wirtschaftlicher Schwierigkeiten verlassen oder wegen der Verfolgung durch die Behörden wegen Delikten wie Betrug, Schmuggel, Diebstahl, Raub, Körperverletzung, Totschlag …«, zitierte der Beamte das Asylgesetz. Italien ist ein sicheres Drittland – keine Chance auf Asyl.

Emmanuelle hat mich überredet. Wenn auch mit Herzklopfen bis zum Hals, das jeder hören muss, steige ich über einen wackligen Steg nun doch in das Ausflugsschiff nach Zürich. Der nächstbeste Sitzplatz, geschafft, juchhuuu, Angst überwunden, über mich selbst hinausgewachsen. Ein glücklicher Moment, ich bin total aufgedreht, und als das Boot ablegt, erzähle ich dem Freund von der Kolumne, die ich wöchentlich für meine Jugendzeitung schrieb:

»In Sachen Liebe« lautete die Überschrift. Wenn ich immer noch schreiben würde, hätte ich jetzt sicher eine Geschichte über die Scheinhochzeit eines schwarzen Flüchtlings und einer weißen Frau geschrieben und die Leser gefragt, ob das eine Lösung der Asylfrage sein könnte. Doch damals bewegte mich ein anderes Problem: »Wie treffe ich ein Mädchen wieder, das mir einen Korb gegeben hat? Es war an einem Sonntag nach der Kirche. Efrem hatte Orgel gespielt, und als er nach der Messe mit seinen Freunden noch bei der riesigen Statue des heiligen Francesco vor der Kirche in Asmara stand, sah er ein Mädchen, das er noch nie gesehen hatte.

Schön wie ein Engel, dunkle Mandelaugen, und wenn es lachte, war es, als ob die Sonne aufginge. Die junge Frau musste neu in der Stadt sein. Efrem konnte seine Augen nicht von ihr lassen und an den folgenden Tagen an nichts anderes mehr als an dieses Mädchen denken. Er verzehrte sich vor Sehnsucht, und zwei Mal passte er es nach der Schule auf der Straße ab. Zwei Mal wollte er das Mädchen ansprechen, doch sein Herz pochte bis zum Hals, deswegen brachte er nur ein zittriges Lachen heraus. Efrem lachte oft, wenn er verlegen war. Was sollte er tun? ›Schreib ihr einen Brief‹, riet ihm ein Freund, der wusste, dass Efrem in jeder freien Minute wundervolle Gedichte verfasste. Efrem, der nichts lieber tat als schreiben, hörte auf seinen Freund, schrieb dem Mädchen einen Brief und drückte ihn der Angebeteten mit ein paar Blumen am nächsten Sonntag vor der Kirche in die Hand. Eden, so hieß sie, wich jedoch vor dem Jungen zurück. »Lass mich in Ruhe«, sagte sie erbost. Natürlich war Efrem, der es mit seinem Liebesangebot ernst meinte, enttäuscht und weinte bitterlich. Gleichzeitig wusste er aber, dass ein eritreisches Mädchen das erste Liebesangebot immer ablehnt, ablehnen muss. Das gehört zum Spiel. Was sollte er tun?«

Plötzlich ein Knattern, Rattern, es schnauft und faucht. Kurz bevor ich mit meiner Geschichte zu Ende bin, legt das Schiff in Zürichhorn an. Menschen steigen aus, andere ein. Ein rostiges Ungetüm aus Zahnrädern, Ketten und Eisenschienen verbreitet diesen ohrenbetäubenden Krach. Ein lustiges Ding, Kunstwerk eines Schweizer Künstlers. Ich forme meine Hände zu einem Trichter vor dem Mund, tröte und blase und rufe hinein: »Wer hat Angst vorm schwarzen Mann?« – auf Tigrinya, damit es keiner versteht. »Switzerland«, trötet Emmanuelle zurück. Wer sagt denn, dass Schweizer und Afrikaner nicht zusammenpassen?

»Aber sag mal, Zaki«, fragt er dann und blinzelt neugierig. »Wer war denn dieser unglückliche Efrem?« Ich halte mir die Hand vor den Mund, um nicht laut herauszuprusten. Natürlich ahnt er, dass ich selbst es war, der sich damals in die schöne Eden verliebt hatte, um dann diese herzzerreißende Liebesgeschichte zu schreiben. Aber ich zucke nur mit den Achseln. »Und …«, fragt Emmanuelle, »verrätst du mir wenigstens, wie es mit Efrem und Eden weiterging?« – »Efrem war so unsterblich verliebt, dass er mit seinen Freunden sogar einen ›Edenawi-Club‹ gründete«, erzähle ich, als das Schiff weiter Richtung Zürich tuckert. Das heißt: »Für Eden!« Andere gründen einen Fußballclub.

Später schlendern wir am Bürkliplatz an der Uferpromenade entlang. Blumen mit weißen Röckchen und lila und orangefarbenen Trompeten strecken ihre Köpfe aus speckig brauner Erde, und Emmanuelle löchert mich immer noch mit Fragen. Er will unbedingt eine Fortsetzung hören. Aber die gibt es nicht. »Eden hat die Geschichte in der Jugendzeitschrift gelesen und Efrem ein paar Mal im City-Café getroffen. Das war's. Dann kam das Abitur, dann hat er sich auf dem Dachboden vor dem Militär versteckt, und dann ist er aus dem Land geflüchtet.« – »Ohne sich zu verabschieden?« – »Jeah!«

7. Oktober 2003, Adliswil, die Ablehnung: Das Kantonalamt hat mich in das Durchgangszentrum Sihlstraße in Adliswil, links des Zürichsees, verlegt. Weiß der Himmel, warum. Eine grünweiße Containersiedlung, eingeklemmt zwischen Straße und Fluss außerhalb der Ortschaft. Karg, aber schön.

Ich wohne mit einem Iraker, Abdul, und einem Mann aus dem Kongo, Georges, in einem kleinen Container; insgesamt leben über zwanzig Nationalitäten hier. Meine Mitbewohner sind nette Jungs, abgesehen davon, dass sie in der Nacht schnarchen und sich dauernd mit Billigdeos eindieseln, sodass es mir den Atem verschlägt. Wenn es nicht regnet, stellen wir abends einen Kassettenrecorder vor die Tür, hören Musik und tanzen oder spielen Karten. Ich freue mich über das Grün der Umgebung. Natur, Bäume, Büsche und ein Bach. Ich habe immer noch sehr viel Respekt vor Wasser, aber schon am dritten Tag bin ich zum ersten Mal mit meinen Füßen durch den Fluss gewatet. Als mich Abdul ins Freibad mitnahm, habe ich allerdings gestreikt. Schwimmen will ich nie lernen, und wer mich ins Wasser stößt, und wenn auch nur aus Übermut, mit dem will ich nichts mehr zu tun haben. Richtig hysterisch bin ich geworden aus lauter Angst.

Ich habe Bescheid vom Amt für Migration bekommen; den NEE, den sogenannten Nichteintretungsentscheid. Wir nennen ihn den Schweizer Liebesbrief. Alle bekommen den. »Hast du schon deinen Liebesbrief gekriegt?«, fragen wir uns am Abend, bevor wir einschlafen, morgens, wenn wir aufwachen, und mittags beim Mittagessen. Obwohl dieser Liebesbrief völlig normal und gewöhnlich ist und ich bisher niemanden kennengelernt habe, der ihn nicht bekam. Man hat immer noch einen Funken Hoffnung: Vielleicht werde ich verschont, vielleicht wollen ausgerechnet mich die Schweizer behalten, haben genau auf so jemanden wie mich gewartet. Haben sie nicht. Der Liebesbrief war ein Schock!

Er kam in den ersten Wochen in Adliswil mit der Postausgabe. Wir aßen in unserem Gruppenraum zu Mittag, selbst gekocht, Nudeln wie meistens und Soße. Ein befreiendes Gefühl, selbstständig einkaufen, selbstständig kochen. Kein eingeschweißtes Fertigeinheitsessen mehr, ohne Recht auf Selbstbestimmung. Zum ersten Mal auf meiner Flucht fühle ich mich frei. Und gar nicht mehr fremd.

Sogar Deutschunterricht gibt es hier. Das sei nicht immer so gewesen, erzählte die Schweizer Lehrerin. Vielleicht jetzt, weil die Bewohner ein paar Jahre vorher den Aufstand probten und an die Presse gingen. Die Unterkunft sei »unmenschlich«, hatten sie kritisiert, die Container zu eng, zu heiß und zu stickig im Sommer, im Winter zu kalt und zu schimmlig, das Postgeheimnis werde nicht gewahrt, rassistische Äußerungen und schikanöse Polizeikontrollen seien an der Tagesordnung, das Essen schlecht, kein Deutschunterricht, weil man Flüchtlinge sowieso wieder loswerden will. Vieles ist noch immer so, aber im Vergleich zur unterirdischen Flüchtings-Aufbewahrstation von Zollikon ist Adliswil der reine Luxus.

Eine Stunde Deutsch, manchmal auch Schwyzerdütsch täglich. Ich kann schon »*velo*« zum Fahrrad sagen, was übrigens »Brautkleid« auf Eritreisch heißt. Lerne zählen, nicht einfach: »... dreizehn, vierzehn, fünfzehn, sechzehn, siebzehn, achtzehn, neunzehn ...«

Genau neunzehn Tage bin ich in Adliswil. Ich weiß sofort, dass dieser graue Umschlag vom Migrationsamt nichts Gutes bedeutet. Hatte ihn ja oft bei anderen gesehen: »Zekarias Kebraeb« steht auf dem Umschlag. Monatelang hatte ich mich vor diesem Moment gefürchtet ... und dann doch immer wieder gehofft.

Hier steht es schwarz auf weiß, nein schwarz auf rot. Denn der Liebesbrief ist rot: Menschen mit Koffern darauf, Rückenansicht, sie gehen. Ene, mene, mu – habe ich im Deutschunterricht gelernt – und raus bist du! Ich auch! »Annahme verweigert – zurück an den Absender!« Punkt, aus, Ende. Nein, nein, ich lass mich auf den Boden fallen, muss den Brief zerknüllen, das Papier über den Tisch schleudern. Unerwünscht im Paradies. »Warum?«, kommt es heiser aus meinem Mund. Dieser rote Liebesbrief ist die größte Enttäuschung meines Lebens.

»Willkommen im Club«, ruft Almaz, ein junges äthiopisches Mädchen, das vor dem Hungertod in Äthiopien geflohen ist und von der Schweiz mit einer Galgenfrist bis zur Ausweisung vertröstet wird, aber immer guter Laune ist. »Komm, ich flechte dir deine Haare zu Zöpfchen!« Die Haare sind tatsächlich lang geworden, seit Libyen, seit einem Jahr ungeschnitten. »Heute Abend feiern wir in der Disco in Zürich.« Hassan, ein kurdischer Flüchtling, auch Georges und Abdul, meine Mitbewohner, wollen mich aufmuntern. Mir ist nicht zum Feiern, aber ich versuche wenigstens ein Grinsen. Gelingt mir nicht ...

Schon ein Jahr her, dass ich ins Boot nach Europa stieg. Seit ich unterwegs bin, habe ich an nichts anderes gedacht als an Europa. Mein Traum. Und jetzt: ein Fußtritt, hau ab! Und zwar so schnell wie möglich. »Ohne Papiere können sie dich nirgendwo hinschicken. Du musst sofort Beschwerde einlegen«, sagt Almaz. Werde ich machen, doch in meiner Vorstellung sehe ich, wie ich mich vogelleicht über die Köpfe meiner Freunde erhebe, hinaus in den Wald segle, hoch über die Berge und über die Wolken. Sollen die Schweizer ihren Willen doch haben, ich habe auch meinen Stolz. Weiterschweben mit den Vögeln über viele Städte und Länder, über Meere und Grenzen, dorthin, wo die Menschen klatschen und Hurra schreien, wenn ich wieder auf der Erde lande.

»Die Schweizer müssen ja nicht Hurra schreien, dass ich ausgerechnet bei ihnen bleiben will«, höre ich mich sagen. »Aber wenn sie mich aufgenommen hätten, hätte ich alles für sie gemacht. Sogar Toiletten im Bundesamt geputzt, in allen Rathäusern und öffentlichen Gebäuden.« Wär mir wirklich für keinen Job zu schade, wenn die Schweiz nur ein wenig gastfreundlicher wäre. Aber mit einem NEE im Asylausweis darfst du nicht arbeiten, rein gar nichts tun. Kein Wunder, wenn manche da auf dumme Gedanken kommen.

»Verdammt noch mal, ich kann doch nicht nach Eritrea zurück! Das müssen sie doch wissen. Dort ist der Tod!«, schreie ich und fussle meine Haarzöpfchen wieder auseinander. Da schlingt mir Almaz von hinten ihre Arme um den Hals, und alle zusammen fahren wir an diesem Abend tatsächlich noch nach Zürich in die Disco. Wir haben Glück, kein Kontrolleur in der Bahn, kein Türsteher vor der Disco weist uns ab, weil wir schwarz oder braun oder weiß, aber keine Schweizer sind. Michael Jackson singt: *»They don't care about us«*, und ich singe und tanze im gleißenden Licht der Scheinwerfer: *»Beat me, hate me/you never can break me …«*

2. Januar 2004, Adliswil, Sans Papiers: Nun bin ich ein echter *Sans Papiers*, wie viele andere auch. Was ist besser? Illegal bleiben oder illegal gehen? Vorläufig darf ich bleiben. Denn zurückschicken kann man mich nur, wenn mir die eritreische Botschaft einen Pass ausstellt; das wird so bald nicht passieren.

Seit genau einem Jahr bin ich in der Schweiz, vor einem Jahr habe ich zum ersten Mal Schnee gesehen. Kein Datum, um zu feiern, ich bin deprimiert, wieder deckt der Schnee alles zu. Fast fünfzehn Monate schon auf dem Abstellgleis, unter die Erde verbannt, wieder hervorgeholt, vergessen, wie habe ich das überlebt? Geschlafen, aufgestanden, ferngesehen, gegessen, spazieren gegangen, alle drei Minuten auf die Uhr gesehen, mir eine Sanduhr gewünscht. Durch die Tage in Trainingshosen und Badelatschen gelatscht, schwarz nach Zürich gefahren, erwischt worden, meinen blauen N-Ausweis gezeigt, Strafe kassiert, nicht bezahlt, die Sanduhr umgedreht, geschlafen, aufgestanden, in Trainingsanzug und Badelatschen durch den Tag geschlappt. Eritreisches Brot, Injera vermisst, meine Freunde Awet und Aki vermisst. Geheiratet habe ich nicht.

Was gäbe ich darum, arbeiten zu dürfen! Keine Almosen, ich will für mich selbst sorgen. Aber nix da, NEEs bekommen Sozialhilfe, einhundertsiebzig Franken alle zwei Wochen, da darf ich mich nicht beklagen. Will ich auch nicht. Immerhin können wir uns damit selbstständig versorgen. Wir legen zusammen, kochen und essen gemeinsam, fast wie in einer großen Familie. Wir feiern auch zusammen, einmal sogar eine Hochzeit, und trauern mit den anderen, wenn einer von ihnen eine traurige Nachricht aus der Heimat erhalten hat. Nur zusammen überstehen wir das Leben im Asyl. Es geht uns gut. Zu gut, finden die zuständigen Minister.

Bloß nicht verwöhnen, sagen die. Ja, wo käme man denn da hin? Wenn man alle reinlassen würde? Die Schwyz ist kein Einwanderungsland. Man kann nur die brauchen, von denen man profitiert, nicht die, die von einem profitieren. Deshalb werden Asylanten mit Migros-Gutscheinen von sechzig Franken pro Woche abgespeist, das Bargeld ist gestrichen. Kleider bekommt nur, wer nicht aufmuckt. Schikane? Nein, Gott bewahre. Bloß keine Wurzeln schlagen und sich heimisch fühlen. Man nennt das »Dynamisierung«, wenn man Asylanten wöchentlich von einer Notunterkunft zur nächsten schickt.

Ohne Geld, um Zug- oder Straßenbahntickets zu kaufen, das hält sie in Bewegung, immer mittwochs zum Berninaplatz in Zürich, wo man weiter zum Sozialamt am Schaffhauserplatz verwiesen wird. Dort bekommt man seine Wochenausweise und Gutscheine. Basta! Asylanten unerwünscht. Weil wir klauen, von Raubüberfällen leben, Frauen vergewaltigen und vom Gesetz her sowieso wieder gehen müssen, heißt es. Niemanden interessiert, wer wir wirklich sind.

Er sei nach Europa gekommen, um reich zu werden, trumpft Georges, mein Mitbewohner, auf. Ein gemütlicher Typ, intelligent, studierte Wirtschaftswissenschaft im Kongo, hier ist er immer wieder mit zwielichtigen Geschäften zu Gange. »Was kann ich sonst tun, darf ich tun?«, sagt er. »Nüt, absolut nüüüt!« Er brennt darauf, mich nach Zürich zu begleiten, wo ich mir endlich ein Handy kaufen will, nachdem ich monatelang darauf gespart und mit Sozialdiensten wie Kücheputzen und Hoffegen mein Taschengeld aufgebessert habe.

Kalt, ich friere und ziehe mir eine Kapuze über den Kopf, als wir in die S-Bahn steigen. »Geld, Geld regiert die Welt im reichen Norden«, skandiert Georges, indem er wichtigtuerisch mit seinem eigenen schicken Handy spielt. Sicher nicht selbst verdient. Ich will lieber gar nicht wissen, woher er es hat. Sicher, es gibt Diebe unter uns und solche, die tief in Drogengeschäften und in was weiß ich stecken. Weil es nichts anderes für uns Asylbewerber zu tun gibt. In der Warteschleife, seit fast vierhundertfünfzig Tagen, auf der Straße, eingefroren, wieder aufgestanden, unter der Erde, wieder hervorgeholt, vergessen … man kennt das schon: alle drei Minuten auf die Uhr sehen, durch die Tage in Trainingshosen und Badelatschen latschen … es hängt mir zum Hals raus.

Trotzdem klauen und dealen wir nicht alle mit Drogen. »Was sonst zählt hier in der Schweiz außer Geld«, sagt Georges. Als wir aus dem Züricher Hauptbahnhof kommen, schneit es. Mit langen Schritten gehen wir durch den dreckigen Schnee die Bahnhofstraße entlang. »Europa ist Profit, Europa ist Kapital, man muss schon blind sein, um das nicht zu sehen!«, ruft er, springt, dass der Matsch nur so spritzt. »Was denkst du, wovon diese teuren Nobelläden hier und die Banken leben?« Die Umsätze in der Züricher Einkaufsmeile seien so hoch wie fast nirgendwo sonst auf der Welt, behauptet er, als ob er es wüsste. »Am Pro-Kopf-Einkommen gemessen ist die Schweiz das zweitreichste Land der Welt.« Jeder siebte Milliardär der Welt lebe hier, wo drei Prozent der Einwohner so viel wie die restlichen siebenundneunzig Prozent besitzen.

Hier in der Schweiz, einem rohstoffarmen Fleckchen Erde aus Fels und Gletscher. »Warum bist du denn in die Schweiz gekommen?« Er tänzelt mir vor der Nase herum, hin und her, und wedelt mit seinen Armen. »Na, sag schon.« – »Bestimmt nicht wegen dem Geld«, entgegne ich wütend, während ich vorauslaufe, »der Luxus kann mich mal. Für mich bedeutet Europa Freiheit, verstehst du? Frei sein!« – Da hängt er sich von hinten an mich dran. »Was sagst du da, Zaki? Frei? Darf ich lachen?« Und hüpft um mich herum. »Frei? Hier? Meinst du das ernst? Hey, zu Hause bei deiner Mutter warst du garantiert freier als hier, oder? Es sei denn, du verstehst unter Freiheit: Schweizer Joghurt essen, fernsehen und schlafen!«

Das regt mich auf, Georges behandelt mich, als käme ich aus dem Urwald. Und ich weiß schon, was er als Nächstes sagen wird: »Das kann doch nicht alles gewesen sein, was du willst, oder?« – »Genau, Schweizer Joghurt essen und schlafen, schlafen und Schweizer Joghurt essen? Willst du nicht ...?« Und dann versucht er womöglich noch, mich irgendwo reinzuziehen. »Lass es!« Aus, Ende. Mit einem Satz reiße ich die Tür eines Handyshops auf, sodass mit dem Luftzug nasser Schnee hineinweht und lasse Georges draußen in der Kälte stehen. Sodann suche ich mir in aller Ruhe ein Handy aus, das billigste, Nokia, aus Plastik und eine Karte dazu, damit ich mich mit anderen Freunden verabreden kann.

Aber als ich aus dem Laden komme, bewirft mich mein Mitbewohner mit Schneebällen. »Los, mach schon, wirf zurück!« Kann er gern haben, eine ganze Ladung weißen pappigen Schnee. Ein netter Kerl eigentlich, einer, der nicht aufgibt. So oft er kann, schickt er Geld nach Hause, wo er die Hälfte seiner Familie im Krieg verlor und die andere nichts zu essen hat. »Die Freiheit, von der du träumst, suchst du hier in Europa umsonst!«, ruft er jetzt und schnippt mit den Fingern. »Guck dir doch die Banken an. Hier geht es nur um Kapital und darum: fressen oder gefressen werden. Und ich sag dir eins: Ich fresse lieber!«

Ich bin nicht blöd, ich weiß auch, dass die Schweizer Franken nicht unbedingt in der Schweiz verdient werden, sondern von Wirtschaftsbossen aus der Ersten Welt und von Menschenhändlern, Militärs und Diktatoren aus der Dritten Welt kommen. Hier wird ihr Profit, der in offiziellen Haushaltsabrechnungen nie auftaucht, gebunkert und gewaschen, dass es nur so kracht: Steuerhinterziehungsgeld, Blutgeld, Goldgeld, Drogengeld, Fluchtgeld.

Auch die Dollars, die ich für mein Fluchtticket an den weltmännischen Colonel in Libyen gezahlt habe, dürften in den Schließfächern der Alpenrepublik gelandet sein. Vielleicht hat sich sein Boss mit Gastgeschenken wie einer Armbanduhr für hunderttausend Franken aus der Bahnhofstraße verabschiedet. Davon könnte ich in Eritrea tausend Jahre alt werden und hätte immer noch Geld übrig, um die Kinder, die weltweit alle fünf Sekunden an Hunger sterben, mit Schweizer Rösti zu füttern.

Doch bei der Vorstellung, dass Europa auch von dem Geld lebt, das Tausende von Afrika-Migranten für ihre

Flucht hinblättern, könnte ich aus der Haut fahren. Georges und ich laufen durch die Stadt, bis unsere Füße zu Eiszapfen gefroren sind. »Der ehemalige kongolesische und der nigerianische Präsident bunkern ihr Blut- und Fluchtgeld in den Schweizer Bergen«, kräht er mir mit heiserer Stimme ins Ohr. »Der ägyptische, der tunesische, der libysche Präsident auch und euer früherer Chef, Haile Selassie, von dem weiß man's sowieso.« – »Unser Geld, dem Volk gestohlen.« – »Genau, und die Schweizer Banken sagen: ›Tut uns leid, Bankgeheimnis, sorry! Wir fragen nicht und sagen nicht, woher das Geld kommt. Aber wir investieren und wirtschaften weltweit, vergeben Kredite, kassieren Zinsen und, hey, wir werden reich und reicher.‹«

Eine Weile laufen wir stumm nebeneinanderher, sehen den Schneeflocken nach, wie sie weich über fahrende Autos gleiten, bis Georges wieder anfängt: »Europa bedeutet Kapital; Kapital, das auch auf unsere Kosten erwirtschaftet wurde. *Our money*! Tja, wenn wir uns das genau überlegen, gehört die Sozialhilfe, von der wir Flüchtlinge hier in der Schweiz leben ... – die gehört doch uns, oder?«

Ich laufe schneller, fast stoße ich mit einer Gruppe Touristen zusammen, die uns mit kecken Einkaufstäschchen aus Schokolaterien entgegenkommen. Wut kocht in mir hoch: Was ist meine vielbeschworene Freiheit überhaupt wert? Die Freiheit des Einzelnen, wenn sie nur dazu dient, auf Kosten anderer zu leben? Was, wenn die Freiheit in Europa, deretwegen ich den lebensgefährlichen Weg übers Meer gemacht habe, nur dazu da ist, immer mehr Geld anzuhäufen, das man mit möglichst keinem teilen muss? Mit Flüchtlingen und Migranten schon gar nicht.

Ich könnte aus der Haut fahren. Deshalb will man mich im Paradies nicht haben. Weil hier der Egoismus und der Eigennutz die Gastfreundschaft verdrängt haben. »Das ist Raubtierkapitalismus«, sagt Georges, »da will ich dabei sein. Genau deswegen bin ich nach Europa gekommen, kapiert?«

Blau gefroren kommen wir am Abend zurück. Mein Traum vom Paradies war eine miese Illusion und Europa ein großer Irrtum. Ich pruste weiße Atemwolken in den eisigen Himmel und stapfe mit meinen zu kleinen Gummistiefeln durch tiefe Schneeverwehungen. Meine Füße werden nass, weil mir der Schnee über den Rand nach innen fällt, aber das spüre ich nicht. Ich muss auf andere Gedanken kommen. »Hallo, Zaki!« In unserem Gemeinschaftsraum springen ein paar Kinder um mich herum. Sie sprechen deutsch, weil sie in Deutschland geboren und aufgewachsen sind, bevor sie mit ihren Familien ausgewiesen wurden. Jetzt leben sie illegal in der Schweiz. Die Kinder mögen mich, weil ich ihnen immer Gummibärchen von meinen Ausflügen nach Zürich mitbringe. Heute auch. Mmmh, stopfen sie sich die handvollweise in den Mund, keiner will zu kurzkommen.

Eine Taufe wird gefeiert. Eine libanesische Familie hat Zuwachs bekommen, das sechste Kind. Ein Mädchen, ich darf es sogar im Arm halten, große dunkle Augen, neugierig aufs Leben. Wenn die Kleine wüsste. Ich ziehe meine nassen Stiefel aus, setze mich zu den anderen auf den abgewetzten Teppich am Boden. Dann erzählen wir den Kindern Märchen, jeder aus seinem Land, aber jeder versucht es auf Deutsch.

»Ein Kurde lebte auf dem Land«, beginnt mein kurdischer Freund Hassan, »er war noch nie in der Stadt gewesen. Seine Freunde erzählten ihm, wie schön es da sei. Schließlich wollte er auch einmal in die Stadt und ihre Sehenswürdigkeiten ansehen. Er ging durch die Straßen und schaute die prächtigen Häuser und Paläste an, die Moscheen und Basare. Es gefiel ihm alles sehr gut. Vom vielen Laufen war er jedoch hungrig geworden; er ging in einen Bäckerladen und bestellte fünf Nan, flache handtellergroße Brotfladen. Danach nahm er aus seiner Tasche ein paar Schnitten Schafskäse und aß sie zu dem Brot, bis er satt war. Er bat den Bäcker, sich waschen zu dürfen, wusch sich Gesicht und Hände und ging aus dem Laden.

Der Bäcker lief ihm hinterher und sagte: ›Hallo, Sie haben vergessen zu bezahlen!‹ Da sagte der Kurde: ›Oh, in meinem Dorf kommen jeden Tag bestimmt zehn Leute zu mir, sie essen und trinken, so viel sie mögen; sie bezahlen mir nichts dafür. Sobald einer kommt, der mir etwas bezahlt, werde ich Ihnen das Geld sogleich bringen!‹«

»Wir werden den Schweizern ihre Gastfreundschaft hundertfach zurückzahlen, wenn wir können«, sagt der libanesische Familienvater und tanzt für seine kleine Tochter.

Ein paar Nächte später hämmert die Polizei an ihren Familiencontainer: Packen und ab nach Deutschland! Wo die Familie ihr erstes Asylgesuch beantragt hatte. Nachdem die Schweizer Behörden davon erfahren haben, schickten sie den Kleintransporter. Gastfreundschaft? Mitleid? – Damit ist kein Staat zu machen! Die deutsche Polizei setzt die Familie umgehend ins Flugzeug zurück in den Libanon.

30. Juli 2004, Urlaub in Italien: Ohne Papiere bin ich nichts. Darf nicht legal in der Schweiz bleiben, sie aber auch nicht verlassen. Täglich auf der Flucht, weil die Polizei mich sonst irgendwann holen würde wie die libanesische Familie. Ich warte. Schon wieder fünf lange Monate vorbei, ohne dass etwas passiert ist, nichts, *niente*, *nothing*. Ich bin mit dem Zug nach Zürich gefahren, bin nach Bern gefahren, nach Lausanne und nach Genf. Immer schwarz, als ich einmal erwischt wurde, habe ich die Strafe nicht bezahlt, weil ich dachte, nicht nötig, die jagen mich sowieso aus dem Land. Und ein paar Fränkli auf den Schweizer Banken gehören auch mir.

An vielen Nachmittagen bin ich mit der Bergbahn von Zürich-Central zur Universität hochgefahren, habe mich dort in die Bibliothek vor einen Bildschirm gesetzt und bei Google *»asmarino-dot-com«* eingegeben und als vermeintlicher Schweizer Student Nachrichten aus Eritrea gehört. Ich habe mir Kathedralen und Schlösser angesehen, war auf

Schweizer Volksfesten, bin an Seen entlanggejoggt, auf Berge gewandert und habe Schweizer Käse gegessen. Ich habe mich daran gewöhnt, obwohl ich in Eritrea keinen Käse kannte. An meinem Geburtstag habe ich sogar Apfelkuchen gekauft und am Abend in unserem Gemeinschaftsraum Musik aufgelegt.

Aber nur in wenigen Momenten gelang es mir, dieses zermürbende Gefühl des Wartens zu vergessen. Warten auf was? Keine Idee. Du zermarterst dir den Kopf und findest keine Lösung, fühlst dich wie ans Kreuz geschlagen, und die Gedanken drehen hohl. Dem Warten wohnt eine brutale Unruhe inne, die alles grau in grau verquirlt, jedes Erlebnis schal macht. Ich schlafe viel, und wenn ich aufwache, döse ich. Depression nennen die Ärzte das, die meisten meiner Weggefährten nehmen Tabletten, viele sind süchtig.

Ich musste etwas tun. »Komm zu mir nach Basano del Grappa«, blinkte mir Ende Juni eine E-Mail auf dem Bildschirm der Züricher Uni entgegen. – »Ohne Papiere schicken sie mich an der Grenze zurück«, antwortete ich Tantu, »und illegal in Italien untertauchen, *no grazie*. Einmal obdachlos, das reicht.« – »Mach Urlaub in *bella Italia*«, mailte mein Freund. – »Urlaub wovon?«, schrieb ich zurück. – »Komm schon, du fährst mit dem Zug bis Chiasso an die Grenze. Dort schick ich dir einen Freund, der dich über die Berge durch den Grenzzaun nach Como bringt.« – »Ich versuche es lieber auf eigene Faust.«

Natürlich ging es das erste Mal schief. Eine ganze Nacht lang suchte ich in Chiasso nach einem Loch im Grenzzaun, fand aber keines. Doch die Aussicht auf ein Abenteuer belebte mich, plötzlich war ich wach. Brauchte doch den Freund als Schmuggler. Gleich einen Tag später fuhr ich wieder los und verabredete mich mit Luigi, so nannte sich Tantus Schmugglerfreund, obwohl er Eritreer ist. Ein lustiger Kerl, schon seit ein paar Jahren in Como, er trägt eine Armeehose, gelbgrünes T-Shirt und Baseballmütze. »Tarnkleidung«, sagte er, verzog das Gesicht zu einem Lachen, als er mich vom Bahnhof abholte. Warum lachen Afrikaner so viel, auch wenn es ihnen schlecht geht?, ging es mir durch den Kopf. Viel mehr als die Menschen in Europa. Luigi gefiel mir, er hatte etwas von einem Rebellen, wollte nur ein paar Franken für seine Dienste.

»Kaffee, Zucker, Zigaretten, Kühe, alles ging hier früher schwarz über die Berge«, erzählte er frohgemut und klatschte sich auf die Schenkel, »ich bringe die Menschen herüber.« Es war gegen halb elf Uhr am Abend, als wir aufbrachen. Die Sonne noch nicht lange untergegangen, ich wunderte mich immer noch, wie spät sie im europäischen Sommer untergeht. Unser Schmuggelpfad führte nicht über die höchsten Pässe, sondern zunächst über Bahngleise. »Die Schmuggler waren angesehene Leute in der Schweiz«, begann Luigi und zwinkerte mir zu. »Schlaue Jungs, die immer genug zu essen und Geld in der Tasche hatten, um Mädchen einzuladen.«

»Besser als kein Job«, musste ich zugeben. Wir waren schnell aus der Stadt heraus und im Wald, den Berg hinauf, der Grenzzaun immer in Sichtweite. Es war mir peinlich, aber beim ersten Versuch war ich tatsächlich in die entgegengesetzte Richtung gelaufen. Gehorsam schlich ich jetzt Luigi hinterher. Der Grenzzaun werde regelmäßig von Grenzschutzbeamten und Zöllnern kontrolliert und repariert. »Aber er ist nie lange dicht«, erzählte Luigi, der Schmuggler. Immer sei einer mit der Stahlschere unterwegs und schneide Löcher in den Zaun.

Es war feucht, Ästchen knackten unter unseren Schuhen. Als irgendwo ein Hund bellte, zuckten wir zusammen und hielten den Atem an. Sternenklarer Himmel, ich zählte mindestens drei Sternschnuppen, dann liefen wir weiter. Anderthalb Stunden. Leise pfiff Luigi durch seine Zähne. Hier irgendwo musste das Loch sein. Schatten!, durchfuhr es mich kalt. »*Keep cool*«, sagte Luigi, »wenn die Polizeihunde anschlagen, ist noch Zeit, um abzuhauen.«

Das Loch, endlich, ganz unspektakulär, ducken und durch. Wir reckten unsere Daumen in die Höhe. »Irgendwo gibt es immer eine Lücke!«, klingt platt, aber ist so. Sogar für Flüchtlinge. Die Schatten, die wir gesehen hatten, waren keine Zöllner, sondern Grenzgänger wie wir. Es herrschte reger Durchgangsverkehr in dieser Nacht. Dass das keinem Grenzbeamten auffällt, ist kaum zu glauben. Vermutlich drücken die gegen kleine Beträge beide Augen zu. Am nächsten Morgen fuhr ich von Chiasso aus weiter nach Basano del Grappa.

Welch ein Wiedersehen! Ein Ständchen auf der Orgel. »Nur für dich«, sagt Tantu und zwickt mich in die Backe. Er weiß genau, was mir fehlt, und ich bin gerührt. Das Erste, was er sich von seinem selbst verdienten Geld gekauft hatte, war ein Keyboard. Jetzt spielt er und ich singe, er singt und ich spiele einen ganzen Tag lang. Wunderbare Zeit mit meinem Freund. Tantu lebt in einem kleinen Zimmer mit Dusche in einem Abbruchhaus, eine Matratze auf einem Linoleumboden, ein Spind, eine Blechtasse und ein Löffel sind sein ganzes Hab und Gut. Sein Vermieter darf nichts von mir wissen.

Bei eritreischen Freunden machen wir Musik, wir singen und trommeln wie in Asmara, spielen bei Gottesdiensten und sogar bei einer Hochzeit. Immer wieder fragt mich Tantu, wie es mir geht. »Gut, hey Alter, noch nie ging es mir so gut, seit ich unterwegs bin.« Denn zum ersten Mal seit meiner Flucht spüre ich mich wieder: Wer ich bin, was ich will und nicht will. Mit unseren Liedern, in denen ich ausdrücken kann, was mich bewegt; die immer gleichen wiegenden und wogenden Töne sind wie Medizin.

Musik kann jeder Eritreer, von Kind an. Es ist unser Lachen und unser Weinen und begleitet uns täglich. Mit Liedern diskutieren oder sprechen wir, manchmal blödeln wir auch nur miteinander. »Woran denkst du?«, fragt mich Tantu, er verzieht sein Gesicht, als ob er in eine Zitrone gebissen hätte. »An nichts«, sage ich und muss lachen. »Aber ich bin froh, dass es Afrika auch in Europa gibt.«

Wenn ich singe, erzähle ich meinen Freunden von meinen Gefühlen, rufe nach meiner Mutter, rufe nach Geistern und Ahnen. An die ich natürlich nicht glaube, da bin ich viel zu europäisch orientiert. Aber durch die Musik kann ich mehr als mit Worten erzählen, das hat etwas Tröstliches.

Klingen die Melodien der Schweizer Alphörner nicht ähnlich wie unsere Lieder? Vielleicht bilde ich mir das aber auch nur ein, vielleicht ist es die Musik der Berge. Nach vier oder fünf Wochen packt mich das Heimweh nach der Schweiz. Monate zuvor schon habe ich meinen zweiten Asylantrag gestellt. Bin neugierig, wie er entschieden worden ist. Als ich meinen Rucksack packe, sieht mich Tantu traurig an: »Hey Zaki, bleib doch hier in Italien.« – »Schön wär's. Aber wo und wie? Willst du mich durchfüttern?« – »Warum nicht, wir können es doch versuchen.«

»Ich kann nicht«, sage ich und sehe auf den Boden, »ich will irgendwohin, wo man mich akzeptiert, dort lernen, arbeiten, lieben, leben.« – »Was soll das denn für ein Land sein, bitte schön? Warum nicht Italien?« – »Nein, sobald mich die Italiener schnappen, werde ich doch sowieso in die Schweiz abgeschoben.« – »Weil grade die Schweizer mit ihren Kühen so scharf auf dich sind – mach dir doch nichts vor!« – »Ein eritreisches Sprichwort sagt: Eine Kuh kann nicht nur von einer Seite fett werden. Ich will keine halben Sachen mehr machen. Wenn die Schweiz mein zweites Asylgesuch ablehnt, gehe ich.«

Als ich mit dem Zug zurückfahre, fragen mich die Beamten an der Grenze in Como: »*Passport*, bitte«, und wundern sich, dass ich ihnen meinen Schweizer N-Ausweis zeige. »Verirrt«, sage ich und versuche einen völlig verdatterten Ausdruck, »aus Versehen in Como gelandet. Eigentlich wolle ich nach Chiasso.« Auf das Erstaunen der Beamten folgt das gewohnte Brimborium: auf die Wache, zur Leibesvisitation. Erst als sie eine Videokassette finden, eine Aufnahme von Tantu und mir, wie wir auf einer Hochzeit Musik machen, schmunzeln sie, und der eine streicht sich mit dem Finger über die Lippen: »*Porno?*«

»*Really interesting*«, sage ich, schmunzle auch, »*please, have a look.*«

11. Etappe: Illegal

SWR, Freiburg, 19. Januar 2011

Flüchtlinge gefunden – Polizei sucht Schleuserbande

Sinsheim/Karlsruhe: Die Polizei ermittelt gegen eine ausländische Schleuserbande, die Flüchtlinge aus dem Iran und Afghanistan nach Deutschland geschmuggelt haben soll. Die Flüchtlinge sollen insgesamt 28000 Euro an iranische und türkische Schleuser bezahlt haben. Gestern Abend hatte ein georgischer Lkw-Fahrer die Polizei informiert, weil er bei einer Pause auf der Raststätte Sinsheim im Rhein-Neckar-Kreis Stimmen aus dem Laderaum seines mit 19 Tonnen Kiesel beladenen Sattelzuges hörte. Bei den Flüchtlingen handelt es sich um zwei iranische Männer sowie ein afghanisches Ehepaar und deren achtjährige Tochter. Die stark unterkühlten Personen wurden in eine Klinik gebracht. (…)

18. November 2004, Paris, Eiffelturm by night: Frühmorgens los nach Genf, dort mit der Straßenbahn über die Grenze nach Frankreich, vom gesparten Geld eine Fahrkarte nach Paris kaufen, von dort aus weiter Richtung Norden über Hamburg nach Kopenhagen, dann Schweden. So war's geplant.

Zwei Monate vorher hatte uns die Migrationsbehörde nach Winterthur geschickt. Mein Asylgesuch war abgelehnt worden. Zum zweiten Mal. Mit dem Bescheid kam die Aufforderung, Adliswil zu verlassen. Genug, ich hatte es satt, herumgestoßen zu werden wie ein Stück Dreck, von dem keiner weiß, wohin damit.

Ein riesiger Schlafsaalcontainer, kleiner Gemeinschaftsraum, Fernseher, nichts sonst. Kam mir bekannt vor, bitte, nicht noch einmal wie in Zollikon. Da werd ich verrückt, vorher spring ich aus dem Fenster. Oder ich gehe. Es ist abscheulich, dass ich nie für mich sein kann, keine Privatsphäre, keine Ruhe habe. Stattdessen Dreck, Lärm, Geschrei, Einheitsessen und Nutzlosigkeit. Da ist jedes Flugzeug, das niedrig am Himmel fliegt, ein Ereignis. Schon eine Weile her, dass ich von Flügeln träumte.

»Schweden«, sagte Amir, ein muslimischer Landsmann, er wolle nach Schweden. Ein liberales Land, wenig Arbeitslosigkeit. Amir war eher ein zurückhaltender, schüchterner Zeitgenosse, keiner, der die Initiative ergreift. Aber er hatte einen Cousin in Schweden, deshalb wollte er es dort versuchen. Ich überlegte, ob ich weiter nach England zu meinem großen Bruder gehen sollte, doch der hatte nach seiner Habilitation zum Professor einen Ruf von einer Universität in die USA erhalten und war kurz vor seiner Abreise.

Im europäischen Norden seien Migranten willkommen und würden als Krankenpfleger oder Altenpfleger sofort Arbeit finden. Warum nicht Schweden? »Ich komm mit«, sagte ich entschlossen. Ich weiß nicht, warum wir unser Abreisedatum ausgerechnet auf den 18. November legten, einen Donnerstag. Aber egal, ein Plan, ein Ziel! Und endlich eine neue Hoffnung.

Schon fast zwei Jahre lebe, nein, vegetiere ich jetzt in Schweizer Asylheimen, ohne irgendwie weitergekommen zu sein im Leben. Nichts gelernt, nichts gearbeitet, nicht einmal richtig verliebt, zwar kurz davor, aber schnell wieder entliebt, weil es im Asyllager keine Zukunft gibt. Ob es Awet wohl gut geht? Ich habe nichts mehr von ihr gehört, seit ich weg aus Crotone bin. Aber verdammt noch mal: Habe ich nicht wie alle anderen Menschen, denen ich auf der Züricher Bahnhofstraße oder sonst wo übern Weg laufe, ein Recht auf Hoffnung, Arbeit, Familie, Glück?

Ich bin neidisch, wenn ich junge Pärchen sehe, wie sie händchenhaltend aus dem Kino kommen. Will auch ins Kino oder in die Disco und den Mädchen gefallen. Ein normaler junger Mann sein.

Stockholm – deswegen! Mit dem Zug. Im Züricher Amt für Migration hängt eine Weltkarte, die ich jedes Mal, wenn ich dort bin, betrachte. Die Grenzen der europäischen Länder und ihre Städte kenne ich auswendig. Auf dem direkten Weg nach Schweden müssen wir durch ganz Deutschland. Ausgerechnet, zu diesem Land spuken mir nur das Dritte Reich, die Nazis, Faschismus, Rassismus und Judenverfolgung durch den Kopf. »Auf keinen Fall nach Deutschland«, sage ich, als ich mit Amir unsere Reiseroute überlege. »Deutschland kommt nicht in Frage«, pflichtet er mir bei und schlägt mit der flachen Hand auf seine Schaumstoffmatratze. Wer auf dieser schon alles gelegen haben mag? Nicht mehr wichtig. Na gut, wenn wir schon durch Deutschland müssen, dann wenigstens auf dem allerkürzesten Weg. Von der Schweiz über Frankreich nach Deutschland bis zur dänischen Grenze.

Adieu Schwyz, uff Wiederluaga! Als Amir und ich morgens um sieben in den Zug nach Genf steigen, ist der Himmel grau, die Wolken hängen tief, den ganzen Tag über wird es nicht heller, aber es regnet wenigstens nicht. Wir haben Glück: Weder in Genf noch auf dem Weg mit der Straßenbahn über die Rhone nach Frankreich werden wir kontrolliert. Meine NEEs, meine Nichteintretungsbescheide, habe ich zurückgelassen. »Könnt damit machen, was ihr wollt!«, rief ich meinen Mitbewohnern zum Abschied zu. Georges zerknüllte die roten Zettel und warf sie zu seinen Strafbescheiden, die er unterm Bett hortete.

Das Geld für die Zugfahrkarten haben wir uns wortwörtlich vom Mund abgespart. Lieber hungern und sich vom Essensgeld Fahrkarten kaufen, Hauptsache raus aus dem Asylheim, »spazieren gehen«, das ist das Einzige, was ein Asylbewerber darf. Nicht überall, aber in der Schweiz. »*Les tickets, s'il vous plaît*«, heißt es im ICE nach Paris.

Je näher wir der französischen Hauptstadt kommen, desto flacher und eintöniger das Land, Acker- und Weideland. Während Amir und ich durch die Zugfenster in den Regen starren, träumen wir vom Eiffelturm, von den Brücken über der Seine und links und rechts ein blondes Mädchen im Arm. Paris ist die Stadt der Liebe, alles Kitsch, aber davon hatten wir sogar im fernen Afrika gehört. Kitsch und Romantik kennt das Leben im Asyl nicht – eine Handvoll davon kann uns deshalb nicht schaden. So können wir es kaum erwarten, bis der Zug am späten Nachmittag durch die endlosen Vororthochhaussiedlungen der Metropole schießt.

Das Erste, was mir auffällt, als wir an der großen Gare de Lyon einfahren, sind flatternde gelbe, auf Gestelle gespannte Abfallsäcke. Wie Wimpel, die uns begrüßen. Ding-dang-doo: »*Mesdames et Messieurs, votre attention s'il vous plaît …*«, ertönt eine freundliche Frauenstimme aus den Lautsprechern. »*Pardon*«, kaum dass wir ausgestiegen sind und unschlüssig um uns blicken, spricht uns ein junger Mann an, »*please, can I help you?*« – »*Information*«, antworte ich. – Wohin wir denn wollen, fragt er. – »Nach Hamburg!«

Da schüttelt er den Kopf und lacht. »Anderer Bahnhof.« Es dauert eine Weile, bis wir begreifen, was er meint. In der Stadt der Liebe gibt es viele Bahnhöfe, genau genommen sechs, einen für jede Himmelsrichtung und noch mal zwei dazwischen. Der Zug nach Hamburg fährt von einem anderen Bahnhof ab. Von der Gare de l'Est. »*Do you want to go there?*« Man müsse die Metro nehmen, gegen eine angemessene Gebühr werde er uns dorthin führen. »*This is my job!*« Amir und ich sehen uns an, was bleibt uns anderes übrig? Wir nicken. »Fünfzehn Euro«, sagt der Bahnhofslotse, ein arbeitsloser Algerier, »*good price*.« Eiffelturm inklusive kostet fünf Euro extra.

Pariser Kitsch, aber noch viel schöner, als ich ihn mir vorgestellt habe. Filigran, gleichzeitig so monströs, dass ich mir ganz winzig vorkomme. »Herrlich!«, ruft Amir, auch mir bleibt der Mund offen stehen. Eintrittskarten hoch auf den Turm sind uns zu teuer, deshalb laufen wir über die Straße zur Seine, um ihn von Weitem noch besser sehen zu können. Ein Ausflugsschiff zieht vorüber, es dröhnt die Stimme des Reiseleiters zu uns hoch. Ob wir nicht doch lieber nach England fahren? Eine Eingebung aus heiterem Himmel. »London«, sage ich gut gelaunt, reibe meine Hände ineinander, »das ist nicht weit.« – »Was, wie – willst du jetzt plötzlich nach London?« Amir spielt mit und verdreht die Augen. »Das fällt dir aber ziemlich früh ein.« – »Ich war schon immer spontan«, entgegne ich lachend. Lange war ich nicht mehr so unbeschwert und ausgelassen.

Es dämmert, und als die Sonne untergegangen ist, wölbt sich der Himmel in orange-rot-lila-hellblauen Streifen, auf denen sich die Silhouette des Eiffelturms wie ein verheißungsvoller Obelisk abzeichnet. Ein magischer Moment: »Europa!«, pulst es in meinen Ohren. Ich bin jung, neunzehn Jahre alt und für einen Moment von einem unbeschreiblichen Gefühl beseelt: Leben, ich komme! Und ich erzähle von meinem großen Bruder, der in London studiert hat und unsere Familie von dort aus jahrelang versorgt hat. Es noch immer tut. »London muss toll sein, in London steht uns die Welt offen.« – »Glaubst du?«, mischt sich unser algerischer Lotse ein. »Willst du etwa durch den Kanal schwimmen? Das haben andere vor dir auch schon versucht.« – »Ich kann nicht schwimmen.« – »Aber wir können mit dem Zug fahren.« – »Super Idee, mit dem Eurostar durch den Eurotunnel unterm Meer durch, da stehen dir als Flüchtling wahrhaftig alle Türen offen, wenn du kontrolliert wirst, und das wirst du als Flüchtling bestimmt.« – »Dann kannst du wenigstens wegtauchen, wenn du erwischt wirst«, sagt Amir und lacht. – »Genau, ich tauche als Walfisch zurück nach Le Havre und dann durch die Seine bis zum Eiffelturm, wo eine hübsche, junge Mademoiselle auf mich wartet.«

Jepp – Amir und ich werfen Kusshände in die Luft und rennen wie berauscht über die Brücke und am Ufer der Seine entlang. Ein paar Messieurs, so alt wie wir, kommen uns auf Skateboards entgegen, Krankenwagen rasen mit Blaulicht vorbei, und ich fühle mich jung.

Und plötzlich habe ich unbändigen Hunger, zum ersten Mal seit zwei Jahren, kommt es mir vor. Lebenshunger. An der Gare de l'Est verschlingen wir einen Döner, dann erst suchen wir den Fahrkartenschalter auf: »Hamburg, *s'il vous plaît.*« Schade, aber London ist uns doch zu spontan. Kurz nach acht Uhr am Abend steigen Amir und ich dann in den Nachtzug ein, wo wir uns in ein Bett erster Klasse legen, uns wie reiche Touristen fühlen und uns unsere Secondhand-MP3-Player, gekauft von unserem eigenen Schweizer Geld, in die Ohren stöpseln. Musik lenkt ab von der Angst. »Achte auf Grün«, hatte man mir gesagt, »auf die Uniform der deutschen Polizisten.« Es war kein Polizist, der uns aus dem Schlaf riss, sondern der Schaffner, der die Fahrkarten kontrollieren wollte.

19. November 2004, Oldenburg in Holstein, erwischt: Zwölf Stunden später trinken Amir und ich am Hamburger Bahnhof Kaffee. Übernächtigt, aber ziemlich aufgekratzt; bis jetzt ist alles gut gegangen. Eiffelturm *by night* erlebt, die Fahrkarte nach Kopenhagen in der Tasche, was soll noch passieren? Am Bahnhof verschwinden wir unauffällig in der Menschenmasse, und wenn einer von uns Grün sieht, egal ob Polizist oder nicht, zischt er: »Achtung!« Dann ziehen wir unsere Köpfe ein und drehen ab. Das haben wir schnell raus, blöd nur, wenn Grün von beiden Seiten kommt. Aber nichts geschieht.

Durch Hamburg streifen wär jetzt schön, aber es regnet in Strömen, deswegen bleiben wir am Bahnhof und beobachten Menschen auf den Bahnsteigen: die Deutschen. Viel Unterschied zu den Zürichern, Parisern oder Mailändern kann ich nicht erkennen. Disziplinierter vielleicht, wie sie alle so geduldig und selbstverständlich vor den geöffneten Zugtüren warten, bis die ankommenden Reisenden aus einem Zug ausgestiegen sind und sie einsteigen können.

Unser Zug geht gegen halb zehn, Regionalbahn. Sechs Stunden bis Kopenhagen. Noch immer regnet es, in langen Spuren rinnt das Wasser quer über die Zugfenster. Das Land ist flach, grünweiß gesprenkelt die Wiesen, aus denen weiße Ungetüme fast so hoch wie der Eiffelturm aufragen. Es muss geschneit haben. Aber was sind das für außerirdische Riesen, die da in Grüppchen stehen und mit ihren Flügeln schlagen? Weiße Flügel mit rotem Streifen im Regen, noch nie gesehen, wie sie sich drehen, als wollten sie den Sturm vertreiben.

»Oldenburg, Holstein«, tönt es durch die Lautsprecher, der Zug hält. Ein kurzer Blick hinaus, rote Backsteinhäuser, weiße Schleier hinter den Fensterscheiben, dann rätseln Amir und ich weiter über diese seltsamen Wesen mit den rotierenden Armen. »Personenkontrolle!« Plötzlich. »Ihre Ausweise bitte!« Zwei Männer in Grün haben sich vor uns aufgebaut. Weglaufen zwecklos. Groß und breit stehen die Polizisten da. Sie sind jung, blass und gut beieinander, der Größere mit dunklen Haaren und Brille, der andere hat blonde, kurze Stoppeln, ihre grünweißen Mützen halten sie in der Hand. Einen Moment nicht aufgepasst, schon passiert. Während Amir mich mit bangen »Was jetzt?«-Augen anstarrt, bin ich gefasst und zücke meinen Schweizer Asylausweis.

Einer der Grünen blättert, der andere behält uns im Blick. »*Hey boys, here is no Switzerland*«, sagt der mit der Brille, zwinkert betreten und verzieht den Mund. Fast könnte man meinen, dass es ihm leidtut, uns erwischt zu haben. Sympathisch eigentlich. »Ich weiß nicht«, entgegne ich auf Deutsch. »Entschuldigung bitte!« – »Mitkommen bitte!«, sagt der mit den Stoppelhaaren und legt seine Hand auf Amirs Arm. Der Zug fährt ohne uns weiter nach Dänemark. »Was soll's?!«, versuche ich Amir zu beruhigen, als wir auf die Polizeiwache chauffiert werden. »Das Schlimmste, was uns passieren kann, ist, dass sie uns in die Schweiz zurückschicken, und dann probieren wir es halt noch einmal.« – »Aber mein Cousin wartet doch.«

»Flüchtlinge warten immer. Die Deutschen sind korrekt, Hitler ist längst vorbei«, sage ich und weiß nicht, ob ich Amir oder mir selbst damit Hoffnung machen will. »Ich hatte als Kind sogar eine deutsche Patenschwester, die mir manchmal Geld schickte, das nur leider unsere Pfarrer eingesackt haben. Deutsche haben Mitleid mit Menschen in Not. Vielleicht dürfen wir ja bleiben.« – »Am Frankfurter Flughafen haben sie kürzlich eine ganze Gruppe Landsleute zurück nach Eritrea geschickt«, entgegnet Amir völlig unbeeindruckt von meiner Rede. Wir haben es beide bei *asmarino-dot-com* gelesen, »die sind alle in unterirdischen Foltergefängnissen verschwunden.«

Bei der üblichen Leibesvisitation auf der Polizeiwache in Oldenburg entschuldigen sich die beiden jungen Beamten sogar, heben ihre Hände in die Luft, Handflächen nach oben. »Tut uns leid, wir wissen, wie furchtbar das ist, aber leider, das ist Vorschrift.« Die Polizisten sind nett, Deutsche sind nett, das tut gut. Aber es ist das erste und das letzte Mal, dass sich jemand für diese demütigende Aktion in Europa entschuldigt. Wenn wir keine Flüchtlinge aus Afrika wären, könnten wir Freunde werden, aber die Männer in Grün tun, was sie tun müssen, konfiszieren unsere billigen Handys aus der Schweiz und unser Geld. Ich habe nicht viel, Amir schon.

Dann übergeben sie uns den Kollegen. Schock. Man sperrt

uns in zwei Gefängniszellen. Ein Raum hinter der Polizeiwache, ein Bett mit Lederriemen als Matratze, kein Schrank, kein Tisch, kein Fenster, aber eine Notklingel. Die ich im Abstand von einer Minute immer wieder drücke. Dass ich heraus will, protestiere ich trotzig, will hier sofort wieder raus. Was ich denn Falsches getan habe, ich sei doch nur ein Flüchtling? »Herzinfarkt«, sage ich einem Polizisten, der kommt. »Mir ist schlecht, ich kriege keine Luft mehr.« Ich will ihn nicht verarschen, will nur raus aus dieser Zelle. – »Habt ihr Hunger?« – »Ja.« Erst als ich mir meine Nase blutig kratze, lässt man meinen Freund und mich auf den Flur, wo wir zwei Riesen-McDonald's-Hamburger verdrücken, die ein Polizist von unserem Geld gekauft hat.

21. November bis 8. Dezember 2004, Lübeck, hinter Gittern: Zum ersten Mal in meinem Leben. »Wegen unerlaubter Einreise« stehen wir am nächsten Morgen vor Gericht. Ich bin sprachlos vor Enttäuschung. Das muss ein gnadenloser Irrtum sein! Ein Richter, zwei Angeklagte und zwei Zeugen, kein Übersetzer. Ohne Amir und mich anzusehen, erklärt der Richter, monotoner Tonfall, routiniert: dass wir nicht ohne Visum in die Bundesrepublik einreisen und auch nicht durch die Bundesrepublik hindurchreisen dürfen. Auf Englisch versuche ich, fast flehend, klarzustellen: »Aber, Herr Richter, wir sind nur Flüchtlinge auf dem Weg nach Norwegen – das kann doch nicht so schlimm sein.«

»Strafbar – drei Monate Gefängnis – Abschiebehaft!« Der Richter hat diese Worte schon so oft gesagt, dass er nicht mehr wissen will, wen er vor sich hat; er verliest Paragrafen, spricht in ein Diktiergerät. – »Warum, bitte?«, frage ich. – »Weil das Gesetz es so will.« – »Aber, Herr Richter, wir kennen dieses Gesetz nicht. Wir sind nur Flüchtlinge, wir wollen gar nicht in Deutschland bleiben. Hier sehen Sie, wir haben sogar eine Fahrkarte. Wir haben nichts geraubt und nichts gestohlen, niemanden geschlagen oder getötet, überhaupt nichts

Unrechtes getan. Wir sind nicht kriminell.« – »Doch!«, entgegnet er nun scharf und hustet, hat aber immer noch keinen Grund, uns zu beachten. Kriminellen und Flüchtlingen sieht man nicht in die Augen. Nein, Gott bewahre, Flüchtlinge werden nicht diskriminiert, nur ignoriert.

»Sie sind unrechtmäßig nach Deutschland eingereist. Darauf stehen drei Monate Gefängnis«, verkündet der Richter, für ihn sind es Worte wie »Guten Tag« und »auf Wiedersehen«. Aber für mich klingt es wie ein Todesurteil. Das gibt's doch nicht, »nicht in Italien und nicht in der Schweiz, nur in Deutschland werden Flüchtling wie Kriminelle behandelt und ins Gefängnis gesteckt.« Außer mir vor Empörung springe ich von meinem Stuhl auf, vielleicht balle ich sogar die Faust. »Das ist gegen meine Menschenwürde. Wenn das so ist, werde ich ab heute nichts mehr essen und nichts mehr trinken.«

Hungerstreik, das ist es! Hungern kann ich. Der Gedanke kommt mir in dem Moment, in dem ich ihn ausspreche. Aber endlich horcht der Richter auf. »Ganz ruhig«, sagt er, macht eine Pause, fixiert mich zum ersten Mal, sieht aber schnell wieder weg, »wir sind schon mit ganz anderen Asylanten fertiggeworden. Dann werden wir Sie eben zwingen, zu essen und zu trinken.« – *Ganz ruhig?* – Dass ich nicht lache, ich koche vor Zorn. Ich habe an die Moral geglaubt und an die Menschenrechte. »Aha, das ist also Deutschland. Eine tolle Demokratie ist das, die ihre Leute zwingt«, entgegne ich, und unwillkürlich muss ich daran denken, dass mich meine Freunde in Eritrea »*Wedi German*« nannten, »Sohn einer Deutschen«. Damals, als ich die Zwangsarbeit im Ferienlager schwänzte. Sie dachten, ich sei mir zu fein dafür, dabei wollte ich mich nur nicht zwingen lassen, um nichts auf der Welt zu etwas zwingen lassen. »Wenn Sie nicht sofort still sind, werden wir Sie genau dorthin zurückschicken, wo Sie hergekommen sind!«, blafft der Richter jetzt. »Ist es nicht ein Menschenrecht, frei zu entscheiden, wohin ich gehen will?«

Nichts da. »Beschluss« steht noch am gleichen Tag schwarz auf weiß in dem Urteil, das uns ein Polizist in die Hände drückt, bevor er Amir und mir Handschellen anlegt und uns in einem Polizeiauto mit verdunkelten Scheiben in die Justizvollzugsanstalt Lübeck fährt.

> In der Freiheitsentziehungssache (...): Der eritreische Staatsangehörige Zekarias Kebraeb, geboren am 14.05.1985 in Asmara, ist längstens bis zum 19. Februar 2005, 24.00 Uhr, in Abschiebehaft zu nehmen. Es wird die sofortige Wirksamkeit dieser Entscheidung angeordnet, § 8 Abs. 1, Satz 2 des Bundesfreiheitsentziehungsgesetzes. (...) Nach einem zwischenstaatlichen Abkommen ist die Schweiz für den weiteren Aufenthalt des Ausländers zuständig. Ohne eine Inhaftierung des Ausländers wäre zu erwarten, dass dieser untertaucht und sich seiner Ausreiseverpflichtung entzieht. (...) Gegen diesen Beschluss ist das Rechtsmittel der sofortigen Beschwerde gegeben (...)

Und ob ich mich beschwere. Jede Minute. »Das ist nicht mein Platz, ich habe nichts Unrechtes getan«, ereifere ich mich, als wir in der Lübecker Vollzugsanstalt ankommen. Riesiger roter Backsteinbau mit Rundbogenfenstern, sieht mehr wie eine Kirche denn wie ein Gefängnis aus. Wieder »Machen Sie sich frei!«, dann alle persönlichen Gegenstände bei der Pforte abgeben, auf die Frage »Moslem oder Christ?« antworten, Shampoo und Rasierzeug in Empfang nehmen, Gefängnisklamotten anziehen, fotografieren, Fingerabdrücke, schlafen. Bloß nicht träumen.

Freiheitsentzug: Ich will frei sein und lande im Knast. Ist doch verrückt, oder? Das will mir nicht in den Kopf. Ausgerechnet in Deutschland, ich hätte es ahnen müssen und habe doch in meinen schlimmsten Träumen nicht damit gerechnet. Eingesperrt, drei auf vier Meter, eine vergitterte Fensterluke ganz oben an der Decke, stinkende Toilette, Fernseher, Stockbetten, wenigstens mit Amir zusammen, ich schlafe oben. Bin deswegen aber auch nicht getröstet. Diese Welt verstehe, wer will: Ich flüchte aus meinem Heimatland, damit man mich hier wegschließt?

Mit Verbrechern zusammen in diesem verfluchten »Hitler-Gefängnis«, wie wir es wütend nennen. Wir sind viele: Flüchtlinge aus Indien, Pakistan, Algerien, Irak, Nigeria, Libyen, Mali, Somalia. Keiner von uns hat sich etwas zuschulden kommen lassen, außer dass wir keine Papiere haben. Illegale Existenzen. Die warten, Tag und Nacht; man wartet einfach nur, sieht fern, hört Musik. Immer VIVA. Die amerikanische Sängerin Beyonce gefällt mir, deshalb höre ich ihre Lieder *»Loose my breath«* und *»Dangerously in love«* und träume von draußen. Ich esse nichts, trinke wenig, dämmere in Trance, aber das kann doch nicht ewig so gehen! … Und verliere das Gefühl für die Zeit. Tagsüber bewegen wir uns nicht aus unseren Zellen heraus, obwohl sie offen sind, nachts horchen wir, wer schreit. Viele schreien.

Hoffnungslose Schreie, Gebete und Rufe. Sie gehen mir durch Mark und Bein, und irgendwie muss ich meine Ohren auf taub schalten. Muss mich wehren, bin verzweifelt, streike. Ich will allein sein, niemanden sehen und hören. Doch ein junger Flüchtling aus dem Irak schreit sich immer wieder ohne Unterbrechung durch die unendlichen Nächte. Seine Mutter wurde in der Heimat ermordet, während er in Deutschland hilflos im Gefängnis sitzt. Er tobt, »Nazischweine«, randaliert, dann weint er. »Erbarmen, bitte lasst mich raus.« Irgendwann ist es still, fast unheimlich. »Die Schließer haben ihn mitgenommen und geschlagen, bis er nicht mehr schreien konnte«, heißt es am Morgen.

Auf der Krankenstation: Ich bin ausgetrocknet, und man

legt mir Infusionen an. Ein Psychologe kommt, fragt, warum ich nicht essen will. »Ich brauche keinen Psychologen«, entgegne ich störrisch und drehe ihm den Rücken zu, »ich weiß genau, was ich tu und warum ich das tu.« – »Warum?« – »Weil ich gegen ein unmenschliches Gesetz demonstriere.« Dass ich illegal nach Deutschland eingereist sei, erklärt er mir dann noch einmal. Man warte auf den Bescheid aus der Schweiz, die mich wieder aufnehmen müsse. »Was hab ich denn Illegales getan? Dorthin zu gehen, wo ich will, ist ein Menschenrecht.« Ich bleibe stur und wiederhole es gebetsmühlenartig: »Das ist nicht mein Platz, ich habe nichts verbrochen, ich gehöre nicht hierher, das ist gegen meine Menschenwürde.«

»Okay«, sagt der Psychologe zum Schluss, »wenn du mir versprichst wieder zu essen, dann sorge ich dafür, dass ihr, du und dein Freund, in den nächsten Tagen aus dem Gefängnis herauskommt.«

10. bis 14. Dezember 2004, E. bei Hamburg, wieder kalt: Freitagmorgen, eisiger Wind schüttelt uns durch. Wenn mich der Hungerstreik nicht so geschwächt hätte, würde ich tanzen, so euphorisch bin ich. Mitten auf der Straße. Mit der Begründung, Amir und ich seien illegal in die Schweiz eingereist und auch wieder ausgereist, hat Zürich unsere Rückkehr verweigert. »Rückschiebe-Ersuchen abgelehnt!« Deshalb hat man uns nach zweieinhalb Wochen von heute auf morgen aus der Lübecker JVA entlassen. Einfach so, ohne unser Geld, aber wir sind frei. Mit einer Fahrkarte nach E. bei Hamburg in der Tasche. Keine Ahnung, wo das ist, aber wir sollen uns dort bei der Ausländerbehörde melden und: »Tschüss, macht's gut!« Amir und ich können es nicht glauben. Frei. Wozu dann dieses ganze Theater?

Die Freude vergeht uns schnell wieder. Schon im Zug nach Hamburg ist es bitterkalt, und als wir gegen Nachmittag vor der Tür des Ausländeramtes von E. stehen, frieren wir erbärmlich. Man würde uns dort weiterhelfen und ins Asylheim bringen, hatte es geheißen, aber keiner hier hat auf uns gewartet und keiner will etwas von uns wissen.

Und nun? »Wochenende, kommt nächste Woche mit vier Fotos wieder«, sagt uns der Mann vom Ausländeramt, er hat gleich Feierabend.

»Aber bitte, es ist Winter und kalt, wo können wir schlafen?« Für eine Wohnung sei das Sozialamt zuständig, gleich nebenan, sagt er. »Hier bitte.« Er will ja nicht herzlos sein, zeigt uns sogar die Tür. Aber zu spät, die Verwaltungsbeamtin vom Sozialamt ist auch schon im Wochenende. Amir und ich sehen uns betreten an. Und lernen: Komm niemals an einem Freitagnachmittag im Winter als Flüchtling nach Deutschland. Aber nach Spaß ist uns eigentlich nicht zumute.

Was soll das überhaupt? Warum schickt man uns fast hundert Kilometer weit zu einer Ausländerbehörde anstatt ins nächste Asylheim? Ein paar Stunden vorher waren wir noch im Glück und jetzt? Wieder obdachlos. Ohne Schal und Handschuhe, mit Stiefeln an den Füßen, die mir immer noch eine Nummer zu klein sind, stehen wir irgendwo in Norddeutschland auf der Straße. Frei, aber ich friere wie ein Hund. Hungrig, ohne einen Cent in der Tasche. Normalerweise würde ich jetzt meine Adey anrufen, ihr endlich erzählen, dass ich in Deutschland bin. Kann ich aber nicht, das Gefängnis, die Straße ... Ich kann ihr doch nicht sagen, dass ...

Laufen wir, damit uns warm wird! Bis zu einem riesigen Parkplatz, wo Menschen prall gefüllte orangefarbene Taschen im Kofferraum ihres Autos verstauen, die Heckklappe zuschlagen und mit dem Einkaufswagen über den Asphalt rattern. Sie kommen aus einem Geschäft wie ein Tempel, auf dem unspektakulär vier weiße Lettern prangen: ALDI. Was tun? Amir und ich sehen uns an – Augen zu und durch!

Auch wenn ich mich abgrundtief ekle vor diesen ekelhaft klebrig-nassen Steinfließen. Und überhaupt, die Menschen, was sollen sie von uns denken? Aber wir haben keine Wahl, und nachdem wir uns ein paar Mal ängstlich nach allen Seiten umgesehen haben, setzen wir uns mit unseren Hintern in den Dreck im überdachten Eingang des Supermarkts. Dann legen wir beide Hände ineinander und betteln. Man lässt alles fahren, am liebsten würde ich mir eine Kapuze über meine Augen ziehen, so groß ist die Scham. Es ist nichts, nur grässlich demütigend.

Bloß niemandem in die Augen sehen. Leise, wie ein Gebet, erzählt Amir ein Märchen: »Diaf Rabi – das ist Arabisch und heißt wortwörtlich übersetzt ›Gast Gottes‹. Es ist ein Ruf, der etwas Heiliges hat. Wenn ein Reisender, ein Fremder sich einem Zelt, einer Hütte oder einem Haus nähert, bleibt er in einer bestimmten Entfernung stehen und ruft von Weitem: ›Diaf Rabi‹.

Diese zwei Wörter sagen mehr als ›Gast Gottes‹. Der Fremde sagt damit: ›Haltet eure Hunde zurück, ich komme ohne böse Absicht. Gott hat meine Schritte hierher geführt, und in seinem Namen bitte ich euch um Asyl, eure Gastfreundschaft.‹ Der Gastgeber, der diesen Ruf wahrnimmt, ist verpflichtet, diesen Gast Gottes aufzunehmen, ohne ihm viele Fragen zu stellen, zumindest die erste Zeit. Der Gast bekommt zu trinken und zu essen, alles andere entwickelt sich in einem Gespräch.

In alten Zeiten lebte ein Nomade namens Khaled ould Ahmed mit seiner Frau und seinen Kindern in einem Nomadenzelt in größter Armut. Er war arm, aber keineswegs unglücklich. Ihn zeichneten seine Liebe zu Menschen, seine Hilfsbereitschaft und Gastfreundschaft aus. Kein Fremder kam an seinem Zelt vorbei, ohne etwas zu bekommen, sei es Kaffee, Tee, eine Mahlzeit oder auch nur ein paar getrocknete Datteln. Dieser Nomade teilte einfach das wenige, was er hatte, gern mit den Armen und Bedürftigen.

Gott, dem nichts verborgen bleibt, sandte den Engel Gabriel zu ihm mit der Botschaft, dass er sieben Jahre lang Reichtum erwerben werde. Er könne sich aussuchen, ob dies in seinen jüngeren oder älteren Jahren geschehen solle. Als der Engel Khaled ould Ahmed diese Botschaft überbracht hatte, antwortete der Nomade: ›Warte bitte, ich entscheide nichts ohne meine Frau. Gib mir bitte die Zeit, mich mit ihr zu beraten, bevor ich dir meine Antwort gebe.‹

Er ging ins Zelt zu seiner Frau und erzählte ihr, was geschehen war. Ohne lange zu überlegen, sagte seine Frau zu ihm: ›Wir nehmen den Reichtum jetzt, in unserer Jugend. So können wir zusammen mit unseren Kindern etwas schaffen und unseren Mitmenschen davon abgeben.‹ So geschah es, und der Nomade und seine Familie wurden so reich, dass er neben seinem Zelt noch zwei riesige Zelte aufbauen konnte. Eines, um Mahlzeiten darin zu kochen, und ein anderes als Nachtlager für Reisende und Bedürftige, die vorbeikamen.

Die sieben Jahre vergingen schnell, bald kam der Engel Gabriel wieder. Als er eben seinen Arm ausstrecken wollte, um den Reichtum wieder fortzunehmen, kam ein Reisender in die Nähe des Zeltes und rief: ›Diaf Rabi!‹ Und der Nomade forderte ihn mit den Worten ›Tritt ein ins Haus Gottes‹ auf, hereinzukommen. Der Engel zog seine Hand zurück und beschloss zu warten, bis der Gast gegangen war. Doch nach diesem Gast kam der nächste und dann noch einer und noch einer – bis der Tag vergangen war. Da sagte sich der Engel: Ich komme einfach morgen wieder. Aber am nächsten Tag war es genauso, am übernächsten auch, und immer neue Gäste kamen und gingen.

Da fragte Gott seinen Engel: ›Hast du vergessen, deinen Auftrag auszuführen und den Reichtum des Nomaden zu holen?‹ Und der Engel antwortete: ,›Jedes Mal, wenn ich den Reichtum gerade zu mir nehmen will, kommt ein Gast und sagt: *Diaf Rabi*, und der Nomade antwortet: ›Tritt ein ins Haus Gottes‹. O Herr, ich kann nicht zu mir nehmen, was auf deinen Namen aufgebaut ist und was dir gehört.‹

›Wenn es so ist‹, sprach Gott, ›dann soll der Mann seinen Reichtum für immer behalten.‹«

»Faules Asylantenpack«, höre ich die Leute, die mit abgewandten Blicken an uns vorbeigehen, »schert euch dorthin, wo ihr hergekommen seid.« Sie haben sich an den Anblick von Flüchtlingen gewöhnt und können uns trotzdem nicht leiden. Sehen uns und sehen uns nicht, wenn wir stundenlang auf Bahnhöfen herumlungern, um im Warmen zu sein, oder an Bushaltestellen sitzen und viele Busse verpassen, weil wir nicht wissen, wohin, oder wenn wir vor Geschäften Löcher in die Luft starren, weil wir Hunger haben, aber kein Geld. Bemerkt denn keiner, wie kalt mir ist? Meine Füße und Hände sind dick angeschwollen vom Frost.

Wie ein eisiger Fächer breitet sich die Kälte unter unseren Jacken aus, bis das Blut nur noch langsam durch die Adern pulsiert. Nicht viele Menschen haben Mitleid mit uns. Eine alte Frau mit Stock ist die Erste, die jedem von uns fünfzig Cent in die Hand legt. Später, als es schon dämmert, trauen wir uns in das hell erleuchtete Geschäft hinein, um Brot und Cola von unserem erbettelten Geld zu kaufen. Wir können kaum noch gehen, so steif gefroren sind wir und sterbensmüde. Da spricht uns ein junger Mann an, Student vielleicht, fragt tatsächlich, ob er uns helfen könne.

Wir sind so überrascht, dass wir zunächst gar nicht kapieren, was er meint. Wo wir herkämen und wohin wir wollen? – »Nirgendwohin«, antworten wir. – »Wo wollt ihr schlafen?« – »*Nowhere.*« – »Oh«, sagt er, »schlimm!«, und überlegt. Dann nimmt er uns mit zu einem Bauernhof am Rand der Stadt, wo wir, es ist fast wie Weihnachten, in einem Stall im Stroh schlafen dürfen. Dort ist es wenigstens warm, und so verbringen wir das Wochenende bei Pferden und Kühen.

Am Montag wieder zur Ausländerbehörde in E. Was sonst? »Wir können unmöglich bei Schnee und Eis auf der Straße schlafen«, dränge ich verzweifelt, während der Beamte über unsere Papiere hinwegliest. »Bitte, Sie müssen etwas tun.« – »Ich muss gar nichts«, entgegnet er ungehalten. Offensichtlich ärgert er sich über unsere Forderung. Das Einzige, womit er uns dienen könne, sei ein Flüchtlingsausweis: »Wollt ihr den?« Er gelte drei Monate, so lange haben wir Zeit zu überlegen, ob wir einen Asylantrag in Deutschland stellen wollen oder nicht. »Aber einen Platz im Asylheim habe ich nicht. Alles voll, *sorry*, Jungs.« – »Sie müssen uns doch ein Dach über dem Kopf, eine Wohnung geben«, versuche ich es noch einmal. »Asyl heißt Schutz, wir brauchen Schutz.« Warum man uns nicht im Knast behalten habe, lamentiert er genervt, er wisse doch auch nicht, was er mit uns anfangen solle. »Ich kann euch nicht helfen, versteht ihr? Oder wollt ihr nicht verstehen?« Da könne ja jeder kommen und eine Wohnung verlangen, wer wir denn überhaupt seien? Eine Wohnung kann er nicht zaubern, Platz im Asylheim auch nicht. Punkt.

Ja, Himmel: Zuerst müssen wir ins Gefängnis, um nicht illegal unterzutauchen, dann werden wir entlassen, um in der Illegalität zu verschwinden. Gibt es denn da keinen Plan? »Sie müssen uns aber helfen«, noch einmal, nach außen hin ruhig, innerlich verzweifelt. Will er uns erfrieren lassen? Da haut er mit der Hand auf dem Tisch: »Ihr seid schlimmer als die Mafia, kommt irgendwoher, wollt irgendwo hin und immer wollt ihr was haben, immer die Hand aufhalten ...«

16. bis 31. Dezember 2004, Oldenburg in Holstein, wenigstens warm: Er wandte sich ab und ließ uns einfach stehen. Mitten im Winter. Vielleicht hätte ich ihn anflehen sollen, aber dafür war ich zu wütend, deshalb sind Amir und ich einfach gegangen. Womöglich wären wir erfroren, hätten wir nicht am selben Tag einen Mann aus Somalia auf der Straße getroffen, der uns ein paar Tage bei sich aufnahm. Er war es auch, der uns überredete, später noch einmal zum Ausländeramt zu gehen, um dort nach einem Platz im Asylheim zu fragen. Asylbewerber laufen im Kreis der Absurditäten.

»Zurück nach Oldenburg. Dort seid ihr geschnappt worden, die sollen sich jetzt weiter um euch kümmern«, entschied ein anderer Mitarbeiter des Ausländeramts in E. Wenigstens war er besorgt, fragte nach einem Platz im Asylheim von Oldenburg an. Mit einer Fahrkarte und dem Versprechen, beim Lübecker Migrationsamt einen Asylantrag zu stellen, schickte er uns los.

»Ihr müsst euch unbedingt melden und registrieren lassen, sonst seid ihr verraten und verkauft«, warnte er. Allein in Hamburg sollen es über zwanzigtausend sein, die illegal untergetaucht sind. Bei 1,7 Millionen Einwohnern hat in der zweitgrößten Stadt der Republik jeder Siebzehnte keine gültigen Papiere. Das sind Schätzungen, genaue Zahlen gibt es nicht, weil die Politik das Problem leugnet. Du lebst versteckt, sitzt in Bruchbuden vor dem Fernseher, arbeitest zu einem Sklavenlohn. Wenn du krank wirst, gibt es kaum eine Ambulanz, wo du dich hinwenden kannst, ohne verpfiffen zu werden.

Hauptsache nicht obdachlos. Das Asylheim von Oldenburg liegt außerhalb der Stadt, irgendwo draußen im Wald. Vierzig Minuten zu Fuß, mit Schuhen, die zu klein sind. Wir fragen uns durch. Die Baracken kauern im Dunkeln, dünnhäutige Häuschen, in denen es nach Schweiß und feuchten Kleidern stinkt. Große Zimmer, modrige Hitze, dunkle Gardinen, blaubraun gemustert. Auf den Kühlschränken stapeln sich Tetrapaks und aufgerissene Toastpackungen, auf den Betten liegen Plastiktüten, Sporttaschen, Kleider übereinander, Mäntel und Jacken hängen an dicken Nägeln, die überall in die Wände geschlagen wurden. Auf freien Flecken haben die Bewohner ihr Heimweh niedergeschrieben: *»I love Nigeria«, »I love ...«*

»Ich will weiter nach Schweden«, sagt Amir, Tränen in den Augen. – »Erholen wir uns ein paar Tage«, sage ich locker, muss mich aber auch zusammenreißen, um nicht loszuheulen. Meine Füße sind eine einzige Wunde, ich lasse mich auf ein altes Sofa fallen, dessen Vorbesitzer tiefe Kuhlen in die Sitzfläche gegraben hat. Gleich drängen sich Asylbewerber um uns. Aus Afghanistan, aus dem Irak, aus Äthiopien, aus Pakistan, aus Algerien und Marokko, alle wollen helfen. Zuerst raus aus den stinkenden Klamotten, die seit Tagen an uns kleben, und duschen. Dann holt eine Frau aus Pakistan Verbandszeug und verbindet meine Füße, andere kochen für uns. »Lieber Gott im Himmel, ich danke dir.« In dieser Nacht bete ich zum ersten Mal seit langer Zeit wieder.

Aber natürlich ist es hier wie in allen anderen Asylheimen auch. Tagsüber aufeinanderhocken, nachts laute Musik, jeder eine andere, Streit, Alkohol und Schlägereien, weil man einander nicht aushält. Man schläft, man isst, der pure Stumpfsinn, man verdaut, man wartet und müffelt vor sich hin, zu viele kaltgestellte Menschen auf einem Fleck. Wenigstens ist es warm. Die einzige Abwechslung ist unser Ausflug zum Bundesamt für Migration in Lübeck. Fünfzig Kilometer von Oldenburg entfernt. Wir fahren hin, doch so kurz vor Weihnachten und so kurz nach Weihnachten ist eben keiner mehr da, außerdem ist es nicht an jedem Wochentag geöffnet.

Solange man keinen Asylantrag stellt, lebt man illegal und kann jederzeit wieder aufgegriffen und ins Gefängnis gesteckt werden. Über eine Million Menschen leben in Deutschland ohne gültige Papiere. Keiner fragt nach einem, niemand vermisst einen, es ist, als existiere man nicht. Wenn man in die Illegalität abtaucht, kann man sich einen Job suchen, sich mit Schwarzarbeit durchschlagen, mal hier schlafen und mal dort. Ein Leben aus dem Rucksack. Lernen darf man nichts, auffallen auch nicht, bleiben sowieso nicht.

»Achtzigtausend Flüchtlinge in deutschen Asylheimen, aber keiner weiß von uns«, sagt Roya, die afghanische Frau, als sie meine Blasen an den Füßen noch einmal verpflastert.

»Wir leben unser Leben im Asyl, und die Deutschen ihres in Freiheit.« Ich verziehe mein Gesicht schmerzvoll, denn das Fleisch unter den Blasen ist rot und feucht. »Am besten, die Deutschen kriegen uns gleich gar nicht zu Gesicht.« – »Mit dem Allernötigsten, was man zum Leben braucht, versorgt und dann vergessen – ganz genau. Wenn du einen Asylantrag stellst, darfst du nicht arbeiten und nicht in die Schule gehen, darfst die Grenzen des Landkreises, in dem du dich aufhältst, nicht verlassen und musst dir für jeden Schritt eine Erlaubnis holen. Nichts ohne Kontrolle, mein Freundchen.« – »Ist doch absurd«, werfe ich ein, »wie im Gefängnis.« – »Aber nein, wenn du brav bist, hast du eine winzig kleine Chance, als Asylbewerber anerkannt zu werden.« – »Und was, wenn ich abgewiesen werde?«

Melden oder in die Illegalität abtauchen oder es noch einmal über Dänemark nach Schweden versuchen? Ich weiß nicht. Feiern wir erst einmal Weihnachten im Asylheim, wo wir afghanisches Essen kochen und zum Nachtisch Schokolade essen. Stundenlang erzählen wir uns in diesen Tagen unsere Fluchtgeschichten, weil wir Heimweh haben. Als wir jedoch im Fernsehen die Bilder des furchtbaren Tsunamis in Indonesien und die vielen Toten sehen, schweigen wir still.

1. bis 30. Januar 2005, Bonn, Herzoperation: Amir hat die Nase voll. »Ich will nicht mehr warten«, ruft er, »das hat doch keine Zukunft hier.« Nach Weihnachten machen wir uns auf den Weg nach Oldenburg. Dann wollen wir weiter nach Schweden. »Ich komm mit, beim zweiten Mal muss es klappen.« Bisher habe ich immer zwei Anläufe gebraucht.

Aber vorher noch ins Internetcafé. Adey anrufen, ihr erzählen, dass ich auf dem Weg nach Schweden bin. »Junge, Junge, warum bist du denn weg aus der Schweiz?«, fragt sie jetzt ein ums andere Mal ganz aufgeregt. Meine Mutter will nicht glauben, dass die Schweizer mich nicht haben wollten. »Doch, doch, ich bin mit einem Freund weiter nach

Deutschland und nun …« – »Was, Deutschland?«, unterbricht sie mich. »Dieses Land, in dem du eine Patenschwester hattest?« – »Ja …« Dass ich hier im Knast gesessen habe, erzähle ich lieber nicht. »Unbedingt bleiben«, ruft sie außer sich vor Freude in die Leitung, und ich sehe ihre glänzenden Augen direkt vor mir, »du musst in diesem wunderbaren Land bleiben, bitte! Wo die Menschen so hilfsbereit wie nirgendwo sonst auf der Welt sind.« – »Wieso, warum? Wenn du wüsstest, Adey …«, gebe ich bitter zurück. »Das habe ich von der Schweiz auch einmal gedacht.« Da berichtet sie mir überschwänglich von meiner großen Schwester Rahel. »Stell dir vor, sie ist mit Solomon in Deutschland.« Mein kleiner Neffe Solomon, der vor vier Monaten mit einem Herzfehler zur Welt gekommen ist. Meine Mutter weinte, als sie mir bei unserem letzten Telefonat davon erzählte.

»Wo, wo?« Ich kriege kaum ein Wort heraus, so überrascht bin ich. Fast drei Jahre habe ich meine Schwester nicht gesehen, meinen kleinen kranken Neffen noch gar nicht, und nun sollen sie plötzlich ganz in meiner Nähe sein. »In einem Krankenhaus, irgendwo«, antwortet Adey. Ich fass es nicht, mir wird heiß. Während ich im deutschen Gefängnis in Abschiebehaft sitze und in Holstein herumirre, liegt der kleine Solomon hier irgendwo im Krankenhaus und kämpft um sein Leben. »Deutsche Ärzte haben ihn mitgenommen und wollen ihn operieren, damit er gesund wird.« Adey klingt optimistisch. »Wo?«, stammele ich nur. »Wo in Deutschland?« Aber das weiß sie nicht. Sie erzählt, wie schwierig es gewesen sei, für meine Schwester und Solomon eine Ausreisegenehmigung zu bekommen, wie teuer die Operation sei, doch welch unermessliche Spenden aus Deutschland, vierzigtausend Euro, und so weiter, aber da höre ich schon nicht mehr richtig zu.

Eigentlich will ich sofort im Internet recherchieren, es dauert dann auch nur ein paar Klicks, bis ich gefunden habe, wonach ich suche, denn die Eritrean-News-Seite ist voll davon: »Deutsche Ärzte retten herzkrankes Kind aus Asmara!«, lese ich. Und es steht auch wo: »… im Kinderherzzentrum Sankt Augustin bei Bonn«. Wer in Eritrea einen Herzfehler hat, ist unheilbar krank, viele Neugeborene jedes Jahr. Das Krankenhaus in Asmara ist nicht ausgestattet für Herzoperationen, und ein Operationszentrum für Kinder mit angeborenen Herzfehlern wird erst langsam von der deutschen humanitären medizinischen Hilfseinrichtung »Hammer Forum« aufgebaut. Eben diese Hilfseinrichtung hat Spendengelder für meinen kleinen Neffen gesammelt und Solomon jetzt zur Operation nach Deutschland gebracht.

Wenn ich mich trauen würde, müsste ich jetzt sofort auf deutschem Boden niederknien. »Amir, kannst du allein weiter nach Schweden?«, sprudelt es aus mir heraus. »Ich bleibe; muss unbedingt meine Schwester und meinen Neffen besuchen, sie sind in Deutschland in einem Krankenhaus, wo der Kleine operiert wird. Ich muss wissen, wie es ihm geht. Deutschland ist toll, tolltolltoll …« Ich kann an nichts anderes mehr denken, als ich mit Amir zum Bahnhof laufe, wo er sich in den Zug Richtung Kopenhagen setzt. »Nimm dich in Acht vor Grün«, sagt er. – »Keine Sorge«, entgegne ich, »bei diesem Wetter traut sich kein Polizist auf die Straße.« Es war alles weiß, das Thermometer zeigte weit unter null Grad.

An Neujahr 2005 setze ich mich frühmorgens in den Zug nach Bonn, will meine Schwester überraschen. Dort angekommen, rufe ich in Sankt Augustin an und frage nach einer eritreischen Mutter, deren Kind am Herzen operiert wurde. Rahel ist sofort am Telefon, »Zakiii!«, sie fällt aus allen Wolken, ihre Stimme überschlägt sich fast, als sie hört, dass ich es bin. Zaudert auch nicht lang und lässt sich sofort mit einem Taxi zum Bahnhof fahren, um mich abzuholen.

Meine Rahel! Noch immer trägt sie ihr langes Haar offen und lacht so laut, als habe es das Leben nur gut mit ihr gemeint. »Wie groß mein kleiner Bruder geworden ist!«, ruft sie bewegt und nimmt mich in den Arm, was sie noch nie getan hat. Es haut mich um, und ich kann kaum beschreiben, wie unbändig schön es ist, nach drei Jahren Unterwegssein die Schwester wiederzutreffen. Meine große Schwester, die ihren kleinen Bruder immer verwöhnt hat, und der sie bewundert. »Aber warum bist du nur so dünn?« – »Nur noch Haut und Knochen, aber erwachsen!«, kontere ich, wende mich aber gleich ab, weil mir die Tränen übers Gesicht laufen. Als wir uns zuletzt gesehen haben, habe ich ihr eine Zeitung gekauft und habe mich dann, ohne ihr ein Wort von meinen Fluchtplänen zu verraten, einfach Richtung Sudan aus dem Staub gemacht.

Der kleine Solomon liegt auf der Intensivstation. »Wie geht's meinem wunderbaren Neffen?«, frage ich erwartungsvoll, aber ängstlich zugleich. Rahels Gesicht wird rund und kindlich, als wir uns grüne Kittel überstreifen und dann von einem Dolmetscher und einer Krankenschwester durch die Glastür begleitet werden. »Gut …«, sagt sie und stockt, weswegen die Krankenschwester einspringt. »Er hat die Operation gut überstanden und wird ganz gesund werden.« Dieses kleine dunkle Baby in den weißen Kissen zwischen tausend riesigen Geräten, Schläuchen und Infusionen. Ich habe Solomon noch nie gesehen, doch als ich mich über ihn beuge, lächelt er. Wie ein Wunder. Gerade erst aufgewacht, greift der Winzling schon mit seiner kleinen Hand nach meinem Finger. Ich kann ihn kaum ansehen, so gerührt bin ich. »Bald werde ich dir ein Fahrrad aus Deutschland schicken, damit du Radfahren lernen kannst«, weiß der Himmel, wie ich ausgerechnet darauf komme. Und dann erstickt meine Stimme in Tränen.

Fast einen ganzen Monat verbringe ich in einem Asylheim bei Bonn, illegal – wieder mal. Die eritreische Gemeinde, die auch meine Schwester versorgt, hat mich dort hingeschickt. Jeden Tag sind wir bei Solomon im Krankenhaus, und als er so weit genesen ist, dass er reisen kann, muss Rahel zurück nach Eritrea mit ihm. Wie gern ich mitfliegen würde! In meine Heimat, aber … Ich muss nach Lübeck und dort Asyl beantragen. »*Ciao* Rahel, *ciao* Solomon!«

Das Wichtigste, um als Asylbewerber in einem fremden Land zu überleben, sind neben einem Dach über dem Kopf die Tickets, Lebensmitteltickets, Bustickets, Zugtickets. Jede Menge legaler Tricks sind notwendig, um möglichst kostengünstig daranzukommen. Wer kein Geld für ein Zugticket hat, stellt sich zum Beispiel direkt neben den Automaten am Bahnhof und beobachtet, wer ein Wochenend-Ticket löst. Das natürlich nur am Wochenende gilt. Fünf Personen kann dann derjenige, der ein Ticket löst, umsonst mitnehmen. Ich frage jeden, ob ich mitfahren kann, bei jedem Umsteigen frage ich neu.

In Lübeck am Bahnhof laufe ich ausgerechnet dem netten Grenzschützer aus Oldenburg über den Weg. Der mit den dunklen Haaren und der Brille. Eine Schrecksekunde lang überlege ich, ob ich mich wegducken soll, aber auch er hat mich schon erkannt, kommt direkt auf mich zu und begrüßt mich unter den verwunderten Blicken seines Kollegen mit Handschlag. Was? Er will keinen Ausweis sehen? Verstehe ich richtig? Ich blicke zu Boden, erwidere aber den Gruß. »Hey, wie geht es dir?«, fragt er freudestrahlend, sodass ich den Eindruck habe, er freut sich tatsächlich über unsere Begegnung. Jetzt nur keine Überraschung anmerken lassen. Als sei es das Selbstverständlichste auf der Welt, erzähle ich dem Polizisten von meinem Hungerstreik, von Amirs Flucht nach Schweden, aber auch von meinem kleinen Neffen, der endlich ein gesundes Herz hat, und: dass ich jetzt unbedingt in Deutschland bleiben will. Da schüttelt er mir wieder die Hand. Er ist wirklich der netteste Mensch in Grün, der mich je kontrolliert hat, wünscht mir sogar noch Glück und begleitet mich zur richtigen Bushaltestelle, um zum Asylheim zu fahren.

Dass ich kein Geld für ein Busticket habe, kann er nicht

wissen. Einen nach dem anderen Bus lasse ich dann wieder mal an mir vorüberziehen, bis mich eine ältere Frau anspricht und fragt, worauf ich denn warte. Dass ich ins Asylheim fahren wolle, erzähle ich scheu, und einen Asylantrag in Deutschland stellen. Dass ich aber leider kein Geld habe, um irgendwohin zu fahren. Oje, oje, schlägt sie voller Mitleid die Hände über ihrem Kopf zusammen und holt tatsächlich zwanzig Euro samt einer Telefonkarte aus ihrem Portemonnaie. Falls ich Hilfe brauche, sagt sie und schreibt ihre Telefonnummer drauf. So viel Hilfsbereitschaft an einem einzigen Tag …

12. Etappe: »Wer sind Sie?«

Südwestpresse, 6. Dezember 2010

Haderthauer auf Feldzug gegen Asylbewerber

Während viele Flüchtlinge in Bayern gegen ihre Lebensbedingungen protestieren, verschärft die CSU-Sozialministerin den Ton.

Mit Hungerstreiks demonstrieren Asylbewerber in Bayern seit Wochen gegen ihre Lebensbedingungen und die Zustände in den Flüchtlingslagern. Bayerns Sozialministerin: Wem es hier nicht passt, der soll gehen. (…)

2. Februar 2005, Zirndorf, Aufnahmelager: »Vieles hängt vom Glück ab auf dem Weg nach Deutschland. Und auch wenn ein Flüchtling es nach Deutschland geschafft hat, darf das Glück ihn nicht verlassen. Dann geht es darum, in welches Bundesland, in welchen Landkreis, an welchen Beamten der Ausländerbehörde man gerät«, habe ich in einer Zeitung gelesen. »Wer Glück hat, kommt nach Berlin, wo Asylbewerber schon nach drei Monaten in Wohnungen untergebracht werden. Wer Pech hat, kommt nach Bayern, wo die ›Förderung der Bereitschaft zur Rückkehr ins Heimatland‹ im Vordergrund steht.«

Seit Stunden schon warte ich im Vorraum des Bundesamts für Migration in Lübeck mit türkischen, russischen und vietnamesischen Weggefährten. Immer wieder springe ich auf und vertrete mir die Beine. Wo man mich wohl hinschicken wird? Als mich eine Beamtin endlich hereinruft, will sie gar nicht viel von mir wissen. Ein Stempel auf meinen Flüchtlingsausweis, dann reicht sie mir einen Zettel mit einer Adresse. »Herr Kebraeb, hier sind wir«, sagt sie gelangweilt, schiebt ihre blonde Mähne zurück und deutet mit ihrem Zeigefinger auf die Deutschlandkarte, die mitten im Raum an einem Ständer hängt. Mich zerreißt es fast vor Aufregung, als sie zuerst mit dem Finger auf eine Stelle am oberen Bildrand tippt, die schon ganz durchgescheuert ist, und dann auf eine Stelle weit unten auf der Karte, »und dort gehst du hin.« Hm? Wie selbstverständlich wechselt sie zum Du. »Von Lübeck nach Zirndorf.« – »Wohin?« Ich mache einen Schritt auf sie zu. – »Nach Bayern.«

Fingerabdruck und Erklärung, das ist der offizielle Asylantrag, dann schiebt die Beamtin noch eine Fahrkarte »Lübeck – Nürnberg« über den Tisch und einen Plan, der zeigt, wie man von Nürnberg nach Zirndorf kommt. »Das war's. Am besten, du nimmst gleich den nächsten Zug, die wissen Bescheid.« Easy heißt das komplizierte System, nach dem die Flüchtlinge über ganz Deutschland verteilt werden. Die Aufnahmequoten der einzelnen Bundesländer ergeben sich aus einem Schlüssel, der für jedes Jahr entsprechend Steuereinnahmen und Bevölkerungszahl der Länder errechnet wird.

»Warum?«, frage ich. »Warum ausgerechnet nach Bayern?« Mir ist das nicht geheuer. Auch wenn mich der Besuch bei meiner Schwester und ihrem geheilten Sohn ein wenig mit dem Gefängniserlebnis ausgesöhnt haben, kann ich nichts unkommentiert lassen. – »Weil dort deine Leute sind«, gibt mir die Frau kontrolliert, aber freundlich zur Antwort, »oder gefällt dir Bayern etwa nicht?« – »Doch, weiß nicht, kenn ich nicht.« Mehr nicht. Aber die Schicksalsfrage für jeden Asylbewerber ist doch: Kommst du in einem Asylheim in der Stadt oder auf dem Land unter? Sagt sie mir aber nicht.

Am Morgen um halb sechs stehe ich in Nürnberg auf dem

Bahnsteig, sehe mich um: »*Wow*, was für eine große Stadt!« Die ganze Nacht fuhr ich im Zug, habe kaum geschlafen vor lauter Anspannung. Und jetzt? Ein riesiger Bahnhof, das ist ein gutes Zeichen. Aber sonst habe ich keine Ahnung, wie und was Nürnberg ist, noch nie davon gehört. Es sind nur wenig Menschen unterwegs, Cafés und Geschäfte haben noch zu. Der Wegbeschreibung nach kann es aber nicht weit bis Zirndorf sein, deshalb suche ich gleich nach einem Anschlusszug.

»Zirndorf, Rothenburger Straße 31« steht auf meinem Zettel mit der Adresse. Durchgangslager für Asylsuchende. »Rothenburger Straße, bitte?«, frage ich vorsichtig, als ich eine halbe Stunde später in Zirndorf vor dem Bahnhof stehe und meine Hände in die Jackentasche stecke. Wenn es nur nicht so kalt wäre. Eine junge Frau stutzt einen kurzen Moment: »Rothenburger Straße?« Das sei eine Straßenbahnhaltestelle in Nürnberg, Stadtteil Plärrer. Oje, da müsse ich mit dem Bus zurück nach Nürnberg fahren. Sie schlägt ihren Kragen hoch, zeigt mit langer Hand hinaus auf die Bushaltestelle, an der gerade ein Bus eingefahren ist. »Dort, schnell!«

Kann das sein? Doch noch während ich mich wundere, fahre ich schon wieder zurück, und als ich zum zweiten Mal an diesem Morgen in Nürnberg aussteige, bin ich so müde und so wackelig auf den Beinen, dass ich mich kaum noch orientieren kann. Inzwischen dämmert der Morgen grau herauf; es schneit. »Rothenburger Straße«, immerhin kann ich ein Straßenschild entziffern und schlittere nun vorsichtig über einen vereisten Gehweg bis zur Nummer 31, wundere mich aber schon wieder. Ein ganz normales Etagenwohnhaus – sieht nicht gerade nach einem Flüchtlingslager aus. Vielleicht ein kleines? Egal, mir ist kalt, mit steifen Fingern drücke ich einen von mehreren Klingelknöpfen. Der Türöffner summt, und ich finde mich unvermittelt in einem hell erleuchteten Treppenhaus wieder. »Asylheim bitte?«, entgegne ich schlotternd auf ein morgenheiseres »Was ist los?«, das von oben tönt. Da stürmt der Frager schon die Treppe herunter, noch im Schlafanzug, ganz verdattert. »Wie bitte?« Erst als ich dem Mann meine Papiere gebe, zieht ein erkennendes Lächeln über sein Gesicht. »Ja, meine Güte, da ist die Rothenburger Straße in Zirndorf gemeint«, sagt er freundlich. »Dort gibt es ein Lager für Asylbewerber. Sie sind hier aber in Nürnberg gelandet.« Auf mein ungläubiges »Häh?« erklärt er mir, dass die Rothenburger Straße sehr lang sei, fünfzehn Kilometer von Nürnberg bis Zirndorf.

Woher soll ich denn das wissen? Ich verstehe die Sprache schlecht, kann meinen Plan nicht lesen. Am liebsten würde ich mich in den Hausflur setzen und nie mehr aufstehen. Geht aber nicht. Also wieder zurück nach Zirndorf. Mannomann, ich kann nicht mehr! Aber da hilft jetzt alles nichts: noch einmal fragen, noch einmal den Weg zeigen lassen. Als ich später zu Fuß durch die Stadt tigere und unablässig »Asylheim, bitte?« frage, schneit es immer heftiger. Der Wind treibt mir dicke Schneeflocken ins Gesicht, sodass ich kaum noch den Weg erkennen kann. Eine Holzbrücke, die über einen zugefrorenen Bach führt, wo sich quakend ein paar Enten aufplustern. Wo schickt man mich hin? Trostlose Gärten links und rechts. Wird denn dieser Morgen nie hell? Es herrscht dichtes Schneegestöber und mir scheint, als bin ich ganz allein auf menschenfremder Flur, da taucht schemenhaft ein riesiger grauer Block vor mir auf. Protzige Mauern, ein vergittertes Eisentor, Polizeiautos davor. Wie das Kasernengebäude zu Hause in Asmara, vor dem ich mich schon als Kind gefürchtet hatte.

Es ist zehn Uhr morgens, ich bin am Ende und völlig durchgefroren. Als mir aber gleich bei der Pforte ein paar eritreische Frauen entgegenkommen und »*Nebsi!* – Hier kommt ein Schneemann« durch das Tor rufen, bin ich unsagbar erleichtert. – »*Nebsi!*«, rufe ich zurück und klingle. Doch am Drehkreuz muss ich warten, wie immer, das kann jetzt dauern, bis sich jemand bequemt und aufmacht.

»Hallo, bitte öffnen.« Ich klopfe. Aber der Wachmann

hinter dem Glasfenster in der Pförtnerloge ist damit beschäftigt, Papierstapel zu ordnen, und sieht nicht auf. »Hallo, hallo, bitte, man hat mich hierhergeschickt, bitte, darf ich hinein?« Keine Reaktion. Soll bloß keiner der Asylanten auf die Idee kommen, willkommen zu sein. Lästig sind wir. Man soll sich nicht heimisch fühlen. Deshalb lässt mich der Wachmann zappeln, und als er das Drehkreuz dann doch entriegelt, beachtet er mich immer noch nicht. –»Guten Morgen!« – Kein Blick, kein Gruß, als sei ich Luft, der die Tür geöffnet wird.

Er geht mir voraus über ein paar Stufen hoch in das Hauptgebäude, um Fingerabdrücke zu nehmen und mich zu registrieren. Dabei murmelt er unverständliche Worte, mehr wohl zu sich selbst als zu mir. Oder meint er einen unsichtbaren Kollegen? Keine Ahnung. Ich verstehe nur wenig und kann mir keinen Reim darauf machen: »Zugang aus Holstein« »Durchgangslager« »Verteilungslager«. Hilfe, zuckt es mir durch den Kopf, schon wieder ein Gefängnis?

Dass mir kalt sei, sage ich scheu, und dass ich womöglich Fieber habe. Auf Deutsch, aber er überhört es einfach. Erst als er mir Handtuch, Seife und Zahnpasta in die Hand drückt und ich zähneklappernd »Danke« sage, stutzt er, sieht mich fragend an. »Einer, der Deutsch kann, hoppla.« Dann wendet er seinen Blick schnell wieder ab.

Die Wände im Treppenaufgang zum ersten Stock im Männerblock des Lagers strotzen vor Dreck. Schwarz, braunrot, grüngelb, violettgrau. Sieht nach Schleim, Blut und Kotze aus. Ekelhaft. Nach links und rechts öffnen sich zwei lange dunkle Gassen, von denen wuchtige Stahltüren zu den einzelnen Zimmern, den Klos und Duschen abgehen. Wie in einem Schlachthaus. Ein Geruch aus Urin, Alkohol, Fäkalien und Seifenlauge schlägt mir entgegen, legt sich über mich und wird zu meinem, ohne dass ich mich dagegen wehren kann. Zimmernummer 223, das sei meine, hatte der Wachmann gesagt.

»Hier!« Eine Stahltür überzogen von schwarz-klebrigen Fetträndern, keine Klinke, kein Schloss, nur angelehnt, ein Stück Stoff dazwischen, damit sie nicht so laut zuschlägt. Mir ist elend zumute, doch ich raffe mich auf, geh hinein, stell mich vor:

»Zekarias«. Drei Männer, die matt auf Stockbetten aus Stahl liegen und Löcher in blinde Fenster starren, drehen sich langsam um. Landsmänner. »*Welcome!*«, sagen sie leutselig, während einer von ihnen von seinem Bett springt und sich aufmacht, mir einen Platz auf einer mit Klamotten und Papieren beladenen Matratze freizuräumen. Es sieht ganz so aus, als freuten sich die Männer über ihren neuen Mitbewohner. Weil ich vielleicht die einzige Abwechslung in ihrem Lageralltag bin. »Wie lange muss ich hier bleiben?«, frage ich und lasse meinen Blick durchs Zimmer streifen. Er bleibt an offenen Blechspinden hängen. Auf dem Boden stapeln sich Saftpackungen, dreckige Wäsche und Schuhe, an den Wänden die üblichen Heimwehkritzeleien. »Du bist ja noch gar nicht richtig da«, entgegnet ein Ausgemergelter, der sich, so wie es aussieht, seit Tagen nicht rasiert hat. »In der Regel bleibt man drei Monate, neunzig Tage. Aber es können auch hundert oder zweihundert Tage werden, bevor man dich einem anderen Asylheim zuteilt.« – »Mir reicht's jetzt schon in diesem Gefängnis«, sage ich müde und lasse mich auf die Matratze fallen, deren Rost fast bis zum Boden nachgibt.

»Kein Gefängnis – du bist hier in einer SS-Gendarmeriekaserne aus dem Zweiten Weltkrieg der Deutschen«, sagt der Unrasierte lahm. »In Friedenszeiten genau die passende Unterkunft für Ausländer. Fünfhundert Plätze, dreißig Nationen.« Was er weiter erzählt, höre ich nicht mehr, denn im Handumdrehen bin ich eingeschlafen. Träume fiebrig von meinen neuen Mitbewohnern, wie sie von SS-Männern aus dem Zimmer gezerrt werden, obwohl sie sich mit Händen und Füßen wehren. Ich will helfen, kann nicht. Sie werden gefesselt und geknebelt, bekommen einen Helm auf den

Schädel, damit sie ihn sich nicht einschlagen, werden zum Polizeiauto geschleift und abtransportiert.

Gegen Abend wache ich mit über vierzig Grad Fieber auf. Alles zu viel. Ich könnte schreien, so elend geht's mir. Kein Fenster zum Öffnen, einer will rauchen, den anderen stört der Qualm, dauernd kommt einer rein, und einer geht raus durch diese Schlachthoftür, die man nicht abschließen kann. Vor unserem Zimmer randalieren Männer, weil jemand Müll auf die Gänge geschüttet und drüberuriniert hat. Der Sozialdienst weigert sich, den Dreck wegzumachen, der Hausmeister ebenfalls, Drohungen und Geschrei.

So geht es eine Weile, bis meine Landsleute Mitleid mit mir haben, mich unterhaken und zu den Frauen im Familientrakt bringen, weil es dort ruhiger zugeht. Mitleidig versorgt man mich mit Tee und Keksen, doch als ich anfange, mit den Zähnen zu klappern, verständigen sie die Pforte. Ein Arzt kommt, horcht mir die Lunge ab und misst den Puls, währenddessen meine Landsleute herumstehen und diskutieren. Ihre Fürsorge tut mir gut, nervt mich aber auch. Wie das nur aushalten? Diese Enge und Nähe, die mir die Luft zum Atmen nimmt.

Gott sei Dank spreche ich Deutsch. Nicht viel, nur: »Ich habe Fieber, mir ist schlecht, mir ist kalt, ich will nichts essen, nur schlafen.« Wie ein exotisches Tier bestaunt man mich da. Wer ist das? Erst angekommen und spricht schon Deutsch? Woher kann er diese Vogelsprache? Wie meine Landsleute sagen, weil Deutsch so fremd in unseren Ohren klingt.

Ich bin ein anderer, nicht nur Flüchtling in Deutschland, sondern ein Flüchtling, der Deutsch spricht.

15. Februar 2005, Zirndorf, Deutsche fragen, Ausländer antworten: Der Arzt, ein freundlicher, untersetzter Mann mit Bart, hat mir Antibiotika verschrieben. Er gab mir einen oder zwei Termine in seiner Praxis, und nachdem ich ein paar Tage später wiederhergestellt war, musste ich mit kranken Mitflüchtlingen zu ihm gehen.

»Der kann die Vogelsprache«, hieß es, und schnell wurde ich zum Dolmetscher und zum Anwalt für die unterschiedlichsten Flüchtlingsanliegen. Ob zur Dialysestation in Nürnberg oder mit traumatischen Kriegserfahrungen zum Psychologen, ob Asylanträge oder Erlaubnisanträge ausfüllen, Wunschziele fürs nächste Asylheim angeben oder Familienzusammenführung beantragen, wegen allem werde ich um Rat gefragt und muss übersetzen. Dazu kommen meine eigenen lagerüblichen Untersuchungstermine, Malaria, HIV, Hepatitis, Tuberkulose.

Ob ich nicht Lust hätte, im Café Europa zu arbeiten? Ein improvisiertes Café auf unserer Sozialstation, wo sich nachmittags Männer zum Kartenspielen oder Brettspielen treffen, weil sie nicht wissen, wohin mit ihrer Langeweile. Der Chef, sympathischer Türke, fragt mich, weil ich einer von wenigen bin, die Zucker, Tee, Milch und Kaffee auf Englisch *und* Deutsch sagen können. Klar, zumal ich dafür dreißig Euro pro Woche zusätzlich zu meinen vierzig Euro Flüchtlingstaschengeld erhalte.

Ich arbeite mit Brur aus Eritrea, die ein paar Jahre älter ist als ich, mollig, schräg stehende lustige Augen, direkt, offen und so frei wie wenige Frauen aus meiner Heimat. Täglich von zehn bis zwölf und von vierzehn bis siebzehn Uhr. Brur heißt Silber auf Deutsch, wenn sie in Fahrt ist, hören alle zu. Es ist nach Feierabend, als sie sich eines Tages breitbeinig vor die an die Wand gepinnte Weltkarte stellt. »Hochverehrtes Publikum«, verkündet sie wie eine Zirkusdirektorin, wuschelt ihre Haare und breitet dann die Arme aus, »lassen Sie sich heute von einem der ungewöhnlichsten Fluchtwege nach Deutschland erzählen, von dem Sie je gehört haben. Sie werden staunen, meine Damen, es wird Ihnen den Atem verschlagen, meine Herren.« Wir johlen vor Lachen. Ich weiß nicht, wie ich ohne solche Momente mein alltägliches Asylheimeinerlei überlebt hätte. Dann läßt Brur vielsagend ihren rechten Zeigefinger über die Karte kreisen, bevor sie in Asmara einsticht. »Von Asmara – nein – nicht nach Libyen und nicht nach Italien – sondern …« – und hier macht sie eine lange Pause – »… direkt in einen Königspalast nach Saudi-Arabien bin ich geflohen.« – »Und wie viele Kamele hat der Prinz für dich bezahlt?«, fragt einer und lacht. – »Keines! Da staunt ihr, was?« Wieder lange Pause, bevor sie weiterspricht. »Aber ich durfte Kindermädchen für saudi-arabische Prinzessinnen spielen, sie abends abschminken und ihnen Gute-Nacht-Lieder singen.« Und dann erzählt sie: »Ihr werdet es nicht glauben, aber diese Prinzessinnen flogen im Urlaub nach Deutschland. Legten ihre schwarzen Schleier ab, jobbten und robbten sich durch Münchens Designerläden, ließen sich am Starnberger See Lippen, Nasen, Busen aufblasen und kurvten mit ihren coolen Snowboards durch die bayrischen Alpen. Ich war dabei.«

Brur war Ski fahren mit saudi-arabischen Prinzessinnen. Als Kindermädchen, sie konnte natürlich gar nicht Skifahren, aber sie fuhr im Sessellift mit auf den Berg, und während sich die schleierlosen Prinzessinnen alle auf der Piste tummelten und Brur allein im Bergcafé wartete, fasste sie einen Entschluss. Abhauen! Und die Prinzessinnen Prinzessinnen sein lassen. Mitten im Schnee hat sie sich aus dem Staub gemacht. Auf dem Hintern, so erzählte sie unter unserem Gelächter, habe sie sich durch Wald und Schnee auf der anderen Seite der Piste den Berg hinunterrollen lassen. Bis sie unten an einer Talstation anlangte, keine Ahnung, wo das war.

Dort hat sie den nächstbesten Spaziergänger gefragt, wo sie in diesem Land um »Asyl« bitten könne. Brur sprüht vor Lebensfreude, als sie davon erzählt. Keiner kann sich ihren Worten entziehen, auch dieser bayerische Mann nicht. Ohne viel Federlesen brachte er sie *directement* nach Zirndorf, wo sie unter falschem Namen einen Asylantrag stellte. Noch immer lacht sie sich schlapp, wenn sie daran denkt, dass die Prinzessinnen jetzt ohne Gute-Nacht-Geschichten ins Bett gehen müssen.

Wir spotten und stoßen mit unseren Teegläsern an, wie es Männer in Europa mit Bier machen. So unglaublich es klingt, bin ich überzeugt davon, dass Brurs Geschichte wahr ist. Wahrer als viele andere Fluchtgeschichten, die bei der Anhörung am Tag X aufgetischt werden. Das Gespräch beim Bundesamt für Migration und Flüchtlinge, vor dem sich alle fürchten, weil es um alles geht: bleiben oder gehen; Deutsche stellen Fragen, Ausländer antworten.

Flüchtlinge kennen die Drittstaaten-Regelung und das Dublin-II-Abkommen, nach dem du nur in dem europäischen Land, auf das du deinen ersten Fuß gesetzt hast, einen Asylantrag stellen kannst. Das Wichtigste bei dieser Anhörung ist, dass du direkt nach Deutschland gekommen bist. Nur zu verständlich, dass Asylbewerber, die über Spanien, Griechenland oder Italien eingereist sind, deshalb lügen und Geschichten erfinden. Vor Angst lügen, denn oft hängt es von deiner Fluchtgeschichte ab, ob und wohin du abgeschoben wirst.

Der Frager beim Migrationsamt kennt die Tricks, amüsiert sich heimlich, und das geht dann so: »Wie sind Sie nach Deutschland gekommen?« – »Mit dem Flugzeug am Flughafen Frankfurt gelandet und dann …« – »Dann weiß ich weiter«, fährt der Befrager fort, »… dann sind Sie aus dem Flughafen marschiert, haben einen Landsmann getroffen und der war so nett und hat Sie nach Zirndorf gebracht.« – »Genau.« – »Danke, damit habe ich keine Fragen mehr.« Denn kein Mensch, der ohne Visum in die Bundesrepublik einreist, verlässt den Transit des Frankfurter Flughafens ohne Kontrollen.

Zugegeben, meistens läuft die Lügerei ziemlich schief. Hinterher können wir darüber lachen, aber wenn wir befragt werden, zittern wir vor Angst. Brurs Fluchtgeschichte aus dem Schnee löst eine richtige Flut von Lügengeschichten aus. Wir klopfen auf die Tische, »Auf geht's«, dann in die Hände. Jeder im Café hat eine Story auf Lager. Wie die Umwegsgeschichte von zwei eritreischen Freundinnen, die sich nach Brur vor die Weltkarte stellen und abwechselnd ihr Abenteuer zum Besten geben: »Von Kairo aus – hier! – haben wir einen Flug nach Thailand, Bangkok, gebucht – dort.« – »Urlaub nichts weiter, ganz unauffällig.« Der Rückflug nach Kairo sollte rein zufällig, versteht sich, über Frankfurt gehen. Wir ahnen schon, was kommt, und kichern. Denn als das Flugzeug in Deutschland zur Landung ansetzte, waren die Papiere der beiden Frauen plötzlich unauffindbar. Sie saßen im Transit fest, und das Flugzeug nach Kairo flog mit zwei Passagieren weniger weiter. »Hilfe, wir brauchen Asyl!« Natürlich wurden sie nach Herkunft, Namen und Papieren gefragt. »Aber *we dont't know, sorry, we slept, all gone.*«

Der Moment, in dem die Befragung peinlich geworden sei, denn wie aus Zauberhand wurden den Freundinnen da Koffer und Taschen mit Familienfotos und Abschiedsfotos aus Kairo präsentiert. Von Rechts wegen hätte man sie umgehend nach Kairo zurückschicken müssen, aber bis heute sind sie da. »Glück gehabt!« Wir klatschen.

»Man kommt auf die absurdesten Ideen bei einer solchen Anhörung«, erzählt ein Junge, Mohammed, noch nie habe ich ihn reden hören, immer nur Karten spielen sehen. Doch jetzt wird er ganz lebendig und hüpft herum. Bei der Befragung im Migrationsamt habe er einen falschen Namen angegeben und behauptet, er sei aus religiösen Gründen aus seinem Land geflüchtet, erzählt er. Was ja auch wahr ist. »Doch als ich nach meiner Religion gefragt wurde, wusste ich plötzlich nicht mehr weiter. Blackout aus lauter Angst.« – »Und was hast du dann geantwortet?« – »Martin Luther King!«

Ich bin fest entschlossen, nichts als die Wahrheit zu sagen. Die Wahrheit, die für sich sprechen muss. Denn wer in

Deutschland auch nur einen Funken Ahnung von der eritreischen Politik hat, so denke ich, kann nicht im Ernst dafür plädieren, eritreische Flüchtlinge zurückzuschicken. Ich hoffe auf einen einsichtigen, menschlichen Entscheider, so nenne ich den Beamten, der die Entscheidung trifft.

Und dann habe ich doch gelogen ... Da gehe ich also zu meinem Termin beim Bundesamt für Migration, das gleich rechts neben der Pforte im Aufnahmezentrum von Zirndorf integriert ist. Praktisch für uns; für Asylbewerber, die von auswärts kommen, nicht unbedingt. Eine junge Frau mit kleinem Kind, das weint, ist vor mir an der Reihe. Sie spricht einen Beamten auf Englisch an, »*excuse me*«, sie sei erst vor ein paar Tagen in Deutschland angekommen, man habe sie hierhergeschickt, wisse nicht, wozu. »Hier warten«, antwortet der Beamte auf Deutsch. Weil sie ihn nicht versteht, wiederholt sie ihre Frage auf Englisch, er wiederholt seine Antwort auf Deutsch, sie ihre Frage auf Englisch.

So geht das absurde Spiel, bei dem die Frau immer kleinlauter wird und das Kind immer lauter schreit. Ein Beamter, der Asylanträge aufnimmt und kein Englisch spricht? Sicher nicht. Ein Beamter, der Asylanträge aufnimmt und kein Englisch sprechen will. Warum? Als das Hin und Her zu blöd wird, mische ich mich schließlich ein und erkläre der Frau auf Englisch, dass sie im Vorraum warten müsse, bis sie aufgerufen werde, um ihren Asylantrag zu stellen.

Es dauert noch eine Weile, bis meine Anhörung beginnt. Ich weiß genau, was ich sagen will, oft geprobt, und dann bin ich doch nervös. Behördenraum, klein und kahl, abgesehen von ein paar Aktenordnern; ein Dolmetscher und der Entscheider sitzen mir gegenüber. Ein Mann mittleren Alters, Bart, helle blaue Augen, streng, aber nicht unsympathisch. Er lehnt sich sogar zu mir vor, will bestimmt nichts Böses, tut nur seinen Job und drückt die Tasten eines Aufnahmegeräts auf dem Tisch. Welche Sprachen ich spreche, will er wissen, woher ich komme, klar, ob ich einen Pass habe, zu welchem eritreischen Volksstamm meine Familie gehöre. Mein Gott, bin ich angespannt, ich spüre das Blut in meinen Adern pochen, antworte so genau wie möglich. Dann wird auch der Beamte präziser und klopft mit einem Kuli auf den Tisch: »Nennen Sie mir bitte Ihre letzte offizielle Anschrift im Heimatland! Haben Sie sich dort bis zur Ausreise aufgehalten? Wenn nein, wo?« Wozu denn das? Will er die Adresse nachprüfen? Ich gebe die genaue Anschrift meiner Mutter an, sogar ihre Telefonnummer.

Aber ich schwitze vor Aufregung und trommle mit meinen Fingern auf den Knien, weil ich genau weiß, dass es bei dieser Befragung um meine Herkunft, die Gründe und den Verlauf meiner Flucht geht, um nichts anderes. Der Entscheider prüft, ob meine Geschichte schlüssig und glaubhaft klingt oder strategisch und einstudiert. Allein darauf gründet sich seine Entscheidung: abgelehnt oder anerkannt. Ich verhasple mich, weil ich alles richtig machen will. Will erklären, warum ich ausgerechnet in Deutschland bleiben möchte, um hier zu lernen und zu arbeiten.

Doch weder Schulbildung noch Abitur oder Berufsausbildung sind gefragt. Bei der Anhörung geht es nicht darum, ob ich als Zuwanderer gebraucht werden könnte, sondern nur darum, welcher Paragraf meine Abschiebung rechtfertigt. Warum eigentlich? Mit prüfendem Blick fragt mich der Entscheider nach meinem Wehrdienst in Eritrea.

Frage: »Haben Sie Wehrdienst geleistet?« – Antwort: »Nein. Ich wurde im letzten Jahr einberufen, bin der Vorladung aber nicht gefolgt.« Ich halte dem Blick stand. – Frage: »Hatte das nicht irgendwelche Konsequenzen?« – Was will er wissen? Was kann ich sagen? Klar hatte das Konsequenzen. Verdammt, warum fixiert er mich so mit seinen hellen Augen? – Antwort: »Doch, normalerweise wird man dann zwangsweise dem Wehrdienst zugeführt. Ich habe aber das Haus nicht verlassen.« – Vorhaltung: »Das hält aber die Militärbehörde nicht davon ab, Sie zu Hause aufzusuchen und

Sie gewaltsam dem Wehrdienst zuzuführen!« – Ich starre für einem Moment auf die weiße Tischplatte vor mir. Antwort: »Ich war doch nicht zu Hause. Ich war im Haus meines Onkels.«

Ein Gedankenblitz, eine hundertstel Sekunde nur, zack, da war »der Onkel«. Plötzlich da, weiß nicht, woher er kam. Die Lüge, ungeplant und ohne dass ich es wollte. Ich habe mich bei keinem Onkel versteckt. Es ist einfach herausgerutscht. Aus lauter Angst davor, dass mir der Entscheider nicht glauben würde, wenn ich die Wahrheit sage. Dass ich nämlich zunächst verweigert und mich dann bei meinem Freund Tantu und zu Hause versteckt habe, wo mich die Militärpolizei zwar gesucht, aber nicht gefunden hat. Was, wenn er mir das nicht glaubt?

Frage: »Woher wussten Sie denn, wann man Sie holen will?« – Himmel, warum hört er denn nicht endlich auf! Antwort: »Ich wusste, dass ich nach Abschluss meiner Schulausbildung dem Wehrdienst zugeführt werde. Danach habe ich mich dann sogleich zu meinem Onkel begeben und war bis zur Ausreise dort.« Ich schlucke und höre mich noch sagen: »... war bis zur Ausreise dort.« Stimmt nicht – aber einmal gesagt, kommst du nicht mehr hinter die Lüge zurück, kannst sie nur noch weiterbauen und zementieren.

Dass da etwas nicht stimmt, merkt auch der Entscheider. Er fährt mit dem Kuli eine Acht auf dem Tisch und kreist mich mit meiner eigenen Lüge ein. – Vorhaltung: »Vorhin haben Sie aber gesagt, dass Sie bis zu Ihrer Ausreise in Ihrem Elternhaus gelebt hätten!« – »Das war auch meine Meldeanschrift. Ich war nur kurze Zeit bei meinem Onkel«, mache ich einen zappligen Ausbruchsversuch, was mich aber nur noch unglaubwürdiger erscheinen lässt. Aber wie soll ich einen klaren Gedanken fassen, während ich immer nur daran denke, dass ich nicht zurückwill.

Reiß dich zusammen, pocht es in meinem Kopf. Doch das hilft jetzt auch nicht mehr. Die Lüge ist raus, da kann ich meinen Fluchtweg über Libyen, das Mittelmeer, Italien und die Schweiz noch so korrekt schildern und einräumen, dass ich sowohl in Italien als auch in der Schweiz Asylanträge gestellt habe, sichere Drittländer, in die man mich abweisen könnte.

15. März 2005, Zirndorf, die Abschiebung: Alle im Heim warten auf Post vom Gericht oder vom Bundesamt für Migration und Flüchtlinge, darauf ruht ihre Hoffnung und ihre Furcht. Brurs Bescheid zum Asylverfahren kam vor ein paar Tagen, meiner ist heute in der Post. Da steht:

> In dem Asylverfahren des Kebraeb, Zekarias, (...) ergeht folgende Entscheidung:
> 1. Der Antrag auf Anerkennung als Asylberechtigter wird abgelehnt.
> 2. Die Voraussetzungen des § 60 Abs. 1 liegen nicht vor.
> 3. Abschiebungsverbote nach § 60 Abs. 2 bis 7 des Aufenthaltsgesetzes liegen nicht vor.
> 4. Der Antragsteller wird aufgefordert, die Bundesrepublik Deutschland innerhalb eines Monats nach Bekanntgabe dieser Entscheidung zu verlassen. (...) Sollte der Antragsteller die Ausreisefrist nicht einhalten, wird er nach Eritrea abgeschoben. (...)

Begründet wird die Ablehnung mit 2.), dass »eine begründete Furcht vor Verfolgung wegen Rasse, Religion, Nationalität oder Zugehörigkeit zu einer bestimmten sozialen Gruppe oder politischen Überzeugung im Sinne der Genfer Flüchtlingskonvention« nicht bestehe und mit 3.) auch kein Anspruch auf behelfsmäßigen Schutz notwendig sei, da keine stichhaltigen Beweise dafür vorliegen, dass ich als Flüchtling bei meiner Rückkehr in die Heimat »Gefahr laufe, ernsthaften Schaden an Leib, Leben oder Freiheit zu erleiden.«

Natürlich war ich todunglücklich, auch wenn ich nichts anderes erwartet hatte. Das muss man sich einmal klarmachen: Das Migrationsamt behauptet, es gäbe keine stichhaltigen Beweise dafür, dass man mich in Eritrea ins Gefängnis werfen würde oder Schlimmeres. Ja, liest dieses Amt denn keine Zeitung und hört keine Nachrichten? Weiß die Behörde im Ernst nichts davon, dass nach Eritrea zurückgeschobene Flüchtlinge gefoltert werden? Oder will sie es nicht wissen?

Ich bin niedergeschmettert und zugleich ernüchtert. Wieder einmal. Wenn man mich wenigstens nach Italien oder in die Schweiz abschieben würde. Aber nein, die Italiener sind froh, dass sie mich los sind. Mein Fingerabdruck von Crotone war offensichtlich unauffindbar, genauso wie die Fingerabdrücke vieler anderer Flüchtlinge. Und die Schweiz, für die das Dublin-II-Abkommen nicht gilt, stempelte auf das Rückschiebe-Ersuchen der BRD »Annahme verweigert.« So heißt die deutsche Lösung: zurück nach Eritrea.

Ach, dort würde doch kein Flüchtling verfolgt, der ausreise, schreibt das Migrationsamt. Im Gegenteil, das Land sei froh, wenn Auswanderer viele Euros aus dem Ausland nach Hause schicken. Zynischer geht's nicht: Natürlich sind Devisen und Geschenke der abtrünnigen Fahnenflüchtlinge in meiner Heimat höchst willkommen. Das hat nie einer bezweifelt, doch wehe, wenn der Auswanderer an Stelle des erhofften Geldes zurückkommt.

Ich bin keine Ausnahme. Brur geht es genauso, über zwei Drittel der Asylbewerber werden abgelehnt. Weil sie unberechtigterweise aus wirtschaftlichen Gründen oder aus einem sicheren Drittland eingereist seien oder unglaubwürdige Geschichten erzählt hätten, sagt das Migrationsamt. Und doch sind wir alle davon überzeugt, einen Anspruch auf Asyl zu haben. Was läuft da schief?

»Im Falle einer Klageerhebung endet die Ausreisefrist einen Monat nach dem unanfechtbaren Abschluss des Asylverfahrens«, steht in meinem Bescheid. Ein bisschen verklausuliert, aber das ist mein einziger Trost. Denn dieser Satz bedeutet, dass ich gegen den Bescheid innerhalb von zwei Wochen Widerspruch einlegen kann. Auch wenn das jetzt pathetisch klingt: Für dieses Recht bin ich dankbar, und genau deswegen möchte ich in Deutschland bleiben.

Ich klage. In Eritrea müsste ich so ein Urteil hinnehmen, in Deutschland kann ich zum Gericht gehen. Mein Recht als mündiger Bürger.

Nicht alle Asylbewerber wissen von ihren Rechten, nur wenige verstehen, was Widerspruch und Widerspruchsfrist bedeuten. Dafür haben wir Johanna, eine Sozialarbeiterin, die sich für uns aufreibt. Alle wollen zu ihr, und alle meinen, wenn man ihr sein Anliegen nur richtig vorträgt, dann könne Johanna helfen. Manchmal kann sie, oft nicht. Seit ich in Zirndorf bin, vergeht nicht ein Tag, an dem ich nicht mit Landsleuten, für die ich übersetzen soll, an ihrem Büro anklopfe.

Büro ohne Schnickschnack, mit einer Landkarte an der Wand und einem Alpenveilchen auf dem Tisch. Johanna ist groß, stattlich, streng, mit einer rotlockigen Mähne und dem Herz auf dem rechten Fleck, ihren Namen sprechen wir aus wie den einer Heiligen. Egal, ob es sich um einen Platz im Asylheim in der Großstadt anstatt im abgelegenen Dorf oder um eine Familienzusammenführung handelt, Johanna muss helfen. Schon seit über zwanzig Jahren. Ob vergewaltigte Kriegsflüchtlinge oder Selbstmörder am Fensterkreuz, auch das gibt es in Zirndorf, um Hilfe rufen. Sie kümmert sich am Morgen um Beschwerden, organisiert am Mittag einen Zimmertausch, bevor sich zwei die Köpfe einschlagen, und am Nachmittag steht sie einem Flüchtling bei, der in dramatischen Stunden seine Abschiebung erlebt. Johanna sieht in uns Flüchtlingen keine Eindringlinge, die man wieder loswerden will, sondern Menschen, sie nimmt jedes einzelne Schicksal wahr.

Ich suche die Sozialarbeiterin mit Brur auf, weil wir einen Anwalt brauchen, um Widerspruch einzulegen. »Zaki, Brur …« Johanna kennt uns mit Namen und nennt mich »Hilfssozialarbeiter«. »Recht habt ihr! Lasst euch nichts gefallen!« Ermutigende Worte. Dann zieht sie eine Liste aus ihrer Schublade, kreuzt einen Namen an und greift zum Telefon, um einen Termin mit einem Anwalt für Asylrecht in Nürnberg zu verabreden. Sie wolle uns keine falschen Hoffnungen machen, sagt sie, lächelt, und in ihren Wangen bilden sich Grübchen. Trotzdem: »Toi, toi, toi.« Und eine Karte, eine Wegbeschreibung und einen Antrag für eine Verlassenserlaubnis, den wir beim Migrationsamt abstempeln lassen müssen, für uns.

Sogar wenn wir einen Anwalt außerhalb des Landkreises aussuchen wollen, brauchen wir diese Erlaubnis, um jede Kleinigkeit muss ein Asylbewerber betteln und demütigende Fragen beantworten. Doch Johanna wünscht uns Glück und verabschiedet sich mit Handschlag. Es sind diese kleinen Gesten, die zeigen, dass wir nicht nur lästig sind: »Kopf hoch; wird schon werden!«

5. April 2005, Solnhofen, nichts wird werden: »Asylheim Solnhofen, Birkenhain 4« steht eines Morgens hinter meinem Namen auf einer Liste bei der Pforte. Mir wird schummrig: Jetzt bist du dran, morgen musst du das Aufnahmelager verlassen, jagen mir die Gedanken durch den Kopf. »Solnhofen«, nie gehört, Solnhofen stand nicht auf meiner Wunschliste. Ich muss an mich halten: »Hoffentlich eine Großstadt!«

Wenn auch nicht Nürnberg, wo alle hinwollen. Auf keinen Fall in ein Dorf auf dem Land. Kein Mensch kann sich das Leben in einem Asylheim vorstellen. In der Stadt ist es schlimm, aber erträglich; auf dem Land ist es mörderisch, weil man der Einsamkeit und der Depression nicht entkommt, sondern dazu verdammt ist, mit wildfremden Menschen die erdrückende Langeweile auszusitzen. Gefangen wie eine Fliege am Klebstreifen, ohne zu arbeiten, ohne sich frei zu bewegen, ohne am Leben teilzunehmen.

Ich notiere mir den Ort auf einem Zettel, trage den vor mir her wie mein Schicksal, als ich über den Hof zu unserem Café gehe. Voller Erwartung. April, prickelnde Luft, freches Gras spitzt schon zwischen den Steinen durch, in den Bäumen zetern die Amseln. Es riecht nach Freiheit und Veränderung. Hoffentlich. Auf einem Mäuerchen sitzen rauchend ein paar Landsleute in der Frühlingssonne und diskutieren. »Solnhofen? Kennt ihr das?« Angestrengt ziehen sie den Rauch durch die Nase, dann heben sie die Schultern: »Nie gehört.« Sie begleiten mich, denn immer sind alle neugierig, wohin man als Asylbewerber verfrachtet wird. Im Café hängt eine Landkarte von Bayern: Nürnberg, aha. Mit meinem Zeigefinger ziehe ich Kreise um die Stadt; Kreise, die immer größer werden. Mein türkischer Chef dreht die Musik laut und kommt dann mit Brur dazu. »Recht so, stellt euch nur alle hinter mich ...«

Bis heute haben weder Brur noch ich etwas von unserem Anwalt gehört. »So eine Klage kann dauern«, hatte er gleich angekündigt, während ich mich ungläubig in seiner Kanzlei umgesehen hatte. Vollgestopft mit Büchern und Zeitungen bis unter die Decke, klassische Musik aus versteckten Lautsprechern. Beruhigend, sagte er. Bei den traurigen Fluchtgeschichten, die er jeden Tag zu hören bekommt, braucht er Mozart, Bach und Beethoven. Manchmal ziehe sich so ein Asylverfahren über drei Monate, manchmal aber auch über drei Jahre hinweg. Ich habe Vertrauen zu ihm, weil er eigenwillig ist und tut, was er kann.

»Solnhofen?« Brur und mein türkischer Chef probieren das Wort immer wieder aus, sprechen es im Takt zur arabischen Musik, sagen Silnhof und Sulhof dazu, als sei es ein Zungenbrecher. Doch je weiter ich mich mit meinem Finger von Zirndorf entferne und kreise, desto lauter wird ihr: »Oh weh!«

Solnhofen liegt über den Siebenbergen am Ende der Welt. Jetzt hab ich's gefunden. Aber wirklich, das vorletzte Dorf am südlichsten Zipfel von Mittelfranken, ein Minipünktchen auf der Landkarte. Nein! So vielen habe ich geholfen, die richtigen Argumente für eine Großstadt vorzubringen, bei ihnen hat es geklappt. Warum bei mir nicht? »Solnhofen, so winzig«, rutscht es Brur heraus, während sie betroffen die Musik leiser stellt. »Aber ich wollte doch …« – Ich sehe an die Decke, schweige, würge mühsam Tränen und Enttäuschung hinunter und bete still für mich: »Lieber Gott, lass diesen Kelch …« Aber er lässt keinen Kelch an mir vorübergehen, jeden muss ich austrinken, und an diesem Gesöff ersticken oder explodieren, weil der Druck zu groß wird.

»Solnhofen, knapp über eintausendsiebenhundert Einwohner, ist eine Gemeinde im mittelfränkischen Altmühltal, Landkreis Gunzenhausen-W., und gilt als Fossilienlagerstätte von Weltrang«, heißt es bei Wikipedia, das ich sogleich auf unserem einzigen Computer mit Internetanschluss im Vorraum des Cafés google. »(…) Berühmt ist Solnhofen vor allem wegen seiner Steinbrüche, die Fossilien aus dem etwa 150 Millionen Jahre alten Weißen Jura enthalten. Wie beispielsweise die des kleinen Dinosauriers Compsognathus, sechs Gattungen von Flugsauriern, verschiedene Schildkröten und über hundertachtzig Insektenarten. Die bekanntesten und auch für die Evolutionsbiologie bedeutsamen Funde sind aber die bislang zehn Exemplare des Urvogels – Archäopteryx aus Solnhofen und Umgebung.«

Brur hat Mitleid und versucht mich zu trösten: »Schau, Zaki, dann ignorierst du halt die Grenzen und kommst trotzdem jeden Tag mit dem Zug nach Nürnberg. Wir können uns jeden Tag besuchen.« – »Und was, wenn die Polizei mich erwischt?« Am liebsten hätte ich um mich geschlagen vor lauter Ärger. So eine Panne. »Dann läufst du weg.«

Kaum angefangen, ist meine Hilfsarbeit für Johanna wieder vorbei. Vorbei auch der schöne Job mit Brur im Café. Herrgott, kann mir mal einer sagen, aus wie vielen Abschieden so eine Flucht eigentlich besteht? Wir hatten Spaß miteinander, sind manchmal sogar abends von unserem selbst verdienten Geld Pizza essen gegangen in Zirndorf oder in die Disco nach Nürnberg. Mit und ohne Erlaubnis, aber immer mit klopfendem Herzen und Angst vor »Grün«. Vorbei.

»Dauernd vor Grün weglaufen, als ob es nichts Besseres zu tun gäbe, hey, ich habe keinen Bock mehr!«, sprudelt es aus mir, während ich krampfhaft versuche, meinen Frust hinunterzuschlucken. Wie beim Schluckauf. »Mit Weglaufen kann man auch sein Leben verbringen; ich habe bisher nichts anderes getan.« Mit zusammengebissenen Zähnen trommle ich mit meinen Fäusten auf den Tisch. »Wozu bin ich denn geflohen? Einmal Flüchtling – immer Flüchtling?«

Ich muss allein sein, renne hinaus auf den Hof, wo ich nicht die Forsythien zwischen den Flüchtlingskasernenblöcken blühen und nicht die bunte Flüchtlingswäsche auf den Wäscheleinen flattern sehe, wo ich nicht die schnatternden Enten unten am Bach höre, die um die Reste unseres Flüchtlingsbrots streiten.

Hallo, bin ich etwa ein ausgestorbener Archäopteryx? Knapp zwanzig Jahre alt, ich will was tun, wenn man mich nur ließe.

6. April 2005, Solnhofen, oh weh!: Vor dem Solnhofener Asylheim wartet ein Landsmann. Dürr und klein, knorpeliges Gesicht, eingefallene Wangen, aber blitzende Augen. Wahrscheinlich steht er seit Stunden da, weil er nichts anderes zu tun hat. »Elias«, stellt er sich vor, überschwänglich, er freut sich, weil er nun nicht mehr der einzige Eritreer in diesem weltabgeschiedenen Kuhnest sei. Es ist noch viel schlimmer, als ich befürchtet habe. Kleines Haus, ehemaliges Café in einem Dorf ganz oben auf dem Berg, liegt etwas abseits von den anderen Häusern in einem Park, ist verwittert, die einst weiße Farbe von grauschwarzem Schimmel überzogen, Staub und Spinnweben hängen in den Holzbalken im Flur, eine Holztreppe, auf der sich schmutzige Schuhe türmen, winzige Zweier- und Familienzimmer.

Elias zeigt mir sein Zimmer im Erdgeschoss, das ich mit ihm teilen werde, gleich neben der Dusche. Ein schmaler Raum mit großem Fenster, zwei Betten, durchgelegene Schaumstoffmatratzen, links und rechts an der Wand neben der Tür stehen zwei speckige Blechspinde und ein Kühlschrank. Aber er hat eine Tür zum Abschließen – unglaublich. Als mir der Landsmann einen Schlüssel dafür in die Hand drückt, habe ich für einen Moment das Gefühl, es doch nicht am allerschlechtesten getroffen zu haben.

Dieses Gefühl ändert sich bei der anschließenden Runde durchs Haus jedoch sofort wieder. Kochplatten widern mich an, Mülleimer quellen über, Spiegel sind zerbrochen und braun verkrustet die Klobrillen, verstopft die Abflüsse, aus denen der Gestank modert. Meine Güte, fühlt sich denn da keiner verantwortlich? Hier wohnen vielleicht fünfzehn Asylbewerber und zwei oder drei Familien, sie kommen aus Aserbaidschan, Armenien, Irak, Iran, Pakistan, Sri Lanka, Mali, Eritrea. Gesichter aus Schweiß, Staub und Bartstoppeln – wofür denn noch waschen? Sie haben sich selbst aufgegeben, wie sie von allen anderen aufgegeben worden sind.

Es schnürt mir die Kehle zu, wenn ich daran denke, dass ich hier vielleicht Monate oder Jahre zubringen soll. »Elias«, frage ich aufgeregt, »gibt es keine Stadt in der Nähe, wohin wir flüchten können?« Er lebt schon vier Jahre hier und wartet immer noch auf seine Anerkennung. »Du hast keine Ahnung«, sagt er, »das hier ist königlich im Gegensatz zum Asyl in Dinkelsbühl.« Und als wolle er mir einen Gefallen tun: Gunzenhausen sei schön. »Komm, ich lad dich ein.«

Gunzenhausen, eine Kreisstadt, ist tatsächlich nicht weit, wenn man erst einmal den Bahnhof erreicht hat. Fünfzehn

Minuten, aber was soll's? »Eine Stadt, meinst du das ernst?« Als wir im Eiscafé neben der Kirche sitzen, schlägt die Turmuhr jede Viertelstunde klin-klang-klong, das einzige Ereignis in diesem ausgestorbenen Ort. Elias findet das schön: »Guck, die Natur, sieh dich um!« – Aber ich vermisse Zürich, die Bahnhofstraße, die Studenten an der Universität, zu denen ich selbst gern gehört hätte, das Internetcafé, ich will etwas tun.

18. April 2005, Solnhofen, die Verlassenserlaubnis: »Komm, wir fahren nach Nürnberg zum Café der eritreischen Oppositions-Community«, schlägt Elias mir freudestrahlend beim Frühstück am nächsten Tag vor. Er hat eine »Mobicard«, ein Bahnticket, mit dem er den ganzen Monat ab neun Uhr morgens für fünfundfünfzig Euro durch Mittelfranken fahren und sogar noch jemanden mitnehmen kann. Natürlich will ich mit. Aber ohne Erlaubnis? »Die besorgst du dir nächste Woche, heute sind wir unsichtbar.«

Elias sorgt sich rührend um mich, holt mit mir ein altes Radio vom Sperrmüll und einen Fernseher, der nur läuft, wenn man ihm einen Schlag versetzt. Er kocht mit mir eritreisch, oder wir probieren es wenigstens. Denn die Zutaten im bayerischen Asylbewerber-Essenspaket eignen sich nicht unbedingt für die ostafrikanische Küche. Gefrorenes Fleisch, immer Kartoffeln wie schon in der Schweiz, angefaulte Äpfel, abgelaufene Tomatensoße. Wir geben unser Bestes.

Selbst ein kurdischer Mitbewohner, der grundsätzlich meckert: »Euer eritreisches Essen stinkt!«, wenn er in die Küche kommt, kann uns nicht davon abhalten. »Du musst es ja nicht essen, genauso wenig, wie ich deins esse«, gebe ich ihm zur Antwort. »Vielleicht stinkt dein kurdisches Essen auch.« – »Halt die Schnauze!«, schreit er aufgebracht: »Drecksneger«. Er flucht, spuckt aus, fast täglich; manchmal kann ich nicht anders und schimpfe zurück.

Streit im Asylheim ist die einzige Unterhaltung, wenn man nichts zu tun hat und nur auf sich selbst zurückgeworfen ist.

Frustriert, aber unter der Oberfläche brodelt es gefährlich, wenn Asylbewerber auf Gedeih und Verderb wie Legehennen zusammengedrängt sind. Was ist man in diesem Dreckskloch noch? Nicht viel mehr als nichts. Selbst-verloren! Ich rege mich auf, aber was nützt's? Mitten in der Nacht wird Musik laut aufgedreht, um zu feiern, obwohl es nichts zu feiern gibt. Vielleicht nur, um sich bemerkbar zu machen. Manche saufen und prügeln sich halbtot, denn Langeweile entwürdigt, macht aggressiv, deprimiert.

Eines Sonntagmorgens ist mein Handy weg, als ich aus der Dusche komme. Ich habe den Kurden im Flur herumschleichen sehen und stelle ihn wütend zur Rede. »Hast du mein Handy gesehen?« – Draußen im Park ist ein Volksfest mit Frühschoppen im Gang, und laute bayerische Volksmusik dröhnt herein. Zuerst grinst der Kurde und macht ein paar Faxen, als wolle er tanzen. Aber ich gebe nicht nach. »Oder hast du es geklaut?« Da tritt er unversehens, aber mit voller Wucht die Tür zu meinem Zimmer ein und wirft mein Handy aufs Bett. »Hier, hast du deinen Sch…!«, brüllt er wutentbrannt. Als ich »Hör auf« zurückschreie, zückt er sein Klappmesser und kommt auf mich zu. Nicht mit mir! Atemlos laufe ich nach draußen und suche nach der Polizei.

Da jauchzen kleine Kinder auf einem Karussell und wollen von ihren Müttern so lange hoch und runter von Pferd und Wagen gehoben werden, bis sie die Geduld verlieren und quengelnd weiterziehen. Zu Tischen, wo es nach Weißwurst riecht, Pommes, Ketchup, Senf und wo Männer sich an großen Biergläsern festhalten. Irgendwann treten sie zum Pinkeln aus, nicht weit von unserm Haus. Ich spüre die wärmenden Sonnenstrahlen in meinem dunklen Haar und könnte doch eigentlich vergnügt sein. Wenn ich nur nicht … Als ich die Polizei finde, heißt es lakonisch, dass solche Randale im Asylheim Alltag sei; etwas dagegen tun könne man erst, wenn wirklich etwas passiert sei.

Ich weiß nicht mehr, wie ich das in der Schweiz zwei

Jahre lang ausgehalten habe; hier in Solnhofen packt mich der Lagerkoller schon nach wenigen Wochen. Ich verliere mich, weiß nicht mehr, wer oder was ich bin. Will allein sein. Raus aus diesem Loch, lernen und arbeiten. Denn am schlimmsten ist, wenn es kein Entrinnen aus diesem Selbstverlust gibt.

Die Ausländerbehörde in Gunzenhausen ist in einem mehrstöckigen Haus in der Nähe des Rathauses untergebracht. Mit einer Treppe aus altem Linoleum, das unter meinen Schritten hoch in den ersten Stock knarzt. Auf den Gesichtern der Wartenden spiegeln sich Gram und Furcht, keiner von ihnen kommt gern hierher, aber jeder muss. Muss hier bitten und um Erlaubnis fragen. Wie üblich Opfergänge tun, fragen, ob man zum Arzt gehen darf, zur Kirche oder einen Freund besuchen, ob man endlich eine Ausbildung machen oder arbeiten darf. Ich will eine »Verlassenserlaubnis« beantragen, am besten für das ganze Jahr, damit ich nach Nürnberg fahren kann.

»Asylrecht: Herr Mayer« steht an der dunklen Holztür. Herr Mayer ist jung, modern, Vogelgesicht, seine langen Haare zum Pferdeschwanz gebunden, T-Shirt statt Krawatte und Jeans. Er holt sich meine Akte an den Tisch, in der meine Herkunft, mein Fluchtweg, die Asylanträge, meine Fingerabdrücke, ärztliche Atteste und Behandlungen, Straferlasse, mein ganzer Lebenslauf vermerkt sind. Herr Mayer kennt einen mit der Zeit, denn auf jedem Ausländeramt gibt es einen Herrn Mayer. Trotzdem sagen diese Mayers überall und immer wieder: »Ich weiß nicht, Herr Kebraeb, wer Sie sind. Ich weiß nicht, ob Sie wirklich aus Eritrea kommen, ob Sie asylberechtigt sind oder gehen müssen. Solange Sie keine Papiere haben; bringen Sie bitte Ihre Papiere.«

»Also, was wollen Sie heute?« – »Eine Erlaubnis, dass ich den Landkreis verlassen kann.« – »Warum und wie und um was zu tun, Herr Kebraeb?« – »Weil ich es in Solnhofen im Asylheim nicht aushalte, weil ich sterbe vor Langeweile, weil ich nach Nürnberg gehen will und weil ich endlich frei sein will. Deshalb bin ich geflohen. Ist das so schwer zu verstehen?« Dass er mich sehr gut verstehe, sagt Herr Mayer dann gleichgültig und nickt, »aber leider, die Residenzpflicht, Sie wissen ja, für eine Verlassenserlaubnis muss schon ein triftiger Grund vorliegen.« – »Ich will nicht länger eingesperrt sein, ist das kein Grund? Wem macht es etwas aus, wenn ich nach Nürnberg gehe, ich verpasse nichts und keiner vermisst mich in Solnhofen.« – »Natürlich, natürlich, aber ich kann das Gesetz nicht ändern, leider, Residenzpflicht für Asylbewerber, Paragraf soundso, Artikel soundanders!« – »Dann bitte will ich wenigstens in die Schule gehen oder arbeiten, etwas tun, sonst werde ich verrückt.«

Da wird der Ton von Herrn Mayer schärfer: »Ohne Papiere geht nichts, arbeiten schon gleich gar nicht!« – »Aber ich bin doch jemand, auch ohne Papiere.« Er wisse nicht, wer ich sei, sagt er da noch einmal, nun aber merklich gereizt. Er habe noch anderes zu tun, bitte, hier sei die Tür. Auf Wiedersehen!

Wenn er nicht weiß, wer ich bin, muss er mich kennenlernen. Ich gehe nicht. Nein, so einfach lass ich mich nicht vor die Tür setzen. Ich bin doch nicht durch die Wüste und das Meer gekommen, um …

Deshalb verlange ich den Chef von Herrn Mayer zu sprechen. Herr Müller, ein Strich in der Landschaft, mit Krawatte, sein Atem geht schwer. Die anderen Mitarbeiter drehen ihre Köpfe. »Bitte, Herr Kebraeb, Sie schon wieder. Was möchten Sie denn?« – »Ich will nach Nürnberg gehen, bitte streichen Sie meine Residenzpflicht.« – »Seien Sie doch vernünftig, Sie wissen genau, dass das nicht geht, wenn Sie keine Anerkennung als Asylbewerber haben.« – »Warum nicht?« – »So ist das Gesetz, es tut mir leid!« Er könne mir nicht helfen. – »Dann werde ich dagegen klagen«, werde ich laut. – »Das dürfte Ihnen als Asylbewerber ohne richtigen Aufenthaltstitel schwerfallen.« – »Was ist denn das für ein Gesetz, gegen das ich mich nicht wehren kann? Habe ich keine Rechte?« – »Doch das Recht, vorübergehend hier zu bleiben, solange Ihr Asylgesuch nicht geklärt ist.« – »Ich will nicht vorübergehend irgendwo bleiben, sondern mich frei bewegen! Ist das ein Verbrechen?« – »Keiner hat Sie gebeten zu kommen!« – »Aber ich bin jetzt da.« Dass ich hier unbekannt sei und man nichts über mich wisse, sagt auch Herr Müller. »Es gibt keine Beweise, dass Sie aus Eritrea kommen.« – »Aber ich spreche Tigrinya, die eritreische Sprache, Sie können die Adresse meiner Mutter nachprüfen«, bitte ich eindringlich den wichtigen Mann. »Wenn Sie abgelehnt werden, können Sie nach Hause nach Eritrea gehen und dort so frei sein, wie Sie wollen.« – »Aber ich bin dort nicht frei. Hier will ich frei sein, weil Deutschland ein freies Land ist.« Nein, ich lasse mich nicht abspeisen, als sei ich ein Niemand. »Ich gehe hier nicht raus ohne Verlassenserlaubnis, und wenn Sie die Polizei holen.« – »Das nächste Mal, das verspreche ich Ihnen«, erhebt sich Herr Müller zum Gehen. Zwei Wochen Nürnberg genehmigt er mir noch, »als einmalige Ausnahme.«

Ich weine, als ich abziehe. Ich kann nicht anders. Die Ausländerbehörde ist wie eine Mauer, gegen die ich anlaufe, immer wieder: Dies dürfen Sie nicht, das geht nicht, dorthin dürfen Sie nicht, dahin nicht, arbeiten und lernen erst recht nicht. Ich bin genauso unfrei wie in Eritrea. Eine Chance, bitte geben Sie mir eine Aufenthaltserlaubnis. Nein, Sie dürfen nicht arbeiten – abgelehnt. Sie dürfen nicht lernen – abgelehnt. Sie dürfen sich nicht fortbewegen – abgelehnt. Sie dürfen nicht bleiben – abgelehnt. Warum nicht? – Abgelehnt! Ich bin doch ein Mensch! – Abgelehnt!

April bis September 2005, Nürnberg, unerlaubte Ausflüge: Zwei Wochen war ich im Glück, bin jeden Morgen um neun Uhr mit dem Zug über Treuchtlingen nach Nürnberg gefahren und am Abend um kurz nach halb neun wieder zurück nach Solnhofen ins Asylheim. In Nürnberg traf ich meine Landsleute, habe in Internetcafés gechattet, bin durch Geschäfte gebummelt, habe nichts gekauft. Denn von vierzig Euro Flüchtlingstaschengeld im Monat kann man keine großen Sprünge machen. Über die Hälfte davon habe ich für die Zugfahrkarte ausgegeben, die ich mit Elias teilen konnte.

Nach vierzehn Tagen habe ich mich wieder mit Herrn Mayer und Herrn Müller beim Ausländeramt angelegt. Ähnliches Resultat. Dieses Mal bekam ich die Erlaubnis, Solnhofen eine Woche pro Monat, sieben Tage lang zu verlassen. Ich solle dankbar dafür sein, hieß es. Dankbar wofür? Dass man mich drei Wochen des Monats einsperrte? Ich fuhr dennoch täglich nach Nürnberg, auch Samstag und Sonntag. Das erste Mal, als ich von einer Polizeistreife kontrolliert wurde, bekam ich eine Verwarnung, das zweite Mal eine Geldstrafe von siebzig Euro, die ich fortan monatlich von meinen vierzig Euro Taschengeld in Zehneuroraten an den Staat zurückbezahlte.

Die Ausflüge nach Nürnberg helfen mir, das Asylheim und mein Gefühl der Nutzlosigkeit zu überstehen: Ich liebe diese Stadt, in der es eine Straße der Menschenrechte gibt, einen internationalen Menschenrechtspreis und ein Menschenrechtszentrum. Weil in dieser Stadt während des Nationalsozialismus die Rassengesetze erfunden wurden, mit denen Hitler die Ermordung von über sechs Millionen Juden, Sintis, Romas, Behinderten, Widerstandskämpfern und Kommunisten rechtfertigte, hat sie etwas gutzumachen. Nach dem Zweiten Weltkrieg wurde den Kriegsverbrechern im Nürnberger Justizpalast der Prozess gemacht, und bis heute fühlt sich die Stadt aufgrund ihrer Geschichte zu Frieden und Menschenrechten verpflichtet.

Ich ziehe um die Burg, um die Kirchen, die Volkshochschule und über die Brücken der Pegnitz. Stunde um Stunde, Tag für Tag, Woche für Woche, Monat für Monat. Im Asylheim verbringe ich nur die Nächte. Schlimm genug.

Nachdem Elias seine Anerkennung als Asylbewerber bekommen hatte, ist er ausgezogen, zu den anderen Bewohnern habe ich wenig Kontakt. Der Kurde ärgert mich noch immer, und noch immer saufen und schlagen sich die Leute in der Nacht.

22. September 2005, Solnhofen-Ansbach, die Verhandlung: Wir treffen uns im Gerichtssaal des altehrwürdigen Gebäudes mitten in der Stadt. Ein Saal mit Richtertischen aus Holz und Sitzreihen wie im Theater. Wir sind zu viert: eine Frau, die Protokoll führt, der Richter und mein Rechtsanwalt, alle in schwarzen Roben, ich in Jeans und T-Shirt von der Kleiderkammer. Ich bebe am ganzen Körper, falte die Finger ineinander wie zum Beten. »Das schaffst du«, ermuntert mich mein Anwalt, »am besten, du sprichst für dich selbst. Wo immer du Hilfe brauchst, greife ich ein.«

»Bring alles Gedruckte mit, was du zu Eritreas politischer Situation finden kannst«, hatte er mich ein paar Tage vorher angerufen und mich zum Verwaltungsgericht in Ansbach bestellt, wo die Verhandlung zu meinem Asylverfahren stattfinden sollte. »Bring jeden Artikel aus dem Internet mit, egal ob auf Arabisch, Englisch oder Deutsch.« Endlich! Ich fieberte dem Termin entgegen und suchte jeden Tag im Internetcafé nach den neuesten Nachrichten aus Eritrea, über seine Foltergefängnisse und Flüchtlinge. Ein ganzes Bündel. Herr Zundel, mein Anwalt, hatte mindestens genauso viele Artikel dabei. Berichte von Amnesty International, von Human Rights Watch, Pro-Asyl und so weiter.

Auch dieser Richter fragt mich, woher ich komme, warum ich gekommen sei und wie. Und ich erzähle von Eritrea, Land ohne Presse und Meinungsfreiheit, regiert von der Angst. Dass ich dieser Militärdiktatur nicht dienen kann und deshalb geflüchtet sei. Wann immer es passt, verweist mein Rechtsanwalt auf Zeitungsartikel aus der *FAZ*, der *Frank-*

furter Rundschau, aus der *Süddeutschen Zeitung*, dem *Spiegel*, der *Zeit* und aus der *taz*, um meine Ausführungen zu belegen. Herr Zundel erklärt auch, wie es zu meiner »Onkel-Lüge« bei der Anhörung in Zirndorf damals gekommen sei. Der Richter sagt nicht viel, sondern stützt seinen Kopf in die Hand, ein Glatzkopf mit braunen Altersflecken, hört zu, überfliegt die Zeitungsberichte, verschränkt seine Arme, lehnt sich zurück und kommt uns wieder entgegen.

Ich habe Glück, denn er gehört nicht zu denen, die Flüchtlingsaugen ausweichen. Im Gegenteil, eindringlich mustert er mich, genau wissen wollend, was mich angetrieben hat, mich immer noch antreibt. Und ich argumentiere, argumentiere und versuche, die Situation in Eritrea so anschaulich wie möglich zu schildern. Die Euphorie nach der Unabhängigkeitserklärung von 1993, die Enttäuschung, der folgende Krieg, die Aufrüstung bis unter die Zähne und die Rechtlosigkeit des Einzelnen: »Wir sind Sklaven dort, Militärsklaven.« Da hebt der Richter die Hände in die Höhe, betrachtet sie eine Zeit lang und fragt dann: »Würden Sie es noch einmal machen? Würden Sie noch einmal von Eritrea nach Deutschland fliehen?«

Diese Frage habe ich nicht erwartet, ich stocke und drehe mich zu meinem Rechtsanwalt, der mir aber auch nicht weiterhelfen kann. Kalter Schweiß auf der Stirn. »Nein!«, bricht es aus mir heraus, und ich richte mich auf. »Nein, niemals. Wenn ich gewusst hätte, was mich erwartet ...« Mehr stammle ich, als dass ich spreche: »Aber wenn ich nicht gegangen wäre, würde ich mein Leben lang von Europa und einem besseren Leben dort träumen. Das wäre kein Leben.« – »Oder einen Sklavenaufstand machen oder eine Revolution«, erwidert der Glatzkopf nachdenklich.

Nachdem wir im langen Gang des Gerichtsgebäudes einen Automatenkaffee gezogen haben, legt mir mein Anwalt seine Hand auf die Schulter. »Du bist erwachsen geworden auf deiner Flucht, Zekarias«, sagt er. »Ich bin stolz auf dich!«

Das größte Lob, das ich je in Deutschland gehört habe. Würde ich nicht aus Scham erröten, wäre ich gleich noch ein Stück erwachsener. Die siebenhundert Euro Anwaltsgebühren überweist mein großer Bruder aus den USA.

17. Oktober 2005, Nürnberg-Solnhofen, im Namen des Volkes: … steht auf dem Papier, das mir die Sekretärin von Herrn Zundel in die Hand drückt, als ich zufällig in der Kanzlei vorbeischneie. Noch immer bin ich täglich in Nürnberg unterwegs und habe einfach geklingelt. Sie freut sich, als sie mich erkennt: »Gut, dass Sie vorbeikommen, so muss ich das ›Urteil‹ nicht mit der Post schicken.« Sie reicht es mir über ihren Schreibtisch, »Urteil«, lese ich und »Paragraf« und »Abschiebung«. Was heißt das? Meine Augenlider flattern, und mir wird flau im Magen. Was hat das zu bedeuten? »Geben Sie her, ich stecke es Ihnen in einen Umschlag«, die Sekretärin meint es gut, hat aber keine Zeit, mir etwas zu erklären. Herr Zundel sei leider nicht da und käme heute auch nicht mehr. »Ich glaube, Sie sollten sich freuen. Lesen Sie selbst, das schaffen Sie schon.« Stotternd, so aufgeregt bin ich, verabschiede ich mich.

Ein nass-grauer Tag, es nieselt; doch kaum auf der Straße, ziehe ich das Schriftstück aus dem Kuvert und versuche, die Worte im Gehen zu entziffern. Auf dem Papier bilden sich dunkle Flecken, vom Regen und von meinen Tränen. »Ene, mene, muh, frei bist du«, höre ich Kinder, die auf dem Gehweg hüpfen, »frei bist du noch lange, lange nicht, sag mir erst, wie alt du bist.«

13. Etappe: »Wer? - Einer mit Flügeln!«

Die Zeit, Dossier, 16. September 2010

Die Vergessenen

Sie sind Juristen, Computerexperten, Altenpfleger. Es gäbe Tausende Jobs für sie – doch die meisten Asylbewerber dürfen in Deutschland nicht arbeiten. Was läuft hier schief? (…)

18. Oktober 2005, Solnhofen, das Urteil: Ich schlucke die Tränen hinunter, das Herz schlägt mir bis zum Hals. Ich soll mich freuen, hatte die Sekretärin gesagt. »He, können Sie nicht aufpassen!«, schimpft ein Mann. Den Kopf gesenkt, nehme ich weder Regen noch die anderen Passanten wahr. »Entschuldigung.« Ich suche mir einen Unterstand, starre erneut auf das bereits aufgeweichte Papier.

»Urteil:

1. Vom Bescheid des Bundesamtes für Migration und Flüchtlinge vom 10. März 2005 werden aufgehoben die Ziffer 3 insoweit, als ein Abschiebungsverbot nach § 60 Abs.5 AufenthG verneint wurde, und die Ziffer 4 insoweit, als eine Abschiebung nach Eritrea angedroht wurde …«

Ich verstehe kein Wort. Was wird aufgehoben, was verneint … lese weiter. Nein, ich kapier das nicht. Warum erklärt mir das denn keiner? Mein Blick fällt auf ein Café gegenüber.

Ich versuche es noch einmal im Trockenen, doch auch beim Cappuccino bleibt das Schriftstück ein Rätsel für mich. Das macht mich wahnsinnig! Nervös schaue ich zum Nachbartisch, an dem sich ein Mann durch einen Berg von Zeitungen wühlt. Ihn fragen? Mehr als Nein sagen kann er nicht.

»*Sorry*«, spreche ich ihn auf Englisch an, »*can you help me please?*« Er sieht mich an, blonde Locken, Brille, um die vierzig, sein Gesicht überzieht ein erstauntes Grinsen. »Logisch«, erwidert er, »wobei denn?« – »Asylbewerber«, sage ich auf Deutsch und stelle mich vor: »Zekarias«. Ich stottere, als ich dem Mann erkläre, dass ich heute mein Urteil, das darüber entschiedet, ob ich in Deutschland bleiben darf oder nicht, bekommen habe. »Hier.« Ich schiebe ihm das Papier rüber. »Ich verstehe überhaupt nichts. Können Sie mir das übersetzen?« – »Gern.« Als der Mann seinen Stuhl an meinen Tisch rückt, werde ich ruhiger. »Franz«, sagt er und streckt mir seine Hand entgegen. »Komm, sagen wir du.« – »Ich verstehe kein Wort …«, sage ich, als er zu lesen beginnt. »Mei-oh-mei« – ganz bayerisch – »dieses Juristen-Deutsch aber auch.« Er sieht mich verständnisvoll an, wendet sich dann erneut dem Papier zu. Sein Gesicht ist nicht mehr zu sehen, so tief ist er über das Schriftstück gebeugt, und langsam wandert sein Finger die Zeilen entlang. Ich halte das nicht aus, aber gleich muss er am Ende sein, dann kann er mir sagen … was …? Nein, er beginnt wieder von vorn. »Und?«, frage ich nervös wie nie im Leben. – »Gleich, gleich …«, murmelt er. Selbst für Franz ist das Papier nicht leicht zu verstehen. Dann hebt er endlich seinen Kopf und lehnt sich zurück, nimmt seine Brille ab, klappt bedächtig die Bügel zusammen. »Aaalso«, sagt er gedehnt, »wenn ich das hier alles richtig verstehe, dann … ich denke, dann darfst du nicht nach Eritrea abgeschoben werden …« –

»Genau so ist es, sicher, das geht nicht!« – »Weil du nämlich dort um dein Leben fürchten musst.« – »Ja.« – »Hey Junge, das heißt: Du darfst in Deutschland bleiben. *Willkommen*, wir behalten dich hier.« – »Nein?!« – »Doch! Gratuliere!« Mir bleibt die Luft weg.

Meine Ohren und meine Augen werden immer größer, während Franz nun das Urteil und die Begründungen umständlich ausführt. In meinem Kopf ist ein einziges Jauchzen: Ich darf bleiben, darf bleiben, muss nicht gehen! Ich habe es geschafft! Ich werde nicht abgeschoben! Am liebsten würde ich diesen fremden Mann umarmen, geht aber nicht, dafür drücke ich ihm die Hand wie ein Verrückter, schnäuze in eine Serviette und presse Zeigefinger und Daumen gegen meine Nasenwurzel. Jetzt bloß nicht weinen! Da legt Franz seine Hand auf meinen Arm. Wie ein Freund.

Und redet eine ganze Weile auf mich ein – »Mensch, toll, sei froh, du hast es geschafft!« –, bevor ich wieder einigermaßen klar denken kann. Erst stockend, aber dann wie ein Wasserfall erzähle ich ihm von meiner Flucht, meine ganze Fluchtgeschichte von Asmara bis Nürnberg, alles auf einmal. Und während er zuhört und nachfragt, merke ich, dass ich an diesem Tag nicht nur endlich als Asylbewerber anerkannt worden bin, sondern dass dieser Tag noch viel mehr bedeutet: Ich habe meinen ersten deutschen Freund gefunden.

Der mit mir später sogar noch durch den Regen bis zum Bahnhof läuft, mir völlig durchnässt seine Telefonnummer auf einen Zettel notiert und sagt, ich solle anrufen, wenn ich Hilfe bräuchte. Pitschnass ziehe ich meine Spuren durch den historischen Jugendstilsaal im Reisezentrum, der mich an das Theater in Asmara erinnert. Ich tanze, tropfe, schüttle mich, und Franz kann mich gerade noch zurückhalten, einem Mann in Grün entgegenzustürmen und ihm das »Urteil« unter die Nase zu halten: »Sieh her, ich bin Zekarias, legal hier in Deutschland!« So aufgedreht bin ich.

19. Oktober 2005, Solnhofen, bei der Ausländerbehörde – geduldet: »Tut mir leid«, sagt Herr Mayer von der Ausländerbehörde, zupft an seinem Pferdeschwanz, und ich merke genau, dass ihm gar nichts leidtut. »Dieses Urteil sagt nicht viel, außer dass Sie geduldet sind. Asylberechtigt sind Sie deswegen noch lange nicht, Herr Kebraeb.« Mit diesen Worten schiebt er mir ein grünes Papier mit einem roten Strich, quer durchgestrichen, über den Tisch.

»Aber ich darf doch hier bleiben, das steht doch in meinem Urteil«, entgegne ich Herrn Mayer fast flehend. »Was soll ich mit diesem grünen Zettel?« Gerade war ich noch übermütig die Treppenstufen hochgehechtet, immer zwei auf einmal, hatte den anderen Ausländern im Warteraum stolz mein »Urteil« präsentiert, und jetzt? »Nein – eben – nicht!«, betont der Beamte jede Silbe. »Sie dürfen nicht in der Bundesrepublik bleiben. Sie dürfen aber auch nicht abgeschoben werden, so lautet das Urteil. So sieht's aus!« – »Ja, ja aber, wo, wo bleibe ich denn dann? Wenn ich nicht abgeschoben werden kann, aber auch nicht hier sein ...?«, stammle ich entgeistert. »In Solnhofen, wie immer!« Achselzuckend wendet sich der Pferdeschwanz ab, um dann noch hinzuzufügen: »Ab heute sind Sie kein Asylbewerber mehr. Dieser grüne Zettel, den ich Ihnen gegeben habe, ist eine Duldung und bedeutet nicht mehr und nicht weniger, als dass Sie geduldet sind, wie der Name schon sagt, aber trotzdem jederzeit abgeschoben werden können – deshalb der rote Strich durch, kapiert?« Das Verfahren sei abgeschlossen, asylberechtigt sei ich nicht, ein Recht auf Taschengeld und Unterstützung habe ich nicht mehr. Aber ich könne beim Arbeitsamt Hartz IV beantragen. Arbeitslosengeld? Obwohl ich nie gearbeitet habe?

Ich bin wie vor den Kopf gestoßen, und während ich noch überlege, was das alles bedeutet, frage ich stockend: »Aber lernen und arbeiten, das darf ich doch jetzt, oder? In eine Schule gehen und arbeiten.« – »Nein! Dürfen Sie nicht.« Herr Mayer dreht sich sichtlich genervt noch einmal um und kanzelt mich dann endgültig ab. »Das Einzige, was Sie dürfen, ist: Hartz IV beantragen. Sonst alles wie gehabt: Wohnortbeschränkung und Arbeitsbeschränkung bleiben.« – »Was? Ich muss im Asylheim Solnhofen bleiben, obwohl ich kein Asylbewerber mehr bin und auch nicht asylberechtigt?« – »Exakt, so ist es!« – »Bekomme ich wenigstens einen Ausweis …?« – »Nehmen Sie Ihre Duldung und verschwinden Sie, bevor ich mir's anders überlege.«

Krass! Das sitzt. Nicht einmal in der Wüste und auf dem Mittelmeer habe ich mich so elend gefühlt. In diesem Moment, auf den ich vier Jahre lang gewartet habe. Auf meine Freiheit …

23. *Oktober 2005 – November 2006, wer bin ich?:* Nur langsam begreife ich, was das »Urteil« bedeutet: Alles bleibt beim Alten! »Nein!« Erbittert stürme ich durch die Behördenflure hinaus auf die Straße und rufe meinen Anwalt an. »Ich werde nicht in diesem Drecksloch in Solnhofen bleiben … auf keinen Fall, niemals!«

Herr Zundel war ebenfalls hörbar entsetzt: »Was? Du hast nur eine Duldung bekommen?«, fragte er. »Mit diesem Urteil? Das kann nicht sein. Klarer Fall, wer nicht abgeschoben werden kann, ist rechtlich nicht nur geduldet, sondern asylberechtigt. Pure Willkür«, poltert er und erklärt mir dann, so ruhig er kann: »Das Mindeste, was man dir aufgrund von unserem Urteil geben muss, ist ein Ausweis-Ersatz mit einer Aufenthaltsgenehmigung, § 25, Absatz 3 des Aufenthaltsgesetzes.«

Holprig, so aufgeregt bin ich, bitte ich ihn, mit dem Ausländeramt zu telefonieren. »Mit denen sprechen, nee!«, stößt er wütend die Luft aus und zischt, »kommt nicht in Frage, dann vergess ich mich noch. Aber ich schicke ein Fax.«

Ein paar Tage später bin ich abermals bei der Behörde, und Herr Mayer sagt sein Sprüchlein auf. Er kenne mich nicht, wisse nicht, ob ich Eritreer sei, ob ich 1985 geboren und in Asmara zur Schule gegangen sei, nichts. Kenne ich inzwischen auswendig diese Szene, muss mich jedes Mal beherrschen, um nicht loszubrüllen. »Erst wenn Sie mir Ihre eritreischen Papiere bringen, weiß ich, ob es stimmt, was Sie die ganze Zeit behaupten, oder ob Sie lügen«, betet der Behördenmann wie immer herunter und wie er es wahrscheinlich bei vielen anderen Asylbewerbern auch tut. Diesmal bin ich aber so in Rage, dass ich nicht wie sonst den Kopf einziehe. Soll er seine Beweise doch haben! »Ich lüge nicht!«, schmettere ich ihm entgegen, »und wenn es sein muss, werde ich bei der eritreischen Botschaft einen Pass beantragen.«

»Sachte, sachte, immer der Reihe nach! Ich hab ja nicht gesagt, dass Sie keinen Ausweis bekommen. Ich werde Ihnen anstelle der Duldung eine Aufenthaltserlaubnis aus humanitären Gründen geben, okay.« Aha, auf einmal geht, was ein paar Tage vorher noch unmöglich schien? Ohne Anwalt ist man bei Ihnen wohl nichts, würde ich am liebsten toben, beherrsche mich aber und frage bebend, ob ich denn mit diesem Ausweis-Ersatz endlich studieren oder arbeiten könne. »Aber nein, das müssen Sie doch allmählich verstehen«, ereifert sich Herr Mayer. Weder das Asylheim verlassen noch studieren oder arbeiten könne er mir genehmigen. »Nicht mit solch einem schwachen Aufenthaltsstatus!«

Das kann nicht sein! Die Leute auf der Straße beschimpfen uns als »Asylantenpack«, weil wir angeblich auf ihre Kosten leben, nicht arbeiten, nicht mal ihre Sprache sprechen. Beschimpft zu werden das geht ja noch, aber gar nicht ernst genommen zu werden, ist Diskriminierung. Ich will für mich selbst sorgen, will arbeiten, die Sprache lerne ich bereits. Will nicht länger nutzloses Pack sein. Ich platze, verlange wieder nach Herrn Müller, dem Vorgesetzten. »Wenn ich weiter in diesem verfluchten Asylheim zubringen muss, werde ich verrückt«, würge ich hervor. »Ich ersticke, bitte, ich halte dieses Eingesperrtsein nicht länger durch! Ich will etwas tun!« Das sei nicht sein Problem, so Herr Müller ungerührt, aber stoßweise atmend. Keiner habe mich gebeten zu kommen, keiner sei daran interessiert, dass ich bleibe. »Aber ich könnte doch eine Ausbildung zum Krankenpfleger machen oder als Erzieher im Kindergarten arbeiten, Sozialhelfer werden, in vielen Jobs arbeiten. Was weiß ich? Wo es eben in Deutschland fehlt.«

Wutentbrannt ziehe ich einen Artikel samt Studie zum Arbeitsmarkt in Deutschland aus meiner grünen Tasche und knalle ihn den Herren Mayer und Müller zum Lesen auf den Schreibtisch. Dass es keine Zahlen und Statistiken gebe, heißt es da, die aufführen, welche Fähigkeiten Menschen haben, die nach Deutschland einwandern. Dagegen existieren Zahlen zum Expertenmangel. »Laut einer Umfrage der Industrie- und Handelskammer hat jedes zweite deutsche Unternehmen Probleme, offene Stellen zu besetzen. Im Jahr 2020 werden in Betrieben laut Schätzungen eine Viertelmillion Fachkräfte fehlen«, lesen die beiden. »Während der Wirtschaftsminister mehr Zuwanderung fordert, weil Hunderttausende von Fachkräften im Bereich Mathematik, Informatik und Technik fehlen, aber auch im Handel, in der Gastronomie und vor allem im Gesundheitswesen, lehnen Migrationsämter Zuwanderer ab, und Ausländerämter verbieten ihnen die Jobs.«

»Warum werden wir zu Schmarotzern gestempelt, wenn man doch von uns profitieren könnte?«, frage ich provozierend.

Aber es hat nicht den Anschein, als seien die beiden Herrn von der Ausländerbehörde ernsthaft an der Studie interessiert. »Es gibt keinen Job für Sie, Herr Kebraeb, und damit *basta*«, sagt Herr Mayer, als er von dem Artikel wieder aufsieht. »Schwacher Aufenthaltstitel…« Immer das Gleiche. Ich kämpfte gegen Windmühlen, trotzdem versuche ich es noch einmal: »Ausnahmsweise …« – »Ich bitte Sie, das ist nicht erlaubt«, schnaubt Herr Müller da und hebt abwehrend beide Arme. »Was Sie wollen, ist illegal. Wo kämen wir denn da hin?« – »Zu einer menschlichen Asylgesetzgebung!«

Ich hasse diese Behörde, die wie eine Festung steht und mir jedes Mal hämisch nachzugrinsen scheint, wenn ich sie verzweifelter, als ich sie betreten habe, wieder verlasse. Wenn ich diese quietschende Linoleumtreppe hinunterkollere und -poltere, weil ich vor lauter Wut und Ohnmacht keinen klaren Gedanken mehr fassen kann. Und wenn ich dann noch wegen meiner schwarzen Hautfarbe als Einziger auf dem Bahnsteig von Gunzenhausen oder Ansbach oder wo auch immer von der Polizei kontrolliert werde, dann ...

Glücklicherweise gibt es aber auch andere, schöne Begegnungen. Mit Hilfe meines neuen Freundes Franz habe ich einen Packen Formulare vom Arbeitsamt ausgefüllt, um Hartz IV zu beantragen. Kurz vor Weihnachten 2005 übergebe ich sie einer Sachbearbeiterin. Sie rechnet nach und ist entsetzt. Von Ende Oktober bis Mitte Dezember habe ich ohne einen Cent in der Tasche gelebt. Ohne Asylhilfe und Essenspakete, kein Mensch hat an eine Übergangsregelung gedacht. »Wie haben Sie überlebt?«, fragt sie. – »Mit Gottes Hilfe«, sage ich und erzähle, dass mir Mitbewohner aus dem Asylheim und ein deutscher Freund unter die Arme gegriffen haben. Da öffnet die Frau vom Arbeitsamt ihren Geldbeutel und steckt mir zwanzig Euro von sich zu. Außerdem sorgt sie dafür, dass ich einen Bankscheck mit zweihundert Euro Vorschuss auf die zu genehmigende Arbeitslosenhilfe einlösen kann. Diese Gesten zählen für mich beinahe mehr als das Geld, obwohl ich über jede Unterstützung froh bin.

»Der einzige Kurs, den ich Ihnen genehmigen kann, ist ein Sprach- und Integrationskurs für Asylbewerber in Ansbach«, sagt Herr Mayer eines Tages im Frühjahr 2006. Ich horche auf, wenigstens das, unglaublich! Haken an der Geschichte:

»Die Fahrtkosten«, wiegt Herr Mayer sein Haupt und der Pferdeschwanz schaukelt. »Einhundertfünfzig Euro.« – »Dann muss ich nach Ansbach ziehen.« – »Kommt nicht in Frage. Sie bleiben in Solnhofen. Das ist Gesetz!« Das Gesetz kann mir gestohlen bleiben. Ich will diesen Sprachkurs. Meine winzige Luke zur Freiheit, durch die ich dem verhassten Überdruss im Asylheim stundenweise entrinnen kann.

Es ist zynisch, aber der Sprachkurs ist die einzige Beschäftigung, die mir erlaubt wird und die es mir erlaubt, dem Asylheim stundenweise zu entkommen. Ausziehen und näher am Schulort wohnen, um Fahrtkosten zu sparen, darf ich dagegen nicht. Ist doch hirnrissig, oder? Das Arbeitsamt steuert sechzig Euro zu meinen Fahrtkosten bei, fehlen immer noch neunzig. Will ich den Kurs machen, muss ich den Rest von meiner Dreihundertfünfzig-Euro-Hartz-IV-Hilfe, die ich inzwischen beziehe, dazulegen.

Ich versuche es, doch nachdem ich mir monatelang das Fahrtgeld vom Mund abgespart habe, beschließe ich im Herbst 2006, nichts mehr zu essen. Hungerstreik. »Sie sind dafür verantwortlich, wenn ich sterbe«, schreibe ich ganz trocken in meinem frisch erworbenen, schönsten Deutsch an Herrn Müller vom Ausländeramt. »Weil Sie partout meine Wohnortbegrenzung nicht aufheben wollen.« Das hat der Chef der Behörde noch nie erlebt. Innerhalb von zwei Tagen schickt er die Polizei und einen Arzt vom Gesundheitsamt vorbei. »Seien Sie doch vernünftig, Herr Kebraeb, und essen Sie wieder«, spricht man mir ins Gewissen. »Wenn Sie hier sterben, ist das eine kleine Notiz in der Lokalzeitung wert, mehr nicht.« Wenn mir nicht zum Heulen wäre, würde ich lachen. Aber ich habe ihn ernst genommen, ich esse wieder und schließe im November meinen Sprachkurs erfolgreich ab.

Monat für Monat geht vorbei, ohne dass sich an meinem Aufenthaltsstatus irgendetwas ändert. Ich darf nicht umziehen, nicht arbeiten, nichts lernen. Erst nach vier Jahren, sagt man mir, dürfe ich … – »Sie wissen, das Gesetz!« Ein Gesetz, das noch schlimmer ist als die Sonne und der Durst in der Sahara. Ich könnte Amok laufen. »Das Gesetz, tut mir leid, das Gesetz!« Verdammt noch mal, was für ein unmenschliches Gesetz ist denn das?

Einzige Veränderung, die ich nach vielem Hin und Her mit Hilfe von Franz erreiche, ist, dass ich aus dem Asylheim von Solnhofen ausziehen und ein paar Kilometer weiter nach Treuchtlingen umziehen darf. Nicht nach Nürnberg, nirgendwohin sonst, auch hier gilt wieder die Wohnortbeschränkung. »Nichts zu machen, Herr Kebraeb, wir wissen nicht, wer Sie sind und woher Sie kommen.« Aber sobald ich meinen eritreischen Reisepass habe, stellt mir Herr Mayer irgendwann in Aussicht, könne er mir vielleicht die gewünschte Ausbildungserlaubnis erteilen.

20. Dezember 2006, Treuchtlingen, der eritreische Pass: Fast triumphierend schwenke ich ihn in der Hand. Habe ihn heute bekommen. Ich zittere, als ich den Briefumschlag mit dem Stempel der eritreischen Botschaft in Berlin öffne. Tatsächlich: das blaue Dokument mit Kamel. Nachdem ich in Frankfurt beim Konsulat vorgesprochen, Hunderte von Euro Ablösesumme bezahlt, meine Flucht begründet, eine Entschuldigung dafür unterschrieben und versprochen habe, zwei Prozent meines zukünftigen deutschen Einkommens nach Eritrea zu überweisen, hat mich meine Heimat gern der Bundesrepublik überlassen und mir einen Reisepass ausgestellt.

Die anderen Ausländer im Warteraum der Ausländerbehörde sehen mich ungläubig an. Welcher bescheuerte Flüchtling rückt freiwillig seinen Pass heraus? Keiner. Lieber wartet man jahrelang auf die Anerkennung und auf deutsche Papiere. »Hast du keine Angst vor der Abschiebung?«, fragen sie. Ich könne nicht zurückgeschickt werden, erkläre ich mit einem Anflug von Übermut: Steht so in meinem Urteil, worauf ich vertraue. Herr Mayer traut seinen Augen nicht, als ich ihm meinen Ausweis wie eine Trophäe serviere: »Bitte schön, der Beweis: Ich bin Zekarias Kebraeb aus Eritrea, wie ich es immer gesagt habe.« Er lächelt ein wenig, blättert und tuschelt mit seiner Kollegin. Sagt dann, dass er das Papier zwar nicht wirklich lesen könne, aber okay, den Stempel könne ich nun haben.

»Aufenthaltserlaubnis« lese ich auf dem Dokument, das Herr Mayer mir überreicht. Weiter unten steht: »Erwerbstätigkeit nicht gestattet, Wohnsitznahme ist beschränkt auf 91757 Treuchtlingen, Bahnhofstr. 37.«

Wie bitte, was soll das denn jetzt? »Aber Sie haben mir doch gesagt ...« Ein gemeiner Scherz? – »Was soll ich gesagt haben?«, fragt Herr Mayer und verschränkt die Arme. – »Dass ich lernen und arbeiten und umziehen kann ...« – »Können Sie nicht. Dass Sie Eritreer sind, in Ordnung, das wissen wir jetzt. Aber an Ihrem unsicheren Aufenthaltstitel verändert sich aufgrund von Ihren Papieren leider gar nichts. Wenn sich die politische Situation in Eritrea ändert, können Sie immer noch abgeschoben werden.« – »Wie bitte?« – »Ja, wär doch schön für Sie, oder? In der Heimat in die Schule gehen, arbeiten und uneingeschränkt wohnen, wo Sie wollen! Hier, wie gesagt, ist das eben erst nach vier Jahren möglich. Das Gesetz – Sie wissen schon.«

»Ich habe aber doch extra ...« Ich japse nach Luft. Das Schlimmste an allem ist diese maßlose Demütigung. Kein großes Ding eigentlich, außer für den, der sie erleidet. Ich kann nicht mehr und gehe wortlos.

2. Januar bis 12. August 2007, Treuchtlingen, nicht lernen und nicht arbeiten: Weil man nicht weiß, wohin mit mir, bietet mir das Arbeitsamt eine Art Beschäftigungstherapie beim Kolpingwerk an. Unter der Aufsicht von Sozialpädagogen mit schwer erziehbaren Jugendlichen schreinern, malen, fernsehen ... Als ob ich schwer erziehbar sei.

Dass ich nicht lache, bin aus Afrika geflüchtet, um in der Gruppentherapie auf bayrische Berge zu klettern? Besser als nichts, denke ich trotzdem. Doch dann sehe ich mich in meinem Zimmer in Eritrea, das Poster von Michael Jackson an der Wand, und sehe mich träumen, träumen von einem sinnvollen Leben. Frei entscheiden, was ich tun will, eine ordentliche Schule machen.

Tag für Tag suche ich in dieser Zeit nach einer Ausbildung, klappere die Volkshochschulen ab, drehe jeden Flyer um, rufe viele Telefonnummern an und berate mich immer wieder mit Franz. Im Nürnberger Ausbildungszentrum endlich werde ich fündig: eine Schule, auf der jugendliche Migranten ohne Zeugnisse aus der Heimat in einem Jahr ihren Hauptschulabschluss machen können. »Auf diese Schule würde ich gern gehen«, spreche ich beim Arbeitsamt vor. »Tolle Sache«, sagt man mir. Weniger toll ist nur, dass das Zugticket nach Nürnberg einhundertfünfzig Euro kostet. Wie soll ich das denn von meinen dreihundertfünfzig Euro bezahlen? »Bitte einen Zuschuss!«, bitte ich beim Sozialamt und beim Ausländeramt wie üblich: »Bitte, kann ich meinen Wohnort frei wählen?« Keine Chance.

Dieses Mal gehe ich sogar weiter, nehme all meinen Mut zusammen und erhebe Klage beim Sozialgericht in Nürnberg. Ohne Anwalt, denn den kann ich mir nicht schon wieder leisten, und meinen Bruder will ich auch nicht behelligen. »Ein Hauptschulabschluss, Herr Kebraeb«, sagt die Richterin, nachdem ich mein Anliegen vorgetragen habe, »bringt Ihnen auf dem Arbeitsmarkt rein überhaupt nichts. Wirklich, glauben Sie mir, ein Hauptschulabschluss ist nichts wert.« Klage abgewiesen. Diese Schule sei eine »unnötige Investition«, begründet sie ihr Urteil. »Unnötig« für einen nur geduldeten Ausländer, der sobald wie möglich zurück in die Heimat geschickt werden soll, denke ich still für mich. Deshalb gibt es auch keinen Fahrtkostenzuschuss. Und die Wohnortbeschränkung? Bleibt sowieso!

Frühestens 2009, zwei Jahre später, wenn ich dann noch hier in Deutschland sei, könne ich wohnen, wo ich wolle, und tun und arbeiten, worauf ich Lust habe. Schule später – ja klar, ich bin ja noch jung, habe in Italien, der Schweiz und in Deutschland inzwischen nur fünf Jahre meines Lebens verbummelt, ohne auch nur einen einzigen Schritt vorangekommen zu sein. Will ich sagen, schweige aber. Es hat doch keinen Sinn. »2011 können Sie sogar schon einen deutschen Pass beantragen«, ein scheinheiliger Trost, »wenn Sie dann nicht längst über alle Berge sind.« Kopf hoch, die Aussichten stehen nicht schlecht! Ach, wenn …

13. August 2007, Donaumünster/Nürnberg, meine Schwester kommt: »Hey Zaki, ich komm nach Europa. In ein paar Tagen – mit dem Boot!«, ruft meine Schwester Adiam ins Telefon. Wie ein Donner am schwülen Sommerabend, die Sonne noch nicht untergegangen, ungetüme Wolkenberge am Himmel, es wetterleuchtet in der Ferne. Ich bin bei Franz in Donaumünster zum Pfannkuchenessen eingeladen. Wir sitzen auf seiner Terrasse. All die Wochen zuvor hatte ich versucht, Adiam auf ihrem Mobiltelefon zu erreichen, immer hieß es: »*The person you've called is not available.*« Ich war verrückt vor Angst.

Tatsächlich ist sie im Mai, ohne irgendjemandem ein Wort zu verraten, aus Eritrea über die Grenze in den Sudan geflüchtet. Fahnenflüchtling wie ich. Ob spontan oder geplant, auf jeden Fall hat sie in Khartoum Tantus Schwester, Ella, getroffen. Meine unmögliche kleine Schwester, die mir schon in der Schule immer auf den Fersen war und mich in der Abitursklasse sogar eingeholt hatte. Und jetzt? Kam sie mir schon wieder hinterher. Schneller als alle anderen Flüchtlinge. Mit einem Schlepper waren die Mädchen vor wenigen Wochen heil in Tripolis gelandet. Darüber hätte ich eigentlich glücklich sein können, wenn …

Wenn ich davon gewusst hätte, hätte ich Adiam verboten,

die Sahara zu durchqueren. Ganz rigoros. Nein, viel zu großes Risiko. Na ja, gehört hätte sie sowieso nicht auf ihren größeren Bruder. »Bist du lebensmüde?«, schreie ich jetzt ins Telefon. »Du steigst in kein Boot und fährst über kein Meer, schon gleich gar nicht nach Europa!« Ich bin außer mir vor Sorge. »Europa ist es nicht wert. Hier ist kein Paradies. Kapiert?«

»Iss!«, sagt Franz und legt seinen Finger auf den Mund, um mich zu beruhigen. Die Luft steht still, und die Vögel haben aufgehört zu pfeifen wie immer vor einem Gewitter. »Lass Zaki, lass sie machen.« Ich verdrücke meinen dritten Pfannkuchen mit Erdbeermarmelade, köstlich, aber das ändert nichts an meiner Aufregung. »Wir kommen«, ruft Adiam fröhlich am anderen Ende der Leitung, »egal, was du sagst. Du wirst schon sehen!« – »Wer kommt?« – »Ella, Jonathan und ich!« Jonathan, so eröffnet sie mir in alter Frische, »du kennst ihn, der Nachbarsjunge aus Asmara.« Sie habe ihn in Tripolis wiedergetroffen und sich verliebt.

Meine süße, kleine Schwester hat sich auf der Flucht gleich noch einen Freund geangelt? Da fällt mir nichts mehr dazu ein. Es blitzt und donnert, ein kurzer Gewitterschauer ergießt sich über die Wiesen vor dem Haus, während ich den vierten Pfannkuchen mit Erdbeermarmelade esse. Pfannkuchen riechen anders als unser Fladenbrot, Injera, in Eritrea, von dem ich Franz erzählt habe, sehen aber ähnlich aus. Den säuerlichen Geruch des Brots, das meine Mutter am letzten Morgen vor meiner Flucht gebacken hat, habe ich noch immer in der Nase.

Und ich bin aufgewühlt: Adiam, wenn sie bloß gut über das Meer kommt … Sie weiß doch gar nicht, was sie hier in Europa erwartet. »Was hältst du davon, wenn ich dir deine Fahrkarte nach Nürnberg in die Schule bezahle?«, platzt Franz mitten in meine Gedanken. Ich bin baff. Auch wenn ich nicht weiß, wie es ist, einen Vater zu haben, dieser Mann aus Donaumünster, Sozialpädagoge von Beruf, kümmert sich inzwischen wie ein Vater um mich. Geld für die Fahrkarte, um in Nürnberg zur Schule gehen zu können? In dem Moment, in dem ich schon nicht mehr daran geglaubt habe, jemals wie alle anderen jungen Menschen in Deutschland eine Ausbildung machen zu dürfen. Ausgerechnet heute Abend bietet mir Franz an, die Fahrtkosten nach Nürnberg zu übernehmen, damit ich einen deutschen Hauptschulabschluss machen kann.

In die Schule gehen, meine Schwester wiedersehen, was noch alles? Alles auf einmal, ich weiß nicht mehr, wo mir der Kopf steht vor Freude. Endlich einen Schritt weiter im Leben. Wird ja auch Zeit – nach fünf Jahren. Bin ich nicht ein Glückskind? Mit Heißhunger verschlinge ich den fünften Pfannkuchen, der für einen Augenblick wie das Injera meiner Mutter schmeckt und so frisch wie die Luft an diesem Sommerabend nach einem Gewitter in Deutschland riecht. Da müssen Pfarrer Louis, die Muttergottes auf dem Medaillon und mein Schutzengel alle ihre Hände im Spiel gehabt haben.

17. August 2007, frei – ich fliege: Früh am Morgen hat mich Franz zum Flughafen gebracht. So aufgeregt, wie ich bin, bleibe ich natürlich gleich in der Drehtür stecken. »Wenn einer eine Reise tut ...«, witzelt er. Das muss gerade Franz mir sagen, zum Abschied drehe ich ihm eine lange Nase.

Nachdem Adiam nicht von ihrem Vorhaben abzubringen war, habe ich am nächsten Tag sofort einen Flug nach Italien gebucht. Billigflug, neunundzwanzig Euro, Rom hin und zurück. Von dort aus mit dem Zug zu Tantu nach Bassano, wo wir gemeinsam auf den Anruf unserer Schwestern warten wollen. Meine freche Adiam; nie hätte ich das von ihr erwartet.

Noch nie habe ich einen Flughafen von innen gesehen. Die vielen Menschen, die Aufforderung, keinen Koffer unbeaufsichtigt irgendwo stehen zu lassen, die blinkenden Anzeigen, von welchem Gate welches Flugzeug starten würde. Wie oft habe ich davon geträumt, in den Himmel aufzusteigen und loszufliegen. »Nimm mich mit nach Europa«, haben wir als Kinder in den blauen Asmara-Himmel gerufen. Wie lange habe ich darauf gewartet? Frei sein, fliegen, wohin ich will! Es hört sich komisch an, aber tatsächlich darf ich den Wohnort noch immer nicht frei wählen, aber fliegen darf ich, wohin ich will – außer nach Asmara. Hm, irgendwo duftet es nach Laugenbrezeln und Kaffee. Sieht es mir denn keiner an? Das Strahlen in meinem Gesicht – frei. Zum ersten Mal – fliegen.

Langsam steigst du dann die Gangway zum Flugzeug hoch, drehst dich noch einmal um, es zwielichtet, »bin ich das wirklich?«, und ich träume, dass ich am Ende des Horizonts wie auf einer Leiter diesen violettrosa Morgenhimmel hochspaziere. Durch Zeit und Licht. Der Weg beginnt, wenn der Tag heraufdämmert, geht weiter über den Wolken.

Hallo Michael, wie ging dein Song nochmal? *»We are the world«*, pfeife ich vor mich hin. Gleich werde ich nach *Bella Italia* fliegen. Dort auf meine Schwester warten, die vielleicht im gleichen Moment mit Tantus Schwester in einem Boot übers Meer kommt. Es geht immer weiter, auf dieser nicht enden wollenden Flucht. Ich habe Heimweh. Als der Flieger beschleunigt, sanft in die Luft abhebt und sich dem Himmel nähert, summt es in meinen Ohren: »Nimm mich mit, mit nach Asmara, mit nach Europa oder anderswohin.«

14. Etappe: Nachworte

Zeit online, 30. März 2011

Berlusconi will aus Lampedusa ein Paradies machen

(…) Seit Wochen landen Tag für Tag neue Flüchtlinge an den Küsten Lampedusas an, mehr als 6000 sollen inzwischen auf der Insel sein. Die Auffanglager sind überfüllt, die Lage für die Gestrandeten prekär – und die rund 5000 Insulaner in Aufruhr: Heftigst protestierten sie gegen die in ihren Augen zu lasche Haltung ihrer Regierung im Umgang mit den Migranten aus Nordafrika. Dies wollte Berlusconi nicht auf sich sitzen lassen – und reiste von Rom gen Lampedusa.

Dort präsentierte er einen Plan, der die Stimmung seiner Landsleute heben soll. Alle Flüchtlinge sollen auf Schiffe verfrachtet und »in den nächsten Tagen« nach Sizilien und in die Toskana sowie in andere Regionen gebracht werden.

(…) Das Entfernen der ungeliebten Immigranten ist aber nur ein Teil von Berlusconis Maßnahmenpaket. Der Premier versprach Steuervergünstigungen und einen »Piano Verde« zur Begrünung des felsigen Eilands. Das sei aber noch nicht alles: Er höchstpersönlich werde die Insel für den Friedensnobelpreis vorschlagen. Mediengewandt vollendete der Landesvater seine Rede: Er habe sich ein Haus auf dem »paradiesischen« Lampedusa gekauft.

Zekarias Kebraeb, Nürnberg, 31. März 2011, endlich frei in Deutschland: Mein Ziel war Europa – das Paradies. Ich bin aus Afrika geflüchtet, weil ich frei sein wollte. Mit einer unbändigen Hoffnung, Mut, Wut und fünfhundert Dollar in der Tasche. Ich wusste nicht, wie lange meine Flucht dauern und in welchem Land sie enden würde, wusste nur eines: dass ich auf der Suche nach der Freiheit war. Doch auf diesem Weg war ich alles andere als frei, bin in der Wüste fast verdurstet, das Meer hat mich beinahe verschluckt, ich landete in verheerenden Flüchtlingslagern und verkommenen Asylantenheimen, im Gefängnis und auf der Straße, war schließlich doch bloß »geduldet«, wie es heißt.

Illegal und ohne Papiere war ich nichts wert, ein »*Haywan* – Tier« auf der Flucht, ein Niemand als Asylbewerber. Um jeden kleinen Schritt musste ich kämpfen. Dass ich eine Ausbildung machen durfte, allein in eine Wohnung ziehen, mir einen Job zum Geldverdienen suchen, reisen und mit dem Flugzeug fliegen, wovon ich immer geträumt hatte.

Als mich eines Tages die Journalistin Marianne Moesle fragte: »Zekarias, wie fühlt sich Durst an?«, da liefen mir Tränen übers Gesicht, obwohl ein afrikanischer Mann nicht weint, und ich antwortete mit einer Frage. »Warum habe ich mein Glas Wasser nicht ausgetrunken?« Durst, das weiß ich seit meiner Flucht über die Sahara, ist ein einziger quälender Gedanke: »Warum habe ich mein Glas Wasser nicht ausgetrunken?« Weil ich nicht frei war. Genau diese Geschichte wollten wir erzählen.

In Europa bin ich erwachsen geworden und habe gelernt, dass man nur etwas bewegen und verändern kann, wenn man sich selbst bewegt und verändert. Wer sich einmal auf den Weg gemacht hat, kann nicht zurück. So ist das mit uns Flüchtlingen. Am liebsten würde ich den Menschen in Deutschland zurufen: »Hey, ihr seid frei, ihr habt alle Chancen in eurer friedlichen, demokratischen Welt, die ich lange nicht hatte! Machen wir etwas zusammen!«

Kürzlich kam der Bescheid vom Migrationsamt: Ich, Zekarias Kebraeb, bin als politischer Flüchtling in Deutschland anerkannt, mit allen Rechten und Pflichten, die ein Deutscher hat. Weil es dieses Buch gibt.

Mein Herz sagt mir, dass ich zu Deutschland gehöre. Neun Jahre nach meiner Flucht. Meine Sorge gilt heute dem Volk Eritreas und den Flüchtlingen in aller Welt, die noch nicht frei sind. Ihnen möchte ich meine Hoffnung schenken.

Wer mich hier mit meiner dunklen Haut auf der Straße sieht, denkt vielleicht, ich bin gekommen, um Geld zu verdienen und reich zu werden in Europa, aber das ist falsch. Ich bin gekommen, um frei zu sein und um zu leben wie ein Deutscher. Mein erster Geburtsort ist Asmara, mein Geburtsort der Freiheit ist Deutschland. Weil ich hier eine Zukunft habe. Das ist wichtiger als alles andere. Vielleicht sogar wichtiger als ein Glas Wasser in der Wüste.

Marianne Moesle, 31. März 2011, Tübingen, die Patenschwester aus Afrika: Ihr Foto lag im Familienstammbuch bei Geburtsurkunde und Taufschein, später in meinem Poesiealbum. Das schwarze Mädchen begleitete mich durch meine Kindheit und Jugend, eigentlich bis heute. Zur Taufe von jedem ihrer Kinder hatten meine Eltern eine Patenschaft für ein kleines Waisenkind in einer afrikanischen Mission übernommen. Ich weiß nicht mehr, aus welchem Land meine Patenschwester stammte und wie lange meine Eltern Geld an die Mission schickten. Aber immer hatte ich das Gefühl, irgendwo in Afrika eine schwarze Zwillingsschwester zu haben.

Ich wunderte mich, dass sie nichts von sich hören ließ. Und wenn ich als Kind die Zeitungsbilder von der Dürre und dem Hunger in der Sahelzone sah, von den Kämpfen zwischen Äthiopien und Eritrea, die Bilder von den Kindersoldaten in Uganda und Ruanda, fragte ich mich, wie sie das alles überleben würde. Wie Albert Schweitzer wollte ich Ärztin in Lambaréné werden, hoffte, dass wir uns dort in Gabun über den Weg laufen.

Auch wenn ich heute die dramatischen Fluchtgeschichten der Männer, Frauen und Kinder höre, die vor Krieg, Hunger und Unfreiheit aus ihrer Heimat in Afrika flüchten, denke ich an meine schwarze Zwillingsschwester. Was, wenn sie dabei ist? Was, wenn sie zu denen gehört, die bei ihrer Flucht von Schleppern in der Wüste vergewaltigt, entführt und erschlagen werden, die auf ihren Booten im Mittelmeer ertrinken, die an den Mauern der Festung Europa verbluten oder im europäischen Asylbewerberlager verzweifeln?

Wenn ich die Rebellen in Nordafrika um ihre Freiheit kämpfen sehe – was, wenn sie dabei ist? Was, wenn sie auch eine von denen ist, die nach Europa kommen, dort, wo ihre Patengeschwister besser leben als in Afrika?

Ich bin nicht in Lambaréné gelandet, sondern Journalistin geworden, die wissen wollte, was Menschen, die rebellieren und ihre Heimat verlassen, antreibt, was sie hier in Europa erwartet. Deshalb machte ich mich auf die Suche nach einem Flüchtling, der mir seine Geschichte erzählt – und fand Zekarias Kebraeb.

Auch er war ein Patenkind – Halbwaise im Krieg, bei dem kein Patengeschenk ankam, weil die Mission in Afrika es eingesackt hatte. Dafür kamen andere Hilfslieferungen aus Europa. Schon als Kind träumte er von diesem fernen Land, wo die Menschen ein besseres Leben haben. Er wollte wissen, ob in Europa wirklich das Paradies ist, frei, ohne Militär und Krieg, und machte sich auf den Weg. Wie viele andere auch.

Solange die Aufständischen in Afrika für Demokratie und Freiheit auf die Straße gehen, sind sie Helden, aber wehe sie kommen auf die Idee und steigen ins Boot übers Mittelmeer. In Europa wird eine abstruse Angst vor den unbekannten Menschen aus dem schwarzen Kontinent geschürt. Italien warnt vor einem Zuwandererstrom von »biblischem Ausmaß«, in Schweden schießen Heckenschützen auf Menschen mit schwarzer Hautfarbe und in deutschen Asylheimen sind achtzigtausend Flüchtlinge kaltgestellt und zum puren Nichtstun verurteilt.

Asyl ist tabu, eine vergessene Parallelwelt. Man weiß nicht, wie Asylbewerber leben, niemand kennt ihre Bildungsabschlüsse, keiner ihre Berufs- und Zukunftswünsche. Doch nur, was man nicht kennt, kann man als Bedrohung empfinden. Zekarias gibt den Flüchtlingen, die jährlich zu Tausenden ihr Leben in der Sahara und im Mittelmeer riskieren, ein Gesicht.

Im Asyl in der Schweiz und später in Deutschland war sein größter Wunsch, sich frei zu bewegen, zu lernen und zu arbeiten. Lernen und Arbeiten ist in der Asylgesetzgebung aber nicht vorgesehen. Obwohl im Land fünfundsechzigtausend Fachkräfte fehlen, der Expertenmangel steigt, und Schätzungen zufolge liegt er bis 2020 bei einer Viertelmillion.

»Die wahre Utopie ist nicht der Fall der Berliner Mauer, sondern das, was in Kalabrien erreicht worden ist, in Riace«, sagt der Filmemacher Wim Wenders, der eine 3-D-Dokumentation über ein erfolgreiches Integrationsprojekt in Italien gedreht hat. »Denn in Riace am Fuß von Kalabrien wird die Mauer zwischen der Ersten und der Dritten Welt eingerissen.«

Dieser Ort, der hoffnungsvoll »La Città Futura« genannt wird, ist ein verlassenes italienisches Dorf, das Einheimische mit Hilfe von Einwanderern aus allen Teilen der Welt wiederbeleben.

La Città Futura und Lambaréné können auch in Deutschland sein. Lambaréné bedeutet in der Sprache der Galoa: »Wir wollen es versuchen!«.

15. Etappe: Dank

Schwäbisches Tagblatt, 5. April 2011

400 Flüchtlinge ertrunken?

Tripolis. Bei der Flucht übers Mittelmeer sind in den letzten Tagen möglicherweise mehrere hundert afrikanische Flüchtlinge ertrunken. Nach Angaben des UN-Flüchtlingshilfswerkes (UNHCR) werden zwei Boote mit insgesamt rund 400 Migranten vermisst, die bereits vor über einer Woche von der libyschen Küste ablegten. (…)

An der Küste Libyens trieben derweil etwa 70 Leichen von Immigranten an, die offenbar versucht hatten, per Boot nach Südeuropa zu gelangen. (…) Seit Jahresbeginn kamen rund 22000 Bootsflüchtlinge aus Nordafrika auf den italienischen Inseln Lampedusa und Sizilien an. Auf Malta strandeten in den letzten Tagen etwa 1000 afrikanische Migranten. (…)

»Die meisten sind aus Eritrea und Somalia, darunter auch viele Frauen und Kinder«, sagte UNHCR-Sprecherin Melissa Fleming. Aber auch Flüchtlinge aus anderen schwarzafrikanischen Ländern sowie aus Tunesien und Libyen seien darunter. Eine Migrantin habe während der Überfahrt nach Südeuropa sogar ein Kind geboren. (…)

Zekarias Kebraeb/Marianne Moesle, 5. April 2011, Nürnberg/Tübingen, Dank: Unser Dank gilt all denen, die diese Flucht begleitet, unterstützt und zu dem gemeinsamen Buchprojekt ermutigt haben: Adey, der Mutter, und den Geschwistern in Afrika, Europa und Amerika; Pfarrer Louis und Pfarrer Habtemaream, Binjam, Semere, Yonathan, Brur, Tekle, Mulu und Amir, den Freunden und Fluchtgefährten; Dr. Mengsteab Haile in Khartoum, Familie Habtemaream Berhe in Mailand, Familie Isaias in Genf, Kurt Jenning, dem väterlichen Freund in Donaumünster; Monika Görtz, der mütterlichen Sozialarbeiterin vom Zirndorfer Aufnahmelager; der unbekannten Sachbearbeiterin vom Arbeitsamt Gunzenhausen-Weißenburg; Patrick Shaw vom »Treuchtlinger Kurier«; Sharon Chaffin von der »Nürnberger Zeitung«, der Manuskriptleserin und Freundin Karin Fischer vom Deutschlandfunk; dem Literaturagenten Michael Gaeb; der kritisch-sensiblen Lektorin Sylvia Gredig; den Eltern, die Patenschaften für Kinder in Not übernommen haben; dem mutig alle Schreiblaunen mittragenden Partner Frido Hohberger und den Kindern Johanna, Aaron, Orphea und Noemi in Tübingen.

Danke an den Lübbe Verlag, der dieses Buch finanziert und auf den Weg gebracht hat. Ohne sein Wagnis, aufzuklären und vor Flüchtlingsschicksalen nicht die Augen zu verschließen, wäre dieses Projekt nicht möglich gewesen. Danke an Deutschland für den Schutz und die Anerkennung.

16. Etappe: Was, wenn meine Patenschwester aus Afrika dabei war?

Marianne Moesle, 6. April 2011, Tübingen

Heute Nacht ist wieder ein Boot vor Lampedusa gekentert.
250 Flüchtlinge sind bei schwerem Sturm auf dem Weg von Libyen nach Italien ums Leben gekommen. Bei den Opfern handelt es sich nach Informationen des UN-Hochkommissariats (UNHCR) um Afrikaner aus Eritrea und Somalia sowie aus Schwarzafrika und von der Elfenbeinküste. – Was, wenn meine Patenschwester aus Afrika dabei war?

Literatur

Binebine, Mahi: *Kannibalen*, Roman, Unionsverlag, Zürich 2004

Brinkbäumer, Klaus: *Der Traum vom Leben*, S. Fischer, Frankfurt am Main 2006

Carillet, Jean-Bernard, Butler, Stuard, Starnes, Dean: *Ethiopia & Eritrea*, lonely planet

Charles Aceval, *Märchenerzähler*

Currle, Edda: *Migration in Europa – Daten und Hintergründe*, Lucius & Lucius, Stuttgart 2005

Die Bibel oder die ganze Heilige Schrift des Alten und Neuen Testaments, Württembergische Verlagsanstalt, Stuttgart 1963

Gatti, Fabrizio: *Bilal – Als Illegaler auf dem Weg nach Europa*, Kunstmann, München 2010

Jelloun, Tahar Ben: *Verlassen*, Roman, Berliner Taschenbuch Verlag GmbH, Berlin 2008

Mehari, Senait G.: *Feuerherz*, Knaur, München 2005

Schwelien, Michael: *Das Boot ist voll – Europa zwischen Nächstenliebe und Selbstschutz*, Mare-Buchverlag, Hamburg 2004

Soyinka, Wole: *Die Last des Erinnerns – Was Europa Afrika schuldet und was Afrika sich selbst schuldet*, Patmos, Regensburg 2001

Ziegler, Jean: *Imperium der Schande*, Verlagsgruppe Random House GmbH, München 2008

Organisationen, Zeitungen, Zeitschriften, Radiosender, die bei der Recherche eine große Hilfe waren: *Die Zeit*, *Der Spiegel*, *GEO*, *Süddeutsche Zeitung*, *Neue Züricher Zeitung*, *taz, die tageszeitung*, *Tagesanzeiger*, *Schwäbisches Tagblatt*, *La Libération*, *Le Monde*, *Deutschlandfunk*, verschiedene Wikipedia-Artikel, Flüchtlingswerk der Vereinten Nationen, Amnesty International, Human Rights Watch, Pro Asyl, International Organization for Migration, Refugee International, Refugee Studies Centre, augenauf Zürich

Oldenburg
Lübeck
Hamburg
von Paris
Nürnberg
nach Paris
SCHWEIZ
Genf
St. Gallen
Zürich
Milano
ITALIEN
Crotone
Messina
Sizilien
Pozzallo
Malta

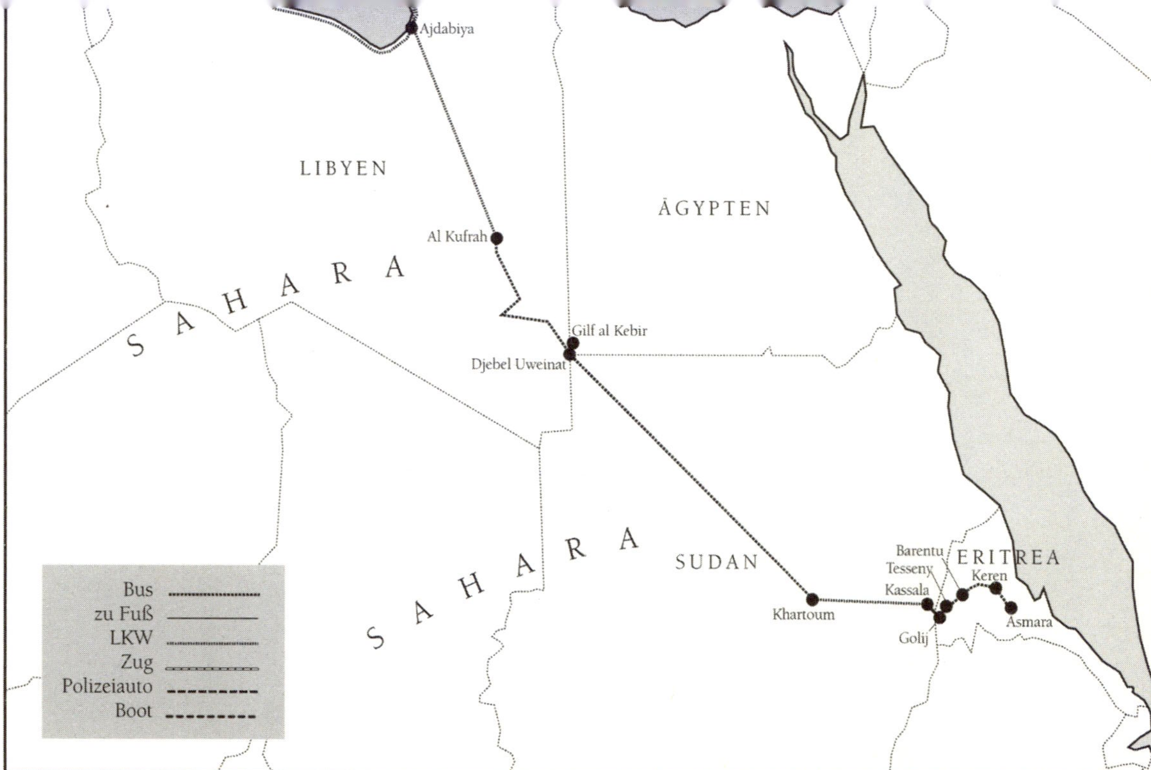
Ajdabiya
LIBYEN
ÄGYPTEN
Al Kufrah
S A H A R A
Gilf al Kebir
Djebel Uweinat
S A H A R A
SUDAN
ERITREA
Barentu
Tesseny
Kassala
Keren
Khartoum
Asmara
Golij
Bus
zu Fuß
LKW
Zug
Polizeiauto
Boot